中国印刷业发展报告（2024版）

CHINA PRINTING INDUSTRY DEVELOPMENT REPORT

崔海教　主编　　刘成芳　副主编

中国书籍出版社
China Book Press

图书在版编目(CIP)数据

中国印刷业发展报告:2024版/崔海教主编;
刘成芳副主编.--北京:中国书籍出版社,2024.12.
ISBN 978-7-5241-0180-2

Ⅰ.F426.84

中国国家版本馆CIP数据核字第20254H9K52号

中国印刷业发展报告(2024版)

崔海教　主　编
刘成芳　副主编

责任编辑	庞　元
责任印制	孙马飞　马　芝
封面设计	东方美迪
出版发行	中国书籍出版社
地　　址	北京市丰台区三路居路97号（邮编：100073）
电　　话	（010）52257143（总编室）　　（010）52257140（发行部）
电子邮箱	eo@chinabp.com.cn
经　　销	全国新华书店
印　　刷	北京九州迅驰传媒文化有限公司
开　　本	787毫米×1092毫米　1/16
印　　张	23.25
字　　数	400千字
版　　次	2025年1月第1版
印　　次	2025年1月第1次印刷
书　　号	ISBN 978-7-5241-0180-2
定　　价	158.00元

版权所有　翻印必究

《中国印刷业发展报告（2024版）》课题组、撰稿人名单

组　长　　崔海教
副组长　　刘成芳
撰稿人　　（按文章顺序排序）
　　　　　　刘成芳　刘积英　郑爱玲　李　君
　　　　　　陈　晨　周宇红　王　烨　王　勤
　　　　　　祝小霖　牟　艺　刘轶平　曹　鹏
　　　　　　李永林　周在峰　阿继新

目 录

主报告

2023 年中国印刷业发展报告 …………………………………………（3）
 一、我国印刷业发展的基本情况 ………………………………（5）
 二、我国印刷业区域发展情况 …………………………………（13）
 三、我国印刷业产业结构的变化 ………………………………（18）
 四、我国印刷业部分主营业务发展情况 ………………………（39）
 五、规模以上重点印刷企业发展态势 …………………………（59）
 六、小　结 ………………………………………………………（76）

专题报告

印刷业绿色化发展报告 … 中国新闻出版广电报　王勤　祝小霖　牟艺（81）
 一、中小学教材绿色印刷全覆盖走过十年：逐绿前行　动能澎湃（81）
 二、印刷篇：镌刻新质生产力的底色 …………………………（85）
 三、资本篇：掘金低碳经济　新能源投资升温 ………………（89）
 四、造纸篇：借力降耗减碳迎风舞 ……………………………（91）
 五、包装篇：全链条增"绿"三大风向 …………………………（94）
 六、专利篇：自主创新能力不断加强 …………………………（96）

数字印刷产业报告 ……… 北京科印传媒文化股份有限公司　刘轶平（101）
 一、国内数字印刷装机量分析 …………………………………（101）

二、从印刷企业动向看数字印刷变化趋势 …………………………（109）
　　三、从 drupa2024 看数字印刷技术最新进展 ……………………（113）

人工智能对出版物印刷产业的影响与对策……　北京印刷学院　曹鹏　（116）
　　一、引　言 ……………………………………………………………（116）
　　二、AI 技术发展演进 …………………………………………………（117）
　　三、AI 在出版物印刷行业中的应用 …………………………………（120）
　　四、AI 对出版物印刷行业的影响 ……………………………………（122）
　　五、出版物印刷行业的应对策略 ……………………………………（124）
　　六、结　论 ……………………………………………………………（125）

印刷标准化工作报告…………　全国印刷标准化技术委员会　李永林　（126）
　　一、2024 年主要工作开展情况 ………………………………………（126）
　　二、2025 年重点工作计划 ……………………………………………（134）

2023 年我国造纸行业发展情况分析 ……………………………………………
………………………………　中国制浆造纸研究院有限公司　周在峰　（137）
　　一、我国造纸行业经营情况 …………………………………………（137）
　　二、我国纸浆生产情况 ………………………………………………（143）
　　三、我国纸浆进出口情况 ……………………………………………（144）
　　四、我国纸及纸板生产情况 …………………………………………（146）
　　五、我国纸及纸板进出口情况 ………………………………………（154）

2023 年中国印刷及设备器材进出口数据情况报告 ……………………………
………………………………………　中国印刷及设备器材工业协会　（159）
　　一、概　述 ……………………………………………………………（159）
　　二、中国印刷及设备器材进出口数据 ………………………………（160）
　　三、结束语 ……………………………………………………………（166）

产业政策

新闻出版总署、环境保护部关于实施绿色印刷的公告
　　2011年第2号 ……………………………………………………（169）

新闻出版总署关于支持民间资本参与出版经营活动的实施细则
　　新出政发〔2012〕5号 ……………………………………………（173）

国家新闻出版广电总局、财政部关于推动新闻出版业数字化转型升级的指导意见
　　新广出发〔2014〕52号 …………………………………………（175）

国家新闻出版广电总局、财政部关于推动传统出版和新兴出版融合发展的指导意见 ……………………………………………………………………（180）
　　新广发〔2015〕32号 ……………………………………………（180）

国家新闻出版广电总局、财政部关于深化新闻出版业数字化转型升级工作的通知
　　新广出发〔2017〕17号 …………………………………………（185）

国家新闻出版署关于印发《国家出版产业基地（园区）管理办法》的通知
　　国新出发〔2019〕22号 …………………………………………（191）

国家新闻出版署等印发《关于推进印刷业绿色化发展的意见》的通知
　　国新出发〔2019〕29号 …………………………………………（196）

国家新闻出版署关于印发《报纸期刊质量管理规定》的通知
　　国新出发〔2020〕10号 …………………………………………（200）

关于加快推进国有企业数字化转型工作的通知 ……………………（204）

国家新闻出版署关于印发《出版物鉴定管理办法》的通知
　　国新出发〔2020〕22号 …………………………………………（210）

国家新闻出版署关于印发《中国出版政府奖评奖章程》的通知
　　国新出发〔2021〕2号 ……………………………………………（218）

邮件快件包装管理办法
  中华人民共和国交通运输部令 2021 年第 1 号 ……………（223）

关于加快解决当前挥发性有机物治理突出问题的通知
  环大气〔2021〕65 号 ……………………………………………（230）

国家新闻出版署关于印发《出版业"十四五"时期发展规划》的通知
  国新出发〔2021〕20 号 …………………………………………（234）

八部门关于印发《"十四五"智能制造发展规划》的通知
  工信部联规〔2021〕207 号 ………………………………………（269）

工业和信息化部 人力资源社会保障部生态环境部 商务部 市场监管总局关于推动轻工业高质量发展的指导意见
  工信部联消费〔2022〕68 号 ……………………………………（281）

工业和信息化部办公厅 财政部办公厅关于开展财政支持中小企业数字化转型试点工作的通知
  工信厅联企业〔2022〕22 号 ……………………………………（292）

国务院办公厅关于进一步加强商品过度包装治理的通知
  国办发〔2022〕29 号 ……………………………………………（301）

国家新闻出版署关于发布印制质量安全风险警示信息的通知
  国新出发电〔2022〕27 号 ………………………………………（307）

国家新闻出版署关于印发《国家印刷示范企业管理办法》的通知
  国新出发〔2022〕19 号 …………………………………………（309）

国家新闻出版署关于加强印刷复制质量管理的通知
  国新出发〔2023〕5 号 …………………………………………（314）

企业标准化促进办法 …………………………………………………（318）

关于印发《深入推进快递包装绿色转型行动方案》的通知
  发改环资〔2023〕1595 号 ………………………………………（323）

工业和信息化部等八部门关于加快传统制造业转型升级的指导意见
　　工信部联规〔2023〕258号 ·················· （328）

工业和信息化部办公厅关于公布2023年度绿色制造名单及试点推行"企业绿码"有关事项的通知
　　工信厅节函〔2023〕384号 ·················· （335）

工业和信息化部办公厅　商务部办公厅　海关总署办公厅关于优化低浓度三乙醇胺混合物进出口监管措施的通知
　　工信厅联安全函〔2023〕394号 ················ （338）

工业和信息化部等七部门关于加快推动制造业绿色化发展的指导意见
　　工信部联节〔2024〕26号 ··················· （343）

工业和信息化部等七部门关于印发推动工业领域设备更新实施方案的通知
　　工信部联规〔2024〕53号 ··················· （351）

国务院办公厅关于印发《加快构建碳排放双控制度体系工作方案》的通知
　　国办发〔2024〕39号 ····················· （357）

主 报 告

2023年中国印刷业发展报告

2023年是全面贯彻党的二十大精神的开局之年,是实施"十四五"规划承上启下的关键一年,也是新冠疫情防控实现平稳转段后的第一年。面对异常复杂的国际环境和艰巨繁重的改革发展任务,我国加大宏观调控力度,注重精准施策,加强逆周期调节,围绕扩大内需、优化结构、提振信心、防范化解风险,圆满完成全年社会经济发展主要目标。据国家统计局统计,2023年我国实现国内生产总值(GDP)126.06万亿元,同比增长5.2%,1—4季度GDP的同比增速分别为4.5%、6.3%、4.9%、5.2%,全年经济运行呈现前低中高后稳态势。

受地缘政治紧张、贸易保护主义抬头以及欧美国家因通货膨胀高企持续大幅加息影响,世界经济复苏缓慢,主要经济体增长动能不足,居民消费意愿不足,消费能力下降,全球贸易投资增长乏力,陷入相对低潮。世界贸易组织(WTO)发布的数据显示,2023年全球货物贸易量同比下降1.2%,全球出口总额23.8万亿美元,同比下降4.6%。欧洲、北美市场需求不足,进口量分别同比下降4.7%、2.0%,是全球货物出口下降的主要原因,给亚洲主要出口导向型经济体带来较大压力。

受国内外市场不同走势影响,2023年我国经济增长动能出现分化。在拉动经济增长的"三驾马车"中,主要依靠内需的消费和投资成为经济增长的动力源,主要依靠外需的出口表现疲弱。据统计,2023年全年我国社会消费品零售总额为47.15万亿元,同比增长7.2%;全社会固定资产投资为50.97万亿元,同比增长2.8%;货物出口额为23.77万亿元,同比增长0.6%。在全年经济增长中,最终消费支出和资本形成总额对经济增长的贡献率分别达到82.5%、28.9%,货物净出口的贡献率为–11.4%。

制造业是国民经济的重要支撑。由于社会预期偏弱,有效需求不足,部分行业产能过剩，我国制造业在2023年依然承受了较大压力。据国家统计局统计，全国规模以上工业企业全年实现营收133.44万亿元，同比增长1.1%；利润总额为76858.3亿元，同比下降2.3%。其中，电力、热力、燃气及水生产和供应业利润总额同比增长54.7%，制造业利润总额同比下降2.0%，采矿业利润总额同比下降19.7%。在纳入统计的41个工业大类行业中，有27个行业利润总额同比向好，14个行业出现下滑。

印刷业作为41个工业大类行业的一员，在2023年受下游行业需求不足影响，整体走势下滑。不过，随着国民经济的企稳回升，印刷业的发展态势也逐步好转，在营业收入同比下滑的情况下，利润总额同比增速在年底顽强转正。据国家统计局统计，2023年印刷和记录媒介复制业规模以上企业实现营业收入6576.9亿元，同比下降4.7%；利润总额389.6亿元，同比增长1.7%。

面对外部市场环境的挑战，广大印刷企业坚持苦练内功、迎难而上，以创新发展推动转型升级，不断培育和发展新质生产力，在数字智能、绿色生态发展方面再上新台阶。据国家新闻出版署统计，2023年我国数字印刷年产值达到245.97亿元，同比增长7.7%；全国在建智能印厂达到3037家，同比增长12.2%，智能化建设投入178.2亿元，占全行业利润总额的24.6%；通过绿色印刷认证企业超过2000家，无溶剂复合机、CTP等环保设备的装机量分别同比增长6.0%和2.8%；印刷企业研发投入326.6亿元，同比增长7.1%。

本报告主要依据国家新闻出版署印刷企业年度报告数据，分析2023年我国印刷业运行走势，并对2019—2023年五年间印刷业发展的主要指标、区域格局和主要细分市场状况，以及规模以上重点印刷企业发展情况进行梳理、分析和解读。

原国家新闻出版总署于2008年开始，在印刷企业年度核验工作中强化行业数据统计工作，按年度汇总统计全行业、各省市自治区、主要细分市场及规模以上重点印刷企业的发展数据。2018年，印刷企业年度核验变更为年度报告后，相关统计工作得以延续。在2024年印刷企业年度报告中，国家新闻出版署对相关统计数据的部分指标进行了调整优化。

本报告中引用的相关数据，除有明确说明外，均来自国家新闻出版署印刷企业年度报告。

一、我国印刷业发展的基本情况

2023年是我国新冠疫情防控实现平稳转段后的第一年。开年之初，受此前全国各地区渐次出现疫情感染高峰影响，包括印刷业在内的工业企业生产经营普遍受到较大冲击。据国家统计局统计，一季度全国规模以上工业企业实现营业收入31.18万亿元，同比下降0.5%；利润总额15167.4亿元，同比下降21.4%。自二季度开始，随着疫情感染高峰退潮，国民经济发展趋于稳定，工业企业生产回归正常轨道，但由于后疫情时代社会消费信心不足，叠加出口市场增长乏力，有效需求不足成为困扰各行各业的突出问题。

充满挑战的市场环境，既给印刷企业的经营发展带来较大压力，又增加了印刷企业转型升级，寻找增长新动能的紧迫感。2023年，全国印刷企业坚持围绕中心、服务大局，全年完成重大主题出版物、重要党报党刊、中小学教科书等重点印制保障产品超200亿册（份），充分体现了印刷行业的责任感、使命感。同时，广大印刷企业坚持创新应变，在服务社会经济发展的同时，实现了行业自身的稳中有进。2023年，我国印刷企业数量达到106260家，同比增长2.97%；全行业资产总额达到18287.73亿元，同比增长2.21%；印刷工业总产值达到14440.23亿元，同比增长0.77%；全行业利润总额达到713.97亿元，同比增长3.55%。四项指标中，除利润总额外，其余三项均达到2008年开展印刷企业年度核验（报告）工作以来的最高水平。

自2020年以来，我国印刷企业数量克服疫情等不利因素的影响，逆转此前连续六年下滑的趋势，连续四年实现正增长，由2019年的97229家增至2023年的106260家，累计增长9031家，增幅达到9.29%。这主要受全国各地深入落实"放管服"和"证照分离"改革，印刷企业设立审批流程简化，以及部分原本没有印刷经营许可证的图文快印及其他相关企业，为参与市场招投标申领印刷经营许可证积极性提高有关。

在印刷企业数量连续四年反弹的同时，印刷业资产总额自2008年以来连续15年实现正增长，达到18287.73亿元，累计增长140.69%，相对疫情前的2019年增长18.19%。印刷业资产总额的持续稳定增长，表明我国印刷企业整体上依然处于投资扩张周期，对行业前景抱有正面预期。

在下游行业景气度不高，有效需求不足的情况下，印刷工业总产值在2023年达到14440.23亿元，顽强实现正增长，但0.77%的同比增速处于2008年以来的相对低点，仅高于疫情之初负增长的2020年。相对于疫情前的2019年，印刷工业总产值累计增量为1423.61亿元，增幅为10.94%，这表明疫情虽然打乱了印刷业发展的正常节奏，增加了印刷企业经营的难度，但并未改变行业整体向上的大趋势。

受益于纸张等主要印刷原材料价格处于相对低位，以及印刷企业在降本增效方面付出的努力，2023年印刷业利润总额达到713.97亿元，同比增长3.55%，比印刷工业总产值增幅高出2.78个百分点。2019—2023年，印刷业利润总额走势跌宕，高点出现在2020年，达到727.02亿元。随后，连续两年出现下滑，到2022年降至低点689.52亿元，2023年与2019年相比，印刷业利润总额累计增量为16.64亿元，增幅为2.39%，同比同期印刷工业总产值增幅低了8.55个百分点，这凸显了印刷业在盈利能力上面临的压力。

印刷工业总产值相对于行业资产总额增速偏低，意味着印刷业资产产出能力在下滑；行业利润总额相对于印刷工业总产值增速偏低，意味着印刷业产值利润率在走低。2023年，印刷业每一元资产可以创造约0.79元产值，同比下降1.40%，相对2019年下降6.14%；产值利润率为4.94%，比2022年提高0.13个百分点，相对2019年减少0.42个百分点。

2019—2023年，印刷业与整个国民经济一样，经历了空前纷繁复杂的外部环境的考验。一方面，三年新冠疫情极大影响了全球政治经济形势，加速了全球产业链、供应链重塑的进程；另一方面，以俄乌冲突为代表的地缘政治紧张，进一步造成了产业链、供应链的割裂和紊乱，进而导致全球能源和基础原材料价格的大幅波动。在此期间，印刷业坚持稳中求进、以进促稳，企业数量不降反增，投资意愿保持良好，行业规模继续扩张，盈利能力有所修复，基本实现了软着陆（见表1、图1）。（注：本报告涉及的各项指标增长率、占比等数据均由数据软件根据年度报告原始数据自动计算而得，精确到百分位；且因四舍五入，各部分占比之和可能不等于100%。）

表 1　2019—2023 年印刷业资产总额、工业总产值和利润总额

年份	印企数量（家）	资产总额（亿元）	资产总额增长率	工业总产值（亿元）	工业总产值增长率	利润总额（亿元）	利润总额增长率
2019	97229	15472.87	—	13016.62	—	697.33	—
2020	97949	16368.55	5.79%	12944.20	−0.56%	727.02	4.26%
2021	101960	17497.63	6.90%	14107.08	8.98%	708.65	−2.53%
2022	103192	17892.85	2.26%	14329.24	1.57%	689.52	−2.70%
2023	106260	18287.73	2.21%	14440.23	0.77%	713.97	3.55%

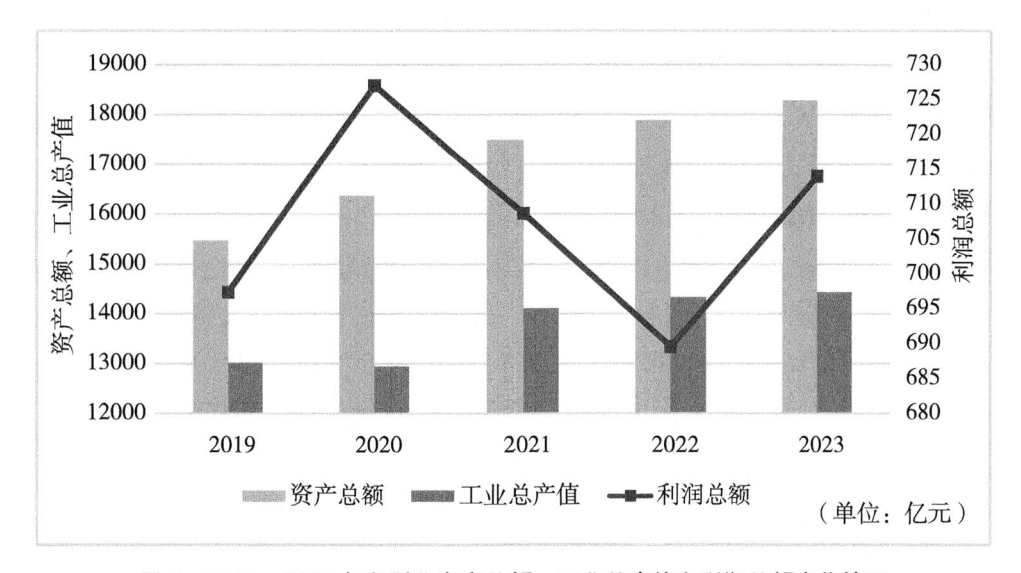

图 1　2019—2023 年印刷业资产总额、工业总产值和利润总额变化情况

2023 年，印刷企业数量同比增幅比印刷工业总产值同比增幅高出 2.20 个百分点，这导致印刷企业的平均产值规模，由上一年度的 1388.60 万元降至 1358.95 万元，同比下降 2.14%。2013—2019 年，随着印刷工业总产值的增长和印刷企业数量的减少，印刷企业平均产值一度呈现快速提升态势。自 2020 年以来，印刷企业数量连续四年反弹，叠加印刷工业总产值增速放缓，使印刷企业平均产值增速明显放缓，2023 年相对于 2019 年累计增量仅有 20.19 万元，增幅为 1.51%。

随着人工成本的不断提高和招工难问题的持续存在，通过自动化、智能化

技术设备的应用，在降低用工成本的同时减少对生产性员工的需求，已经成为越来越多印刷企业的共同选择，这导致印刷业从业人员数量长期呈现下降趋势。2023年，印刷业从业人员数量为236.80万人，同比下降2.53%，相对于2019年累计减少21.53万人，降幅为8.33%。印刷企业数量增加，行业从业人员数量减少，表明企业平均用工数量在下降，2023年约为22人，比2019年的约27人减少16.12%。

印刷业从业人员数量减少，是建立在印刷企业自动化、智能化技术装备应用和员工劳动生产率提升的基础上。2023年，我国印刷业从业人员平均实现年产值60.98万元，同比增长3.39%，相对于2019年累计提高10.59万元，增幅达到21.02%。在此期间，尽管印刷工业总产值同比增幅低位运行，2020年受疫情影响还一度出现0.56%的负增长，印刷业从业人员的人均产值却保持稳步提升态势，且2021年和2022年的同比增幅均超过了7%。

在行业增速放缓，市场竞争加剧的情况下，通常会伴随着企业数量减少和产业集中度的提升。自2020年以来，印刷企业数量连续四年反弹，仅2023年一年就新设立印刷企业7286家，主要还是受印刷企业设立审批流程简化和企业参与招投标的需求影响，并未改变印刷市场业务资源向大中型头部企业集中的趋势。尤其是在部分包装装潢类印刷细分市场和商业印刷市场，头部企业的产值和营收规模持续放大，市场占有率稳步提升。数量众多的新设立印刷企业，并未对市场竞争格局产生重大影响。

印刷业从业人员生产效率和人均产值的稳步提升，是印刷技术不断进步和印刷企业在竞争中求生存的必然结果，也是印刷企业不断加大自动化、智能化技术设备应用，强化智能车间、智能印厂建设取得的重要成效。自2018年以来，在国家新闻出版署的引领和推动下，我国印刷业智能化建设明显提速，工业机器人、AGV小车、智能化在线质量检测系统，以及ERP（企业资源计划）系统、APS（高级计划与排程）系统、MES（生产执行系统）在越来越多的印刷企业得到推广和应用，同时印刷机、印后加工设备的自动化、智能化水平也大幅提升，这有效减少了印刷企业对劳动力的需求，提升了行业从业人员的生产效率和人均产值（见表2、图2）。

表 2　2019—2023 年印刷企业平均产值和行业人均产值

年份	工业总产值（亿元）	印企数量（家）	企业平均产值（万元）	企业平均产值增长率	行业从业人数（万人）	行业人均产值（万元）	行业人均产值增长率
2019	13016.62	97229	1338.76	—	258.33	50.39	—
2020	12944.20	97949	1321.52	-1.29%	252.61	51.24	1.69%
2021	14107.08	101960	1383.59	4.70%	256.18	55.07	7.46%
2022	14329.24	103192	1388.60	0.36%	242.96	58.98	7.10%
2023	14440.23	106260	1358.95	-2.14%	236.80	60.98	3.39%

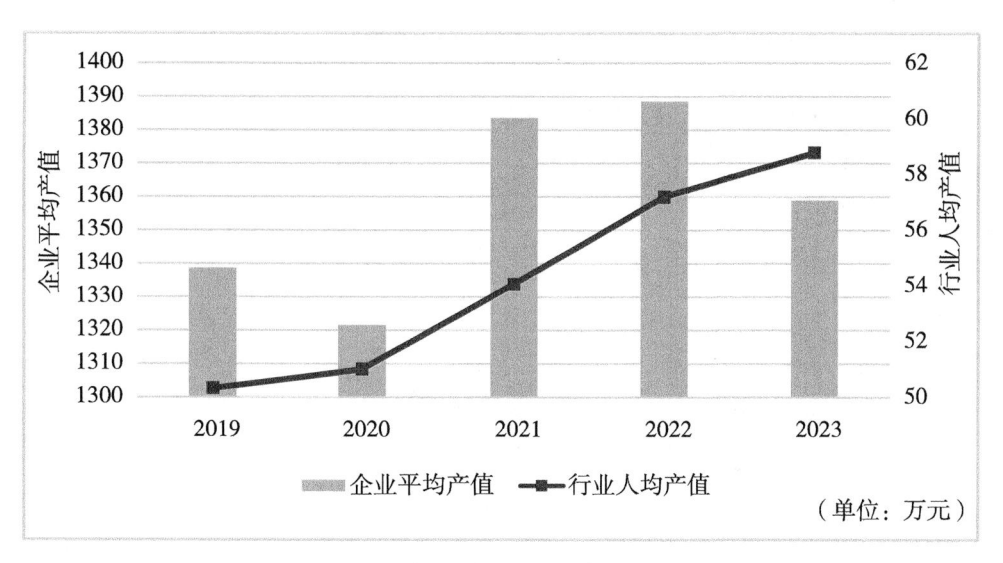

图 2　2019—2023 年印刷企业平均产值和行业人均产值

2023 年，在印刷工业总产值微增 0.77% 的情况下，行业利润总额同比增长 3.55%，比印刷企业数量 2.97% 的增幅高出 0.58 个百分点，这推动印刷企业平均利润由 2022 年的 66.82 万元提升至 67.19 万元，同比增长 0.56%，逆转了此前连续两年下滑的走势。2019—2023 年，印刷业利润总额累计增长 2.39%，比同期印刷企业数量 9.29% 的增幅低了 6.90 个百分点，导致印刷企业平均利润整体呈现下行走势，2023 年相对于 2019 年减少 4.53 万元，降幅为 6.32%。

尽管印刷业利润总额增幅有限，但由于行业从业人员数量明显减少，行业人均创利能力实现了较大提升。2023 年，印刷业从业人员人均利润为 3.02 万元，同比增长 6.24%，相对于 2019 年提高了 0.32 万元，增幅达到 11.85%。在此期间，人均利润在 2021 年出现 3.89% 的负增长，这主要受当年利润总额下降、行业从业人员数量出现反弹的影响，2020 年和 2022 年分别同比增长 6.62%、2.60%（见表 3、图 3）。

表 3　2019—2023 年印刷企业平均利润和行业人均利润

年份	利润总额（亿元）	印刷数量（家）	企业平均利润（万元）	企业平均利润增长率	行业从业人数（万人）	行业人均利润（万元）	行业人均利润增长率
2019	697.33	97229	71.72	—	258.33	2.70	—
2020	727.02	97949	74.22	3.49%	252.61	2.88	6.62%
2021	708.65	101960	69.50	−6.36%	256.18	2.77	−3.89%
2022	689.52	103192	66.82	−3.86%	242.96	2.84	2.60%
2023	713.97	106260	67.19	0.56%	236.80	3.02	6.24%

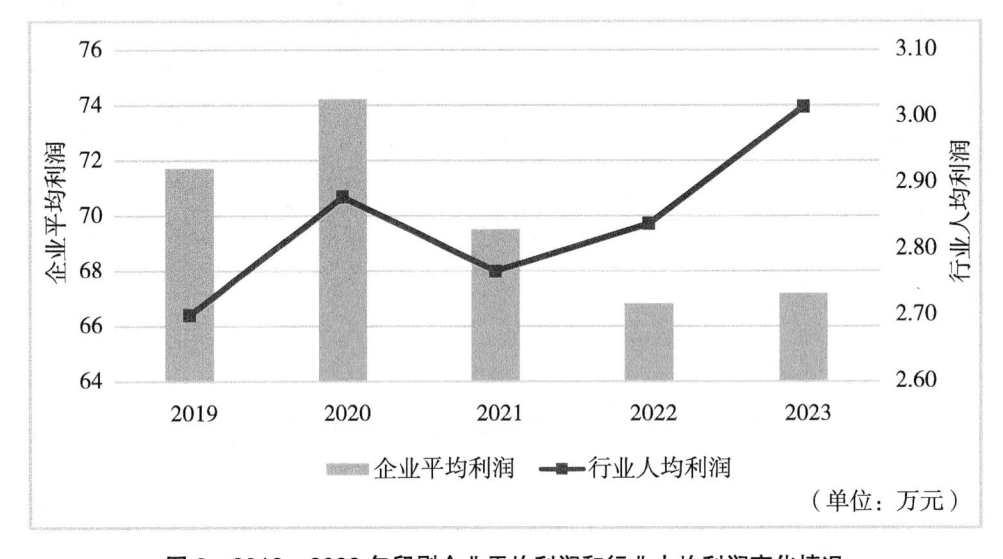

图 3　2019—2023 年印刷企业平均利润和行业人均利润变化情况

2023 年，全球贸易投资形势相对低迷。作为主要资本输出国，以美国为代表的西方主要经济体，为应对持续高涨的通胀水平，持续采取加息措施，推高了美元、英镑、欧元等主要货币的利率水平，这在抑制居民消费需求的同时，导致资本回流，降低了全球投资贸易的活跃度。同时，美国等西方国家采取提高关税等贸易打压措施，也影响了我国的对外出口。

根据商务部和海关总署发布的数据，2023 年我国实际使用外资 11339.1 亿元，同比下降8.0%。外贸进出口总值为41.76万亿元，同比增长0.2%。其中，出口为23.77万亿元，增长0.6%；进口为17.99万亿元，下降0.3%。由于人民币相对美元出现贬值，如果以美元计价，外贸进出口总值为59368亿美元，同比下降5.0%。其中，出口为33800亿美元，同比下降4.6%；进口为25568亿美元，同比下降5.5%。

在整体承压的全球投资贸易环境中，我国印刷业利用外资和对外贸易额延续了2022年的同比下滑走势。2023年，我国印刷业外商投资总额为186.22亿美元，同比下降5.02%（2022年的数据作了更正），相对于2019年减少332.04亿美元，降幅达到64.07%；外商注册资金额为173.15亿美元，同比下降7.73%；相对于2019年减少101.18亿美元，降幅达到36.88%。

在出口方面，由于主要海外市场美国、欧洲通胀高企，需求疲软，我国外向型印刷企业压力重重，在市场拓展方面遇到较大挑战。2023年，我国印刷业对外加工贸易额为101.86亿美元，同比下降6.51%，相对于2019年减少11.05亿美元，降幅为9.79%。在此期间，印刷业对外加工贸易额仅在2021年出现3.08%的反弹，其余年份均出现同比下滑。需要指出的是，人民币相对于美元在2023年出现贬值，这在一定程度上缓解了外向型印刷企业面临的经营压力。

当前，印刷业对外加工贸易面临的下行压力，是我国劳动力、土地成本等传统比较优势弱化与贸易保护主义抬头、贸易摩擦增加等阶段性因素共振的结果。对高度依赖美国、欧洲市场，主要以性价比取胜的外向型印刷企业来说，亟需转变思路，加强创新，突破既有商业模式的局限，为实现未来可持续发展确立新的核心竞争力和增长动能（见表4、图4）。

表4 2019—2023年印刷业外商投资总额、外商注册资金额、对外加工贸易额

年份	外商投资总额（亿美元）	外商投资总额增长率	外商注册资金额（亿美元）	外商注册资金额增长率	对外加工贸易额（亿美元）	对外加工贸易额增长率
2019	518.26	—	274.33	—	112.91	—
2020	316.47	−38.94%	215.59	−21.41%	107.29	−4.97%
2021	247.88	−21.67%	219.15	1.65%	110.60	3.08%
2022	196.07	−20.90%	187.65	−14.38%	108.94	−1.50%
2023	186.22	−5.02%	173.15	−7.73%	101.86	−6.51%

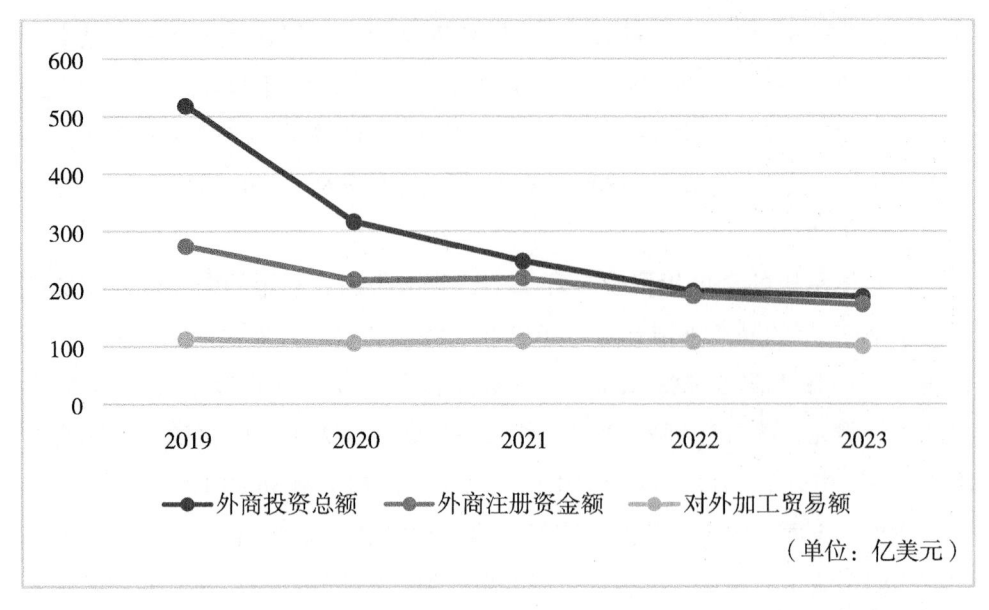

图 4 2019—2023 年印刷业外商投资总额、外商注册资金额、对外加工贸易额变化情况

作为新冠疫情管控转段后的第一年，不管是学界还是企业界，对"后疫情时代"国民经济的恢复发展都曾抱有较高的预期。然而，在复杂的全球政治经济环境影响下，我国经济发展面临的困难和挑战超出预期，由于信心不足、预期偏弱，各行各业普遍面临有效需求不足的问题。

印刷业作为国民经济的"晴雨表"，有效需求不足的问题同样突出，全行业不畏挑战、攻坚克难，实现了印刷工业总产值的正增长。同时，受益于成本端的优化，印刷业利润总额实现了相对较快增长，行业产值利润率有所反弹。在印刷企业数量连续四年增长的情况下，印刷企业平均产值规模增势趋缓，平均利润有所下降，但印刷企业在自动化、智能化技术设备方面的持续投入，减少了行业对用工数量的需求，推动印刷业从业人员人均产值和人均利润继续提升。

2019—2023 年，恰好贯穿疫情前后。从整体上看，疫情对印刷产业链、供应链的正常运行造成了一定冲击，导致纸张等主要原材料价格一度出现非正常大幅上涨，下游行业对印刷产品的需求也出现明显起伏，但疫情并未改变行业整体向上的大趋势，2023 年与 2019 年相比印刷工业总产值累计增量达到

1423.61亿元，依然十分可观。在产值规模继续提升的同时，印刷业利润总额延续了此前多年在700亿元上下震荡的走势，2023年与2019年相比实现了正增长，但增幅不大，行业产值利润率依然处于下行通道。

受国际投资贸易活跃度下降影响，我国印刷业利用外资和对外贸易下行压力较大。2019—2023年间，除了2021年，外商投资总额、外商注册资金额、对外加工贸易额三项指标有三年全部表现为同比下滑，尤其是外商投资总额累计降幅接近2/3，凸显了印刷业在利用外资方面吸引力的快速下降。

当前，疫情对国民经济和各行各业的直接影响已经基本消失，但后疫情时代社会消费信心和未来预期尚未得到有效修复。面对有效需求不足的问题，印刷企业更加需要解放思路、开拓创新，不断培育和发展新质生产力，用产品创新直击客户痛点，用技术创新提升生产效率，用模式创新培育增长动能，在产业转型升级的大潮中，力争走出一条高质量发展的新路。

二、我国印刷业区域发展情况

改革开放以来，由于区位和政策方面的原因，我国不同地区经济增长速度存在一定差异，发展并不均衡。从整体上看，东部沿海地区得改革开放风气之先，充分利用在对外贸易和吸引外资方面的便利条件，经济发展率先提速，民营企业表现活跃，在全国经济发展中充当了排头兵的角色。中部、西部和东北地区，改革开放相对较晚，同时受制于原有产业结构和基础设施方面的不足，在经济发展上一度与东部地区存在较大差距。近年来，在国家一系列政策措施的指引下，我国区域经济发展经历了一个再平衡的过程，但不同地区经济发展水平的差距依然客观存在。

印刷业属于加工服务业，主要为下游行业提供出版物、包装装潢印刷品及其他印刷产品的生产加工服务。特定区域印刷业发展水平，通常与该地区经济总量和产业结构紧密相关。一般而言，新闻出版业和轻工制造业发达，社会经济活跃的地区，对印刷品的需求更为旺盛，印刷业也就相对发达。本部分内容主要结合不同地区经济发展水平和产业结构的差异，分析珠三角地区、长三角地区、环渤海地区、中部地区和其他地区，以及全国印刷工业总产值最高的十个省份的印刷业发展情况。

本报告中的珠三角地区泛指广东省，而不局限于严格意义上属于珠三角的九个城市；长三角地区泛指江浙沪两省一市；环渤海地区涵盖北京、天津、河北、山东、辽宁三省两市；中部地区涵盖山西、安徽、江西、河南、湖南、湖北六个省份；其他地区则包括上述四个区域之外的各个省份。

在各个区域中，珠三角地区地处沿海开放前沿，区位优势得天独厚，经济发展水平全国领先，产业体系完备，集群优势明显，是全球重要的制造基地。近年来，推进粤港澳大湾区建设上升为国家战略，珠三角地区经济发展再添新动能。长三角地区区位优势明显，拥有包括上海、南京、杭州、苏州等在内的世界级城市群，产业基础雄厚，制造业发达，是我国经济发展的重要引擎。以北京为中心的环渤海地区是全国新闻出版业发展的高地，同时拥有北方最大港口城市天津和北方第一经济大省山东，社会经济文化发展水平较高。中部地区承东启西，连南接北，交通网络发达，人力资源丰富，在全国区域发展格局中占有举足轻重的地位，近年来在加快中部崛起战略的推动下，发展潜力不断得到释放。

珠三角地区、长三角地区、环渤海地区、中部地区社会经济发展水平相对较高，在我国 GDP 中的占比合计达七成左右。良好的经济和产业基础，为四个区域的印刷业发展提供了可靠支撑，同时由于经济总量和产业结构方面的差异，四个区域印刷业的产业规模、发展态势也存在一定差异。

2023 年，我国经济发展整体呈现内需较强、外需偏弱的发展特征。受这一因素影响，四个区域中，外向型程度相对较高，对外需变化更为敏感的珠三角地区和长三角地区，印刷业承压明显。其中，珠三角地区实现印刷工业总产值 2893.13 亿元，同比下降 0.42%；长三角地区实现印刷工业总产值 4711.30 亿元，同比下降 0.02%。外向型程度相对较低，主要依靠内需市场的环渤海地区和中部地区，印刷业稳中有进。其中，环渤海地区实现印刷工业总产值 2134.45 亿元，同比增长 1.10%；中部地区实现印刷工业总产值 2309.73 亿元，同比增长 3.26%。

尽管印刷工业总产值出现小幅下滑，长三角地区印刷业产业规模依然以显著优势位居四个区域之首，在全国印刷工业总产值中的占比达到 32.63%；珠三角地区以广东一省之力，位居长三角地区之后，在全国印刷工业总产值中的占比达到20.04%；中部地区、环渤海地区分居第三、第四，在全国印刷工业总产值中的占比分别为16.00%、14.78%。

2019—2023年，国内外经济形势复杂多变，三年新冠疫情更是打乱了社会经济的正常运行节奏。受不同地区经济发展态势和疫情形势差异的影响，四个区域印刷业发展出现较为明显的分化。其中，中部地区印刷工业总产值克服各种不利因素的影响，连续四年实现正增长，由2019年的1950.26亿元增至2023年的2309.73亿元，累计增长18.43%，在全国印刷工业总产值中的占比由14.98%提升至16.00%，提高了1.02个百分点。长三角地区印刷工业总产值连续三年实现正增长，仅在2023年出现小幅下滑，由2019年的4092.55亿元增至2023年的4711.30亿元，累计增长15.12%，在全国印刷工业总产值中的占比由31.44%提升至32.63%，提高了1.19个百分点。珠三角地区印刷工业总产值波动明显，在疫情暴发之初的2020年出现2.04%的同比下滑，2021年又同比上涨17.79%，2022年和2023年则连续两度同比向下，整体上由2019年的2605.87亿元增至2023年的2893.13亿元，累计增长11.02%，在全国印刷工业总产值中的占比由20.02%增至20.04%，提高了0.02个百分点。环渤海地区印刷业表现相对弱势，印刷工业总产值在波动中由2019年的2274.66亿元降至2023年的2134.45亿元，累计下降6.16%，在全国印刷工业总产值中的占比由17.48%降至14.78%，减少了2.70个百分点。

四个区域之外的其他地区，共涵盖16个省份，包括西部地区12个省市自治区，以及东部的福建、海南两省和东北地区的吉林、黑龙江两省。2023年，其他地区16个省份共实现印刷工业总产值2391.62亿元，同比增长1.17%。2019—2023年，其他地区16个省份印刷工业总产值除了在2020年出现下滑，其余三个年度连续实现正增长，整体上由2019年的2093.28亿元增至2023年的2391.62亿元，累计增长14.25%，在全国印刷工业总产值中的占比由16.08%提升至16.56%，提高了0.48个百分点（见表5、图5）。

表5　2019—2023年珠三角、长三角、环渤海、中部和其他地区印刷工业总产值在全国总量中的占比

区域	2019 印刷工业总产值（亿元）	2019 在全国印刷工业总产值中的占比	2020 印刷工业总产值（亿元）	2020 在全国印刷工业总产值中的占比	2021 印刷工业总产值（亿元）	2021 在全国印刷工业总产值中的占比	2022 印刷工业总产值（亿元）	2022 在全国印刷工业总产值中的占比	2023 印刷工业总产值（亿元）	2023 在全国印刷工业总产值中的占比
珠三角地区	2605.87	20.02%	2552.76	19.72%	3006.89	21.31%	2905.24	20.27%	2893.13	20.04%
长三角地区	4092.55	31.44%	4189.61	32.37%	4504.91	31.93%	4712.22	32.89%	4711.30	32.63%
环渤海地区	2274.66	17.48%	2113.18	16.33%	2127.53	15.08%	2111.17	14.73%	2134.45	14.78%
中部地区	1950.26	14.98%	2013.09	15.55%	2186.82	15.50%	2236.75	15.61%	2309.73	16.00%
其他地区	2093.28	16.08%	2075.55	16.03%	2280.94	16.17%	2363.86	16.50%	2391.62	16.56%

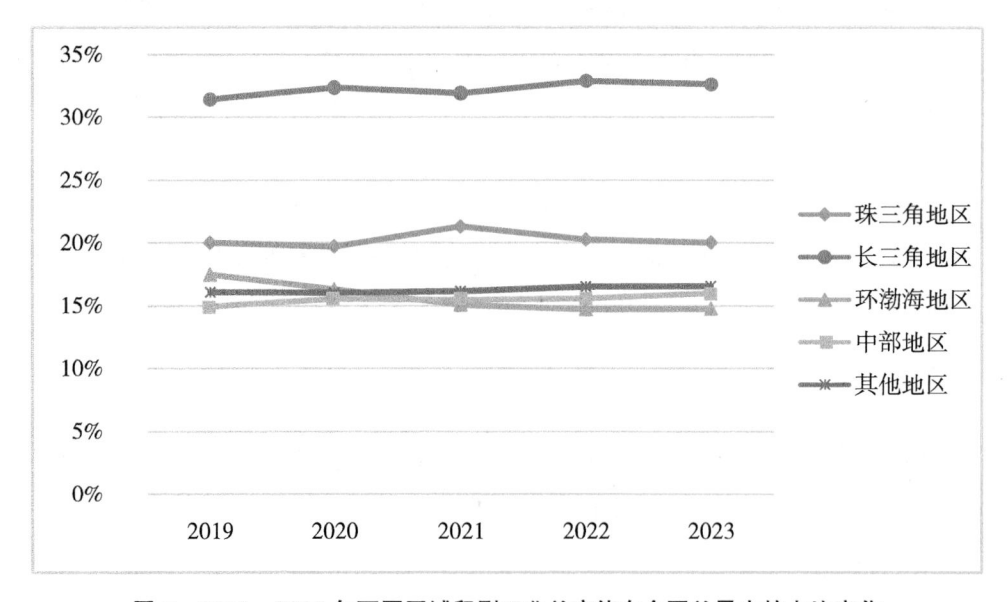

图5　2019—2023年不同区域印刷工业总产值在全国总量中的占比变化

不同区域印刷工业总产值的高低，主要是由区域内省份数量和各省印刷业

产业规模大小决定。从省域来看，我国印刷工业总产值最高的十个省份主要来自东部沿海地区，其次是中部地区，西部地区则只有经济大省四川能够进入前十。

2023年，广东省印刷工业总产值同比下降0.42%，自2021年的历史高点3006.89亿元降至2893.13亿元，但产业规模在各省份中依然以显著优势占据第一。来自长三角地区的江苏省、浙江省，印刷工业总产值分别达到1994.49亿元、1922.26亿元，同比增长0.04%、0.83%，位居广东之后，占据第二、第三。来自环渤海地区的北方第一经济大省山东，实现印刷工业总产值1016.98亿元，同比下降2.23%，位居第四。地处东南沿海的福建省，实现印刷工业总产值816.53亿元，同比下降4.06%，位居第五。来自长三角地区的上海，实现印刷工业总产值794.55亿元，同比下降2.17%，位居第六。来自中部地区，近年来日益融入长三角地区一体化发展的安徽省，实现印刷工业总产值605.25亿元，同比增长5.68%，位居第七。来自西部地区的四川省，实现印刷工业总产值498.24亿元，同比增长5.42%，位居第八。同样来自中部地区的湖北、湖南，分别实现印刷工业总产值465.58亿元、412.90亿元，前者同比下降2.14%，后者同比增长3.84%，位居第九和第十。

2023年，在全国印刷工业总产值最高的十个省份中，有五个实现同比正增长，五个出现同比负增长，凸显了在复杂多变的经济环境中，不同地区印刷业发展态势的分化。其中，安徽省同比增幅最高，达到5.68%；福建省同比降幅最大，为4.06%。不过，除了四川省和湖北省出现了位置互换，其余八个省份的排名与2022年完全一致。

2019—2023年，印刷工业总产值最高的十个省份表现稳定。在此期间，共有11个省份曾进入过前十。其中，广东省连续五年占据第一，山东省连续五年占据第四；浙江省、江苏省稳居前三，在排名上，浙江省三度占据第二，但在近两年被江苏省反超；上海市、福建省稳居前六，在排名变化上与江浙两省类似，上海市三度占据第五，但在近两年被福建省反超；2019年和2020年两度位居第十的安徽省，近三年稳定占据第七，向上态势明显；湖北省在连续四度占据第八后，于2023年被连续四度占据第九的四川省反超，排名下降一位，四川省相应上升一位。前十省份的最大变化是，湖南省在近两年替代曾两度位居第七、一年位居第十的河北省进入榜单，这主要是由于河北省印刷工业总产值在此期间出现了明显下滑。

2023年，前十省份合计实现印刷工业总产值11419.91亿元，同比下降0.07%，相对于2019年累计增长9.95%，比同期全国印刷工业总产值10.94%的增幅低了0.99个百分点。这导致，前十省份在全国印刷工业总产值中的占比在波动中向下，从区间高点2019年的79.79%，降至区间低点2023年的79.08%，减少了0.71个百分点（见表6）。

表6　2019—2023年我国印刷工业总产值最高的十个省份

排名	2019年 省份	2019年 印刷工业总产值（亿元）	2020年 省份	2020年 印刷工业总产值（亿元）	2021年 省份	2021年 印刷工业总产值（亿元）	2022年 省份	2022年 印刷工业总产值（亿元）	2023年 省份	2023年 印刷工业总产值（亿元）
1	广东	2605.87	广东	2552.76	广东	3006.89	广东	2905.24	广东	2893.13
2	浙江	1655.27	浙江	1712.96	浙江	1829.01	江苏	1993.72	江苏	1994.49
3	江苏	1623.06	江苏	1679.01	江苏	1821.91	浙江	1906.35	浙江	1922.26
4	山东	951.45	山东	936.87	山东	974.95	山东	1040.13	山东	1016.98
5	上海	814.22	上海	797.64	上海	853.99	福建	851.09	福建	816.53
6	福建	672.50	福建	675.22	福建	805.37	上海	812.16	上海	794.55
7	河北	626.72	河北	529.35	安徽	528.04	安徽	572.71	安徽	605.25
8	湖北	501.77	湖北	486.20	湖北	498.91	湖北	475.75	四川	498.24
9	四川	491.66	四川	474.35	四川	456.85	四川	472.62	湖北	465.58
10	安徽	443.91	安徽	454.29	河北	402.77	湖南	397.64	湖南	412.90
合计	—	10386.44	—	10298.66	—	11178.70	—	11427.41	—	11419.91
在全国印刷工业总产值中的占比	—	79.79%	—	79.56%	—	79.24%	—	79.75%	—	79.08%

三、我国印刷业产业结构的变化

印刷业在制造业属性上属于加工服务业，主要为下游行业和客户提供印刷品生产加工服务。由于下游行业和客户的需求不同，印刷品的产品形态和功能存在巨大差异。为了便于分类监管、精准施策，《印刷业管理条例》依据产品形态和功能，将印刷经营活动划分为出版物印刷、包装装潢印刷品印刷、其他印刷品印刷三大门类。其中，出版物印刷包括报纸、期刊、图书、地图、年画、图片、挂历、画册以及音像制品、电子出版物的装帧封面等产品的印刷；包装装潢印刷品印刷包括商标标识、广告宣传品及作为产品包装装潢的纸、金属、塑料等产品的印刷；其他印刷品印刷包括文件、资料、图表、票证、证件、名片等产品的印刷。

除了上述三大门类，印刷企业年度核验（报告）工作还对从事专营数字印刷以及排版、制版、装订等专项业务的相关经营数据进行了专项统计，但这两个门类在印刷业产业总量中的占比相对较低。

从产业结构看，2023年我国共有出版物印刷企业6773家，占印刷企业总量的6.37%，实现出版物印刷产值1634.03亿元，利润总额75.08亿元，分别占行业总量的11.32%、10.52%；共有包装装潢印刷品印刷企业55934家，占印刷企业总量的52.64%，实现包装装潢印刷品印刷产值11755.88亿元，利润总额571.39亿元，分别占行业总量的81.41%、80.03%；共有其他印刷品印刷企业39474家，占印刷企业总量的37.15%，实现其他印刷品印刷产值878.63亿元，利润总额60.77亿元，分别占行业总量的6.08%、8.51%；共有专营数字印刷企业3203家，占印刷企业总量的3.01%，实现专营数字印刷产值125.24亿元，利润总额3.51亿元，分别占行业总量的0.87%、0.49%；共有排版、制版、装订等专项企业876家，占印刷企业总量的0.82%，实现专项业务产值46.46亿元，利润总额3.22亿元，分别占行业总量的0.32%、0.45%。

显而易见，出版物印刷、包装装潢印刷品印刷、其他印刷品印刷在企业数量上构成我国印刷业的主体，且贡献了行业99%左右的产值和利润总额，是影响行业发展走势的主力军。本部分内容主要依据印刷企业年度报告数据，分析2019—2023年印刷业三大主要门类的发展态势。

（一）出版物印刷的发展态势

出版物印刷服务的主要产品是报纸、期刊和图书，同时包括地图、年画、图片、挂历、画册以及音像制品、电子出版物的装帧封面等相关产品。作为新闻出版业的重要组成部分，出版物印刷涉及的产品多以信息传播和知识传承为主要功能，相对其他印刷品具有更为鲜明的文化和意识形态属性，在行业发展中一向受到特殊的关注和重视。

出版物印刷多以纸张为主要承印介质，在产业链条上属于传统纸质出版物的生产环节。近年来，受以微信公众号、短视频及直播平台等为代表的新兴媒体快速发展的影响，以报纸、期刊为代表的纸质媒体市场萎缩，发行量下降，主要承担知识传承功能的图书也改变了此前的向上走势，销售量出现下滑。传统纸质出版面临挑战，增加了出版物印刷市场发展的压力。

2023年，我国共有出版物印刷企业6773家，同比下降7.95%，比同期印刷企业总量2.97%的增幅低了10.92个百分点；实现出版物印刷产值1634.03亿元，同比下降10.73%，比同期印刷工业总产值0.77%的增幅低了11.50个百分点；实现利润总额75.08亿元。印刷企业数量和产值均出现较大幅度的同比下滑，说明出版物印刷在2023年面临的市场境遇相对艰难。需要说明的是，不同门类印刷业务的利润总额是2024年印刷企业年度报告工作对相关统计数据进行调整优化后新增的指标，无法计算同比数据。

2019—2023年，出版物印刷企业数量以下行为主。其中，区间高点出现在2019年，为7427家；2020年，同比下降1.10%，降至7345家；2021年，同比回升0.60%，反弹至7389家；2022年和2023年，连续下滑，同比降幅分别为0.42%、7.95%，到2023年降至区间低点6773家，相对于2019年累计下降8.81%，比同期印刷企业总量9.29%的增幅低了18.10个百分点。出版物印刷产值的走势与企业数量类似，整体表现为下行，2019年为1860.01亿元，2020年同比下降6.37%，降至1741.54亿元；2021年，同比增长11.51%，升至区间高点1941.96亿元；2022年和2023年，连续下滑，同比降幅分别为5.75%、10.73%，到2023年降至区间低点1634.03亿元，相对于2019年累计下降12.15%，比同期印刷工业总产值10.94%的增幅低了23.09个百分点。

在此期间，由于出版物印刷企业数量、产值均出现负增长，而行业整体企业数量、印刷工业总产值依然向上增长，出版物印刷相应指标在行业总量中的占比均出现下滑。其中，出版物印刷企业数量在印刷企业总量中的占比，由2019年的7.64%降至2023年的6.37%，减少了1.27个百分点；出版物印刷产值在印刷工业总产值中的占比由2019年的14.29%降至2023年的11.32%，减少了2.97个百分点（见表7、图6、图7）。

表7　2019—2023年出版物印刷关键数据指标及增长情况

年份	企业数量（家）	企业数量增长率	产值（亿元）	产值增长率
2019	7427	—	1860.01	—
2020	7345	−1.10%	1741.54	−6.37%
2021	7389	0.60%	1941.96	11.51%
2022	7358	−0.42%	1830.36	−5.75%
2023	6773	−7.95%	1634.03	−10.73%

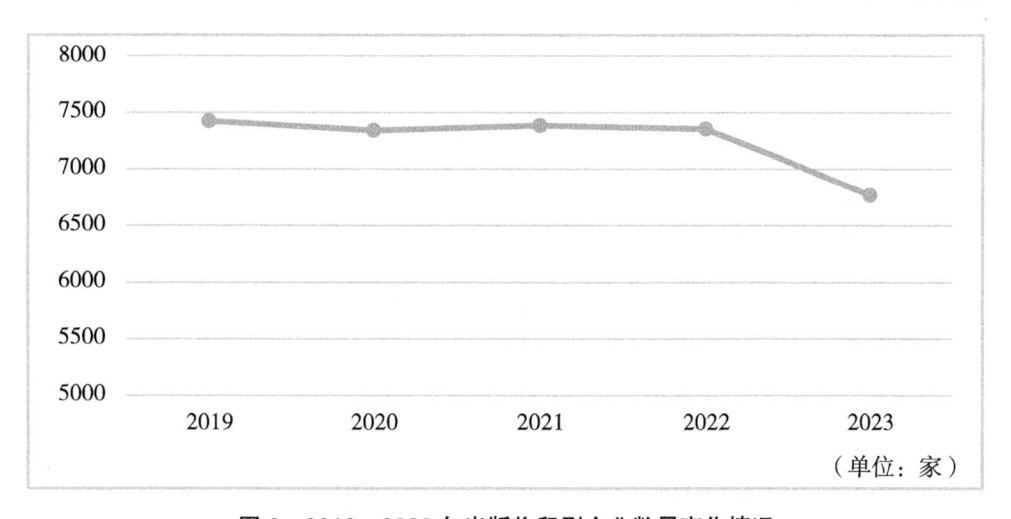

图6　2019—2023年出版物印刷企业数量变化情况

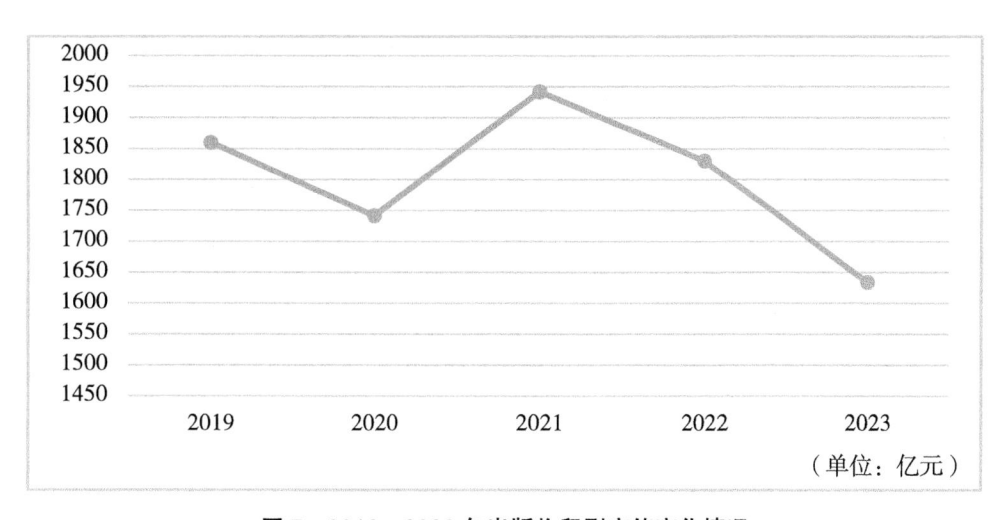

图7　2019—2023年出版物印刷产值变化情况

出版物印刷服务的下游行业相对集中，主体就是包括报纸、期刊、图书出版在内的纸质出版行业。纸质出版在我国属于典型的都市型行业，主要分布于部分信息、人才资源集中的大中型城市，特定地区出版物印刷发展水平与当地纸质出版产业资源的密集度紧密相关。同时，我国印刷企业还积极参与海外出版物印刷市场竞争，承接了大量来自欧美地区的图书印刷业务，特定地区外向型印刷企业数量的多寡，同样能够影响当地出版物印刷的发展水平。从整体上看，与印刷业整体格局类似，以北京为中心，出版单位众多的环渤海地区；以上海为中心，经济文化发达的长三角地区；以广东为主体，外向型印刷企业众多，在海外市场具有较强竞争力的珠三角地区，出版物印刷发展水平较高。中部地区部分省份凭借相对较低的成本和价格优势，近年来出版物印刷也获得了较快发展。

2023 年，我国出版物印刷产值最高的十个省份中，有一个来自珠三角地区，三个来自长三角地区，三个来自环渤海地区，两个来自中部地区，还有一个来自其他地区。

其中，全国第一印刷大省广东，在出版物印刷产业规模方面同样处于领跑位置。2023 年，广东省共有出版物印刷企业 551 家，实现出版物印刷产值 271.86 亿元，均位居各省份之首；实现利润总额 4.65 亿元，位居前十省份第六。福建省共有出版物印刷企业 196 家，实现出版物印刷产值 176.56 亿元，位居各省份第二；实现利润总额 6.05 亿元，位居前十省份第四。湖南省出版物印刷近年来实现了较快发展，出版物印刷企业数量达到 437 家，实现出版物印刷产值 147.60 亿元，位居各省份第三；实现利润总额 9.89 亿元，位居前十省份第二。浙江省共有出版物印刷企业 396 家，实现出版物印刷产值 126.78 亿元，位居各省份第四；实现利润总额 8.45 亿元，位居前十省份第三。上海市共有出版物印刷企业 134 家，实现出版物印刷产值 121.65 亿元，位居各省份第五；实现利润总额 13.17 亿元，位居前十省份第一。江苏省共有出版物印刷企业 340 家，实现出版物印刷产值 108.89 亿元，位居各省份第六；实现利润总额 5.47 亿元，位居前十省份第五。北京市共有出版物印刷企业 382 家，实现出版物印刷产值 103.21 亿元，位居各省份第七；实现利润总额 3.63 亿元，位居前十省份第八。河北省共有出版物印刷企业 531 家，实现出版物印刷产值 79.69 亿元，位居各省份第八；实现利润总额 4.58 亿元，位居前十省份第七。山东省共有出版物印刷企业 413 家，实现出版物印刷产值 67.34 亿元，位居各省份第九；实现利润总额 3.40 亿元，位居前十省份第九。江西省共有出版物印刷企业 149 家，实现出版物印刷产值 63.71 亿元，实现利润总额 0.64 亿元，均位居前十省份第十。

通过对比可以发现，前十省份出版物印刷产值排名和利润总额排名并不一致，有的还差距较大。这表明，不同地区出版物印刷的产值利润率存在差异。2023 年，在前十省份中，出版物印刷产值利润率最高的是上海市，达到 10.83%；湖南省、浙江省分居第二和第三，分别为 6.70%、6.67%；河北省、山东省、江苏省分居第四到第六，分别为 5.75%、5.05%、5.02%；北京市、福建省分居第七和第八，分别为 3.52%、3.43%；广东省、江西省分居第九、第十，分别只有 1.71%、1.00%。

2023 年，前十省份共有出版物印刷企业 3529 家，实现出版物印刷产值 1267.28 亿元，利润总额 59.92 亿元，在出版物印刷各项指标中的占比分别为 52.10%、77.56%、79.81%。前十省份出版物印刷的产值利润率为 4.73%，比出版物印刷整体的产值利润率 4.59% 高出 0.14 个百分点（见表 8）。

表 8　2023 年我国出版物印刷产值最高的十个省份

排名	省份	企业数量（家）	印刷产值（亿元）	利润总额（亿元）	产值利润率
1	广东	551	271.86	4.65	1.71%
2	福建	196	176.56	6.05	3.43%
3	湖南	437	147.60	9.89	6.70%
4	浙江	396	126.78	8.45	6.67%
5	上海	134	121.65	13.17	10.83%
6	江苏	340	108.89	5.47	5.02%
7	北京	382	103.21	3.63	3.52%
8	河北	531	79.69	4.58	5.75%
9	山东	413	67.34	3.40	5.05%
10	江西	149	63.71	0.64	1.00%
	合计	3529	1267.28	59.92	4.73%

在大的区域格局中，社会经济发达、出版底蕴深厚的长三角地区，出版物

印刷规模居前。2023年，长三角地区共有出版物印刷企业870家，在全国总量中的占比为12.85%，不及环渤海地区和中部地区，但出版物印刷产值达到357.31亿元，出版物印刷利润总额达到27.08亿元，在全国总量中的占比分别为21.87%、36.07%，均高于珠三角地区、环渤海地区和中部地区。与2022年相比，长三角地区出版物印刷企业数量微增0.12%，出版物印刷产值增长5.79%。

中部地区共有出版物印刷企业1513家，在全国总量中的占比为22.34%，不及环渤海地区，实现出版物印刷产值340.70亿元，利润总额15.00亿元，在全国总量中的占比分别为20.85%、19.98%，两项指标均落后于长三角地区，但高于环渤海地区和珠三角地区。与2022年相比，中部地区出版物印刷企业数量下降6.08%，出版物印刷产值微降0.30%。

出版资源密集的环渤海地区共有出版物印刷企业1726家，在全国总量中的占比为25.48%，均高于珠三角地区、长三角地区和中部地区，实现出版物印刷产值303.01亿元，利润总额12.81亿元，在全国总量中的占比分别为18.54%、17.06%，两项指标均落后于长三角地区和中部地区，高于珠三角地区。与2022年相比，环渤海地区出版物印刷企业数量下降13.92%，出版物印刷产值下降21.58%。

凭借广东一省之力的珠三角地区共有出版物印刷企业551家，在全国总量中的占比为8.14%，实现出版物印刷产值271.86亿元，利润总额4.65亿元，在全国总量中的占比分别为16.64%、6.19%，三项指标均落后于长三角地区、环渤海地区和中部地区。与2022年相比，珠三角地区出版物印刷企业数量下降5.00%，出版物印刷产值下降24.22%。

在四个区域中，长三角地区出版物印刷产值有所增长，中部地区出版物印刷产值稳中略降，珠三角地区和环渤海地区出版物印刷产值出现较大幅度的下滑，这凸显了不同地区出版物印刷发展态势的差异。同时，长三角地区出版物印刷利润总额在全国总量中的占比明显高于产值占比，环渤海地区、中部地区两项指标占比基本相当，珠三角地区出版物印刷利润总额占比则明显低于产值占比，这凸显了不同地区出版物印刷利润率的差异。2023年，长三角地区出版物印刷的产值利润率为7.58%，中部地区和环渤海地区分别为4.40%、4.23%，珠三角地区仅有1.71%。

2023年，四个区域共有出版物印刷企业4660家，实现出版物印刷产值1272.88亿元，利润总额59.54亿元，在全国总量中的占比分别为68.80%、77.90%、79.30%。与2022年相比，四个区域出版物印刷企业数量下降8.00%，出版物印刷产值下降10.66%。

四个区域之外的其他地区共有出版物印刷企业2113家，实现出版物印刷产值361.14亿元，利润总额15.53亿元，在全国总量中的占比分别为31.20%、22.10%、20.69%。与2022年相比，其他地区出版物印刷企业数量下降7.85%，出版物印刷产值下降10.98%（见表9、图8、图9、图10）。

表9　2023年不同区域出版物印刷企业数量、产值、利润总额及产值利润率

区域	企业数量（家）	印刷产值（亿元）	利润总额（亿元）	产值利润率
珠三角地区	551	271.86	4.65	1.71%
长三角地区	870	357.31	27.08	7.58%
环渤海地区	1726	303.01	12.81	4.23%
中部地区	1513	340.70	15.00	4.40%
其他地区	2113	361.14	15.53	4.30%

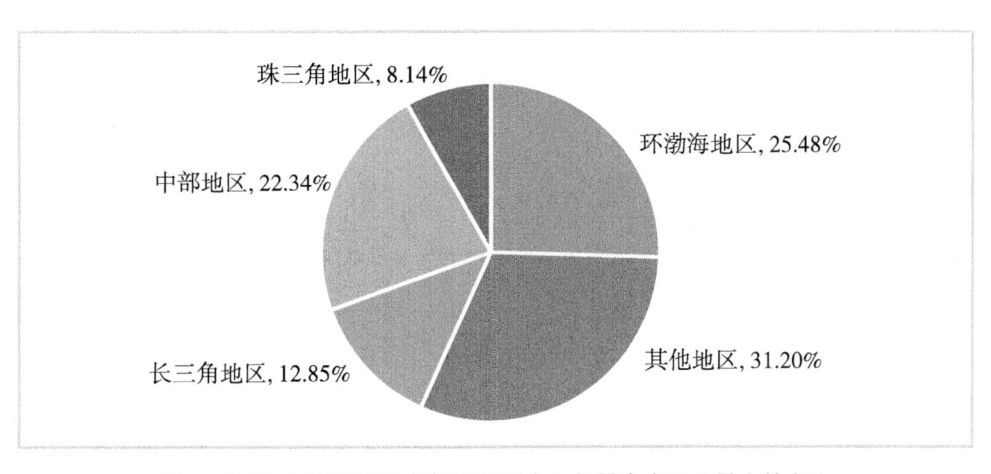

图8　2023年不同区域出版物印刷企业数量在全国总量中的占比

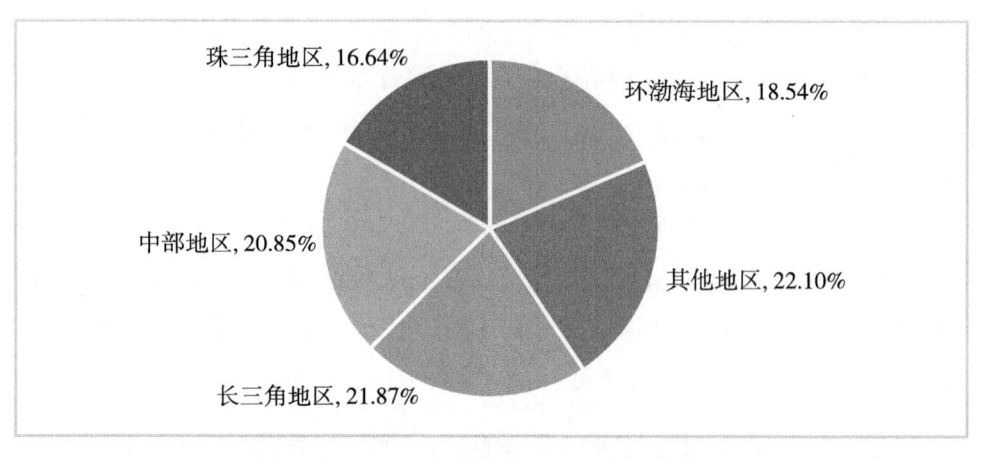

图9　2023年不同区域出版物印刷产值在全国总量中的占比

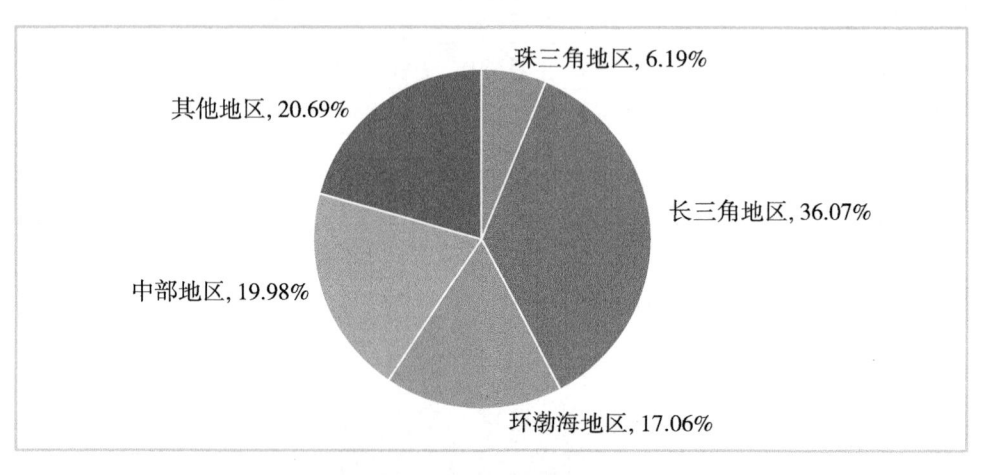

图10　2023年不同区域出版物印刷利润总额在全国总量中的占比

（二）包装装潢印刷品印刷的发展态势

相对于出版物印刷，包装装潢印刷品印刷服务的下游行业更为宽泛。在商品生产和流通过程中，包装装潢印刷品一方面作为包装容器，发挥着保护商品的作用；另一方面包装表面的文字和图案，还承担着传达品牌和产品信息，激发消费者购买欲望的功能。同时，部分包装装潢印刷品还通过采用独特的材质和造型，增强产品吸引力，提升销售附加值。近年来，随着社会消费需求的增长，我国包装装潢印刷品印刷一直保持着稳步向上的发展态势，成为整个印刷市场稳中有进的重要基石。

2023年，我国共有包装装潢印刷品印刷企业55934家，同比增长3.90%，比同期印刷企业总量2.97%的增幅高出0.93个百分点；实现包装装潢印刷品印刷产值11755.88亿元，同比增长2.17%，比同期印刷工业总产值0.77%的增幅高出1.40个百分点；实现利润总额571.39亿元。包装装潢印刷品印刷企业数量和产值均以高于行业整体水平的增速保持向上，说明包装装潢印刷品印刷是2023年行业能够逆势向上的主要动力。

2019—2023年，包装装潢印刷品印刷企业数量保持稳步向上。其中，2019年为50318家，随后四年的同比增速分别为1.67%、3.57%、1.60%、3.90%，到2023年提升至55934家，累计增长11.16%，比同期印刷企业总量9.29%的增幅高出1.87个百分点。同期，包装装潢印刷品印刷产值同样连续向上。其中，2019年为10075.26亿元，随后四年的同比增速分别为0.22%、9.48%、4.08%、2.17%，到2023年提升至11755.88亿元，累计增长16.68%，比同期印刷工业总产值10.94%的增幅高出5.74个百分点。在此期间，印刷工业总产值的累计增量为1423.61亿元，包装装潢印刷品印刷产值的累计增量为1680.62亿元，包装装潢印刷品印刷的增长弥补了其他市场的下滑。

包装装潢印刷品印刷相对良好的走势，使其在印刷企业总量、印刷工业总产值中的占比都有所提升。2019年，包装装潢印刷品印刷企业数量在印刷企业总量中的占比为51.75%，到2023年达到52.64%，增加了0.89个百分点。同期，包装装潢印刷品印刷产值在印刷工业总产值中的占比，由77.40%提升至81.41%，增加了4.01个百分点（见表10、图11、图12）。

表10　2019—2023年包装装潢印刷品印刷关键数据指标及增长情况

年份	企业数量（家）	企业数量增长率	产值（亿元）	产值增长率
2019	50318	—	10075.26	—
2020	51159	1.67%	10097.18	0.22%
2021	52986	3.57%	11054.88	9.48%
2022	53834	1.60%	11505.91	4.08%
2023	55934	3.90%	11755.88	2.17%

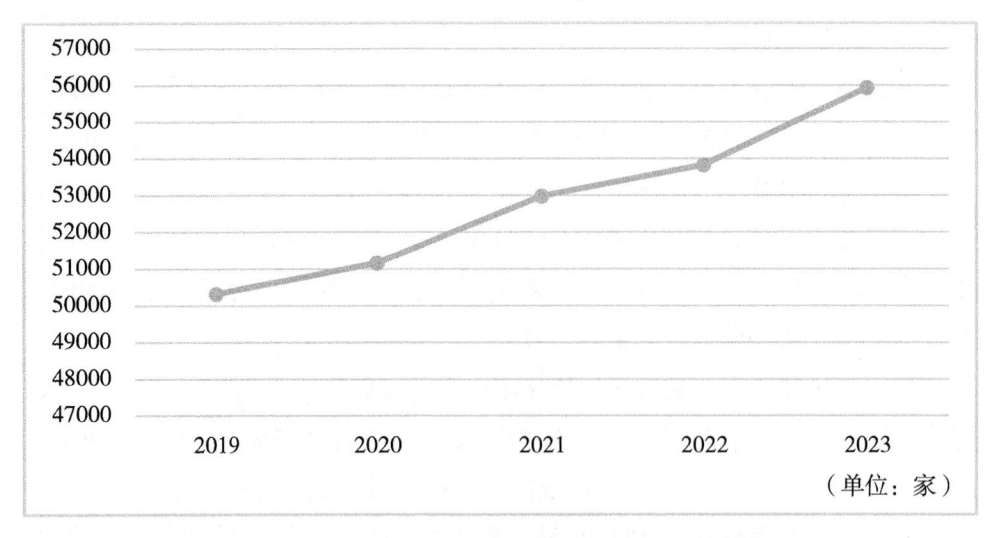

图 11　2019—2023 年包装装潢印刷品印刷企业数量变化情况

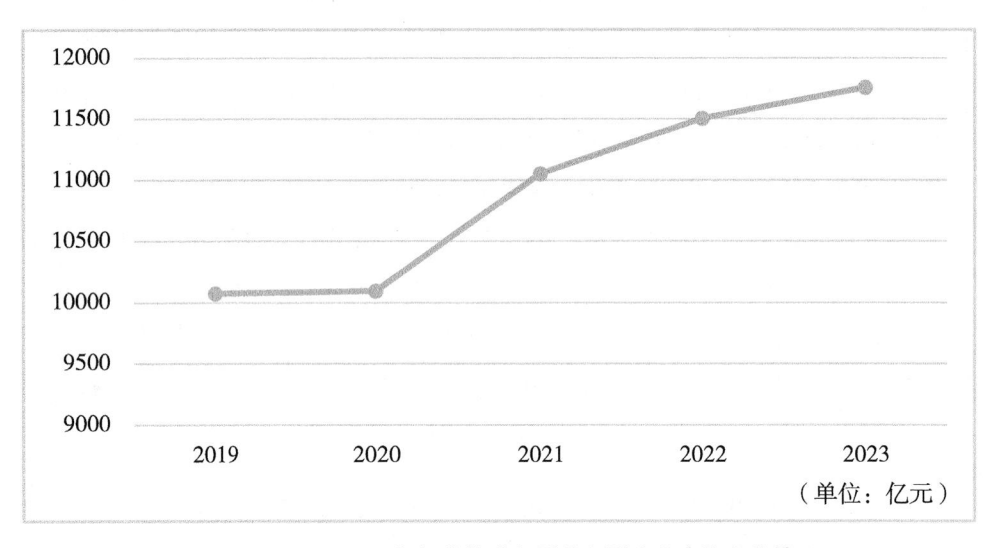

图 12　2019—2023 年包装装潢印刷品印刷企业产值变化情况

包装装潢印刷品一般以纸张、塑料、金属作为主要材质，重量大，运输成本高。因此，包装装潢印刷品生产通常都会受到运输半径的限制，多数下游客户都倾向于就近选择包装装潢印刷品供应商。这就导致特定地区包装装潢印刷品印刷发展水平，与当地的经济总量、产业结构、产业特色紧密相关。通常而言，一个地区经济总量越大，市场需求越旺盛，包装装潢印刷品印刷的发展水平越高。我国包装装潢印刷品印刷的区域格局，就与整体经济布局高度一致，呈现出鲜明的东高西低、南强北弱的特征。同时，部分地区中西部省份经济总量并不算高，但由于烟酒、特色农产品等产业发达，包装装潢印刷品印刷发展形成了自身的特色。

2023年，我国包装装潢印刷品印刷产值最高的十个省份中，各有三个来自长三角地区和中部地区，各有一个来自珠三角地区、环渤海地区、西部地区和其他地区。

其中，作为全国第一经济大省、第一印刷大省和出版物印刷产值最高的省份，广东省在包装装潢印刷品印刷方面同样以显著优势走在全国前列。2023年，广东省共有包装装潢印刷品印刷企业12440家，实现包装装潢印刷品印刷产值2515.49亿元，利润总额114.15亿元，均位居各省份之首。江苏省共有包装装潢印刷品印刷企业7194家，实现包装装潢印刷品印刷产值1829.60亿元，位居各省份第二；实现利润总额93.14亿元，位居前十省份第二。浙江省共有包装装潢印刷品印刷企业9801家，实现包装装潢印刷品印刷产值1675.81亿元，位居各省份第三；实现利润总额74.46亿元，位居前十省份第三。山东省共有包装装潢印刷品印刷企业5824家，实现包装装潢印刷品印刷产值894.81亿元，位居各省份第四；实现利润总额38.06亿元，位居前十省份第五。上海市共有包装装潢印刷品印刷企业1656家，实现包装装潢印刷品印刷产值628.47亿元，位居各省份第五；实现利润总额46.71亿元，位居前十省份第四。福建省共有包装装潢印刷品印刷企业2307家，实现包装装潢印刷品印刷产值610.98亿元，位居各省份第六；实现利润总额28.53亿元，位居前十省份第七。安徽省共有包装装潢印刷品印刷企业2330家，实现包装装潢印刷品印刷产值569.97亿元，位居各省份第七；实现利润总额30.57亿元，位居前十省份第六。四川省包装装潢印刷品印刷企业1248家，实现包装装潢印刷品印刷产值443.02亿元，位居各省份第八；实现利润总额23.71亿元，位居前十省份第八。湖北省共有包装装潢印刷品印刷企业932家，实现包装装潢印刷品印刷产值328.17亿元，位居各省份第九；实现利润总额18.45亿元，位居前十省份第九。河南省共有包装装潢印刷品印刷企业1322家，实现包装装潢印刷品印刷产值298.91亿元，位居各省份第十；实现利润总额18.45亿元，位居前十省份第十。

通过对比可以发现，前十省份包装装潢印刷品印刷的产值利润率同样有高有低，但差距并不像出版物印刷那样明显。其中，产值利润率最高的依然是上海市，达到7.43%；其次是河南省，达到6.17%；湖北省、安徽省、四川省、江苏省分居第三到第六，分别为5.77%、5.36%、5.35%、5.09%；福建省、广东省、浙江省、山东省分居第七到第十，分别为4.67%、4.54%、4.44%、4.25%。

2023年，前十省份共有包装装潢印刷品印刷企业45054家，实现包装装潢印刷品印刷产值9795.21亿元，利润总额486.71亿元，在包装装潢印刷品印刷各项指标中的占比分别为80.55%、83.32%、85.18%。前十省份包装装潢印刷品印刷的产值利润率为4.97%，比出版物印刷整体的产值利润率4.86%高出0.11个百分点（见表11）。

表11　2023年我国包装装潢印刷品印刷产值最高的十个省份

排名	省份	企业数量（家）	印刷产值（亿元）	利润总额（亿元）	产值利润率
1	广东	12440	2515.49	114.15	4.54%
2	江苏	7194	1829.60	93.14	5.09%
3	浙江	9801	1675.81	74.46	4.44%
4	山东	5824	894.81	38.06	4.25%
5	上海	1656	628.47	46.71	7.43%
6	福建	2307	610.98	28.53	4.67%
7	安徽	2330	569.97	30.57	5.36%
8	四川	1248	443.02	23.71	5.35%
9	湖北	932	328.17	18.92	5.77%
10	河南	1322	298.91	18.45	6.17%
合计		45054	9795.21	486.71	4.97%

在大的区域格局中，长三角地区凭借雄厚的经济实力和良好的制造业基础，包装装潢印刷品印刷同样领跑各大区域。2023年，长三角地区共有包装装潢印刷品印刷企业18651家，实现包装装潢印刷品印刷产值4133.88亿元，包装装潢印刷品印刷利润总额214.31亿元，在全国总量中的占比分别为33.34%、35.16%、37.51%，均位居各大区域之首。与2022年相比，长三角地区包装装

潢印刷品印刷企业数量增长2.22%，包装装潢印刷品印刷产值微降0.71%。

珠三角地区虽然只有广东一省，但区域内制造企业密集，市场需求旺盛，包装装潢印刷品印刷规模仅次于长三角地区。2023年，珠三角地区共有包装装潢印刷品印刷企业12440家，实现包装装潢印刷品印刷产值2515.49亿元，包装装潢印刷品印刷利润总额114.15亿元，在全国总量中的占比分别为22.24%、21.40%、19.98%，均位居各大区域次席。与2022年相比，珠三角地区包装装潢印刷品印刷企业数量增长0.18%，包装装潢印刷品印刷产值增长2.30%。

受益于制造业发展和承接东部地区印刷业产业转移，中部地区包装装潢印刷品印刷体现出良好的发展潜力，共有包装装潢印刷品印刷企业7270家，在全国总量中的占比为13.00%，数量虽不及环渤海地区，但包装装潢印刷品印刷产值达到1678.90亿元，包装装潢印刷品印刷利润总额达到88.14亿元，在全国总量中的占比分别为14.28%、15.43%，均高于环渤海地区。与2022年相比，中部地区包装装潢印刷品印刷企业数量增长15.09%，包装装潢印刷品印刷产值增长4.90%。

环渤海地区共有包装装潢印刷品印刷企业9949家，在全国总量中的占比为17.79%；实现包装装潢印刷品印刷产值1605.83亿元，包装装潢印刷品印刷利润总额65.87亿元，在全国总量中的占比分别为13.66%、11.53%。与2022年相比，环渤海地区包装装潢印刷品印刷企业数量增长4.08%，包装装潢印刷品印刷产值增长6.18%。

2023年，四个区域包装装潢印刷品印刷企业数量全部实现正增长，珠三角地区、环渤海地区、中部地区的包装装潢印刷品印刷产值也都有不同幅度的增长，只有长三角地区出现小幅下滑。这说明，各个区域包装装潢印刷品印刷的发展态势保持良好。从产值利润率来看，中部地区最高，达到5.25%；长三角地区次之，为5.18%；珠三角地区和环渤海地区，分别为4.54%、4.10%。

2023年，四个区域共有包装装潢印刷品印刷企业48310家，实现包装装潢印刷品印刷产值9934.10亿元，利润总额482.47亿元，在全国总量中的占比分别为86.37%、84.50%、84.44%。与2022年相比，四个区域包装装潢印刷品印刷企业数量增长3.80%，包装装潢印刷品印刷产值增长2.05%。

四个区域之外的其他地区共有包装装潢印刷品印刷企业7624家，实现包装装潢印刷品印刷产值1821.78亿元，利润总额88.92亿元，在全国总量中的占比分别为13.63%、15.50%、15.56%。与2022年相比，其他地区包装装潢印刷品印刷企业数量增长4.52%，包装装潢印刷品印刷产值增长2.87%。与出版物印刷相比，珠三角地区、长三角地区、环渤海地区和中部地区四个区域包装装潢印刷品印刷企业数量、产值、利润总额，在全国总量中的占比更大，这表明包装装潢印刷品印刷的产业集中度更高，西部地区与中东部地区的差距更大（见表12、图13、图14、图15）。

表12　2023年不同区域包装装潢印刷品印刷企业数量、产值、利润总额及产值利润率

区域	企业数量（家）	印刷产值（亿元）	利润总额（亿元）	产值利润率
珠三角地区	12440	2515.49	114.15	4.54%
长三角地区	18651	4133.88	214.31	5.18%
环渤海地区	9949	1605.83	65.87	4.10%
中部地区	7270	1678.90	88.14	5.25%
其他地区	7624	1821.78	88.92	4.88%

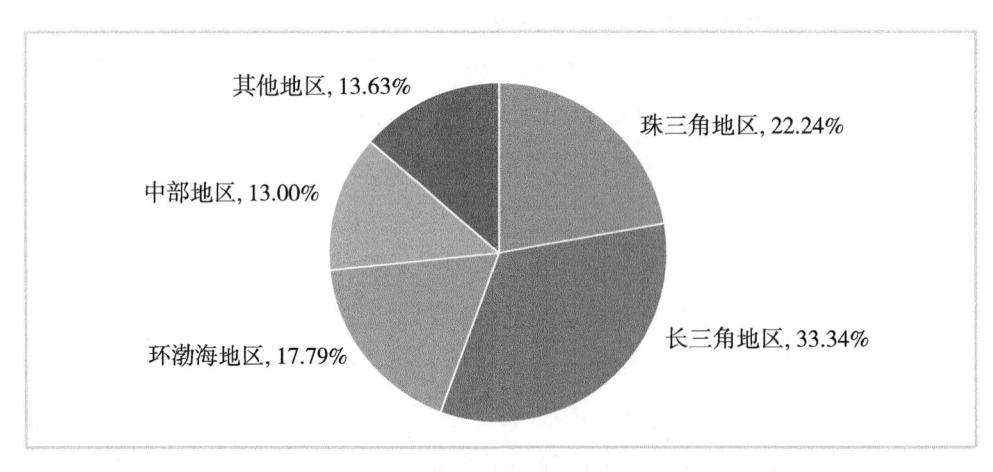

图13　2023年不同区域包装装潢印刷品印刷企业数量在全国总量中的占比

- 其他地区, 13.63%
- 珠三角地区, 22.24%
- 中部地区, 13.00%
- 环渤海地区, 17.79%
- 长三角地区, 33.34%

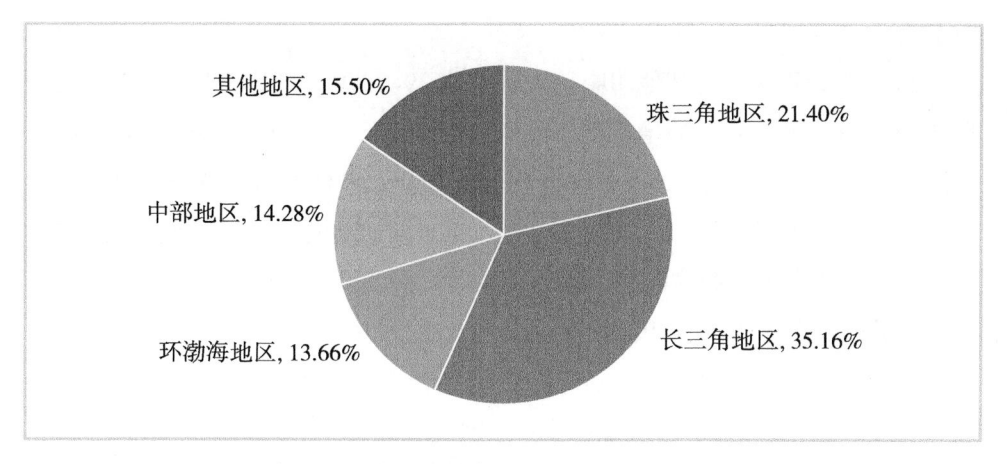

图 14　2023 年不同区域包装装潢印刷品印刷产值在全国总量中的占比

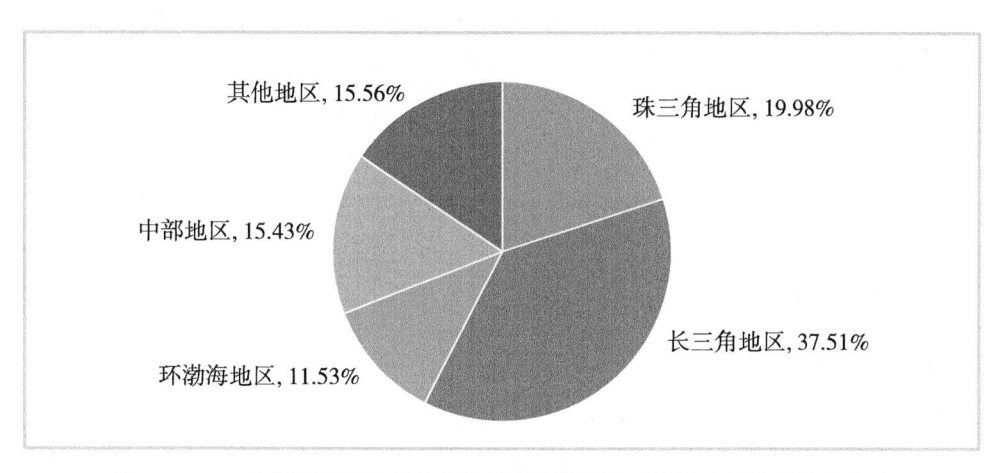

图 15　2023 年不同区域包装装潢印刷品印刷利润总额在全国总量中的占比

（三）其他印刷品印刷的发展态势

其他印刷品印刷是与出版物印刷、包装装潢印刷品印刷并列的三大印刷门类之一。按照《印刷业管理条例》的界定，其他印刷品印刷主要包括文件、资料、图表、票证、证件、名片等。在印刷企业的生产经营实践中，其他印刷品印刷的范围要大很多。由于涵盖的产品类型十分多样，其他印刷品印刷的产品特色很难一概而论，但除了有价证券、特殊票证等少数产品外，多数其他印刷品印刷的市场需求都相对分散，这就导致其他印刷品印刷企业数量众多，但普遍规模不大。

2023年，我国共有其他印刷品印刷企业39474家，同比增长2.80%，比同期印刷企业总量2.97%的增幅低了0.17个百分点；实现其他印刷品印刷产值878.63亿元，同比增长6.51%，比同期印刷工业总产值0.77%的增幅高出5.74个百分点；实现利润总额60.77亿元。企业数量同比增速略低于行业整体水平，产值同比增速高于出版物印刷、包装装潢印刷品印刷及行业整体水平，说明其他印刷品印刷在2023年发展态势相对良好。

2019—2023年，其他印刷品印刷企业数量保持连续增长态势。其中，2019年为36557家，随后四年的同比增速分别为0.35%、4.44%、0.23%、2.80%，到2023年提升至39474家，累计增长7.98%，比同期印刷企业总量9.29%的增幅低了1.31个百分点。在印刷企业数量持续向上的同时，其他印刷品印刷产值却在波动中向下，出现一定幅度的下滑。其中，2019年为923.90亿元，2020年同比增长3.34%，升至区间高点954.79亿元；2021年和2022年分别同比下降1.21%、12.54%，降至区间低点824.90亿元；2023年，同比反弹6.51%，达到878.63亿元，但相对2019年依然下降4.90%，比同期印刷工业总产值10.94%的增幅低了15.84个百分点。在此期间，出版物印刷产值累计减少225.98亿元，其他印刷品印刷产值累计减少45.27亿元，均呈现出一定的收缩态势，只有包装装潢印刷品印刷以1680.62亿元的产值增量，呈现出继续扩张态势。

自2019年以来，其他印刷品印刷企业数量实现连续增长，但由于累计增幅不及行业整体水平，其在印刷企业总量中的占比呈现下降趋势。2023年，占比为37.15%，相对2019年的37.60%，减少了0.45个百分点。整体呈现下行趋势的其他印刷品印刷产值，在印刷工业总产值中的占比下降更为明显。2023年，占比为6.08%，相对2019年的7.10%，减少了1.02个百分点（见表13、图16、图17）。

表13　2019—2023年其他印刷品印刷关键数据指标及增长情况

年份	企业数量（家）	企业数量增长率	产值（亿元）	产值增长率
2019	36557	—	923.90	—

续表

年份	企业数量（家）	企业数量增长率	产值（亿元）	产值增长率
2020	36684	0.35%	954.79	3.34%
2021	38311	4.44%	943.20	−1.21%
2022	38399	0.23%	824.90	−12.54%
2023	39474	2.80%	878.63	6.51%

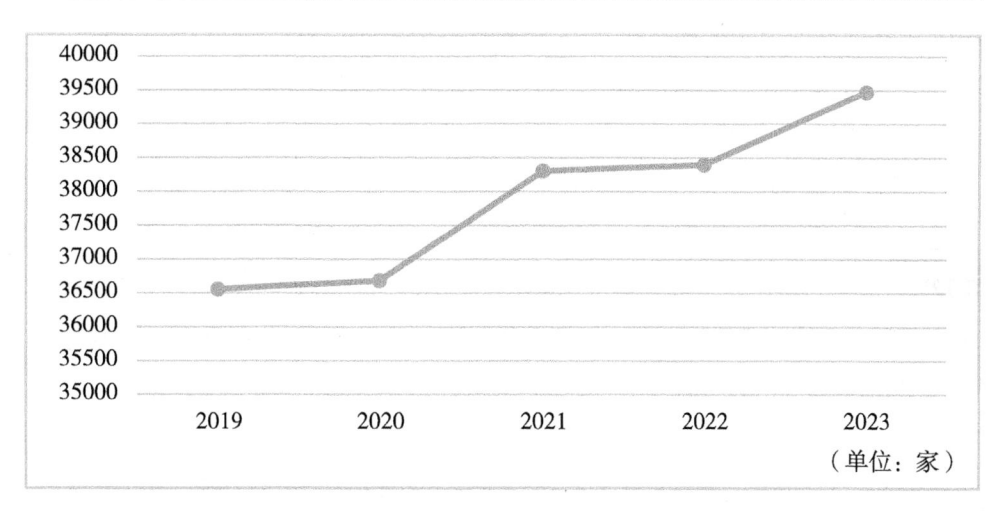

图 16　2019—2023 年其他印刷品印刷企业数量变化情况

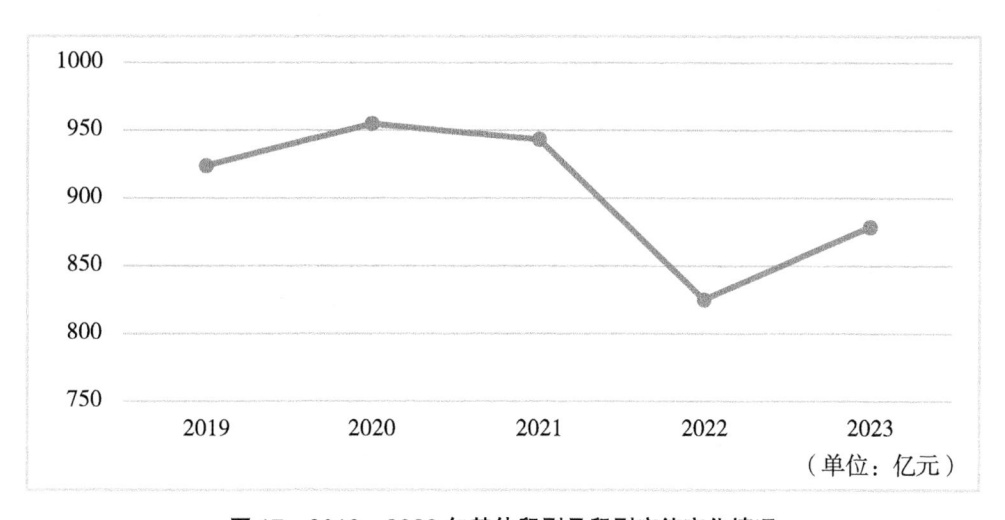

图 17　2019—2023 年其他印刷品印刷产值变化情况

作为我国印刷业最重要的三大印刷门类，出版物印刷、包装装潢印刷品印刷、其他印刷品印刷无论是企业数量，还是产值、利润总额，均占据了印刷业的主体。2023年，三大门类印刷企业数量共计102181家，占印刷企业总量的96.16%；三大门类共计实现印刷产值14268.54亿元，占印刷工业总产值的98.81%；实现利润总额707.24亿元，占行业利润总额的99.06%。与2022年相比，三大门类在印刷企业总量、印刷工业总产值中的占比稳中略降，分别减少0.35个百分点、0.02个百分点。

三大门类之外，排版、制版、装订专项和专营数字印刷在行业总量中的占比较低。其中，专项印刷业务还处于收缩状态，在行业总量中的占比有所下降。2023年，从事专项业务的企业数量为876家，同比下降6.71%；实现专项印刷产值46.46亿元，同比下降18.46%，两项指标在行业总量中的占比分别为0.82%、0.32%，相对于2022年分别减少0.09个百分点、0.09个百分点。专营数字印刷则呈现快速增长态势。从事专营数字印刷的企业数量为3203家，同比增长20.32%；实现专营数字印刷产值125.24亿元，同比增长12.74%，两项指标在行业总量中的占比分别为3.01%、0.87%，相对于2022年分别增加0.43个百分点、0.09个百分点。同年，从事专项业务的企业和专营数字印刷的企业分别实现利润总额3.22亿元、3.51亿元，在行业总量中的占比分别为0.45%、0.49%。

作为印刷业最重要的三大门类，出版物印刷、包装装潢印刷品印刷、其他印刷品印刷的企业数量、产值规模，主要是由市场需求总量和分布广泛度决定的。不同门类的企业，由于产品特点不同，平均规模和平均盈利能力也存在显著差异。

2023年，我国全部印刷企业的平均产值为1358.95万元，同比下降2.14%；平均利润为67.19万元，同比增长0.56%。以此为基准，可以衡量三大门类相对行业整体，在平均规模和平均盈利方面的差异。

三大门类中2023年平均产值规模最大的是出版物印刷企业，为2412.56万元，同比下降3.02%，是行业整体水平的1.78倍。同时，出版物印刷企业的平均利润也处于领先水平，达到110.85万元，是行业整体水平的1.65倍。出版物印刷企业平均体量较大，主要是由于其下游客户主要集中于部分大中型城市，需求集中，产业密集度较高，有利于印刷企业拓展市场，进行集中化生产。同时，受制于下游行业单体客户的需求规模，出版物印刷企业在平均规模较大的同时，缺少像包装装潢印刷品印刷领域一样年产值过百亿元的行业巨头。国内规模领先的出版物印刷企业，年产值基本在 20 亿元左右。

包装装潢印刷品印刷企业的平均产值为 2101.74 万元，同比下降 1.66%，是行业整体水平的 1.55 倍；平均利润为 102.15 万元，是行业整体水平的 1.52 倍，均不及出版物印刷企业，高于其他印刷品印刷企业。包装装潢印刷品印刷市场体量庞大，是出版物印刷市场的七倍多，包装装潢印刷品印刷企业的平均体量之所以不及出版物印刷，主要是由于包装装潢印刷品种类繁多，需求分布广泛，导致包装装潢印刷品印刷企业数量也远远高于出版物印刷企业。从龙头企业的规模看，包装装潢印刷品印刷领域已经拥有多家产值过百亿的企业，年产值超过 20 亿元的企业达到数十家，明显高于出版物印刷领域的领先企业。

其他印刷品印刷企业的平均产值为 222.59 万元，同比增长 3.62%，在三大门类中唯一实现正增长，是行业整体水平的 16.38%；平均利润为 15.40 万元，是行业整体水平的 22.92%。其他印刷品印刷企业平均体量显著落后于出版物印刷、包装装潢印刷品印刷，主要是由于除了少数特殊产品外，其他印刷品印刷主要服务于各类机构零散的印刷需求，具有需求广泛、客单价低的特点，从而形成了以数量众多的中小企业为主体的市场格局。

从事专项业务的企业和专营数字印刷的企业平均产值分别为 530.32 万元、391.02 万元，同比下降 12.60%、6.30%，是行业整体水平的 39.02%、28.77%。均高于其他印刷品印刷企业；平均利润分别为 36.71 万元、10.96 万元，是行业整体水平的 54.64%、16.32%，前者高于其他印刷品印刷企业，后者低于其他印刷品印刷企业（见图 18、图 19、图 20、表 14）。

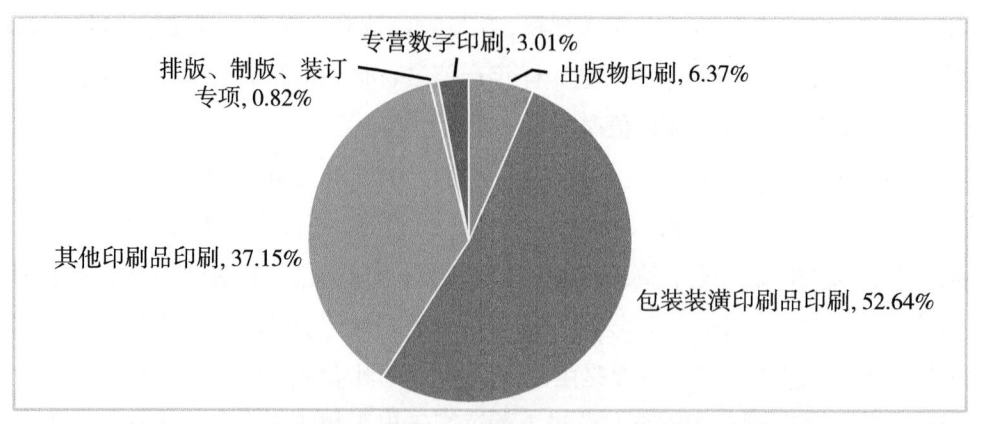

图18 2023年各类别印刷企业数量在印刷企业总量中的占比情况

- 专营数字印刷，3.01%
- 出版物印刷，6.37%
- 排版、制版、装订专项，0.82%
- 其他印刷品印刷，37.15%
- 包装装潢印刷品印刷，52.64%

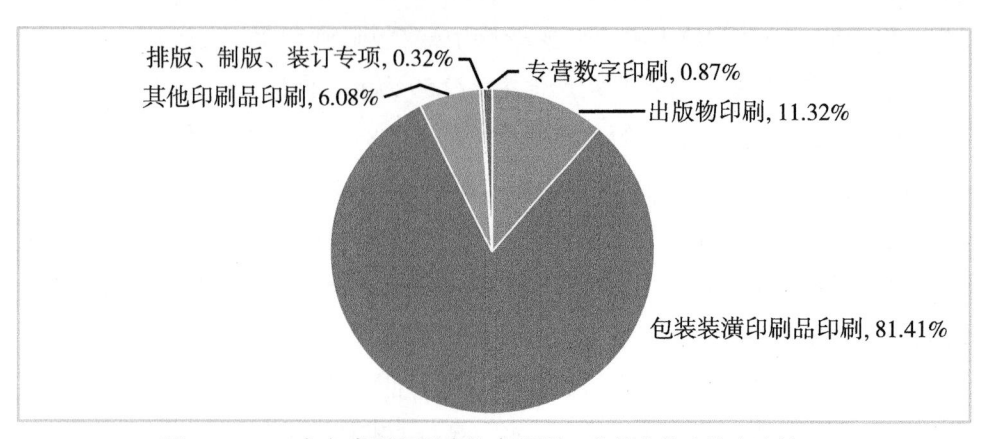

图19 2023年各类别印刷产值在印刷工业总产值中的占比情况

- 排版、制版、装订专项，0.32%
- 专营数字印刷，0.87%
- 其他印刷品印刷，6.08%
- 出版物印刷，11.32%
- 包装装潢印刷品印刷，81.41%

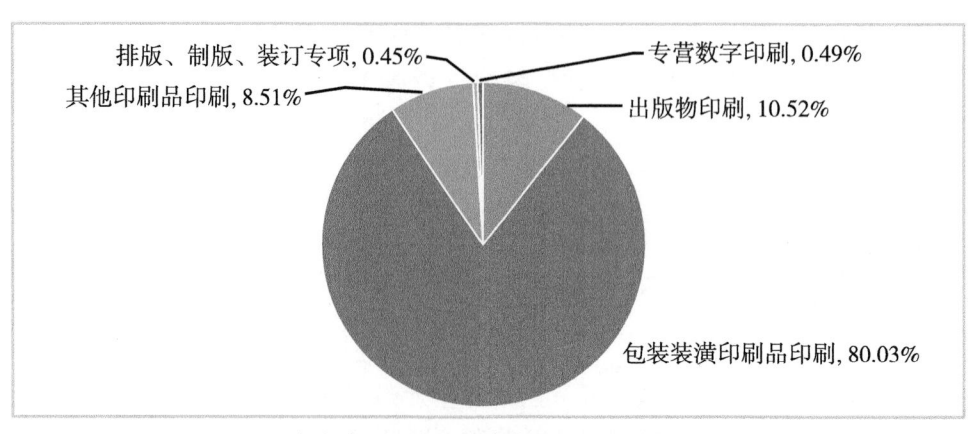

图20 2023年各类别利润总额在印刷业利润总额中的占比情况

- 排版、制版、装订专项，0.45%
- 专营数字印刷，0.49%
- 其他印刷品印刷，8.51%
- 出版物印刷，10.52%
- 包装装潢印刷品印刷，80.03%

表 14　2023 年各类别印刷企业平均产值、平均利润

类别	企业数量	产值（亿元）	企业平均产值（万元）	利润总额（亿元）	企业平均利润（万元）
出版物印刷	6773	1634.03	2412.56	75.08	110.85
包装装潢印刷品印刷	55934	11755.88	2101.74	571.39	102.15
其他印刷品印刷	39474	878.63	222.59	60.77	15.40
排版、制版、装订专项	876	46.46	530.32	3.22	36.71
专营数字印刷	3203	125.24	391.02	3.51	10.96

四、我国印刷业部分主营业务发展情况

印刷业的产品类型十分丰富多元，在出版物印刷、包装装潢印刷品印刷、其他印刷品印刷三个主要门类之下，还可以继续进行细分。为了更深入地了解不同印刷细分市场的发展态势，国家新闻出版署在印刷企业年度报告（核验）工作中专项统计汇总了部分印刷主营业务的关键数据指标。

其中，2019—2022 年纳入统计的印刷主营业务共有十类。包括：属于出版物印刷的书刊印刷和报纸印刷；属于包装装潢印刷品印刷的纸包装印刷，塑料软包装印刷，金属罐包装印刷，玻璃、陶瓷包装印刷，标签印刷和其他包装装潢印刷；属于其他印刷品印刷的普通票据印刷和安全印刷。2023 年，国家新闻出版署对相关统计数据的部分指标进行调整优化后，取消了标签印刷、其他包装装潢印刷、普通票据印刷和安全印刷，新增了属于包装装潢印刷品印刷的广告宣传品印刷、商标标识印刷，以及属于其他印刷品印刷的票据印刷和证件印刷。

2023 年，在十类主营业务中，市场规模最大的是包装装潢印刷品印刷门类下的纸包装印刷。涉足纸包装印刷的企业共有 28150 家，实现纸包装印刷产值 5416.33 亿元，利润总额 225.86 亿元，均领先于其他九类主营业务，在十类主营业务相应指标中的占比分别为 53.14%、53.90%、50.72%。

同样属于包装装潢印刷品印刷门类下的塑料软包装印刷，各项指标均位居十类主营业务第二。涉足塑料软包装印刷的企业共有 8259 家，实现塑料软包

装印刷产值 2130.83 亿元，利润总额 107.82 亿元，在十类主营业务相应指标中的占比分别为 15.59%、21.21%、24.21%。

属于出版物印刷门类下的书刊印刷，各项指标均位居十类主营业务第三。涉足书刊印刷的企业共有 5988 家，实现书刊印刷产值 972.52 亿元，利润总额 36.30 亿元，在十类主营业务相应指标中的占比分别为 11.30%、9.68%、8.15%。书刊印刷各项指标虽然都位居第三，但产值和利润总额与纸包装印刷、塑料软包装印刷之间存在较大差距。

涉足金属罐包装印刷的企业数量只有 537 家，在十类主营业务企业总量中的占比为 1.01%，仅高于涉足报纸印刷以及玻璃、陶瓷包装印刷的企业数量，但这部分企业实现的金属罐包装印刷产值达到 669.42 亿元，利润总额达到 30.37 亿元，在十类主营业务相应指标中的占比分别为 6.66%、6.82%，均位居第四。这表明，涉足金属罐包装印刷的企业平均规模较大。

其他六类主营业务的产值规模均在 300 亿元以下。其中，涉足商标标识印刷的企业数量为 1852 家，在十类主营业务企业总量中的占比为 3.50%，位居第六。这部分企业实现商标标识印刷产值 269.32 亿元，在十类主营业务产值总量中的占比为 2.68%，位居第五；利润总额 11.38 亿元，在十类主营业务利润总量中的占比为 2.56%，位居第六。

涉足广告宣传品印刷的企业数量为 3600 家，在十类主营业务企业总量中的占比为 6.80%，位居第四。这部分企业实现广告宣传品印刷产值 254.77 亿元，在十类主营业务产值总量中的占比为 2.54%，位居第六；利润总额 11.31 亿元，在十类主营业务利润总量中的占比为 2.54%，位居第七。

涉足票据印刷的企业数量为 3105 家，在十类主营业务企业总量中的占比为 5.86%，位居第五。这部分企业实现票据印刷产值 137.23 亿元，在十类主营业务产值总量中的占比为 1.37%，位居第七；利润总额 6.15 亿元，在十类主营业务利润总量中的占比为 1.38%，位居第八。

涉足报纸印刷的企业数量为 519 家，在十类主营业务企业总量中的占比为 0.98%，位居第九。这部分企业实现报纸印刷产值 120.41 亿元，在十类主营业务产值总量中的占比为 1.20%，位居第八；利润总额 11.48 亿元，在十类主营业务利润总量中的占比为 2.58%，位居第五。

涉足玻璃、陶瓷包装印刷的企业数量为236家，在十类主营业务企业总量中的占比为0.45%，位居第十。这部分企业实现玻璃、陶瓷包装印刷产值54.43亿元，在十类主营业务产值总量中的占比为0.54%，位居第九；利润总额1.58亿元，在十类主营业务利润总量中的占比为0.35%，位居第十。

涉足证件印刷的企业数量为730家，在十类主营业务企业总量中的占比为1.38%，位居第七。这部分企业实现证件印刷产值22.73亿元，在十类主营业务产值总量中的占比为0.23%，位居第十；利润总额3.04亿元，在十类主营业务利润总量中的占比为0.68%，位居第九。

在十类主营业务中，属于包装装潢印刷品印刷门类下的纸包装印刷，塑料软包装印刷，金属罐包装印刷，玻璃、陶瓷包装印刷，广告宣传品印刷，商标标识印刷，企业数量合计为42634家，产值合计为8795.10亿元，利润总额合计为388.32亿元，在十类主营业务相应指标中的占比分别为80.48%、87.53%、87.21%。属于出版物印刷门类下的书刊印刷、报纸印刷，企业数量合计为6507家，产值合计为1092.93亿元，利润总额合计为47.78亿元，在十类主营业务相应指标中的占比分别为12.28%、10.88%、10.73%。属于其他印刷品印刷门类下的票据印刷、证件印刷，企业数量合计为3835家，产值合计为159.96亿元，利润总额合计为9.19亿元，在十类主营业务相应指标中的占比分别为7.24%、1.59%、2.06%。这与包装装潢印刷品印刷、出版物印刷、其他印刷品印刷，在印刷业产业格局中的位置基本一致（见表15）。

表15　2023年我国印刷业十类主营业务涉足企业数量、产值和利润及排序

序号	业务类型	企业数量（家）	业务类型	产值（亿元）	业务类型	利润（亿元）
1	纸包装印刷	28150	纸包装印刷	5416.33	纸包装印刷	225.86
2	塑料软包装印刷	8259	塑料软包装印刷	2130.83	塑料软包装印刷	107.82
3	书刊印刷	5988	书刊印刷	972.52	书刊印刷	36.30
4	广告宣传品印刷	3600	金属罐包装印刷	669.42	金属罐包装印刷	30.37
5	票据印刷	3105	商标标识印刷	269.32	报纸印刷	11.48
6	商标标识印刷	1852	广告宣传品印刷	254.77	商标标识印刷	11.38
7	证件印刷	730	票据印刷	137.23	广告宣传品印刷	11.31

续表

序号	业务类型	企业数量（家）	业务类型	产值（亿元）	业务类型	利润（亿元）
8	金属罐包装印刷	537	报纸印刷	120.41	票据印刷	6.15
9	报纸印刷	519	玻璃、陶瓷包装印刷	54.43	证件印刷	3.04
10	玻璃、陶瓷包装印刷	236	证件印刷	22.73	玻璃、陶瓷包装印刷	1.58

从事十类主营业务的企业，由于产品特点各异，市场集中度不同，各类企业的平均产值规模和平均利润水平存在较大差异。2023年，涉足十类主营业务的企业平均产值为1896.71万元，平均利润为84.06万元，分别是全行业企业平均产值规模的1.40倍和1.25倍。这主要是由于纳入统计的十类主营业务中，来自其他印刷品印刷门类下的企业数量占比相对较低。

在十类主营业务中，涉足金属罐包装印刷的企业平均产值规模遥遥领先，达到12465.98万元；平均利润水平也最高，达到565.56万元，分别是全行业企业平均产值、平均利润规模的9.17倍、8.42倍。这主要是由于金属罐包装印刷的下游客户一般都体量较大，市场需求集中，从而带动金属罐包装印刷市场快速整合，少数头部企业年产值达到数十亿元，甚至上百亿元，占据了较大的市场份额。

涉足塑料软包装印刷的企业平均产值为2580.01万元，在十类主营业务中位居第二，是全行业企业平均产值规模的1.90倍；平均利润为130.55万元，在十类主营业务中位居第三，是全行业企业平均利润规模的1.94倍。塑料软包装是各种日常消费品常用的包装形态，市场需求大，企业数量多，市场集中度与金属罐包装存在较大差距。

涉足报纸印刷的企业平均产值为2320.06万元，在十类主营业务中位居第三，是全行业企业平均产值规模的1.71倍；平均利润为221.22万元，在十类主营业务中位居第二，是全行业企业平均利润规模的3.29倍。报纸印刷与金属罐包装印刷存在一定的类似之处，市场需求总量并不是很大，但市场集中度相对较高。同时，部分报纸印刷企业隶属于大型报纸出版单位，盈利空间能够得到一定保证。

涉足玻璃、陶瓷包装印刷的企业平均产值为2306.18万元，在十类主营业务中位居第四，是全行业企业平均产值规模的1.70倍；平均利润为67.10万元，在十类主营业务中位居第五，与全行业企业平均利润规模基本相当。玻璃、陶瓷包装以实用性为主，少部分高端产品主要以造型取胜，印刷能够带来的附加值相对较低，市场总量不是很大。

涉足纸包装印刷的企业平均产值为1924.10万元，在十类主营业务中位居第五，是全行业企业平均产值规模的1.42倍；平均利润为80.24万元，在十类主营业务中位居第四，是全行业企业平均利润规模的1.19倍。纸包装印刷在十类主营业务中产值规模最大，但由于企业数量众多，平均产值和平均利润规模相对不是很高。

涉足书刊印刷的企业平均产值为1624.11万元，在十类主营业务中位居第六，是全行业企业平均产值规模的1.20倍；平均利润为60.62万元，在十类主营业务中位居第七，相当于全行业企业平均利润规模的90.22%。书刊印刷产值总量高于报纸印刷，但平均产值、平均利润规模与报纸印刷均有差距，主要是由于市场开放度较高、中小企业较多导致的。

涉足商标标识印刷的企业平均产值为1454.24万元，在十类主营业务中位居第七，是全行业企业平均产值规模的1.07倍；平均利润为61.46万元，在十类主营业务中位居第六，相当于全行业企业平均利润规模的91.47%。商标标识印刷体现出来的主要产品形态是商品标签，这是近年来增长较快的一个印刷细分市场。

涉足广告宣传品印刷的企业平均产值为707.70万元，在十类主营业务中位居第八，相当于全行业企业平均产值规模的52.08%；平均利润为31.41万元，在十类主营业务中位居第九，相当于全行业企业平均利润规模的46.75%。广告宣传品印刷一般需求较为零散，客单价低，相关企业的体量也就不是很大。

涉足票据印刷的企业平均产值为441.95万元，在十类主营业务中位居第九，相当于全行业企业平均产值规模的32.52%；平均利润为19.82万元，在十类主营业务中位居第十，相当于全行业企业平均利润规模的29.50%。票据印刷近年来受到无纸化趋势的较大冲击，高附加值的财税票证类产品大幅减少，普通票据类产品需求有限，相关企业的发展受到较大影响。

涉足证件印刷的企业平均产值为311.43万元，在十类主营业务中位居第十，相当于全行业企业平均产值规模的22.92%；平均利润为41.60万元，在十类主营业务中位居第八，相当于全行业企业平均利润规模的61.91%。证件印刷类产品中包括部分需要具备特殊资质，安全防伪要求较高的专用证件，如护照、驾驶证、学历学位证书等，产品附加值比一般印刷品要高。

从产值利润率来看，证件印刷在十类主营业务中表现最为突出，达到13.36%；其次为报纸印刷，达到9.54%；塑料软包装印刷位居第三，为5.06%；金属罐包装印刷、票据印刷、广告宣传品印刷、商标标识印刷、纸包装印刷较为接近，分别为4.54%、4.48%、4.44%、4.23%、4.17%；书刊印刷及玻璃、陶瓷包装印刷相对较低，分别为3.73%、2.91%（见表16、图21、图22）。

表16　2023年涉足十类主营业务印刷企业平均产值、平均利润、产值利润率及排序

序号	业务类型	平均产值（万元）	业务类型	平均利润（万元）	业务类型	产值利润率
1	金属罐包装印刷	12465.98	金属罐包装印刷	565.56	证件印刷	13.36%
2	塑料软包装印刷	2580.01	报纸印刷	221.22	报纸印刷	9.54%
3	报纸印刷	2320.06	塑料软包装印刷	130.55	塑料软包装印刷	5.06%
4	玻璃、陶瓷包装印刷	2306.18	纸包装印刷	80.24	金属罐包装印刷	4.54%
5	纸包装印刷	1924.10	玻璃、陶瓷包装印刷	67.10	票据印刷	4.48%
6	书刊印刷	1624.11	商标标识印刷	61.46	广告宣传品印刷	4.44%
7	商标标识印刷	1454.24	书刊印刷	60.62	商标标识印刷	4.23%
8	广告宣传品印刷	707.70	证件印刷	41.60	纸包装印刷	4.17%
9	票据印刷	441.95	广告宣传品印刷	31.41	书刊印刷	3.73%
10	证件印刷	311.43	票据印刷	19.82	玻璃、陶瓷包装印刷	2.91%

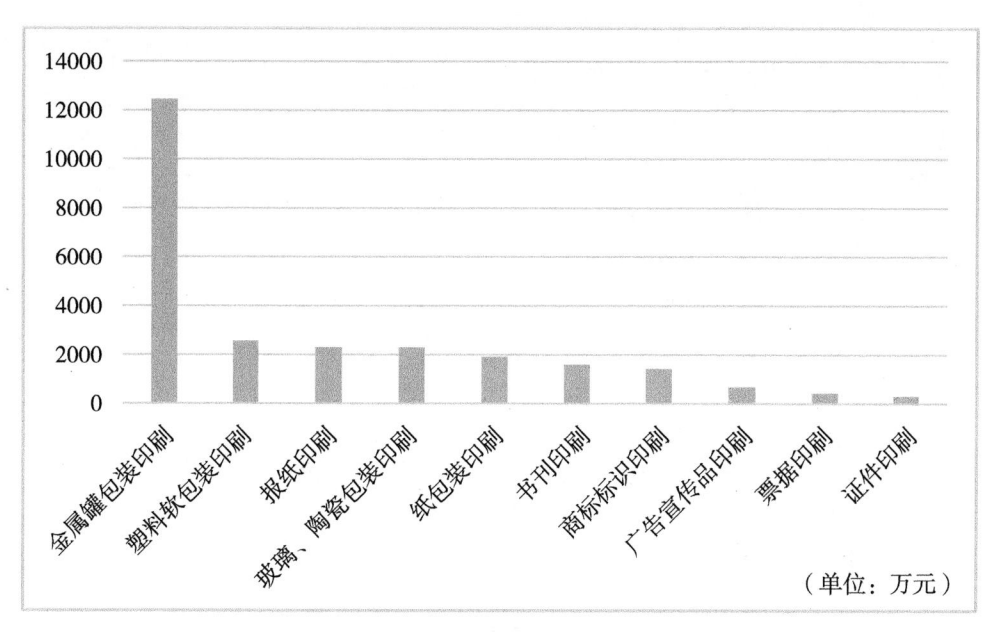

图21 2023年涉足十类主营业务印刷企业平均产值情况

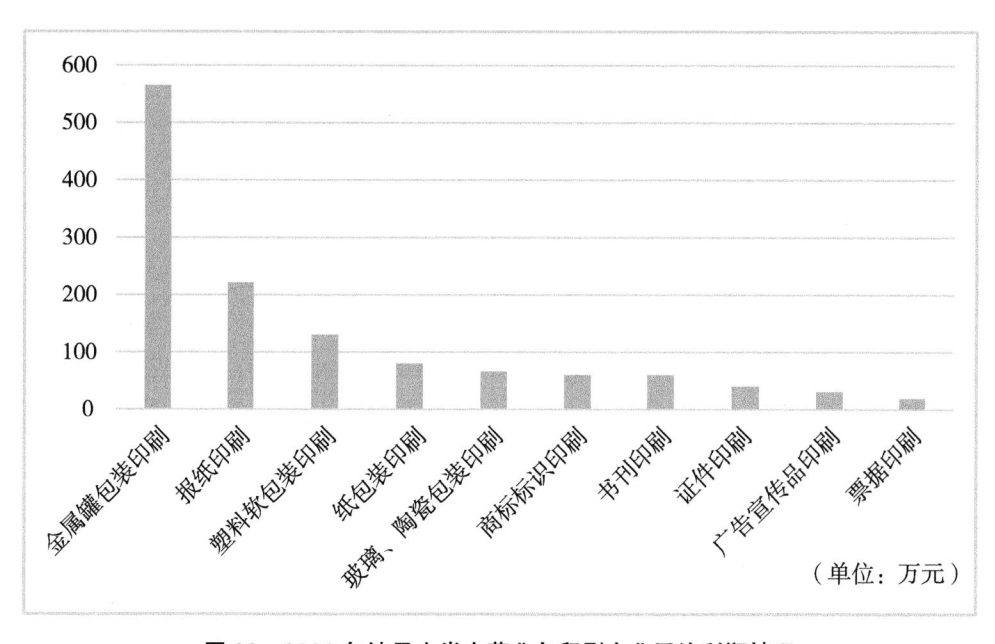

图22 2023年涉足十类主营业务印刷企业平均利润情况

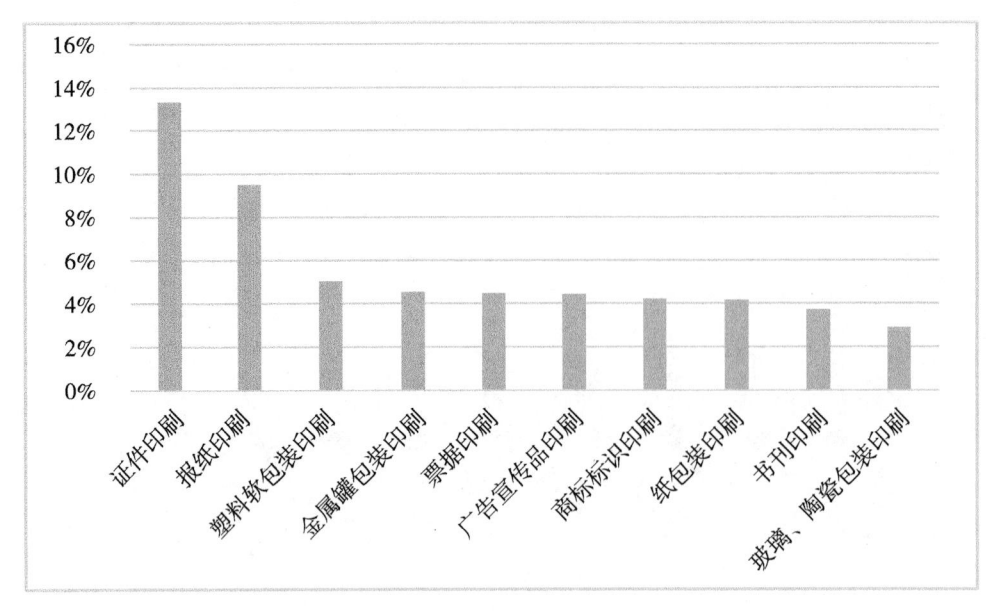

图 23　2023 年涉足十类主营业务印刷企业产值利润率情况

2019—2023 年，跨越三年疫情周期，在复杂的内外部因素交织下，社会经济和各行各业正常的发展节奏被打乱，印刷业不同类型主营业务的发展态势在跌宕中出现明显分化。本部分内容以具有连续统计数据的六类主营业务为主体，分析在此期间不同印刷细分市场的发展变化。

（一）书刊印刷业务发展态势

书刊印刷主要服务于图书出版和期刊出版。自 2020 年疫情暴发以来，我国图书零售市场逆转了此前的增长态势，承受了较大的下行压力，中小学教材教辅等刚需性产品保持增长，图书出版总量克服挑战稳中有升。期刊出版受新媒体冲击影响，在出版品种数基本持稳的情况下，总印张数出现较大幅度的下滑。受图书出版和期刊出版发展态势综合作用的影响，2019—2023 年书刊印刷市场在企业数量整体向上的同时，产值规模有所缩水。

2019 年，涉足书刊印刷的企业数量为 5729 家；2020 年，同比下降 1.89%，减少至区间低点 5621 家；2021 年，同比增长 2.54%，升至 5764 家；2022 年，再度出现同比下滑，降幅为 1.08%，减少至 5702 家；2023 年，同比增长 5.02%，升至区间高点 5988 家。

2023 年相对于 2019 年，涉足书刊印刷的企业数量累计增长 4.52%，比同期出版物印刷企业数量 –8.81% 的增幅高出 13.33 个百分点，比同期印刷企业总量 9.29% 的增幅低了 4.77 个百分点。

在此期间，书刊印刷产值在波动中向下。其中，2019 年最高，达到 1037.09 亿元；2020 年，同比下降 10.23%，降至 931.03 亿元；2021 年，同比反弹 8.94%，再度回升至 1000 亿元以上，达到 1014.25 亿元；2022 年，同比下降 8.33%，降至区间低点 929.74 亿元；2023 年，同比增长 4.60%，回升至 972.52 亿元。

2023 年相对于 2019 年，书刊印刷产值累计下降 6.23%，比同期出版物印刷产值 12.15% 的降幅低 5.92 个百分点，比同期印刷工业总产值 10.94% 的增幅低了 17.17 个百分点。

2019—2023 年，在书刊印刷产值有所下降的情况下，涉足书刊印刷的企业数量逆势上行，主要可能受到两个因素的影响：一是随着小批量书刊印刷需求的增加，部分数字印刷企业涉足书刊印刷领域；二是由于广告宣传品、票据类产品市场需求出现缩水，部分企业转型进入书刊印刷领域（见表 17、图 24、图 25）。

表 17　2019—2023 年书刊印刷业务关键数据指标及增长情况

年份	企业数量（家）	企业数量增长率	产值（亿元）	产值增长率
2019	5729	—	1037.09	—
2020	5621	–1.89%	931.03	–10.23%
2021	5764	2.54%	1014.25	8.94%
2022	5702	–1.08%	929.74	–8.33%
2023	5988	5.02%	972.52	4.60%

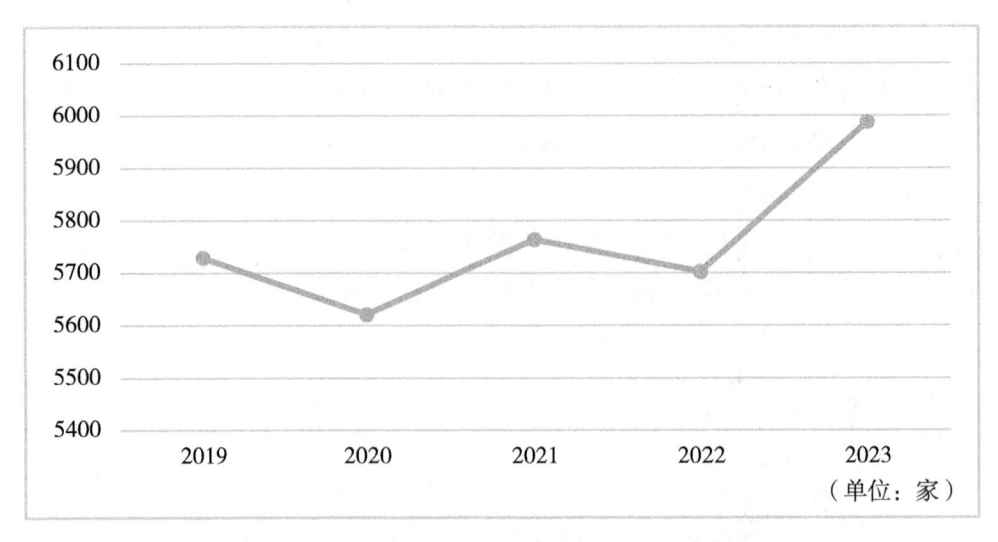

图 24　2019—2023 年涉足书刊印刷的企业数量变化情况

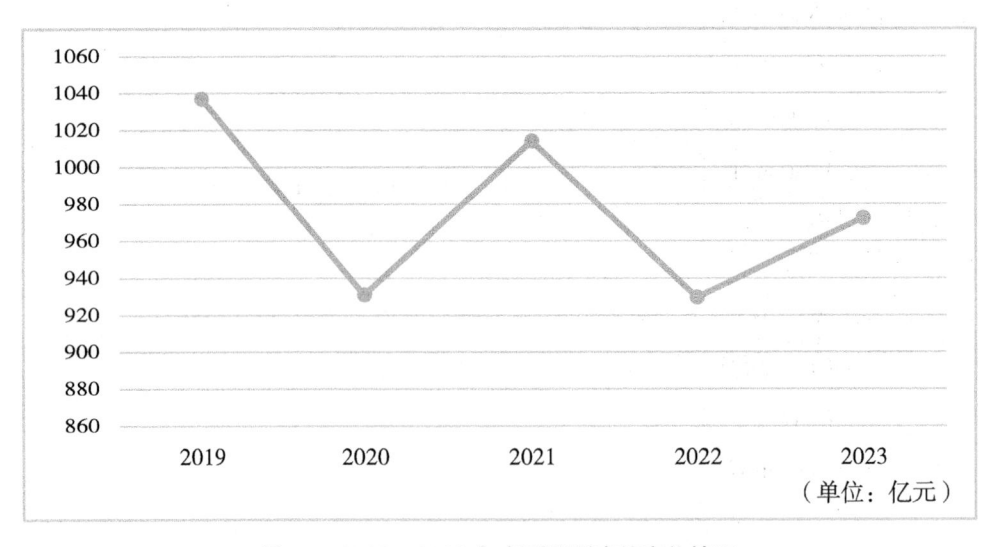

图 25　2019—2023 年书刊印刷产值变化情况

（二）报纸印刷业务发展态势

报纸印刷主要服务于报纸出版。我国报纸出版品种较少，全国不超过 2000 种。由于下游客户较少，多数报纸印刷企业隶属于大型报纸出版单位，在承担内部生产服务职能的同时，代印部分其他报纸。近年来，新媒体的崛起带动媒体市场格局出现深度变革，报纸作为信息媒介的传播功能弱化，印刷需求呈现下行趋势。2019—2023年，报纸印刷企业数量和产值整体均有所减少。

2019年，涉足报纸印刷的企业数量为563家，处于区间高点；2020年，同比下降1.42%，减少至555家；2021年，有所反弹，同比微增0.72%，回升至559家；2022年和2023年，连续出现下滑，同比降幅分别为3.58%、3.71%，到2023年降至区间低点519家。

2023年相对于2019年，涉足报纸印刷的企业数量累计减少7.82%，比同期出版物印刷企业数量8.81%的降幅低0.99个百分点，比同期印刷企业总量9.29%的增幅低了17.11个百分点。

在此期间，报纸印刷产值走势有所起伏，但整体承压下行。其中，2019年为129.01亿元，处于区间高点；2020年，同比下降6.60%，降至120.49亿元；2021年和2022年，连续两年同比反弹，增幅分别为4.19%、2.44%，到2022年升至128.60亿元；2023年，再度下跌，降幅为6.37%，回落至120.41亿元。

2023年相对于2019年，报纸印刷产值累计下降6.67%，比同期出版物印刷产值12.15%的降幅低5.48个百分点，比同期印刷工业总产值10.94%的增幅低了17.61个百分点。

2019—2023年，涉足报纸印刷的企业数量和报纸印刷产值，与此前延续了多年的跌势相比，降幅有趋缓迹象。这主要是由于发行量相对稳定的党报日益成为报纸出版的主体，市场化程度较高的晚报、都市报等转型调整接近尾声。着眼于未来可持续发展，报纸印刷企业依然具有迫切的业务创新需求（见表18、图26、图27）。

表18 2019—2023年报纸印刷业务关键数据指标及增长情况

年份	企业数量（家）	企业数量增长率	产值（亿元）	产值增长率
2019	563	—	129.01	—
2020	555	−1.42%	120.49	−6.60%
2021	559	0.72%	125.54	4.19%
2022	539	−3.58%	128.60	2.44%
2023	519	−3.71%	120.41	−6.37%

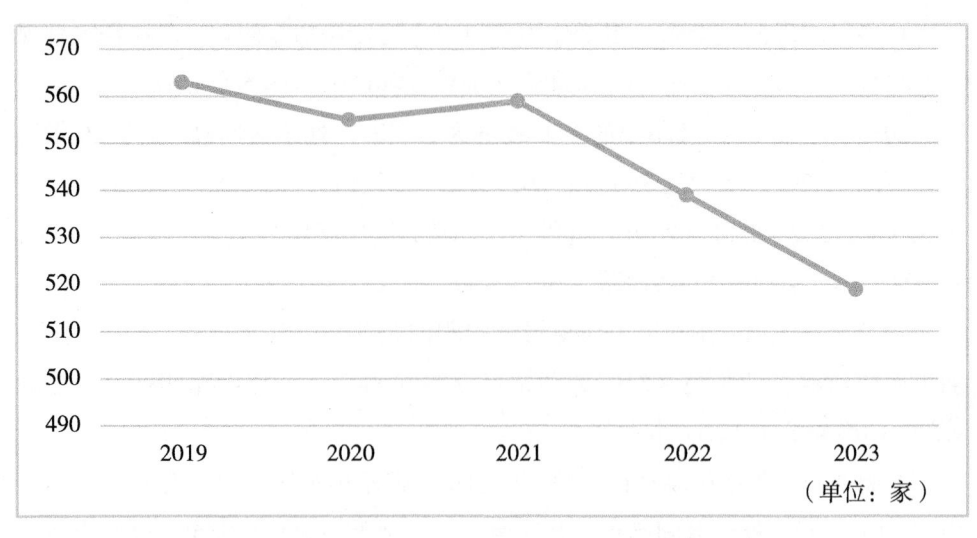

图26　2019—2023年涉足报纸印刷的企业数量变化情况

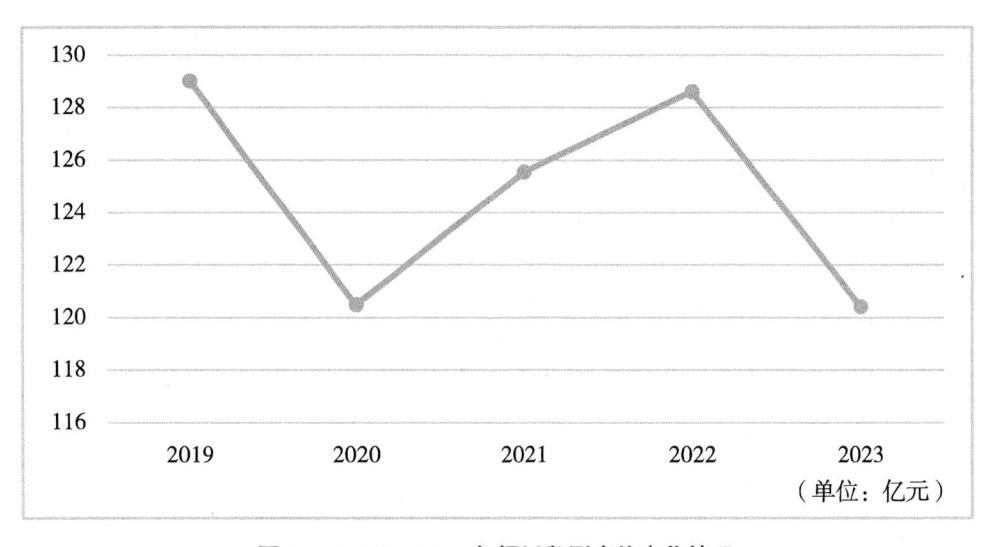

图27　2019—2023年报纸印刷产值变化情况

（三）纸包装印刷业务发展态势

从产值规模看，包装装潢印刷品印刷是印刷业的主体，纸包装印刷又是包装装潢印刷品印刷的主体。这主要是由于纸包装作为包装容器具有独特的优势，既可以作为部分工业品和大型消费品的运输包装，如重型瓦楞纸箱；又可以作为快速消费品的销售包装，如各种纸盒、礼盒。同时，在部分零售场景，以纸袋为代表的纸包装应用也日渐广泛。相对丰富的应用场景和稳定的下游需求，使纸包装印刷企业数量和产值，在2019—2023年均保持较好上行趋势。

2019年，涉足纸包装印刷的企业数量为24110家；2020年，在疫情之下同比下降2.00%，减少至区间低点23628家；2021—2023年，连续反弹，同比增幅分别为3.20%、2.37%、12.78%，到2023年升至区间高点28150家。

2023年相对于2019年，涉足纸包装印刷的企业数量累计增长16.76%，比同期包装装潢印刷品印刷企业数量11.16%的增幅高出5.60个百分点，比同期印刷企业总量9.29%的增幅高出7.47个百分点。

在此期间，纸包装印刷产值跌涨交错，但涨幅远高于跌幅，从而带动产值总量实现明显提升。其中，2019年为4518.24亿元；2020年，同比下降3.31%，降至区间低点4368.72亿元；2021年，同比反弹9.05%，升至4764.12亿元；2022年，微跌0.69%，降至4731.15亿元；2023年，同比大涨14.48%，升至区间高点5416.33亿元。

2023年相对于2019年，纸包装印刷产值累计增长19.88%，比同期包装装潢印刷品印刷产值16.68%的增幅高出3.20个百分点，比同期印刷工业总产值10.94%的增幅高出8.94个百分点。

2019—2023年，纸包装印刷产值的走势与国民经济基本同频共振，在疫情暴发之初的2020年和形势较为严峻的2022年出现同比下滑，在疫情形势相对缓和的2021年和疫情防控平稳转段的2023年实现较高增长。同时，纸价在此期间的大幅波动也是影响纸包装印刷产值涨跌幅度的一个重要因素（见表19、图28、图29）。

表19 2019—2023年纸包装印刷业务关键数据指标及增长情况

年份	企业数量（家）	企业数量增长率	产值（亿元）	产值增长率
2019	24110	—	4518.24	—
2020	23628	−2.00%	4368.72	−3.31%
2021	24383	3.20%	4764.12	9.05%
2022	24960	2.37%	4731.15	−0.69%
2023	28150	12.78%	5416.33	14.48%

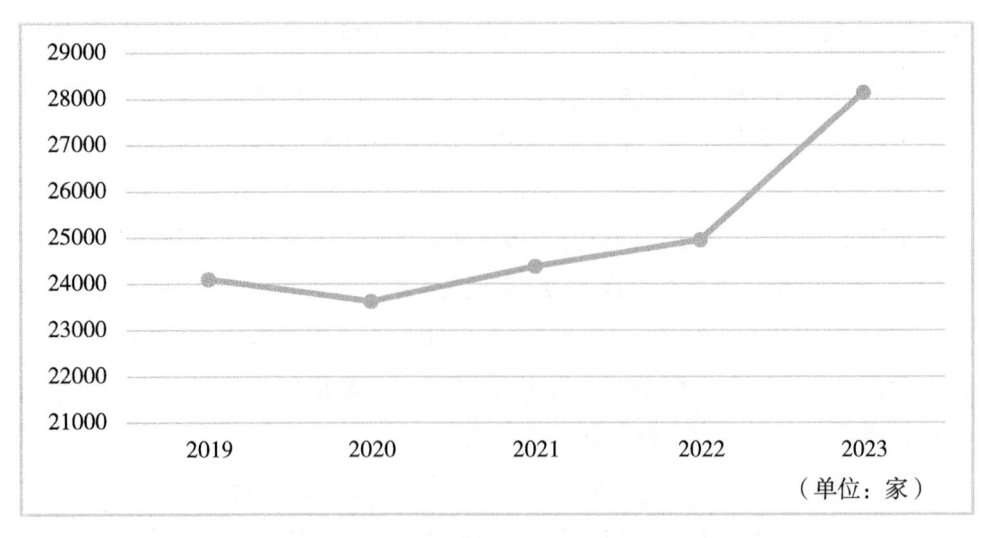

图28　2019—2023年涉足纸包装印刷的企业数量变化情况

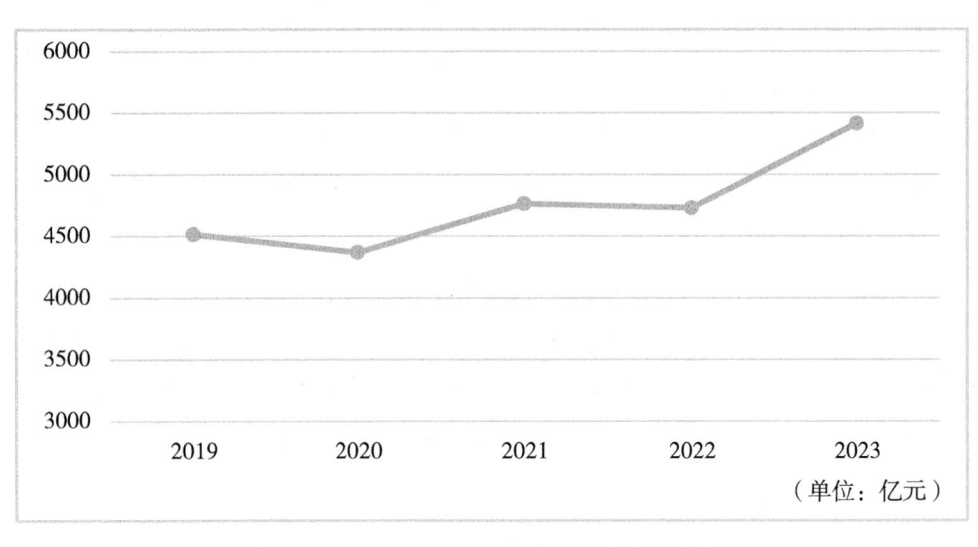

图29　2019—2023年纸包装印刷产值变化情况

（四）塑料软包装印刷业务发展态势

塑料软包装是纸包装之外另外一种常见的主流包装产品，广泛应用于食品、药品、日化产品等领域。相对于纸包装产品，塑料软包装具有可塑性强、密封性好等优势，同时通过材料和工艺创新，还可以具备保鲜、抗菌、耐高温等特殊功能。正是由于这些特点，在限塑、禁塑渐成风潮的情况下，塑料软包装依然保持了顽强的生命力。2019—2023年，塑料软包装印刷企业数量和产值均实现了较大幅度的增长。

2019年，涉足塑料软包装印刷的企业数量为6637家；2020年，同比下降2.82%，减少至区间低点6450家；随后三年，连续同比向上，增幅分别为4.14%、3.53%、18.77%，到2023年升至区间高点8259家。

2023年相对于2019年，涉足塑料软包装印刷的企业数量累计增长24.44%，比同期包装装潢印刷品印刷企业数量11.16%的增幅高出13.28个百分点，比同期印刷企业总量9.29%的增幅高出15.15个百分点。

在此期间，塑料软包装印刷产值全部实现正增长。其中，2019年为1427.94亿元，处于区间低点；2020—2022年，同比增幅分别为3.19%、9.05%、7.10%，呈现稳步向上态势，到2022年升至1721.03亿元；2023年，同比上涨23.81%，达到区间高点2130.83亿元。

2023年相对于2019年，塑料软包装印刷产值累计增长49.22%，比同期包装装潢印刷品印刷产值16.68%的增幅高出32.54个百分点，比同期印刷工业总产值10.94%的增幅高出38.28个百分点，累计增幅在有连续统计数据的六类主营业务中，仅次于体量偏小的玻璃、陶瓷包装印刷。

2019—2023年，塑料软包装印刷企业数量和产值双双强势向上，部分原因在于疫情期间各类防控物资的大量消耗，带动了对塑料软包装的需求，使其受到的冲击相对较小。疫情之后，社会消费需求的恢复增长，又为塑料软包装市场的增长增添了动力（见表20、图30、图31）。

表20　2019—2023年塑料软包装印刷业务关键数据指标及增长情况

年份	企业数量（家）	企业数量增长率	产值（亿元）	产值增长率
2019	6637	—	1427.94	—
2020	6450	-2.82%	1473.53	3.19%
2021	6717	4.14%	1606.94	9.05%
2022	6954	3.53%	1721.03	7.10%
2023	8259	18.77%	2130.83	23.81%

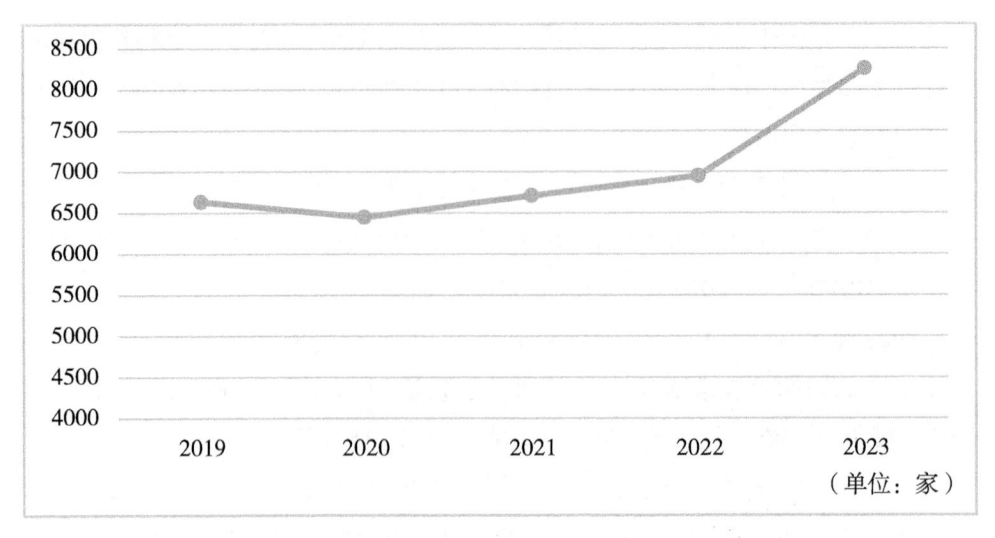

图 30 2019—2023 年涉足塑料软包装印刷的企业数量变化情况

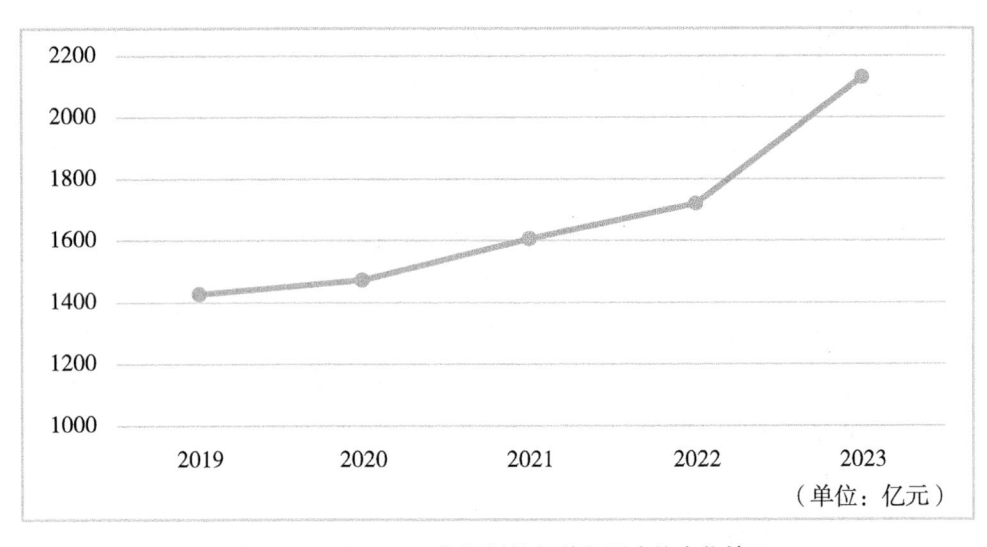

图 31 2019—2023 年塑料软包装印刷产值变化情况

（五）金属罐包装印刷业务发展态势

作为包装容器，金属罐有其自身独特的优势。从主要用途看，大型金属罐主要用于部分化工类产品的包装，如油墨罐、油漆罐；小型金属罐主要用于食品饮料类产品的包装，如装饼干等零食的金属罐（盒）、啤酒罐、可乐罐、奶粉罐等。此外，金属罐还可以用作气体、喷雾类液体的包装。从整体上看，2019—2023年间市场对金属罐包装的需求呈增长态势，进而带动金属罐包装企业数量和产值实现了不同幅度的整体向上。

2019年，涉足金属罐包装印刷的企业数量为476家，处于区间低点；2020年，企业数量出现异常波动，同比大涨132.98%，升至区间高点1109家；2021年，同比下降54.37%，回落至正常区间，为506家；2022年，同比下降4.15%，减少至485家；2023年，同比增长10.72%，达到537家。

2023年相对于2019年，涉足金属罐包装印刷的企业数量累计增长12.82%，比同期包装装潢印刷品印刷企业数量11.16%的增幅高出1.66个百分点，比同期印刷企业总量9.29%的增幅高出3.53个百分点。

在此期间，金属罐包装印刷产值连续实现正增长，与塑料软包装印刷走势类似。其中，2019年为471.25亿元，处于区间低点；2020年，同比增长8.14%，达到509.59亿元；2021年和2022年，同比增幅接近，分别为11.07%、11.96%，到2022年达到633.72亿元；2023年，同比再增5.63%，达到区间高点669.42亿元。

2023年相对于2019年，金属罐包装印刷产值累计增长42.05%，比同期包装装潢印刷品印刷产值16.68%的增幅高出25.37个百分点，比同期印刷工业总产值10.94%的增幅高出31.11个百分点，增长态势十分强劲。

2019—2023年，金属罐包装印刷业务能够实现可观增长，一方面受益于下游行业稳定的需求；另一方面也与相关金属原材料价格走高，以及行业整合加速，产业集中度提升，产品附加值增加有关（见表21、图32、图33）。

表21　2019—2023年金属罐包装印刷业务关键数据指标及增长情况

年份	企业数量（家）	企业数量增长率	产值（亿元）	产值增长率
2019	476	—	471.25	—
2020	1109	132.98%	509.59	8.14%
2021	506	−54.37%	566.02	11.07%
2022	485	−4.15%	633.72	11.96%
2023	537	10.72%	669.42	5.63%

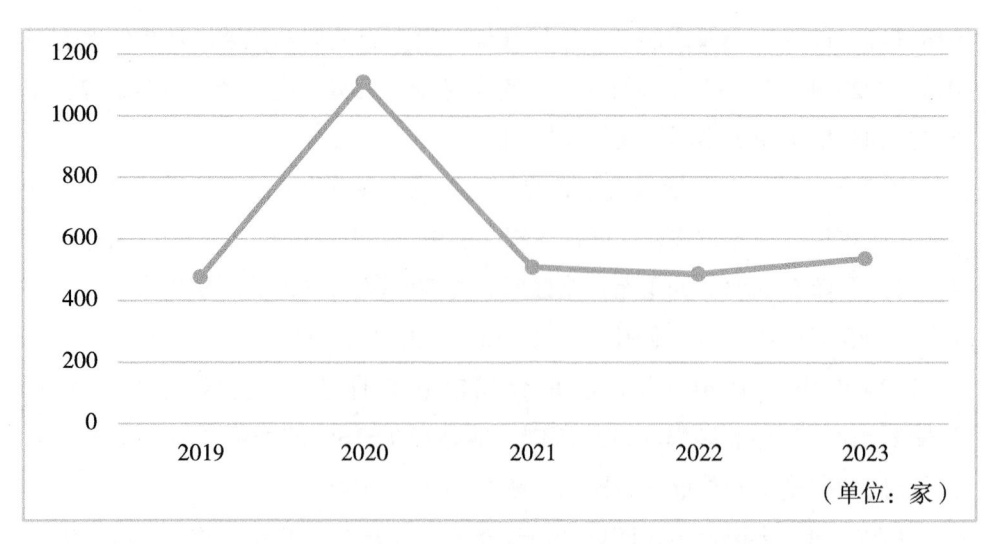

图 32　2019—2023 年涉足金属罐包装印刷的企业数量变化情况

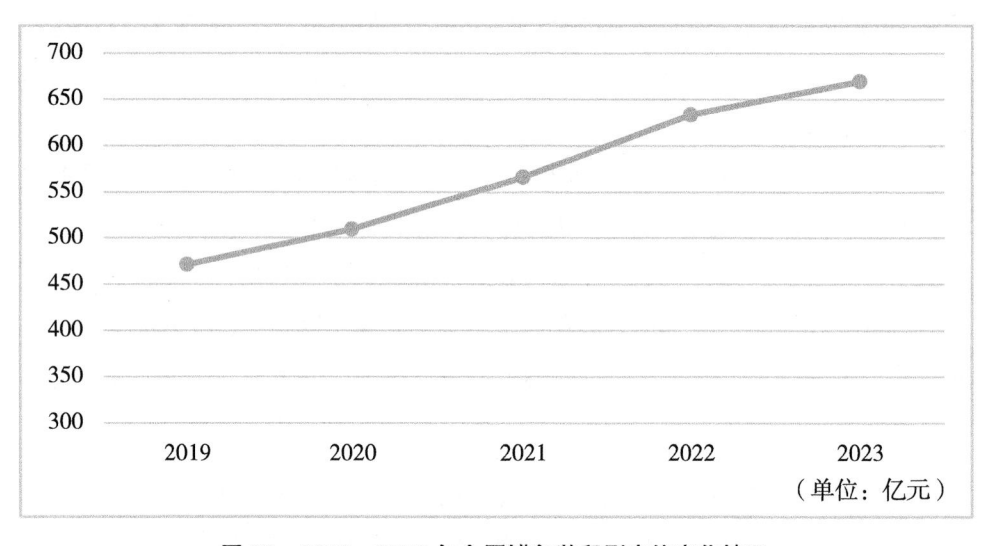

图 33　2019—2023 年金属罐包装印刷产值变化情况

（六）玻璃、陶瓷包装印刷业务发展态势

玻璃、陶瓷包装广泛应用于酒水饮料、食品药品等领域，是一种常见的包装产品。不过，多数玻璃、陶瓷包装产品会与纸盒、标签等产品配套使用，直接在玻璃、陶瓷包装上印刷的需求相对较少。因此，玻璃、陶瓷包装印刷是印

刷业一个较为小众的细分市场，采用的印刷工艺以丝网印刷、喷墨印刷和热转印为主，而不是更为主流的胶印或凹印工艺。2019—2023年，玻璃、陶瓷印刷企业数量和产值走势跌宕，整体都有所提升。

2019年，涉足玻璃、陶瓷包装印刷的企业数量为190家；2020年，同比大涨67.89%，升至区间高点319家；2021年，同比下降45.14%，减少至区间低点175家；2022年和2023年，连续同比向上，增幅分别为16.57%、15.69%，到2023年达到236家。

2023年相对于2019年，涉足玻璃、陶瓷包装印刷的企业数量累计增长24.21%，比同期包装装潢印刷品印刷企业数量11.16%的增幅高出13.05个百分点，比同期印刷企业总量9.29%的增幅高出14.92个百分点。

在此期间，玻璃、陶瓷包装印刷产值在震荡中整体向上，实现了较好增长。2019年为29.17亿元，2020年同比增长114.33%，达到区间高点62.52亿元；2021年，同比下降31.71%，降至42.69亿元；2022年，同比增长29.69%，达到55.37亿元；2023年，再度同比下滑，降幅为1.70%，回落至54.43亿元。

2023年相对于2019年，玻璃、陶瓷包装印刷产值累计增长86.58%，比同期包装装潢印刷品印刷产值16.68%的增幅高出69.90个百分点，比同期印刷工业总产值10.94%的增幅高出75.64个百分点，在有连续统计数据的六类主营业务中，处于领跑位置。

2019—2023年，玻璃、陶瓷包装印刷业务的强势增长，部分原因在于其相对较低的产值基数。同时，也反映了市场对直接在玻璃、陶瓷包装上进行印刷的需求在增加（见表22、图34、图35）。

表22　2019—2023年玻璃、陶瓷包装印刷业务关键数据指标及增长情况

年份	企业数量（家）	企业数量增长率	产值（亿元）	产值增长率
2019	190	—	29.17	—
2020	319	67.89%	62.52	114.33%
2021	175	−45.14%	42.69	−31.71%
2022	204	16.57%	55.37	29.69%
2023	236	15.69%	54.43	−1.70%

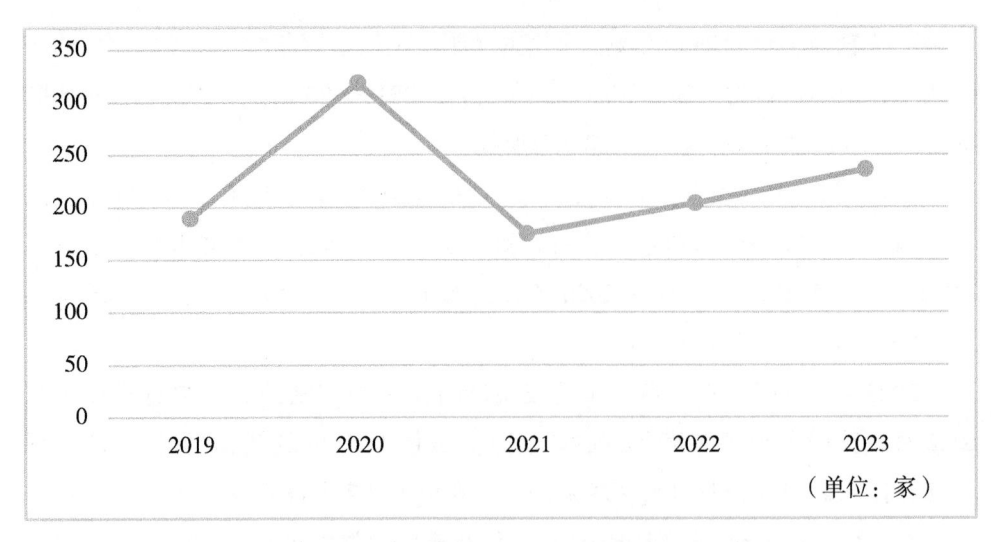

图 34 2019—2023 年玻璃、陶瓷包装印刷的企业数量变化情况

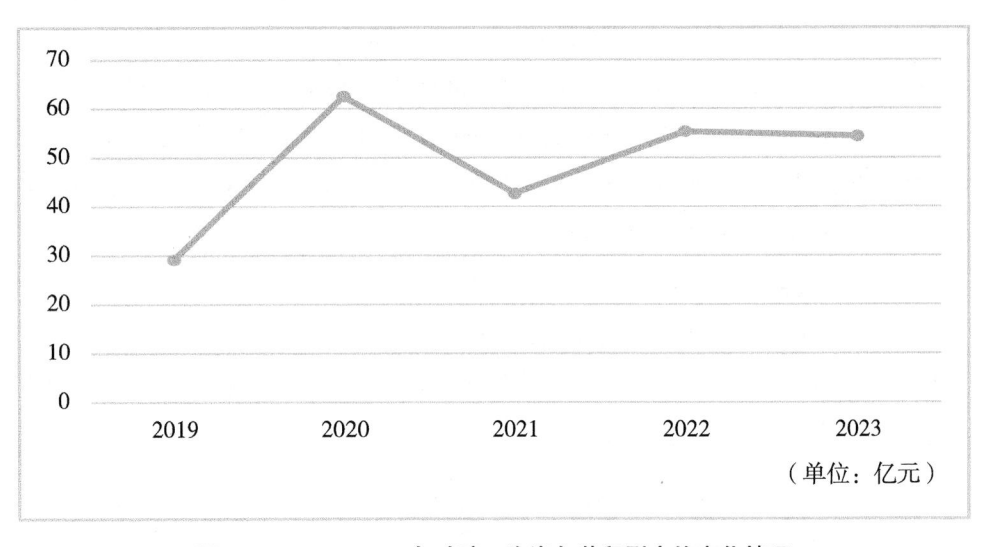

图 35 2019—2023 年玻璃、陶瓷包装印刷产值变化情况

2023 年相对于 2019 年，在有连续统计数据的六类主营业务中，出版物印刷门类下的书刊印刷企业数量累计增长 4.52%，产值累计下降 6.23%；报纸印刷企业数量、产值双双向下，累计降幅分别为 7.82%、6.67%，两类业务均承压明显。

包装装潢印刷品印刷门类下的纸包装印刷、塑料软包装印刷、金属罐包装印刷，以及玻璃、陶瓷包装印刷，全部实现企业数量、产值双增。其中，纸包装印刷、金属罐包装印刷企业数量累计增幅分别为 16.76%、12.82%。塑料软包装印刷和玻璃、陶瓷包装印刷企业数量累计增幅分别为 24.44%、24.21%。玻璃、陶瓷包装印刷产值累计增幅高达 86.58%，塑料软包装印刷、金属罐包装印刷产值累计增幅分别达到 49.22%、42.05%，纸包装印刷产值累计增幅最低，也有 19.88%。这再次表明，包装装潢印刷品印刷是近年来我国印刷工业总产值稳中有进的主要动力源。

五、规模以上重点印刷企业发展态势

印刷业企业数量众多，但多数都是规模有限的小微企业，在行业中发挥引领和主导作用的主要是部分综合实力较强的龙头企业。为掌握行业龙头企业的发展态势，印刷企业年度报告（核验）工作对规模以上重点印刷企业（年产值 5000 万元及以上的印刷企业）的主要经济指标进行了专项统计汇总。本部分内容以印刷企业年度报告数据为基础，对规模以上重点印刷企业发展态势进行分析。

（一）规模以上重点印刷企业发展的基本情况

2023 年，我国规模以上重点印刷企业数量达到 4838 家，同比增长 1.60%，处于有统计以来的最高点，延续了此前连续增长的态势。规模以上重点印刷企业数量增加，从一个侧面表明印刷企业市场和业务资源在向头部企业集中。在企业数量增加的同时，规模以上重点印刷企业的资产总额也创出新高，达到 11227.37 亿元，同比增长 2.95%。规模以上重点印刷企业实现的工业总产值则意外出现下滑，同比微降 0.81%，为 9543.06 亿元；实现的利润总额保持向上，达到 582.11 亿元，同比增长 6.37%。在总产值下滑的同时，利润总额实现增长，说明规模以上重点印刷企业的成本在优化。

2019—2023 年，受疫情等因素扰动，印刷业主要发展指标有所起伏。规模以上重点印刷企业的业绩表现相对更为稳定，各项主要指标的累计增幅均高于行业整体水平。

2019 年，规模以上重点印刷企业数量为 4176 家，经过连续同比向上，到 2023 年达到 4838 家，累计增长 15.85%，比同期印刷企业总量 9.29% 的增幅高出 6.56 个百分点。其中，2021 年规模以上重点印刷企业数量为 4733 家，同比增长 9.13%，增幅高于其他年度，这在一定程度上与当年纸价上涨推高了印刷企业产品售价有关。

在此期间，规模以上重点印刷企业的资产总额同样连续同比向上，由 2019 年的 9304.75 亿元增长至 2023 年的 11277.37 亿元，累计增长 20.66%，比同期全行业资产总额 18.19% 的增幅高出 2.47 个百分点，但低于规模以上重点印刷企业数量的增幅。

规模以上重点印刷企业实现的工业总产值在 2020—2022 年间连续三年实现同比正增长，尤其是 2021 年同比增幅达到 18.58%，2023 年则出现 0.81% 的小幅下滑，由 2019 年的 8046.32 亿元增长至 2023 年的 9543.06 亿元，累计增长 18.60%，比同期全行业印刷工业总产值 10.94% 的增幅高出 7.66 个百分点。

规模以上重点印刷企业实现的利润总额在 2021 年和 2022 年两度出现同比下滑，但降幅相对较小，低于 2020 年和 2023 年的同比增幅，由 2019 年的 524.13 亿元增长至 2023 年的 582.11 亿元，累计增长 11.06%，比同期全行业利润总额 2.39% 的增幅高出 8.67 个百分点。

通过对比可以更清楚地看到，规模以上重点印刷企业在行业中的引领和主导作用。将规模以上重点印刷企业排除在外，2023 年我国共有年产值不足 5000 万元的印刷企业 101422 家，资产总额共 7060.36 亿元，实现印刷工业总产值 4897.17 亿元，利润总额 131.86 亿元。相对于 2019 年，在企业数量累计增长 8.99%，资产总额累计增长 14.47% 的情况下，实现的印刷工业总产值下降了 1.47%，利润总额下降了 23.87%（见表 23、图 36）。

表 23　2019—2023 年规模以上重点印刷企业的资产总额、工业总产值和利润总额

年份	企业数量（家）	资产总额（亿元）	资产总额增长率	工业总产值（亿元）	工业总产值增长率	利润总额（亿元）	利润总额增长率
2019	4176	9304.75	—	8046.32	—	524.13	—
2020	4254	9737.30	4.65%	8104.00	0.72%	568.94	8.55%
2021	4733	10626.62	9.13%	9609.74	18.58%	561.73	−1.27%

续表

年份	企业数量（家）	资产总额（亿元）	资产总额增长率	工业总产值（亿元）	工业总产值增长率	利润总额（亿元）	利润总额增长率
2022	4762	10905.67	2.63%	9620.55	0.11%	547.23	−2.58%
2023	4838	11227.37	2.95%	9543.06	−0.81%	582.11	6.37%

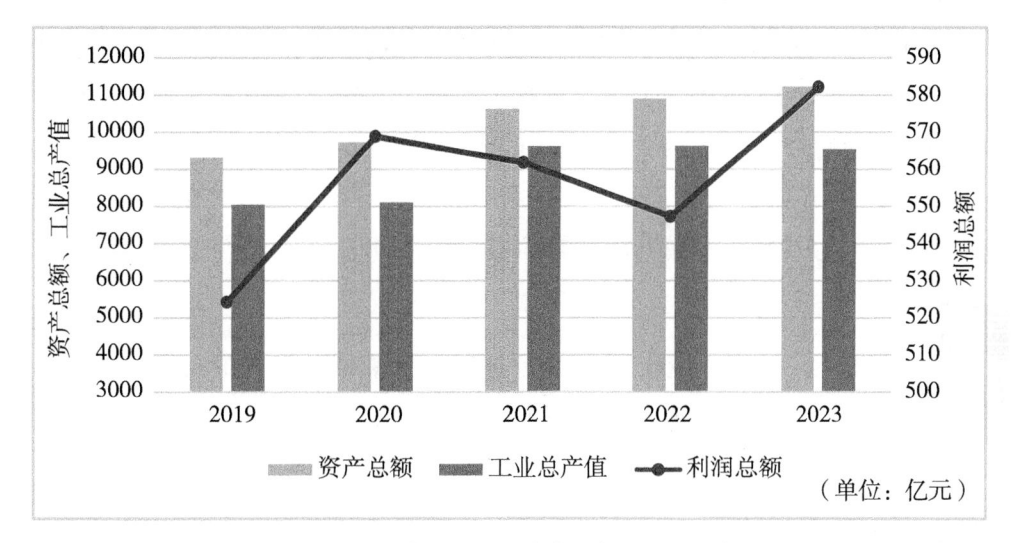

图36　2019—2023年规模以上重点印刷企业资产总额、工业总产值和利润总额变化情况

2019—2023年，规模以上重点印刷企业在行业企业数量、资产总额、工业总产值中的占比有所波动，但整体上均有所提升，在利润总额中的占比则呈现稳步向上态势。

2019年，规模以上重点印刷企业在印刷企业总量中的占比处于区间低点，为4.30%；到2023年提升至4.55%，增加了0.25个百分点。规模以上重点印刷企业在印刷企业总量中占比的高点出现在2022年，为4.69%，随后一年出现小幅下滑。

在此期间，规模以上重点印刷企业资产总额在行业总量中的占比，由2019年的60.14%提升至2022年的区间高点62.75%，增加了2.61个百分点。其中，规模以上重点印刷企业资产总额在行业总量中占比的低点出现在2020年，为59.49%，其余四个年度均保持在60%以上。

规模以上重点印刷企业实现的工业总产值在行业总量中的占比，由2019

年的区间低点61.82%连续提升至2021年的区间高点68.12%，随后两度下滑，到2023年为66.09%，相对于2019年增加了4.27个百分点。

规模以上重点印刷企业实现的利润总额在行业总量中的占比，由2019年的区间低点75.16%，经过连续递增到2023年达到区间高点81.53%，增加了6.37个百分点，在各项指标中表现最佳。

2023年，规模以上重点印刷企业数量仅占印刷企业总量的4.55%，却拥有占行业总量61.39%的资产总额，贡献了占行业总量66.09%的工业总产值和81.53%的利润总额。这表明，规模以上重点印刷企业在行业内具有显著的规模优势。同时，产值占比高于资产总额占比，利润总额占比高于产值占比，说明其资产产出能力较强，产值利润率更高，具有优于行业整体水平的经营能力（见表24、图37）。

表24　2019—2023年规模以上重点印刷企业关键数据指标在全国印刷业中的占比

年份	企业数量	资产总额	工业总产值	利润总额
2019	4.30%	60.14%	61.82%	75.16%
2020	4.34%	59.49%	62.61%	78.26%
2021	4.64%	60.73%	68.12%	79.27%
2022	4.69%	62.75%	67.14%	84.42%
2023	4.55%	61.39%	66.09%	81.53%

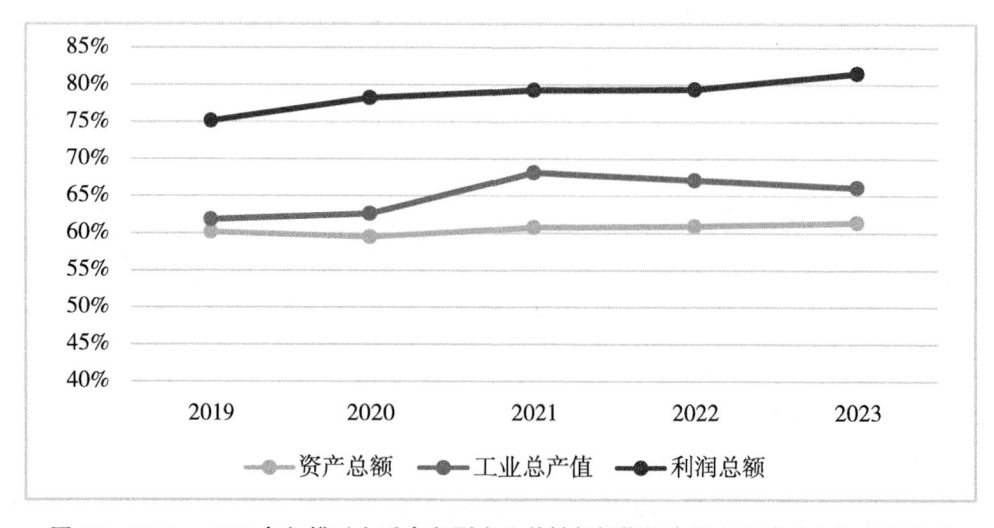

图37　2019—2023年规模以上重点印刷企业关键数据指标在行业总量的占比变化情况

规模以上重点印刷企业的入门门槛是年产值不低于5000万元。实际上，规模以上重点印刷企业的平均产值远高于5000万元的下限，这主要是由于存在一批年产值从数亿元到数十亿元乃至上百亿元的大型企业。2023年，规模以上重点印刷企业的平均产值为19725.21万元，是全部行业企业平均产值1358.95万元的14.52倍。超过10万家非规模以上重点印刷企业平均产值为482.85万元，仅相当于全部印刷企业平均产值的35.53%，规模以上重点印刷企业平均产值的2.45%。

2019—2023年，规模以上重点印刷企业的平均产值三度出现同比下滑，只有2021年实现同比正增长，但由于降幅较小，增幅较大，整体仍有所增长。其中，2019年为19268.01万元；2020年同比下降1.13%，降至区间低点19050.31万元；2021年同比增长6.58%，达到区间高点20303.70万元。随后两年连续下滑，降幅分别为0.50%、2.36%；到2023年降至19725.21万元，相对2019年增长2.37%，比全部印刷企业平均产值1.51%的增幅高出0.86个百分点。

与全行业一样，规模以上重点印刷企业的用工数量呈现下行趋势，但减少的速度低于行业整体水平。2023年，规模以上重点印刷企业吸纳的从业人员数量为96.25万人，相对于2019年的100.32万人下降4.06%。在此期间，规模以上重点印刷企业从业人员数量在行业总量中的占比，由2019年的38.83%提升至2023年的40.65%，增加了1.82个百分点；规模以上重点印刷企业平均用工数量由约240人下降至约199人，累计减少17.19%。

规模以上重点印刷企业实现的印刷工业总产值实现较好增长，从业人员数量却处于下行趋势，说明其人均产值在增长。2023年，规模以上重点印刷企业的人均产值为99.15万元，相对2019年的80.21万元增长23.61%。在此期间，规模以上重点印刷企业的人均产值由2019年的区间低点，连续三年同比向上，到2022年达到区间高点100.57万元，2023年出现1.42%的小幅下滑，回落至100万元以下（见表25、图38、图39）。

表25　2019—2023年规模以上重点印刷企业平均产值和人均产值

年份	企业数量（家）	工业总产值（亿元）	企业平均产值（万元）	企业平均产值增长率	从业人数（万人）	人均产值（万元）	人均产值增长率
2019	4176	8046.32	19268.01	—	100.32	80.21	—

续表

年份	企业数量（家）	工业总产值（亿元）	企业平均产值（万元）	企业平均产值增长率	从业人数（万人）	人均产值（万元）	人均产值增长率
2020	4254	8104.00	19050.31	−1.13%	99.40	81.53	1.65%
2021	4733	9609.74	20303.70	6.58%	102.73	93.54	14.74%
2022	4762	9620.55	20202.76	−0.50%	95.66	100.57	7.51%
2023	4838	9543.06	19725.21	−2.36%	96.25	99.15	−1.42%

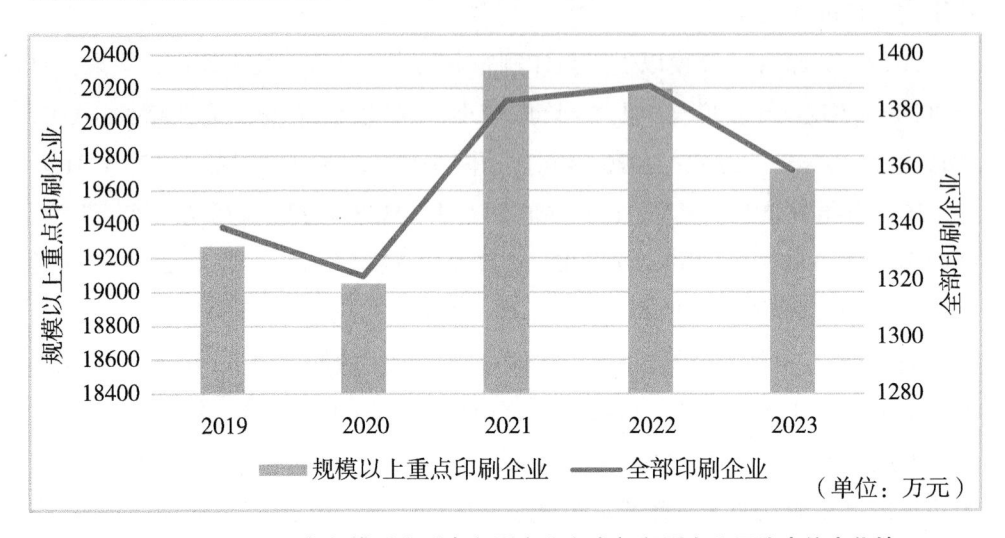

图 38　2019—2023 年规模以上重点印刷企业和全部印刷企业平均产值变化情况

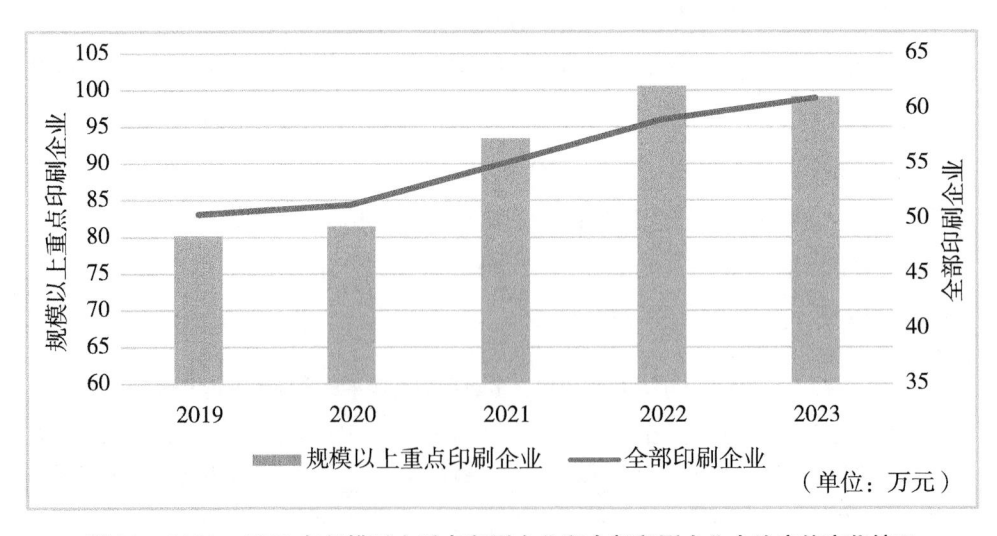

图 39　2019—2023 年规模以上重点印刷企业和全部印刷企业人均产值变化情况

2023年，规模以上重点印刷企业数量及其实现的利润总额均处于有统计以来的最高水平。从平均利润看，规模以上重点印刷企业达到1203.20万元，是全部行业企业平均利润67.19万元的17.90倍。非规模以上重点印刷企业的平均利润为13.00万元，相当于全部行业企业平均利润的19.35%，规模以上重点印刷企业平均利润的1.08%。

2019—2023年，随着企业数量的增长，规模以上重点印刷企业的平均利润在波动中有所下滑。其中，2019年为1255.10万元；2020年同比增长6.56%，达到区间高点1337.42万元；2021年和2022年，连续两度同比下滑，降幅分别为11.26%、3.17%；到2022年降至区间低点1149.16万元；2023年，同比反弹4.70%，达到1203.20万元，相对于2019年下降4.14%，比同期全部行业企业平均利润6.32%的降幅低2.18个百分点。

2023年，规模以上重点印刷企业用工数量处于近年来相对低位，利润总额处于历史高点，带动其人均利润达到6.05万元，首次升至6万元以上，是全部行业企业人均利润3.02万元的两倍多。非规模以上重点印刷企业的人均利润为9382元，相当于全部行业企业人均利润的31.12%，规模以上重点印刷企业人均利润的15.51%。

2019—2023年，在企业数量和利润总额增长的同时，规模以上重点印刷企业用工数量在波动中向下，这带动其人均利润整体表现为上行走势。其中，2019年为5.22万元，处于区间低点；2020年，同比增长9.55%，达到5.72万元；2021年，同比下降4.47%，降至5.47万元；2022年和2023年，连续向上，同比增幅分别为4.62%、5.72%，到2023年升至区间高点6.05万元，相对于2019年增长15.90%，比同期全部行业企业人均利润11.69%的增幅高出4.21个百分点（见表26、图40、图41）。

表26　2019—2023年规模以上重点印刷企业平均利润和人均利润

年份	企业数量（家）	利润总额（亿元）	企业平均利润（万元）	企业平均利润增长率	从业人数（万人）	人均利润（万元）	人均利润增长率
2019	4176	524.13	1255.10	—	100.32	5.22	—
2020	4254	568.94	1337.42	6.56%	99.40	5.72	9.55%
2021	4733	561.73	1186.84	−11.26%	102.73	5.47	−4.47%

续表

年份	企业数量（家）	利润总额（亿元）	企业平均利润（万元）	企业平均利润增长率	从业人数（万人）	人均利润（万元）	人均利润增长率
2022	4762	547.23	1149.16	−3.17%	95.66	5.72	4.62%
2023	4838	582.11	1203.20	4.70%	96.25	6.05	5.72%

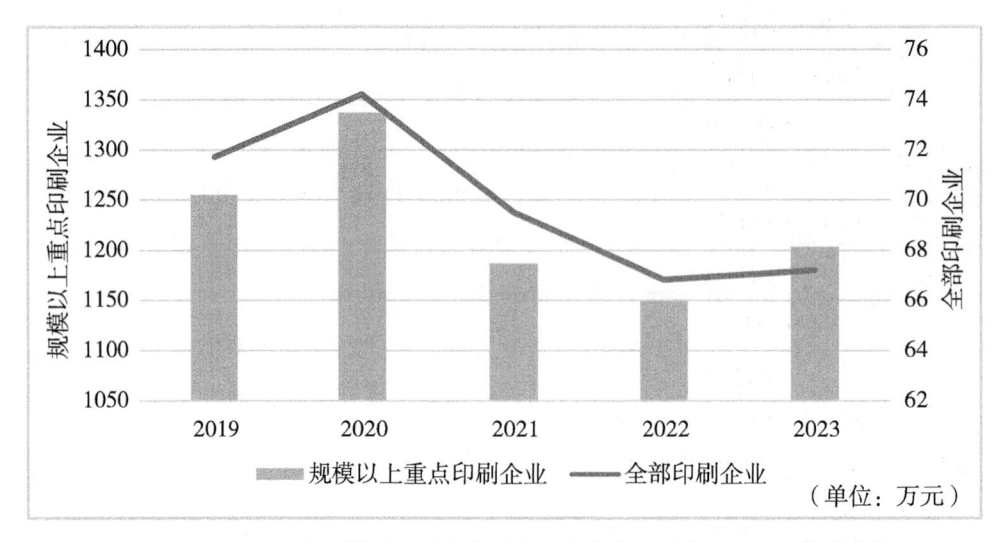

图 40　2019—2023 年规模以上重点印刷企业和全部印刷企业平均利润变化情况

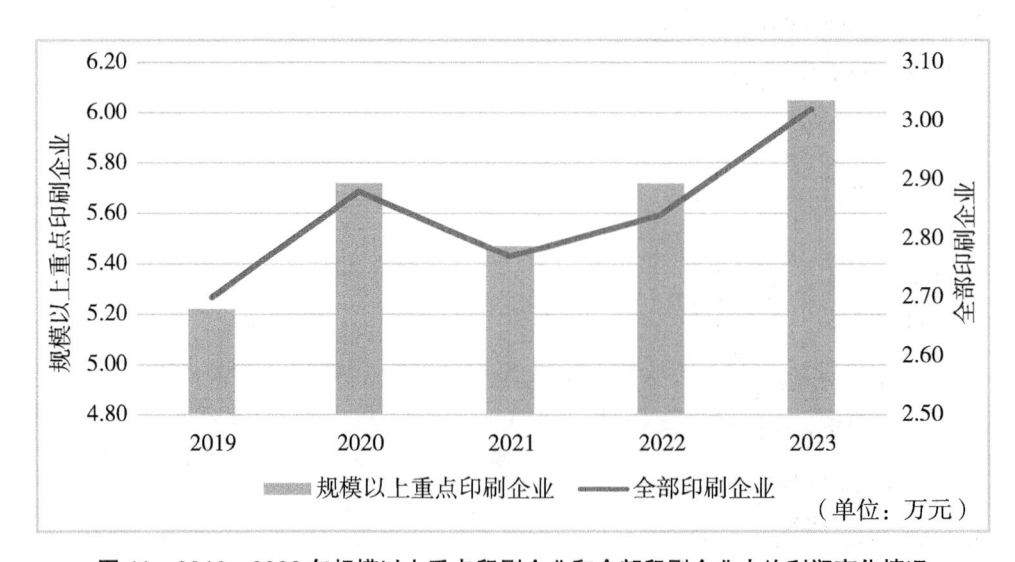

图 41　2019—2023 年规模以上重点印刷企业和全部印刷企业人均利润变化情况

规模以上重点印刷企业技术装备领先，综合实力雄厚，不仅在国内不同印刷细分市场占据领先地位，还是拓展海外市场、开展对外加工贸易的主力军。2023年，规模以上重点印刷企业实现对外加工贸易额90.61亿美元，占全行业对外加工贸易额的88.96%。受国际政治经济环境复杂、海外需求疲软、贸易保护主义抬头等因素影响，规模以上重点印刷企业对外加工贸易额与全行业一样，延续跌势，同比下降5.93%，比全行业对外加工贸易额6.50%的降幅低0.57个百分点。

2019—2023年，规模以上重点印刷企业对外加工贸易额呈现连续下行走势。其中，2019年为105.93亿美元，处于区间高点；随后四年，同比降幅分别为6.20%、2.03%、1.05%、5.93%，到2023年降至区间低点90.61亿美元，相对于2019年下降14.46%。同期，全行业对外加工贸易额整体同样呈现下行趋势，由2019年的112.91亿美元降至2023年的101.86亿美元，降幅为9.79%，优于规模以上重点印刷企业的表现。这主要是由于全行业对外加工贸易额，在2021年实现了3.09%的正增长。

受区间降幅相对较大影响，规模以上重点印刷企业在全行业对外加工贸易额中的占比有所减少。其中，2019年为93.82%，处于区间高点；2020年，降至92.61%；2021年，再度下行，降至区间低点88.01%；随后两年，有所反弹，到2023年回升至88.96%，相对于2019年减少了4.86个百分点（见表27、图42）。

表27　2019—2023年规模以上重点印刷企业、全部印刷企业对外加工贸易额

年份	规模以上重点印刷企业对外加工贸易额（亿美元）	规模以上重点印刷企业对外加工贸易额增长率	全部印刷企业对外加工贸易额（亿美元）	全部印刷企业对外加工贸易额增长率
2019	105.93	—	112.91	—
2020	99.36	−6.20%	107.29	−4.98%
2021	97.34	−2.03%	110.60	3.09%
2022	96.32	−1.05%	108.94	−1.50%
2023	90.61	−5.93%	101.86	−6.50%

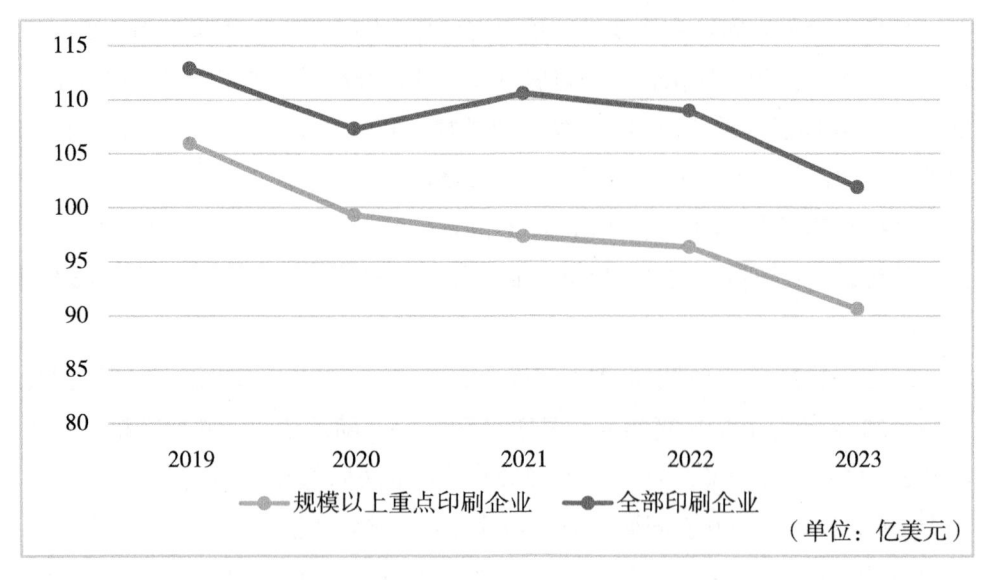

图 42　2019—2023 年规模以上重点印刷企业、全部印刷企业对外加工贸易额变化情况

（二）规模以上重点印刷企业的区域分布

规模以上重点印刷企业是印刷业各个领域的龙头，也是各地区印刷企业的龙头。一个地区印刷市场总量是决定规模以上重点印刷企业数量的基础，规模以上重点印刷企业数量的多少也是一个地区印刷业实力的重要表现。因此，规模以上重点印刷企业在全国的区域分布与印刷业的区域格局基本一致，在东部沿海地区最为集中，中部地区次之，西部地区相对较少。

2023 年，我国内地 31 个省、市、自治区均有规模以上重点印刷企业分布。其中，第一印刷大省广东规模以上重点印刷企业数量遥遥领先，达到 994 家；浙江、江苏、山东等 12 个省份规模以上重点印刷企业数量在 100 家及以上；重庆、辽宁、北京等 14 个省份规模以上重点印刷企业数量在 10—100 家之间；甘肃、海南、青海、西藏 4 个省份规模以上重点印刷企业数量不足 10 家。

自开展规模以上重点印刷企业统计以来，广东省规模以上重点印刷企业数量便一直稳居各省份首位。2023 年，广东省规模以上重点印刷企业数量为 994 家，同比微降 0.40%，在全部规模以上重点印刷企业数量中的占比为 20.55%。同年，广东省规模以上重点印刷企业拥有的资产总额为 2328.26 亿元，实现的工业总产值、利润总额分别为 2001.56 亿元、109.94 亿元，三项指标分别同比增长3.87%、-2.87%、17.60%，在全部规模以上重点印刷企业总量中的占比分别为20.74%、20.97%、18.89%，均以显著优势位居各省份首位。

浙江省规模以上重点印刷企业数量为721家，同比增长1.69%，位居各省份第二，在全部规模以上重点印刷企业数量中的占比为14.90%。由于浙江省印刷业以民营企业为主体，缺少像江苏省一样的大型外资企业，企业平均规模相对偏小。同年，浙江省规模以上重点印刷企业拥有的资产总额为1388.12亿元，实现的工业总产值、利润总额分别为1150.36亿元、67.80亿元，三项指标分别同比增长-2.44%、-0.83%、11.94%，在全部规模以上重点印刷企业总量中的占比分别为12.36%、12.05%、11.65%，均位居各省份第三。

江苏省规模以上重点印刷企业数量为667家，同比增长0.91%，位居各省份第三，在全部规模以上重点印刷企业数量中的占比为13.79%。江苏省拥有一批以外资企业为主体的大型企业，企业平均规模具有一定优势。同年，江苏省规模以上重点印刷企业拥有的资产总额为1662.55亿元，实现的工业总产值、利润总额分别为1445.23亿元、85.84亿元，三项指标分别同比增长4.06%、-0.91%、-0.95%，在全部规模以上重点印刷企业总量中的占比分别为14.81%、15.14%、14.75%，均位居各省份第二。

山东省规模以上重点印刷企业数量为348家，同比下降1.14%，位居各省份第四，在全部规模以上重点印刷企业数量中的占比为7.19%。同年，山东省规模以上重点印刷企业拥有的资产总额为701.30亿元，实现的工业总产值、利润总额分别为663.89亿元、37.49亿元，三项指标分别同比增长-3.05%、-5.48%、9.05%，在全部规模以上重点印刷企业总量中的占比分别为6.25%、6.96%、6.44%，其中工业总产值位居各省份第四，资产总额、利润总额位居各省份第五。

安徽省规模以上重点印刷企业数量为229家，同比增长10.10%，位居各省份第五，在全部规模以上重点印刷企业数量中的占比为4.73%。同年，安徽省规模以上重点印刷企业拥有的资产总额为510.91亿元，实现的工业总产值、利润总额分别为432.98亿元、34.55亿元，三项指标分别同比增长14.22%、6.30%、31.97%，在全部规模以上重点印刷企业总量中的占比分别为4.55%、4.54%、5.94%，其中资产总额、工业总产值位居各省份第七，利润总额位居各省份第六。

上海市规模以上重点印刷企业数量为226家，同比下降2.59%，位居各省份第六，在全部规模以上重点印刷企业数量中的占比为 4.67%。同年，上海市规模以上重点印刷企业拥有的资产总额为 942.45 亿元，实现的工业总产值、利润总额分别为 629.18 亿元、60.08 亿元，三项指标全部出现下滑，降幅分别为 2.49%、3.29%、19.42%，在全部规模以上重点印刷企业总量中的占比分别为 8.39%、6.59%、10.32%，其中资产总额、利润总额位居各省份第四，工业总产值位居各省份第五。

福建省规模以上重点印刷企业数量为 203 家，同比持平，位居各省份第七，在全部规模以上重点印刷企业数量中的占比为 4.20%。同年，福建省规模以上重点印刷企业拥有的资产总额为 695.25 亿元，实现的工业总产值、利润总额分别为 619.32 亿元、31.46 亿元，三项指标分别同比增长 16.00%、-5.76%、-5.78%，在全部规模以上重点印刷企业总量中的占比分别为 6.19%、6.49%、5.40%，其中资产总额、工业总产值位居各省份第六，利润总额位居各省份第七。

四川省规模以上重点印刷企业数量为 197 家，同比增长 8.24%，位居各省份第八，在全部规模以上重点印刷企业数量中的占比为 4.07%。同年，四川省规模以上重点印刷企业拥有的资产总额为 385.88 亿元，实现的工业总产值、利润总额分别为 373.50 亿元、28.07 亿元，三项指标增势良好，同比增幅分别达到 39.64%、13.28%、38.82%，在全部规模以上重点印刷企业总量中的占比分别为 3.44%、3.91%、4.82%，均位居各省份第八。

湖北省规模以上重点印刷企业数量为 133 家，同比持平，位居各省份第九，在全部规模以上重点印刷企业数量中的占比为 2.75%。同年，湖北省规模以上重点印刷企业拥有的资产总额为 336.28 亿元，实现的工业总产值、利润总额分别为 284.25 亿元、13.88 亿元，三项指标均出现下滑，同比降幅分别为 1.13%、10.32%、4.28%，在全部规模以上重点印刷企业总量中的占比分别为 3.00%、2.98%、2.38%，其中资产总额、工业总产值位居各省份第九，利润总额位居各省份第十。

河南省规模以上重点印刷企业数量为 120 家，同比增长 1.69%，位居各省份第十，在全部规模以上重点印刷企业数量中的占比为 2.48%。同年，河南省规模以上重点印刷企业拥有的资产总额为 219.53 亿元，实现的工业总产值、利润总额分别为 240.52 亿元、16.74 亿元，三项指标分别同比增长 -5.59%、

0.94%、-5.90%，在全部规模以上重点印刷企业总量中的占比分别为1.96%、2.52%、2.88%，其中资产总额、工业总产值位居各省份第十，利润总额位居各省份第九。

2023年，规模以上重点印刷企业数量最多的十个省份，有五个省份企业数量实现同比增长，其中安徽省、四川省增幅较大，分别达到10.10%、8.24%；上海市、山东省、广东省企业数量出现小幅下滑，福建省、湖北省企业数量同比持平。在十个省份中，规模以上重点印刷企业资产总额、工业总产值、利润总额三项指标全部实现正增长的只有安徽省和四川省。

同年，十个省份规模以上重点印刷企业数量合计达到3838家，同比增长1.11%，在规模以上重点印刷企业总量中的占比为79.33%。十个省份规模以上重点印刷企业拥有的资产总额为9170.54亿元，实现的工业总产值、利润总额为7840.80亿元、485.83亿元，分别同比增长3.65%、-1.76%、5.21%，在规模以上重点印刷企业总量中的占比分别为81.68%、82.16%、83.46%（见表28）。

表28　2023年我国拥有规模以上重点印刷企业数量最多的十个省份

序号	省份	印企数量（家）	资产总额（亿元）	工业总产值（亿元）	利润总额（亿元）
1	广东	994	2328.26	2001.56	109.94
2	浙江	721	1388.12	1150.36	67.80
3	江苏	667	1662.55	1445.23	85.84
4	山东	348	701.30	663.89	37.49
5	安徽	229	510.91	432.98	34.55
6	上海	226	942.45	629.18	60.08
7	福建	203	695.25	619.32	31.46
8	四川	197	385.88	373.50	28.07
9	湖北	133	336.28	284.25	13.88
10	河南	120	219.53	240.52	16.74
合计		3838	9170.54	7840.80	485.83

2023年，在珠三角地区、长三角地区、环渤海地区和中部地区中，规模以上重点印刷企业数量最多的是长三角地区，达到1614家，同比增长0.75%，在

全部规模以上重点印刷企业数量中的占比为33.36%。同年，长三角地区规模以上重点印刷企业拥有的资产总额为3993.12亿元，实现的工业总产值、利润总额为3224.77亿元、213.71亿元，三项指标同比增幅分别为0.16%、-1.36%、-3.65%，在全部规模以上重点印刷企业总量中的占比分别为35.57%、33.79%、36.71%，均位居四个区域之首。长三角地区各项指标在全部规模以上重点印刷企业总量中的占比均超过三分之一，凸显了区域内印刷企业强大的综合实力。

珠三角地区只有广东一省，规模以上重点印刷企业数量达到994家，同比下降0.40%，在全部规模以上重点印刷企业数量中的占比为20.55%，仅次于长三角地区。同年，珠三角地区规模以上重点印刷企业拥有的资产总额为2328.26亿元，实现的工业总产值、利润总额为2001.56亿元、109.94亿元，三项指标分别同比增长3.87%、-2.87%、17.60%，在全部规模以上重点印刷企业总量中的占比分别为20.74%、20.97%、18.89%，均位居四个区域第二。

环渤海地区规模以上重点印刷企业数量为716家，同比增长3.32%，在全部规模以上重点印刷企业数量中的占比为14.80%，位居四个区域第三。同年，环渤海地区规模以上重点印刷企业拥有的资产总额为1578.29亿元，实现的工业总产值、利润总额为1350.28亿元、75.25亿元，三项指标分别同比增长3.29%、0.77%、21.92%，在全部规模以上重点印刷企业总量中的占比分别为14.06%、14.15%、12.93%，其中资产总额、工业总产值位居四个区域第三，利润总额位居四个区域第四。在利润总额同比上涨超20%的情况下，环渤海地区在规模以上重点印刷企业利润总额中的占比依然低于工业总产值占比，说明其规模以上重点印刷企业的产值利润率偏低。

中部地区规模以上重点印刷企业数量为689家，同比增长4.08%，在全部规模以上重点印刷企业数量中的占比为14.24%，位居四个区域第四。同年，中部地区规模以上重点印刷企业拥有的资产总额为1432.58亿元，实现的工业总产值、利润总额为1288.96亿元、83.53亿元，三项指标分别同比增长5.64%、-1.27%、8.79%，在全部规模以上重点印刷企业总量中的占比分别为12.76%、13.51%、14.35%，其中资产总额、工业总产值位居四个区域第四，利润总额位居四个区域第三。

2023年，四个区域规模以上重点印刷企业数量合计达到4013家，同比增长1.47%，在规模以上重点印刷企业总量中的占比为82.95%。四个区域规模以上重点印刷企业拥有的资产总额为9332.25亿元，实现的工业总产值、利润总额为7865.57亿元、482.43亿元，分别同比增长2.41%、-1.38%、6.31%，在规模以上重点印刷企业总量中的占比分别为83.12%、82.42%、82.88%。

珠三角地区、长三角地区、环渤海地区和中部地区之外的其他地区共涵盖16个省份，规模以上重点印刷企业数量为825家，同比增长2.23%，在全部规模以上重点印刷企业数量中的占比为17.05%。同年，其他地区规模以上重点印刷企业拥有的资产总额为1895.11亿元，实现的工业总产值、利润总额为1677.49亿元、99.67亿元，三项指标分别同比增长5.68%、1.18%、6.66%，在全部规模以上重点印刷企业总量中的占比分别为16.88%、17.58%、17.12%（见表29、图43、图44、图45、图46）。

表29 2023年不同区域规模以上重点印刷企业数量、资产总额、工业总产值和利润总额

区域	企业数量（家）	资产总额（亿元）	工业总产值（亿元）	利润总额（亿元）
珠三角地区	994	2328.26	2001.56	109.94
长三角地区	1614	3993.12	3224.77	213.71
环渤海地区	716	1578.29	1350.28	75.25
中部地区	689	1432.58	1288.96	83.53
其他地区	825	1895.11	1677.49	99.67

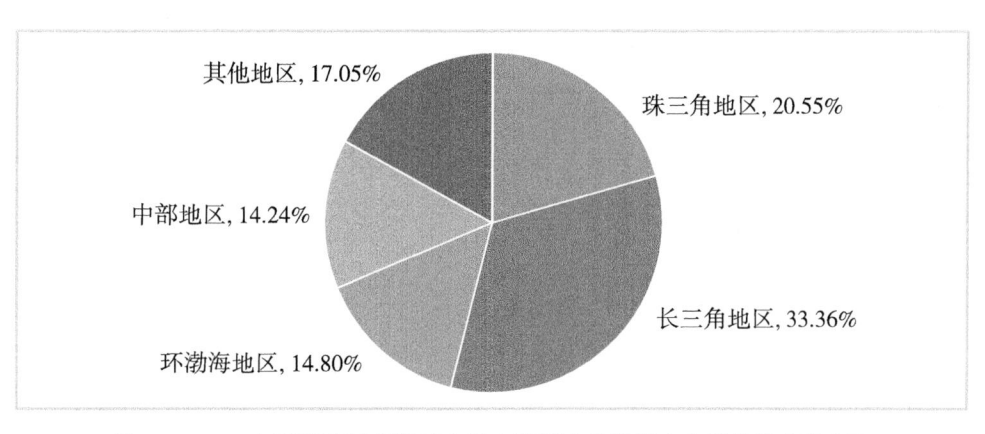

图43 2023年不同区域规模以上重点印刷企业数量在全国总量中的占比

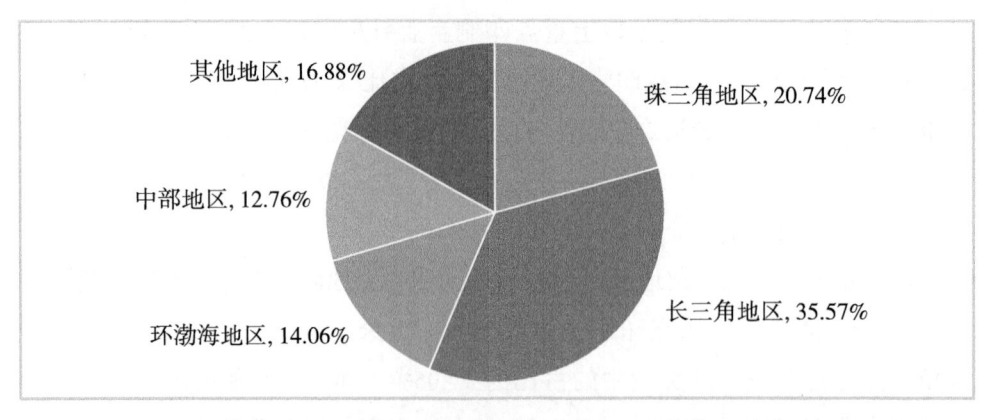

图44　2023年不同区域规模以上重点印刷企业资产总额在全国总量中的占比

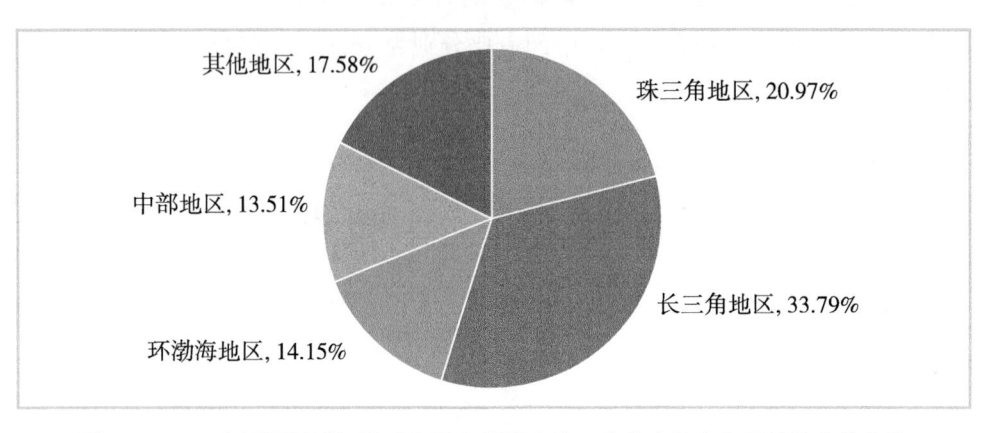

图45　2023年不同区域规模以上重点印刷企业工业总产值在全国总量中的占比

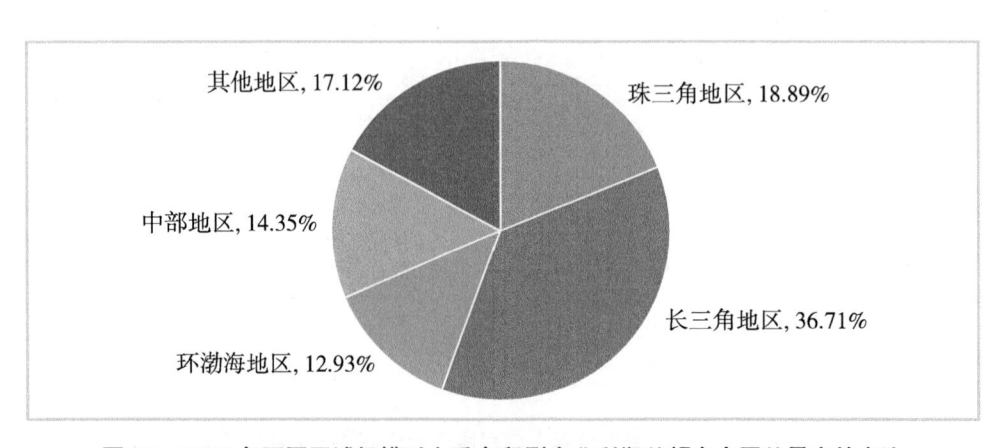

图46　2023年不同区域规模以上重点印刷企业利润总额在全国总量中的占比

规模以上重点印刷企业代表了不同地区行业龙头企业的实力与水平。受经济总量和产业结构差异的影响，东部、中部、西部地区印刷业整体发展水平存在一定差距，规模以上重点印刷企业数量有多有寡，但规模以上重点印刷企业主要经济指标的平均值差别并不明显。

2023年，在珠三角地区、长三角地区、环渤海地区和中部地区四个区域中，规模以上重点印刷企业平均资产规模最大的是长三角地区，达到24740.54万元；其次是珠三角地区，为23423.15万元；环渤海地区位居第三，为22043.23万元；中部地区相对较低，为20792.16万元，最低值和最高值的差距为3948.38万元。

规模以上重点印刷企业平均产值规模最大的是珠三角地区，达到20136.43万元；其次是长三角地区，为19979.98万元；环渤海地区和中部地区较为接近，分别为18858.60万元和18707.73万元，最低值和最高值的差距为1428.70万元。

规模以上重点印刷企业平均利润最高的是长三角地区，达到1324.11万元；其次是中部地区，为1212.32万元；珠三角地区位居第三，为1106.06万元；环渤海地区最低，为1051.00万元，最低值和最高值的差距为273.11万元。

四个区域之外的其他地区，规模以上重点印刷企业的平均资产为22970.98万元，落后于长三角地区、珠三角地区，高于环渤海地区、中部地区；平均产值为20333.21万元，领先于全部四个区域；平均利润为1208.18万元，与中部地区基本相当，高于珠三角地区和环渤海地区。从整体上看，中西部地区规模以上重点企业数量较少，但企业平均盈利能力领先于整体产业实力更强的珠三角地区和环渤海地区，部分原因应该与中西部地区企业数量少、竞争激烈度相对较低、龙头企业领先优势更为明显有关（见表30）。

表30　2023年不同区域规模以上重点印刷企业平均资产、平均产值和平均利润

区域	企业数量（家）	平均资产（万元）	平均产值（万元）	平均利润（万元）
珠三角地区	994	23423.15	20136.43	1106.06
长三角地区	1614	24740.54	19979.98	1324.11
环渤海地区	716	22043.23	18858.60	1051.00
中部地区	689	20792.16	18707.73	1212.32
其他地区	825	22970.98	20333.21	1208.18

六、小　结

2023年，我国社会经济进入修复反弹期，经济总体回升向好，圆满完成全年各项主要发展目标，但受后疫情时代伤痕效应以及国际政治经济形势不稳、西方主要经济体通胀高企、出口市场承压等因素影响，有效需求不足、部分行业产能过剩、社会预期偏弱等困难和挑战依然存在。

面对复杂的外部环境和市场形势，印刷业坚持稳中求进，以进促稳，完整、准确、全面贯彻新发展理念，坚持"绿色化、数字化、智能化、融合化"发展方向，以供给侧结构性改革为抓手，积极培育和发展新质生产力，推动行业转型升级和高质量发展，主要经济指标实现了稳中有升，呈现出较好发展态势。

2023年，我国印刷企业数量连续四年实现正增长，行业资产总额、印刷工业总产值续创历史新高，行业利润总额实现同比恢复增长，在从业人员数量继续减少的情况下，行业人均产值首次突破60万元，人均利润攀升至3万元以上。由于企业数量有所增加，行业企业平均产值有所降低，但平均利润逆势向上，行业产值利润率止跌企稳。受贸易保护主义抬头、海外需求不足影响，印刷业外商投资总额、外商注册资金额、对外加工贸易额三项指标延续跌势，承压下行。

从区域格局看，位于东部沿海的珠三角地区、长三角地区、环渤海地区，在全国印刷业发展中依然处于领先位置，但受各种因素影响，珠三角地区、长三角地区在全国印刷工业总产值中的占比有所下滑，环渤海地区略有提升。中部地区受益于自身产业发展和东部地区产业转移，印刷业呈现出良好发展态势，在全国印刷工业总产值中的占比提升明显。四个区域作为一个整体，在全国印刷工业总产值中的占比稳中略降。全国印刷工业总产值最高的十个省份保持稳定，仅2022年位居第八的湖北省和位居第九的四川省，出现了排名互换。

从细分市场看，印刷业最主要的三大门类中，出版物印刷企业数量、产值双双下行。其中，出版印刷门类下的书刊印刷企业数量、产值均实现同比增长，报纸印刷在新媒体的持续冲击之下延续跌势，企业数量、产值均出现同比下滑。

包装装潢印刷品印刷走势良好，企业数量、产值双双实现同比正增长。其中，包装装潢印刷品印刷门类下的纸包装印刷、塑料软包装印刷、金属罐包装印刷的企业数量、产值均实现正增长，且增幅较为可观，玻璃、陶瓷包装印刷在企业数量增加的同时，产值略有下滑。

其他印刷品印刷受益于疫情后社会经济活动的恢复，企业数量延续了此前的增势，实现同比正增长，产值也逆转了此前连续两年的下滑趋势，实现同比反弹。

2023年，规模以上重点印刷企业数量、资产总额、利润总额均达到有统计以来的高点，规模以上重点印刷企业实现的印刷工业总产值出现同比小幅下滑。由于各项指标的同比增幅均低于行业整体水平，规模以上重点印刷企业数量、资产总额、印刷工业总产值、利润总额在行业总量中的占比，相对2022年出现不同程度的下滑，但规模以上重点印刷企业依然以不足行业总量5%的企业数量，贡献了行业近三分之二的产值，超过80%的利润总额，是行业发展毋庸置疑的主力军。

2019—2023年，纵贯疫情前后，是十分特殊的五年。三年疫情，叠加复杂多变的全球政治经济形势，对需求端、供给端均造成了巨大冲击，增加了印刷产业链的不确定性和不稳定性。在这期间，印刷企业经历了市场需求下滑、纸张等原材料价格暴涨、海内外物流运输阻滞等多重考验，实现了行业的平稳过渡，行业多项总量指标创出历史新高，人均产值、人均利润明显提升。自2023年以来，新冠肺炎疫情对社会经济发展的直接冲击趋于消散，但印刷业依然面临着外部有效需求不足、企业竞争加剧、盈利压力加大的挑战。面对新的市场形势，广大印刷企业要进一步增强转型升级的紧迫感，坚持改革创新，加大采用新型技术、设备的力度，积极推进数字化、智能化建设，不断培育和发展新质生产力，以为企业和行业的发展注入源源不断的新动能。

专题报告

印刷业绿色化发展报告

中国新闻出版广电报　王勤　祝小霖　牟艺

厚植高质量发展的绿色底色，我国印刷业发展迈出坚实步伐。

一份绿色答卷就此绘就——中小学教科书连续10年实现绿色印刷全覆盖，重点教材印制质量和环保质量合格率连年达100%。

种种创新举措就此汇聚——近一年来，全行业推进"双碳"工作蹄疾步稳，绿色化协同转型步入新阶段。

报告聚焦绿色发展，回溯中小学教科书实现绿色印刷全覆盖10年的绿色成果；同时通过对行业主管部门、印刷包装造纸企业的调查采访及行业A股上市公司2024年以来发布的公告汇总，以全链条、全领域为关键词，通过印刷、资本、造纸、包装、专利等细分领域，洞见全产业链一年来低碳发展新亮点。

一、中小学教材绿色印刷全覆盖走过十年：逐绿前行　动能澎湃

2024年秋季学期，全国义务教育阶段1.6亿中小学生手捧的崭新教材上，封底左下角印有的"绿色印刷"标识依然绿意丰盈。自2014年11月3日，原国家新闻出版广电总局和原环境保护部科技标准司在联合召开的2014年绿色印刷推进会上宣布"全国11亿册秋季学期中小学教科书已经全部实现了绿色印刷"后，中小学教材绿色印刷全覆盖步入第十个年头。

从实施绿色印刷战略到加快推进印刷业绿色化发展，"政产学研用金"六位一体全产业链力量，深入探索绿色化发展新模式，绿色理念根植于心，绿色动能澎湃不已，发展气象更加万千。我国印刷业探索出了一条具有时代特征、行业特色的绿色发展之路。

（一）谋篇布局，政策"组合拳"显效发力

回望来路，时间的棱镜透视出印刷业一以贯之的绿色化发展。

自2010年原新闻出版总署与原环境保护部签署《实施绿色印刷战略合作协议》以来，绿色印刷实施工作扎实推进。

就中小学教科书来说，规划部署于2011年已启动，原新闻出版总署与原环境保护部《关于实施绿色印刷的公告》中，明确"基本实现中小学教科书绿色印刷全覆盖"的工作目标。此后，中小学教科书绿色印刷循序渐进、稳扎稳打。2012年4月，原新闻出版总署、教育部、原环境保护部印发《关于中小学教科书实施绿色印刷的通知》，要求"中小学教科书必须委托获得绿色印刷环境标志产品认证的印刷企业印制"，绿色印刷成为全国中小学选用教科书的必备条件。

从试点推广到全面完成，中小学教科书基本实现绿色印刷全覆盖的目标在2014年秋季学期已圆满完成。

数据显示，2014年，全国11亿册秋季学期中小学教科书已基本实现绿色印刷全覆盖；我国获得绿色印刷认证的企业数量超过700家；全国1/3的出版社已采用绿色印刷方式出版图书。

这一绿色成绩单在4年后的2018年就实现全面"刷新"。2018年全国印刷业绿色化发展推进会上的官方发布显示，截至2018年11月，全国共有绿色印刷认证企业1293家，绿色印刷营收保持着近10%的增速。与全覆盖第一年相比，5年时间内，绿色印刷认证企业同比增长84.71%。

从绿色印刷到绿色化发展，中小学教科书的绿色保障更为有力。

2019年，新闻出版署、发展改革委等五部委联合印发《关于推进印刷业绿色化发展的意见》，将印刷业绿色化发展提升到了国家战略发展高度。其中关于"完善印刷业绿色化发展的标准体系""推广使用绿色环保低碳的新技术新

工艺新材料"等有力部署,让中小学教科书的"绿意"更浓。

2021年,新闻出版署印发的《印刷业"十四五"时期发展专项规划》更是在部署重大任务印制保障工程时,明确"加强统筹协调,优化产能和时间配置,保质保量完成中小学教科书和高校思政课教材的印制任务"。

国家新闻出版署连年开展的中小学重点教材印制环保质量检查,也无不显示出行业对加强中小学教材建设的部署推动。"对中小学一至九年级国家统编道德与法治、语文、历史等重点教材,以及其他品种教材的印制和环保质量进行抽检。""对相关教材租型单位和印刷企业进行质量巡查,推动完成课前到书印制任务。"……

为了用心打造培根铸魂、启智增慧的精品教材,印刷业主管部门锚定绿色化发展方向,从顶层设计的高度加强统筹谋划和部署,持续推进、久久为功。

(二)势头迅猛,体系标准日臻完善

绿色发展非一日之功,每一分绿色都来之不易。中小学教科书绿色印刷实现全覆盖后,全行业推进绿色转型、创新发展的步伐并未停滞,反而呈现出更为迅猛的发展势头。

顶层设计中,行业主管部门强化系统谋划、注重科学统筹。2023年,新闻出版署印发的新《国家印刷示范企业管理办法》实施。评审首次将国家印刷示范企业分为四类,保质保量地完成重大主题出版物、中小学教科书、各级党报党刊和重点应急印刷品等印制任务的"保障支撑类"正是其中重要一类。连续举办的中国印刷业创新发展大会,评定公布印刷业绿色化发展、印刷智能制造示范和试点等重点项目,彰显出我国印刷业的绿色科创水平。这些有力部署,为包括教材印制企业在内的出版印刷产业链育动能、壮骨干。

绿色标准从逐步完善到体系渐成、从中小学教科书"点上出彩"到行业各细分领域全面开花。2015年,我国印刷领域根据行业发展需求首次批量制定的4项关于绿色印刷的行业标准正式发布,《绿色印刷术语》《绿色印刷 通用技术要求与评价方法 第1部分:平版印刷》《绿色印刷产品抽样方法及测试部位确定原则》《绿色印刷 产品合格判定准则 第1部分:阅读类印刷品》成为印刷企业推行绿色印刷、进行绿色印刷认证的重要依据。此后,绿色印刷标准体系不断充实完善，如2021年，业内首个绿色印刷材料行业标准《绿色印刷材料 胶印橡皮布》实施，扩展至中小学教材的材料应用。

绿色方案从地方示范到区域协同、从绿色印刷全面深入到绿色化发展全面推进。北京和上海在中小学教科书绿色印刷全覆盖方面走在全国前列，不但率先为实现绿色印刷教科书的企业争取到财政经费和相关的政策支持，且随着绿色进程的深入，积极探索清洁生产、绿色发展的更优途径。

自2012年到2018年，7年时间内，原北京市新闻出版广电局累计推出优秀青少年绿色印刷示范读物7728种、2.4亿册。在保障首都核心功能的战略部署下，《北京市出版物印刷服务首都核心功能建设升级指南》率先发布，北京市新闻出版局聚焦于此、大做文章，开展北京市出版物印刷企业绿色化发展奖励项目、北京市出版物印刷企业环保治理绩效分级、印刷服务重点保障企业认定等工作，绿色发展高歌猛进。

经过不断探索和完善，上海市中小学教科书的检测已做到统编教材和8万册以上品种应检尽检、全流程覆盖，教科书绿色印刷的检测体系日趋成熟稳定。如今，围绕《长三角区域印刷业一体化发展升级指南》的贯彻落实，上海建立上海市中小学教材印刷企业推荐名录制度，对中小学教材进行全过程监控和质量检查，实施管理、推荐、质检、评比一体化机制。

这一系列标准建设和绿色方案的"组合拳"，让印刷业绿色发展之路更有底气，让课本中的那抹绿更为凸显。

（三）精耕细作，全产业链合力创新

日濡月染，终有回甘。随着印刷业绿色化发展的不断深入，中小学教科书的印制质量和环保质量趋于稳定，重点教材印制和环保质量合格率连年达到100%。这背后，是出版印刷全产业链精耕细作，持续锻造绿色发展新优势。

"用最好的纸张、最好的油墨、最好的胶、最好的设备、最好的工艺、最优秀的技术人员，印制最好的教材。"这是人民教育出版社2018年底在第30次全国中小学教材工作会上联合各出版集团发出的共同行动计划倡议书。

作为一项系统工程，教材印刷非一己之力或一个环节就能"掌控"全局，需要在编、印、发这条产业链上，从印制源头开始的纸张、油墨、胶，以及过

程中的设备、工艺、人员等共同发力。出版印刷产业链上的相关单位，以各自的创新分力，聚合成"印制最好的教材"的合力。

行稳致远，绿色升级释放动能。各地为行业绿色化发展不遗余力。2024年在上海中华印刷有限公司召开的长三角一体化绿色团标工作交流会上，上海青浦印协、松江印协、静安印协、浙江嘉善印协、海盐印协、江苏吴江印协等六区联动共谋发展。长三角一体化绿色团标覆盖从印刷生产设备、原辅材料到生产过程，以及出版物、包装装潢等印刷品的全过程，尤其要求绿色印刷试点企业在保证工艺要求的前提下，减少对环境的影响。浙江省印刷协会公布"浙江省印刷业高质量创新发展优秀案例"征集活动评选结果，13家企业的高质量创新发展案例脱颖而出，鼓励企业在深入推进管理创新、数字智能工厂建设、印刷数字化、智能化、绿色化改造等方面的探索和实践。

携手同行，绿色变革产生力量。保障"课前到书，人手一册"任务，各地出版印刷企业已连续执行了46年。在此过程中，尤其是中小学教科书基本实现绿色印刷全覆盖以来，各地印刷企业始终把中小学教材出版发行工作作为重点任务来抓，勇担绿色使命，诠释责任担当。

面对错综复杂的行业发展态势和激烈的市场竞争环境，江苏凤凰新华印务集团有限公司切实贯彻智改数转、实施绿色印刷、推动深化改革，不断优化产能、提升效率、严抓质量、夯实梯队，以实际行动推进教材印制这项重要保障任务落地落实。安徽新华印刷股份有限公司始终以"零差错，零失误"为目标，打造高品质绿色教材。浙江印刷集团有限公司采用教材教辅生产线的智能化改造项目提升峰值产能，为教材印制的高效完成奠定坚实基础。江西新华印刷发展集团有限公司在上级整体协调下，与兄弟单位充分协作，形成编、印、发、供一条龙生产调度机制……

种种举措和创新案例表明，出版印刷业已形成彰显创新优势、厚植绿色底色、充满发展活力的新质生产力发展格局。

二、印刷篇：镌刻新质生产力的底色

绿色发展是高质量发展的底色，也是印刷业的本色。随着一批批行业优秀企业加速绿色化发展，一个个绿色低碳产业集群强势崛起，印刷业的绿色生产力不断催生、演进与壮大。2024年以来，全行业以绿色工厂、绿色产业链和绿色工业园区建设为纽带，先进适用的绿色低碳技术不断落地，节能、减排、增效的目标逐步实现，在科技创新和产业链构建等方面镌刻出新质生产力的绿色底色。

（一）多点培育，构建绿色体系

在北京，印刷工厂内机声隆隆，即使经过上万次使用，胶印机的印刷质量仍不受影响，这是因机器内部无纺布自助清洗系统发挥了作用；在浙江，包装生产车间内的纸箱生产线全速运行，印刷机上方的集气罩将印刷时产生的废气收集至催化燃烧设施进行处置，形成覆盖节能、节水、环保、新能源等领域的绿色技术装备制造体系……在全国推进绿色工厂、绿色工业园区、绿色供应链的建设中，印刷企业是强有力的参与者和角逐者。各地以重大工程和项目为牵引，加速推进绿色工厂、绿色工业园区建设，形成构建绿色现代化产业体系的全国一盘棋。

在2024年7月底北京市经济和信息化局公示的2024年北京市绿色工厂、绿色供应链管理企业名单中，北京顶佳世纪印刷有限公司、新华社印务有限责任公司、北京瑞禾彩色印刷有限公司等6家印刷包装企业入围；在安徽省工业和信息化厅7月下旬公布的2024年安徽省绿色工厂名单中，安徽英格尔包装科技有限公司、安徽顺彤包装材料有限公司等4家印刷包装企业入选；在5月龙港市经济发展局公布的龙港市2024年三星级绿色低碳工厂名单中，温州绚彩科技有限公司、浙江云创印刷科技有限公司等8家印刷包装企业脱颖而出；等等。

这些2024年新突围的绿色工厂，都是遵循绿色制造理念，采用先进技术和管理手段，实现生产全过程的绿色化、低碳化、循环化的印刷包装工厂。它们有着行业绿色化发展的共同点——从原材料选择、生产过程到末端处理，实现全链条绿色化。

以绿色工厂为核心基础单元的绿色体系，成为各地推行绿色化发展的重要抓手，而绿色园区建设亦表现亮眼。2024年多番在各大书展上亮相的河北故城绿色印刷产业园，伴随着京津冀协同发展战略应运而生，如今已有泓景印刷、盛世彩捷、优奇仕等企业入驻，儿童图书、卡片、绘本、立体卡书、包装等产品链条一应俱全，生动诠释了产业园区内企业的"各具所长"和"兼容并包"。世发（广佛）包装印刷产业园于2024年6月开园，吸引50多家行业企业抢先进驻，其将通过"包装印刷＋绿色环保＋金融服务"的深度融合，构建包装印刷产业链闭环。

（二）品牌升级，打造优质精品

新质生产力本身就是绿色生产力。在加快发展新质生产力的大背景下，越来越多的行业龙头企业把绿色发展上升为企业发展的核心理念和重要战略，向"新"求变、向"绿"而行，通过模式创新、管理升级等方式，打造现代化绿色印刷企业。

鹤山雅图仕印刷有限公司打造绿色产品的业绩令业内外瞩目。在广东省开展的首批绿色品牌的评价工作中，鹤山雅图仕成为首批入选的11家绿色品牌示范企业之一，并于2024年3月在广东省清洁生产协会官微上进行绿色品牌推介。秉持可持续发展理念，持续践行企业绿色低碳发展是雅图仕绿色品牌形象的彰显，其早在2010年便注册"绿色和谐"商标，并在此后通过成功认证产品碳排放标签、建立能源管理中心、主导行业标准绿色工厂评价规范制定等举措加强绿色化管理，近一年来还引入了太阳能发电等项目。

在2024年6月公布的长三角地区民营企业发展新质生产力典型样本中，胜达企业作为"绿色低碳"类典型样本上榜。早在2019年，胜达就开始投建绿色智能工厂；现如今，其智能工厂生产车间面积已达5万平方米。不仅如此，胜达也是大力发展绿色制造、争做低碳环保的先行者，积极推进可降解环保纸质餐具、可降解胶带，以纸代泡沫缓冲材料研发，提供整体绿色包装解决方案。同时，其产品还成为中国纸包装唯一出口免检产品。

业外评比屡获肯定，业内集结不断显现印刷业绿色化的新技术、新材料和新工艺。作为第32届全国图书交易博览会的特色展区，以"聚焦新质生产力　赋能出版印刷新未来"为主题的绿色创意印刷展区，北京盛通印刷股份有限公司、南京爱德印刷有限公司、江苏凤凰新华印务集团有限公司、河南新华印刷集团有限公司、山东新华印务有限公司等均携绿色创新产品精彩亮相。

正如参展主题"智能化引领低碳发展新风貌",山东新华印务有限公司携丰富多样的书籍向广大观众呈现印艺之美,其背后是山东新华印务大举推进智能化和绿色化建设,坚持节能减排、绿色环保、循环利用的原则,最大限度保证印制生产环保水平。而在培育"新质"优势方面,江苏凤凰新华印务集团依托现有条件、发掘自身特色,因地制宜地聚焦智改数转、绿色融合,所展示的产品正是其打造的符合新时代读者需求的优质精品。

(三)技术支撑,展现硬核实力

以科技创新引领产业创新,加大绿色技术创新和先进绿色技术推广应用,是全行业积极培育和发展新质生产力的有效途径。2024年以来,印刷全产业链围绕绿色低碳发展,将赛道拓宽到创新技术的竞技上。

"要坚持以绿色新材料为发展方向,解决一批核心关键领域的难题,构筑高质量发展新优势。"2024年全国两会期间,全国人大代表、中国乐凯集团有限公司董事长侯景滨参与提出一份关于印刷产业绿色发展的议案,建议推广绿色胶印印刷版材,引导印刷行业向绿色环保、节能减排方向转变。

随着绿色化发展深入印刷行业的方方面面,印刷装备制造企业和耗材生产企业在材料工艺和技术创新中持续发力。作为印刷行业智能装备制造领域的推动者和领跑者,北人智能装备科技有限公司2024年5月推出的两款新设备,不仅在效率和印刷质量上实现重大突破,还应用了印刷和折页自动套位、自动剔废、半自动上版、电动斜拉版等一系列先进技术,具有高效率、高品质、智能化、绿色化等特性。中国乐凯集团旗下乐凯华光有限公司,大力推广使用免冲洗CTP版材,全年销量累计突破千万平方米,让印刷制造业迈向绿色未来。同样致力于印刷版材的承德天成印刷科技股份有限公司,携手中国科学院,运用前沿的纳米技术,建成免砂目纳米绿色印刷版材生产线,走上了持续创新、良性发展的技术创新之路。

环保型油墨的研发更为出彩。苏州科德教育股份有限公司2024年全新推出自主研发的抗菌油墨和抗菌光油,经国际认证,为儿童健康安全阅读"保驾护航"。天津东洋油墨有限公司推出的全植物油油墨、低气味油墨等产品,主打产品原料的环保属性，其无污染助剂的添加且无异味的设计，可实现零VOCs（挥发性有机物）排放。

三、资本篇：掘金低碳经济　新能源投资升温

印刷业2024年瞄准的重点方向依然是绿色低碳。继2024年4月沪深北三大证券交易所正式发布《上市公司可持续发展报告指引》，要求上市公司加强ESG（环境、社会和公司治理）信息披露后，印刷包装上市公司立足ESG开展绿色行动成为一大趋势。《中国新闻出版广电报》记者通过梳理各A股印刷包装上市公司2024年以来发布的公告发现，各家上市公司持续加大绿色项目研发投入，通过优化能源结构等方式推进绿色发展。

（一）节能减排成重点

查阅各上市公司公告可以看到，A股印刷包装上市公司尤其注重节能降耗，布局绿色低碳领域成为它们开辟新赛道的路径之一。

紫江企业以节能、降耗、增效为目标，全面布局生产运营的提质增效。紫江企业公告显示，其鼓励优化制造工艺，降低单位能耗，以期开发和应用更绿色的制造体系。其中，子公司紫丹印务首个自投光伏项目于2023年成功并网发电，成为紫江企业下属第二家完成自投自建光伏的企业。截至2023年底，该项目累计发电9.22万度。2024年，该光伏项目预计能为紫丹印务提供85万度绿色电力，相当于减碳357吨。

恩捷股份正逐步加大绿色电力的使用比例。公告显示，恩捷股份通过参与云南及江苏的电力市场化交易的方式购买绿色电力，提高企业的绿色用电比例。同时，恩捷股份在各基地开展光伏铺设。截至2024年4月，江苏恩捷、无锡恩捷已完成总计约30毫瓦的分布式光伏并网，预估年节约用电约3300万度。恩捷股份其余基地也正在筹划分布式光伏与绿电直购的相关工作，预计到2026年，超过80%的基地将完成光伏铺设工作。通过自建光伏、绿电和绿证的采购与抵消，恩捷股份预计2024年度将实现50%的绿电，2025年度实现100%绿电。

裕同科技则推动可持续发展管理落地。2024年以来，裕同科技从气候变化

与资源管理、环保产品与原材料、创新设计与生产、员工健康与公益等 4 个层面开展切实行动，推动 ESG 管治工作落地。气候变化与资源管理层面，裕同科技持续开展减碳降塑、节能降耗专项行动，通过增强生产基地碳盘查能力、扩大光伏发电量和绿电比例以及开展精益生产改善等行动，以推动企业碳中和目标达成。

（二）跨界布局新能源

新能源领域是 2024 年资本市场的热门主题，印刷包装行业也不例外。多家 A 股印刷包装上市公司积极布局新能源、纸塑等低碳领域，成为行业环保主力军。

东峰集团致力于加速从膜品供应商向行业内领先的电池包安全解决方案提供商的转型。2024 年以来，东峰集团统筹推进博盛新材全资子公司湖南博盛新能源技术有限公司、盐城博盛新能源有限公司在湖南省娄底市、江苏省盐城市投资建设的新能源动力及储能电池隔膜及其他综合材料生产研发项目的落地实施，从而进一步加速博盛新材产能扩张，稳步提升市场份额。

随着纸浆模塑市场需求的持续释放，中荣股份持续加大纸浆模塑环保产品的设计和研发投入。目前，中荣股份已建设天津和中山纸塑生产基地，致力于深耕环保纸塑领域。2023 年投资建设的越南生产基地，已于 2024 年 5 月建成并投产。中荣股份 2024 年还投资建设中山工厂二期项目，进一步扩大现有产品的产能规模，更高效地响应华南区域市场需求，提升核心竞争力与盈利能力。

（三）加快新材料应用

2024 年以来，A 股印刷包装上市公司推进可持续发展理念，积极开发拓展多元化的绿色环保材料。

2024 年 5 月，裕同科技申请设立"中国环保包装材料研发中心（深圳）"获得中国包装联合会批复。在环保材料领域，裕同科技创新尝试生产可降解猫砂，目前处于前期市场推广阶段。裕同科技公告显示，其将进一步加大环保包装在研发创新、生产布局、产业链延伸以及品牌推广等方面的投入力度，构建全方位竞争优势。

环球印务以子公司西安凌峰环球印务科技有限公司为主体，全力建设环球印务扩产暨绿色包装智能制造工业园（一期）项目，打造低碳、绿色、智能的智慧工厂。同期，有序推进金印联天津新材料科技项目建设，扩大印刷包装用环保材料的市场占有率。

合兴包装大力开发推广绿色环保材料代替传统材料，致力于形成清洁生产、淘汰落后产能、回收利用的循环生产模式。南王科技控股子公司福建南王新材料科技有限公司在传统产品的基础上，加快环保收银纸和各类环保商业标签前沿技术的创新，研发100%再生浆环保标签、收银纸面材，推出强抗水热敏标签及无底纸标签。大胜达则通过技改设备更新技术，进一步加大产品研发力度，加快对绿色包装、环保包装的研究，持续强化绿色制造发展理念。

四、造纸篇：借力降耗减碳迎风舞

一张纸背后，是1.39万亿元营收、超2.9亿吨产量的庞大产业。薄的是纸，厚的是造纸业绿色低碳转型的迭代升级。2024年以来，造纸业持续提升国内原料供给能力，不断推动产业高端化、智能化、绿色化。持续推进的林浆纸项目、硬核的科技创新成果与产品，以及加强碳汇管理的举措等，正不断助力造纸业走出企稳向好行情，探寻绿色低碳新路径。

（一）林浆纸项目"加速跑"

对造纸业来说，林浆纸项目是当前攻关的重点。中国造纸协会发布的《造纸行业"十四五"及中长期高质量发展纲要》明确了林纸一体化工程建设是行业未来的发展方向，是促进造纸行业可持续发展的重要措施。如何以林养纸、以纸促林、林纸结合？2024年以来，各大造纸企业加紧推进林浆纸项目建设，着重调整原料结构，以实现林纸产业链优势互补。

投资数百亿元、年产百万吨，大型厂房拔地而起、林浆纸项目落地生根，广西这片纸业的投资热土正在打造林浆纸绿色产业集群。2024年以来，数十个林浆纸项目在这里持续推进。1月下旬，玖龙纸业（北海）林浆纸一体化项目一期的年产55万吨高档文化纸生产线成功出纸。作为广西统筹推进的重大项目和"双百双新"项目，玖龙纸业（北海）林浆纸一体化项目总投资350亿元，总占地面积4930亩，建设年产245万吨浆、550万吨各类包装纸。全面建成达产后，该项目预计年产值700亿元、年税收30亿元。

山东太阳纸业股份有限公司发布公告称，拟实施广西基地南宁园区林浆纸一体化技改及配套产业园二期项目。在如今一期项目已投产、每日浆纸产能达5500吨的基础上，太阳纸业投资的二期项目将建设年产40万吨特种纸生产线、年产35万吨漂白化学木浆生产线、年产15万吨机械木浆生产线及相关配套设施。这标志着太阳纸业广西基地南宁园区的规模不断扩大，逐渐构建覆盖原材料及造纸助剂、木浆、竹浆、蔗渣浆、纸制品、包装印刷的造纸全产业链。

纸企龙头在广西落地林浆纸项目，是全国造纸业加速推进林纸一体化，将"一纸蓝图"变为"实景画卷"的缩影。各地林浆纸项目的建设亦如火如荼。2024年初，联盛浆纸（漳州）有限公司年产390万吨林浆纸一体化项目"满弦"开工。该项目计划总投资220亿元，用地面积约4600亩，以进口商品木片等为主要原材料。2024年4月，中顺洁柔（达州）30万吨浆纸一体化项目一期建设接近尾声。该项目总占地面积1700亩，总投资超40亿元，分三期建设年产31.8万吨制浆生产线、30万吨生活用纸生产线，配套建设污水处理系统、生产供热供水系统等工程。

（二）科技赋能向"绿"发展

一张纸，可以有多少种科技创新？在山东华泰纸业股份有限公司，其自主研发、专门用于服装印花的"转移印花纸"，拥有一种热升华数码转移印纸的生产方法、一种适用于在高速涂布机上生产数码热升华转印纸的涂料等9项具有自主知识产权的发明专利。在宁波亚洲浆纸业有限公司，其主要用于纸杯、餐盒等应用场景的"零塑纸"，帮助企业获得发明、实用新型专利等50余项。纸张的科技含量背后，是造纸企业依靠科技创新、技术改造，纷纷拿出各自的"绿色秘籍"。

随着2024年4月第一锅本色浆成功产出，岳阳林纸股份有限公司化学浆节能减排项目——国内自主研发的规模化置换蒸煮生产线成功实现投产。作为岳阳林纸推进的节能环保、提质升级重点项目，该项目通过实施化学浆节能减排项目，淘汰传统落后间歇蒸煮生产线，采用自主研发的置换蒸煮工艺，显著降低吨浆汽耗，同时大幅消减吨浆水耗，实现高标准环保排放。这一技术创新实践，为岳阳林纸实施可持续发展开辟了新思路。

金红叶纸业（南通）有限公司在持续深化绿色智造发展的引领下，不断探索实践绿色技术改造、节能降耗的新路径。其持续推进绿色制造体系建设，加强生命周期理念的宣传和实践，不断优化能源、利用结构，围绕产品低碳化发展进行改善，完善能源管理中心的使用。同时，开展绿色供应链评价工作，逐步增加可再生能源利用，走好绿色循环发展之路。

造纸设备企业也在为推进行业节能改造而发力。2024年7月，某浆纸企业引入磁悬浮节能技术，使得浆板机能效实现新飞跃。这是山东天瑞重工有限公司磁悬浮透平真空泵在造纸行业大型纸机应用的又一重大突破。如今，天瑞重工研发的磁悬浮鼓风机、磁悬浮变频离心式冷水（热泵）机组等一系列节能装备，已广泛应用到纸浆制造、纸张生产、热电联产等造纸生产过程中，为实现行业绿色低碳高质量发展提供了重要的技术支撑。

（三）林业碳汇站上风口

作为首批纳入碳交易的八大行业之一，造纸业围绕"双碳"目标，积极开展绿色低碳行动。其中，林业碳汇是各大纸企实现"双碳"目标的重要途径。

2024年7月，在以"践行热带雨林保护修复，助力林业生态价值实现"为主题的海南省热带雨林碳汇交易暨项目合作签约仪式上，海南金海浆纸业有限公司认购了15万元的热带雨林碳汇，成为本次认购额最高的企业。这表明，金海浆纸参与了全国首例国家公园热带雨林碳汇交易。根据公告，金海浆纸通过此次购买国家公园热带雨林碳汇，将助力海南碳汇项目开发。

早在2024年初，全国温室气体自愿减排交易市场启动之时，岳阳林纸旗下的诚通碳汇经营管理（湖南）有限责任公司就成功购买了5000吨碳汇。这批碳汇将作为岳阳林纸碳中和产品的关键减排量指标储备，用以抵消生产过程中的碳排放量，助力实现碳中和。3月，诚通碳汇经营管理（湖南）有限责任公司还与江苏久源生物能源有限公司联手合作，通过开发生物天然气减排项目，推动企业持续获取高质量碳信用，进而在碳交易市场中获得经济回报，形成可持续的收益模式，为生物天然气资源化探索路径。

除了林业碳汇，各家纸企业也积极拓展全新的碳中和系列产品，加强碳排放管理。在山东博汇集团有限公司，每一张纸都是有生命的，每一张纸也都是有身份的。博汇集团构建起完善的碳排放管理体系，取得产品碳足迹、碳中和认证，碳排放管理能力得以大幅提升，并凭借其在2023年可持续发展评估中获得的优异成绩，于2024年7月首次入选标普全球《可持续发展年鉴（中国版）》。山东晨鸣纸业集团股份有限公司则是对内通过设立部门负责碳排放履约管理，进行内部监督与管理碳排放，对外与第三方专业碳管理机构合作，协助进行碳资产管理、整理排放数据和核算排放量，并进行碳核查，全面推动减排工作，保障企业低碳发展。

五、包装篇：全链条增"绿"三大风向

2024年以来，包装行业绿色化升级再出实招，各地政策指引，产、学、研多方协作，全行业不断探索低碳发展新路径。随着绿色环保理念深入人心，全行业不断加强绿色技术研发和创新，实现全链条的再循环、可降解、减量化三大"绿色"风向。

（一）风向一：可降解材料风头正劲

2024年年初开始，各地继续加速推进限塑进程，纷纷以限塑禁塑政策为抓手，推动可降解包装材料替代提速。一时间，以纸代塑、以植物基代塑等可降解替代材料在包装行业"浸"绿发展中风头正劲。

2024年1月1日起，《河南省禁止和限制不可降解一次性塑料制品规定》正式施行，为应对"白色污染"立法禁限塑。3月，吉林省工信厅公布《吉林省禁止不可降解一次性塑料制品条例（征求意见稿）》，禁止、限制部分不可降解一次性塑料制品，并实行名录管理。同月，上海市人大常委会表决通过《上海市无废城市建设条例》，包括禁止、限制生产、销售和使用不可降解塑料袋等一次性塑料制品。这些禁塑限塑新规持续加码，加速了包装业绿色转型升级步伐。4月，浙江省发展改革委、生态环境厅联合印发《浙江省塑料污染治理

2024年重点工作清单》，扎实推进塑料污染全链条治理工作。

"限塑令"持续升级，包装企业持续加速技术创新，推出塑料的可持续替代材料，全力践行政策落地。上海艾录包装股份有限公司研发的无塑膜纸基包装，采用纯纸与环保水性乳液涂层，摒弃传统塑料覆膜的使用，实现了从生产到使用的全链路环保。液体食品无菌包装综合供应商纷美包装，凭借可持续包装及环保回收再利用制品，成为2024年5月举办的中国（国际）乳业技术博览会上的焦点。其展示的无菌包装材料采用植物基材质与无铝技术，通过革新无菌纸包装中的聚乙烯（PE）成分，降低塑料消耗和碳足迹。南王科技更是把"小纸袋"做出"大文章"。从防油、防水和热黏，到纸袋的保温、阻氧和保鲜，借力以纸代塑，南王科技的客户群体不仅覆盖美团、来伊份、海底捞、特步、安踏等国内消费品牌，还包括耐克、阿迪达斯、无印良品等国外知名消费品牌。

（二）风向二：可循环包装风靡物流业

快递业的绿色化越来越受到社会关注，包装可循环成为业内外关注的焦点。3月1日起实施的修订版《快递市场管理办法》明确规定经营快递业务的企业应在设计、生产、销售、使用等环节全链条推进快递包装绿色化。2024年实施的《快递循环包装箱》国家标准，提出了快递循环包装箱循环次数、标签等建议，并引导建立包装箱循环运营管理系统……

近两年，在相关政策的大力推动下，针对快递包装绿色化升级的各项标准、规范轮番出台。这倒逼快递企业加速技术升级，其中可循环再利用快递包装风头无二。环保物流包装的升级与实施也推动物流包装企业提升自身环保服务能力，履行社会责任。

包括邮政集团、顺丰、中通等在内的17家快递企业于2024年4月联合签订《"绿色包装，快递你我"倡议书》，深入推进可循环快递包装规模化应用试点工作。各家快递企业各显其招，截至2024年3月，极兔速递在全国范围内已经投入使用自研的"RED BOX"快递循环箱40000个；在开展的回收复用瓦楞纸箱专项行动中，回收复用数量超过130万个。京东物流启动循环包装规模化应用试点，陆续投放150万个循环快递包装，推广循环包装的共享回收模式，截至2024年底，仅这一举措将减少纸箱、泡沫箱、塑料袋等一次性包装超 1 亿个。中国邮政 EMS 展示的可循环利用的信封、包装箱、文件袋等包装物品，已经开发出智能身份锁和数字面单。

（三）风向三：减量化设计受青睐

行业内通过产、学、研协作，共同在实现包装减量化上下功夫，推进包装绿色化发展进程。

2024 年 3 月，由湖南工业大学牵头编制的《中国塑料软包装行业发展白皮书》发布，从政策背景、全生命周期评价、包装企业"双碳"战略实施等方面，对我国塑料软包装产业发展进行分析，旨在进一步推动塑料软包装行业健康有序发展。于 4 月启动、由国际安全运输协会和中国包装科研测试中心主办的 2024 年第五届 ISTA 中国运输包装设计大赛，在命题上将可持续性作为运输包装的核心主题之一。6 月，由上海市包装技术协会联合上海商学院等举办的 2024 年上海绿色包装创新创意设计大赛，通过对绿色材料、低碳工艺、环保结构、设计创新的大力倡导，进而推动绿色包装设计的应用及普及。

乳制品企业则纷纷通过优化包装设计，实现包装的减量化。蒙牛集团于 2024 年 6 月发布乳业首份《绿色包装价值报告》，通过减少包材用量、采用可回收及可重复利用设计，探索应用可再生、易降解材料，深化产品包装全生命周期管理，从根源减少包装制品对环境的影响。其还与万物新生集团建立包装循环经济战略合作，共同探索构建乳制品包材回收可持续链路，合作打造乳制品包装可持续循环再生新模式。在包装选择上，伊利集团大踏步拥抱可回收的环保材料，使用由 FSC 认证的森林环保纸盒，接连推出两款碳中和牛奶，其中金典有机纯牛奶的瓶盖原料更是来自可再生的甘蔗。安慕希也携手国家海洋博物馆推出联名环保包装，包装内的垫片使用可降解的植物基材料，瓶标使用油墨可碱洗创新技术，更易于回收，从而助力海洋环境保护。

六、专利篇：自主创新能力不断加强

发明专利拥有量是衡量科研产出质量和市场应用水平的综合指标之一，在一定程度上可以反映印刷包装企业自主创新能力。报告查询国家知识产权局官网上的中国专利公告获悉，2024年1月1日至8月9日，以"印刷"为搜索词的发明专利多达4150项，涉及国内外印刷包装企业、设备制造企业、科研院校等机构，覆盖印刷装置、印刷系统、印刷电路板、印刷电子以及玻璃、涂料、装饰、印染等泛印刷领域。其中，针对印刷包装领域，报告统计有关"环保""绿色"的发明专利，多达105项，包含绿色印刷工艺、设备制造及循环处理装置、环保耗材生产等。

（一）工艺创新谋求可持续

2024年以来，众多行业发明专利的公布，体现出印刷企业在绿色技术研发和绿色工艺创新方面的投入和产出都大幅提升。

相关绿色印刷工艺的发明专利体现出循环和高效的特点。江苏凤凰新华印务集团有限公司的"一种印刷润版液循环利用系统"，采用模块化设计，循环结构紧凑、效率高、自动化程度高，实现润版液的高效利用，大幅降低润版液消耗和废液排放。山东新概念印务有限公司的"基于循环利用的绿色印刷优化方法及系统"，通过对印刷设备进行设备数据提取、适配选择并执行打样等，根据优化结果和循环等级标识完成绿色印刷优化管理，以提升印刷过程的效率和可持续性。苏州天众印刷有限公司的"一种绿色环保印刷装置及印刷工艺"，通过设置截停组件，保证印刷位置的精度，从而保证印刷效果。苏州市祥和印刷包装有限公司的"一种环保型印刷装置"，通过抽气机构将壳体内产生的印刷污染气体输送至处理箱内，再通过淋喷机构和活性炭板对污染气体进行处理后排放，降低印刷污染气体直接排放至外部环境造成污染的可能性。

环保工艺及其制备方法的发明专利则更多体现的是可持续性和可追溯性。如深圳市万利印刷有限公司的"一种基于区块链和环保胶盒防伪印刷的品质监控方法"，通过在区块链节点网络存储环保胶盒的防伪和追溯信息，满足环保胶盒和食品生产各方的产品防伪需求。惠州盒音绿色包装科技有限公司的"一种可持续包装方案定制及生命周期追溯系统"，则透过电子标签提供包装盒的可追溯信息、生命周期和碳足迹信息。

（二）设备改造性能获提升

依靠自主创新，印刷企业在绿色制造方面屡获成果。各项拥有知识产权的印刷设备改造、环保设备升级，成为2024年各大印刷企业的一大亮点。

绿色设备的"小改造"换来的是印刷企业的环保性能和生产效率的"大提升"。内蒙古艺虹印刷包装有限公司的"一种便于切换的柔印印刷机"，将切换装置设于机架右端，便于对印刷后的柔性材料进行翻面，无须进行人工翻面对齐，从而提高印刷效率。同时也便于及时烘干油墨，避免在切换时出现污染。世标机械（汕头）有限公司的"一种节能型印刷机用烘干装置"，可以对生产产品进行循环式烘干，节能减排的同时，通过若干导向辊能够自动收缩贴合与圆盘，便于对若干导向辊进行更换。

在"环保""绿色"相关的发明专利中可以发现，环保包装箱、环保纸箱的技术改造和升级是包装印刷企业的重点研发项目。如湖北合兴包装印刷有限公司的"一种可自锁无胶无醛的环保包装箱"，可实现包装箱的自锁固定，提高包装箱的封装效率，无须采用胶带，提高环保性，且增加包装箱的安全系数。河北银叶科技有限公司的"一种环保型瓦楞纸板包装印刷机"，能够实现自动更换印版，节省人力消耗，提高印刷合格率，达到节能环保的效果。江苏美嘉包装有限公司的"一种可循环使用的环保纸箱表面印刷装置"，可对于印刷工作区域的纸板进行便捷夹持，以及对于纸板印刷前后进行可调辅助按压，从而保证纸板印刷前后的稳定性，提升整体的印刷质量。武汉欣宏创塑料印刷包装有限公司的"一种纸塑可降解封口膜的生产设备及其生产工艺"，则可以实现对纸塑可降解封口膜生产原料的精准配比的效果。

（三）变废为宝循环再利用

废物资源化利用是绿色环保的重要方向之一。各大印刷包装企业相关发明专利的研发和应用，可以实现废弃物的回收利用，减少对原生资源的开采，从而降低环境污染。

在废气净化、废水处理方面，山东众邦包装印刷有限公司的"一种印刷品生产的印刷废气净化设备"、汇源印刷包装科技（天津）股份有限公司的"一种水溶性废液处理设备"、青岛万美高科制版有限公司的"一种印刷制版生产用废水循环处理装置"、西安雄峰印刷包装有限公司的"一种废水处理装置"、炫彩（天津）印刷有限责任公司的"一种冲版水循环过滤装置及方法"等均聚焦于此。它们推动循环式生产，推进废水、废气、废液的资源化利用和水资源循环使用。

具体来看，废气处理装置多用活性炭进行吸附。如南通腾宇环保设备有限公司的"一种印刷设备用废气处理装置"，通过多级吸附，达到较好的废气处理效果，且可以充分利用活性炭进行吸附，同时自动进行活性炭的更换与净化，大大提高处理效率。石家庄中关包装有限公司的"一种包装盒印刷废气处理设备"，更是通过设置弹性件、标识件等具体操作，解决了现有技术中无法及时对饱和的活性炭进行更换的问题。

在回收处理方面，广东兴艺数字印刷股份有限公司的"一种废料回收处理方法及装置"、山东华上印刷科技有限公司的"一种用于环保的废旧纸箱回收压缩装置"、山西雅美德印刷科技有限公司的"一种印刷色料回收装置"、山东信雅纸塑包装股份有限公司的"一种包装印刷盒生产用废纸屑回收装置"、青海德鸿包装有限公司的"一种印刷废纸回收装置"均"主攻"废纸废料回收。如广东兴艺的发明专利，通过废料收集、堆积、压紧、打包等步骤实现废料回收处理。山东信雅的发明专利中，通过超声波换能器、喷射雾化粒子器和碎屑吸附组件的配合，可以将扬散的纸质纤维粉尘形成尘团进行吸附。同时加载三维位置传感器和厚度传感器，便于对卡在纸盒间隙中的纸屑进行吸附，有效对卡塞在纸盒间隙的纸屑进行定点回收处理。

（四）材料研发推进可降解

纵观印刷包装领域 105 项有关"环保""绿色"的发明专利，其中涉及环保耗材的发明专利高达 29 项，占比超过 27%。

其中又以环保油墨的创新发明居多。岳阳晶威新材料有限公司的一种"环保高光泽的水性油墨及其制备方法"，利用生物质废料制备石墨烯材料，结合硅量子点共同提升水性油墨的光泽度。同时，采用环保友好的海藻酸钠作为增稠剂，合成原料不含有害成分。这一创新性的技术，为环保印刷和可持续发展注入新的动力。厦门欧化实业有限公司的一种"醇溶环保印刷油墨及其制备方法"，其加入含有独特化学结构的有机氟，进而使得制备的复合油墨的防水性得到增强。同时，防水耐蒸煮聚氨酯树脂中含有耐高温且十分稳定的酰亚胺基团，可应用于高温杀毒、环保卫生等对温度要求较高的场合，且聚氨酯可溶于乙醇，降低使用过程中产生毒性的可能，进一步拓宽了醇溶印刷油墨的应用范围。而中山市华业油墨涂料有限公司的一种"水性油墨制备加工设备及方法"，可实现油墨原料的精细混合与研磨操作，保证油墨的环保性和印刷性能，大幅度提高油墨的制备效率和效果。

环保印刷光油、无酒精润版液等的研发也颇具亮点。如上海扬盛印务有限公司的一种"绿色环保印刷光油及其制备方法"，通过添加某些混合物，以提升印刷光油的稳定性、防潮性和耐磨性。杭州铿锵环保材料有限公司的"纸张水性UV光油"，其所使用的光引发剂、活性稀释剂、流平剂、消泡剂等均采用水油通用的材料，印刷企业在使用时可直接加入自来水调整黏度，加水后光油依然透明，使用及贮存稳定。同时可用水来稀释和清洗，环保安全，且不易燃烧，易于储存及运输。东莞伟峰纸品印刷有限公司的一种"可降解瓦楞纸板胶水及其制备工艺"，则以具有生物可降解特性和天然可再生能力的淀粉为主要原料，制备的胶水具有优异的黏结性能、耐水性能、阻燃性能及可降解性，可广泛用于包装、家居装饰、广告牌等。

数字印刷产业报告

北京科印传媒文化股份有限公司　刘轶平

数字印刷作为一项新兴技术，近年来发展突飞猛进，凭借高效、灵活、环保等优势，在各细分领域获得广泛应用。随着数字印刷技术在质量、速度、成本、介质、稳定性等方面的不断提升，业界对数字印刷的发展更加关注。为此，本报告将基于科印传媒发布的相关调研报告以及印刷企业动态，具体分析2024年中国数字印刷发展现状与趋势。

一、国内数字印刷装机量分析

根据科印传媒《印刷技术》杂志发布的2024"数字印刷在中国"装机量调查报告、2024"高速喷墨印刷在中国"装机量调查报告，通过对国内彩色静电数字印刷机、高速喷墨印刷机年度装机量进行分析，可观察数字印刷市场的发展现状。

（一）静电数字印刷机装机量分析

根据静电数字印刷机的性能，将静电数字印刷机分为单张纸高端彩色数字印刷机、单张纸生产型彩色数字印刷机和连续纸高端彩色数字印刷机三大类别。

1. 单张纸高端彩色数字印刷机

（1）装机量由降转增

从表1中的2017—2024年单张纸高端彩色数字印刷机装机量、保有量统计可以看出，截至 2024 年 7 月，单张纸高端彩色数字印刷机保有量达到 3127 台，装机量为 135 台，增长率约 4.3%。从这组数据可以看出，本年度的 135 台装机量相比上年度的 83 台装机量增加 52 台，扭转单张纸高端彩色数字印刷机装机量连续 6 年下降的态势。

表1 2017—2024 年单张纸高端彩色数字印刷机装机量、保有量统计

保有量（台）	截至2017年7月	截至2018年7月	截至2019年7月	截至2020年7月	截至2021年7月	截至2022年7月	截至2023年7月	截至2024年7月
	2096	2351	2576	2708	2815	2909	2992	3127
装机量（台）	2016年8月—2017年7月	2017年8月—2018年7月	2018年8月—2019年7月	2019年8月—2020年7月	2020年8月—2021年7月	2021年8月—2022年7月	2022年8月—2023年7月	2023年8月—2024年7月
	271	255	225	132	107	94	83	135

分析原因，一方面市场上个性化、小批量的订单增多，单张纸高端彩色数字印刷机凭借输出品质高、稳定性高等优势，可以满足高端个性化业务需求；另一方面，前几年受疫情影响，印刷企业对投资高价格、高产能的数字印刷设备缺乏足够的信心和决心，而随着疫情过后形势的好转，业务需求逐步被释放出来。

（2）应用领域分布稳定

2024 年度和上年度相比，单张纸高端彩色数字印刷机应用领域分布稳定，如图 1 所示，图文快印领域的占比仍然最大，为 54%，位列第一。标签包装占比 21%，呈现上升趋势，居第二位。出版印刷占比 14%，高端彩色数字印刷机在出版印刷方向的应用以封面、彩插为主。其他领域（主要指用于制卡或其他非主流的特殊应用）占比 6%。机关文印以 4% 的占比位列第五。金融、邮政、电信系统等领域占比 1%，依然是单张纸高端彩色数字印刷机应用最少的领域。

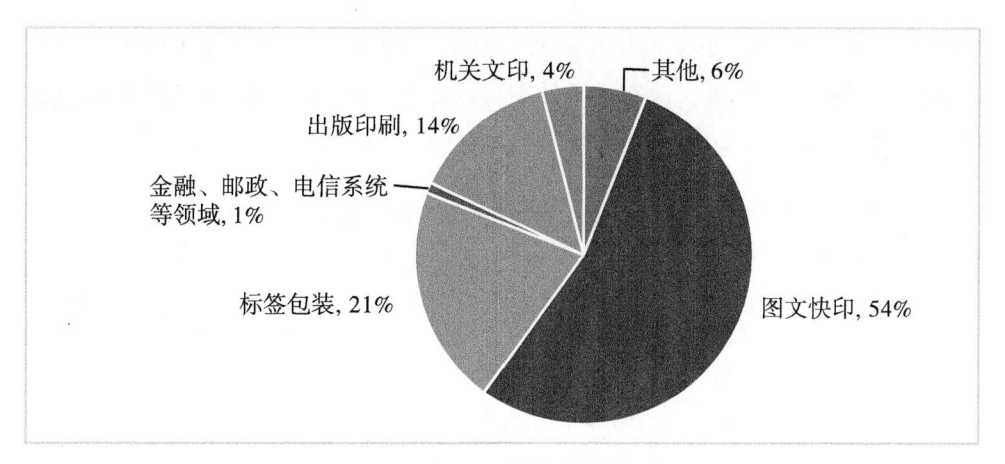

图1　单张纸高端彩色数字印刷机应用领域分布

（3）华南和华东地区依然是保有量最高的两大区域

单张纸高端彩色数字印刷机地域分布如图2所示，从中可以看出，华南、华东、华北地区仍是单张纸高端彩色数字印刷机保有量最多的地区，占比分别达到34%、30%、22%。华中地区占比为6%，位列第四；西南地区占比为4%，位列第五；西北地区占比3%，东北地区占比1%，分别位列第六、第七。

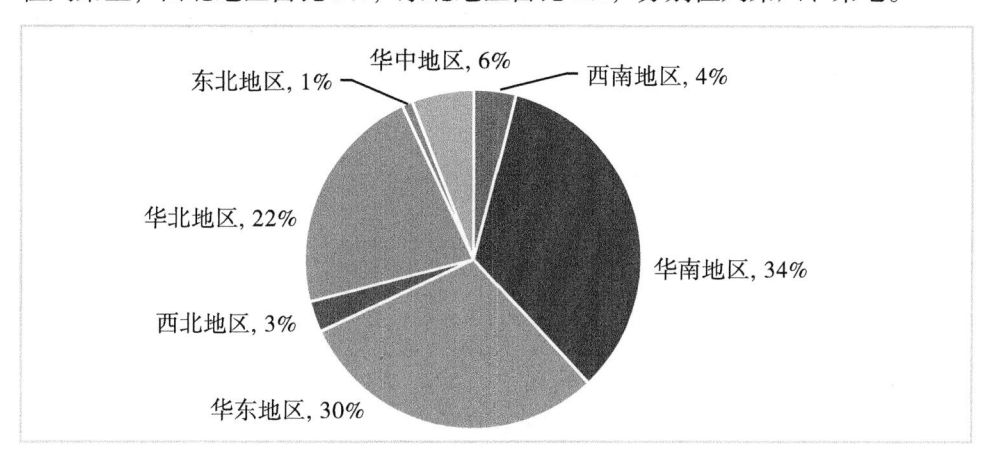

图2　单张纸高端彩色数字印刷机地域分布

2. 单张纸生产型彩色数字印刷机

（1）装机量大幅增长

2024年度单张纸生产型彩色数字印刷机装机量与单张纸高端彩色数字印刷

机装机量情况一样，也呈现增长趋势。从表2的2017—2024年单张纸生产型彩色数字印刷机装机量、保有量统计中可以看出，2024年单张纸生产型彩色数字印刷机保有量为18191台，装机量为2334台，增长率约12.8%。

表2 2017—2024年单张纸生产型彩色数字印刷机装机量、保有量统计

保有量 （台）	截至 2017年 7月	截至 2018年 7月	截至 2019年 7月	截至 2020年 7月	截至 2021年 7月	截至 2022年 7月	截至 2023年 7月	截至 2024年 7月
	7432	8438	9452	10984	12786	14256	15857	18191
装机量 （台）	2016年 8月— 2017年 7月	2017年 8月— 2018年 7月	2018年 8月— 2019年 7月	2019年 8月— 2020年 7月	2020年 8月— 2021年 7月	2021年 8月— 2022年 7月	2022年 8月— 2023年 7月	2023年 8月— 2024年 7月
	886	1006	1014	1532	1802	1470	1601	2334

（2）图文快印仍占据应用领域的半壁江山

由图3可以看出，单张纸生产型彩色数字印刷机主要应用仍在图文快印领域，占比为67%，位列第一；机关文印位列第二，占比为13%；排名第三的是标签包装，占比10%；影像输出和按需出版占比分别为6%和3%；非主流的其他应用占比1%。

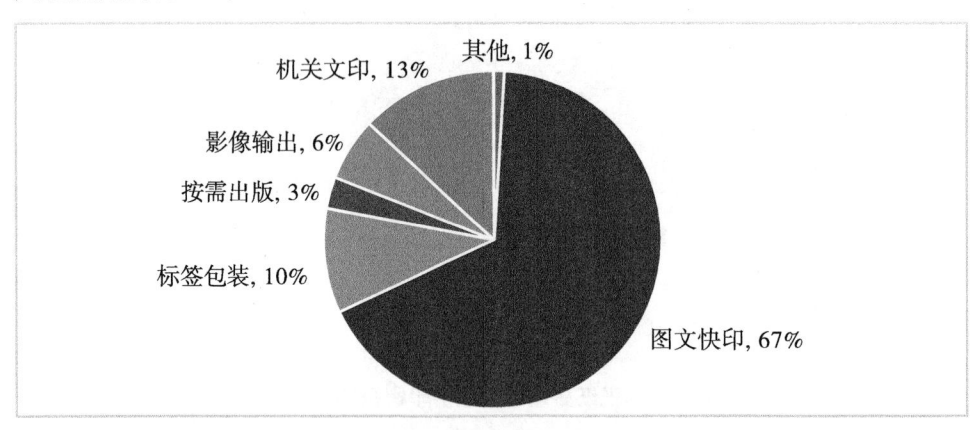

图3 单张纸生产型彩色数字印刷机应用领域分布

（3）华东地区装机量继续保持首位

单张纸生产型彩色数字印刷机的地域分布情况与上年度相比有所微调。由

图 4 可以看出，华东、华南、华北地区依然是生产型彩色数字印刷机的装机量前三名，占比分别为 38%、31%、16%，三大区域仍然是全国单张纸生产型彩色数字印刷机装机最多的区域。华中地区占比为 7%，较上年提高 1 个百分点。西南地区占比 4%，西北地区占比 3%，东北地区占比 1%。

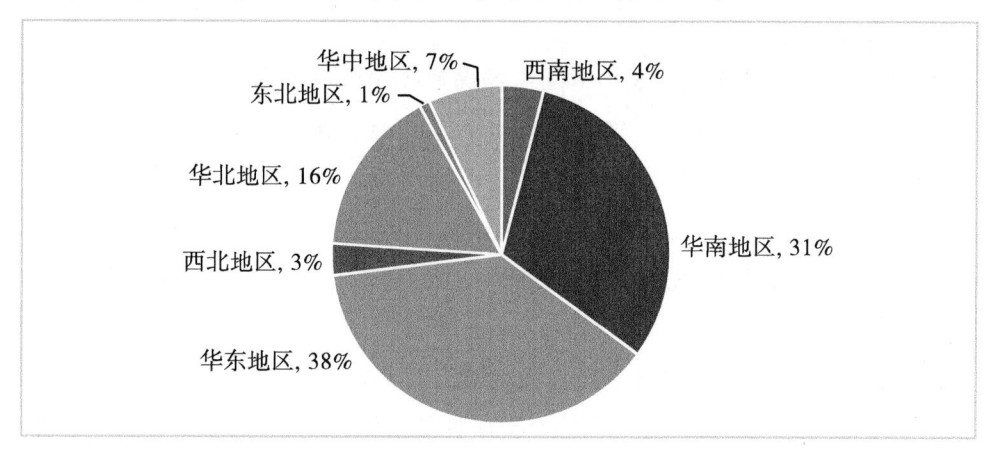

图 4　单张纸生产型彩色数字印刷机地域分布

3. 连续纸高端彩色数字印刷机

从表 3 可以看出，2024 年度连续纸高端彩色数字印刷机保有量达到 402 台，装机量为 23 台，增长率约 5.7%，增长率和装机量均比上年度微升。连续纸高端彩色数字印刷机装机量趋于稳定，且基本安装在标签包装领域。

表 3　2017—2024 年连续纸高端彩色数字印刷机装机量、保有量统计

保有量（台）	截至2017年7月	截至2018年7月	截至2019年7月	截至2020年7月	截至2021年7月	截至2022年7月	截至2023年7月	截至2024年7月
	197	240	290	317	338	361	379	402
装机量（台）	2016年8月—2017年7月	2017年8月—2018年7月	2018年8月—2019年7月	2019年8月—2020年7月	2020年8月—2021年7月	2021年8月—2022年7月	2022年8月—2023年7月	2023年8月—2024年7月
	37	43	50	27	21	23	18	23

（二）高速喷墨印刷机装机量分析

本报告对高速喷墨印刷技术的定义依然采用业内对高速喷墨印刷的主流界定标准，即速度在 100 米 / 分钟以上、分辨率达到 600dpi×600dpi 的轮转型和换算速度相当的单张型高速喷墨印刷机。

1. 装机量创新高

图 5 所示为 2015—2023 年中国市场高速喷墨印刷设备的装机量、保有量统计数据。从数据上看，从 2015 年开始，每年装机量都会比上一年翻番或者接近翻番。2019 年，装机量突破百台，达到 107 台。2020 年，装机量为 298 台，是上年装机量的 3 倍。2021 年，装机量与上一年度持平，为 299 台。2022 年，装机量出现下降，仅为 186 台。但 2023 年，装机量猛增为 394 台，达到历年之最，市场保有量达到 1396 台。

分析原因，首先是和整体经济大环境有关，2022 年经济停滞、2023 年疫情之后带来的需求增长。其次，印刷企业所处的市场大环境在变化，大量短交期、多批次、小印量业务涌现，使得印刷企业不得不考虑从长版业务转向中短版业务，市场需求变化导致装机量增长。最后，设备厂商尤其是国产设备厂商，不断迭代新品，在承印物、印刷质量上都取得进一步进展，获得了市场和企业认可。

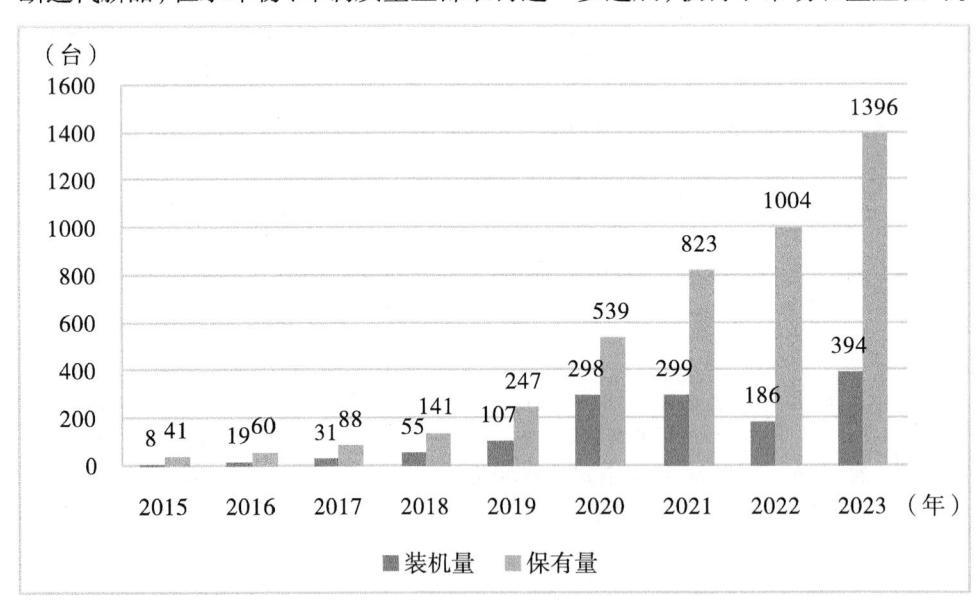

图 5　2015—2023 年中国市场高速喷墨印刷设备的装机量、保有量

2.国产品牌市场占有率越来越高

由图6可见，在2023年394台的装机量中，国产设备占据绝大多数份额。2018年之前，进口设备装机量大于国产设备装机量。2019年开始，国产设备装机量爆发式增长，进口设备装机量略有下降，两者差距逐渐增大。2023年，进口设备9台，国产设备385台。

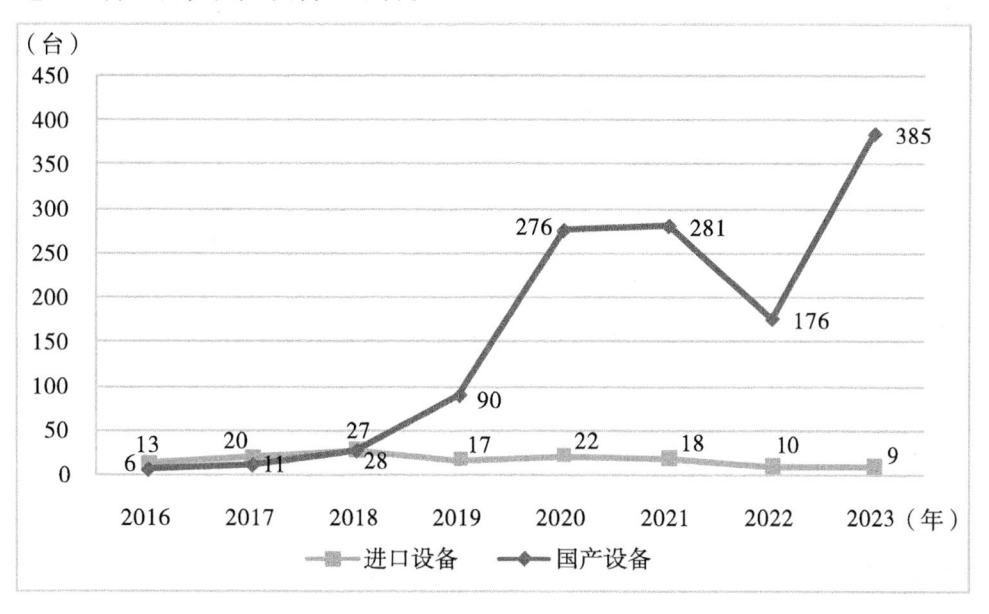

图6　2016—2023年国产设备和进口设备的装机量对比

3.华北地区继续居装机首位

图7体现了2022年和2023年各地区高速喷墨印刷设备保有量占比情况。2023年，华北地区占比27.86%，是各地区中保有量最高的地区，且占比逐年递增。这主要是由于北京为出版"重镇"，近年来按需出版势头强劲，周边企业为更好地服务出版社，引进了不少高速喷墨印刷设备应用于按需出版领域。此外，2023年占比增长的还有：华东地区，占比22.50%；西南地区，占比8.05%；西北地区，占比7.95%。

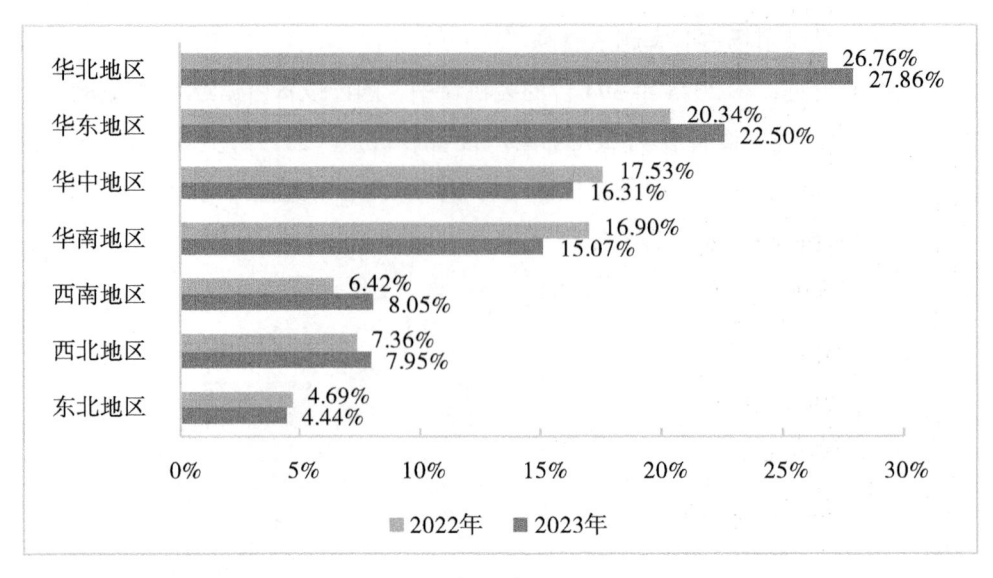

图 7　2022 年和 2023 年高速喷墨印刷设备保有量区域占比

4. 商业印刷占比继续下降，按需出版发展势头强劲

图 8 所示为 2022 年和 2023 年高速喷墨印刷设备在不同应用领域的装机量占比。2023 年，50.0% 应用于商业印刷领域，成为购机主力应用，但占比逐年下降，相比 2022 年 64.5% 的占比下降约 15 个百分点。按需出版一直以来都是重要的应用领域，2023 年占比 29.4%，占比呈逐年递增趋势，增长势头强劲。相对商业印刷和按需出版，高速喷墨印刷目前在包装印刷、机关文印、影像印刷等其他领域的应用占比仍较小。

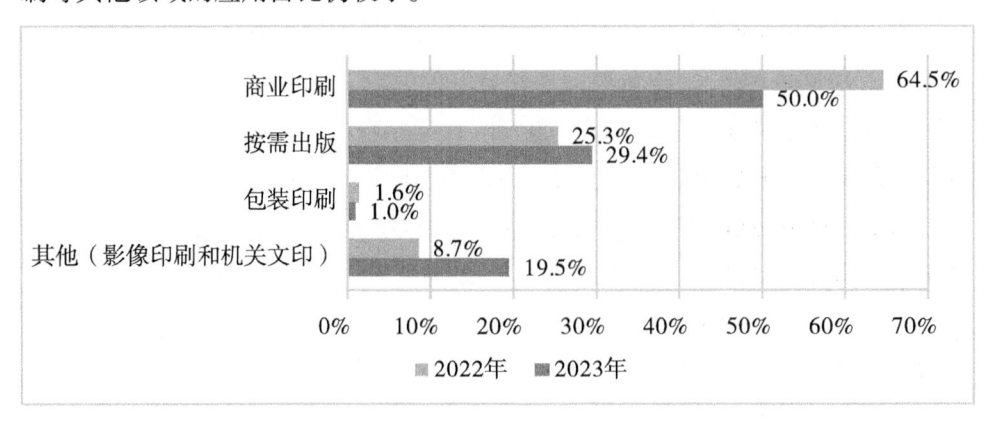

图 8　2022 年和 2023 年高速喷墨印刷设备在不同应用领域的装机量占比

二、从印刷企业动向看数字印刷变化趋势

数字印刷发展到今天，不再只是数字印刷企业有所涉及，几乎所有的印刷企业都在尝试数字印刷技术，以应对市场变化和满足客户需求，进而推动了数字印刷市场良性发展。

（一）按需印刷保持蓬勃发展态势

近年来，出版行业受多重因素影响进入波动调整期，短视频电商渠道快速发展，新书、腰部、尾部品种的销售体量持续下行，市场需求变化对出版社新书、重版的印数决策提出了严峻的挑战。利用数字技术推行短版印刷，成为建设柔性生产供应链、迅速适应市场需求的有效方式。

北京市有关部门对国内44家出版单位2022—2023年的数字印刷情况调研显示：44家出版单位中，从图书品种来看，2023年采用数字印刷的图书品种为7953种，较2022年新增240种；采用数字印刷的重印数品种为53030种，较2022年新增1972种。从数字印刷用纸来看，2023年数字印刷用纸为60万令，较2022年的566614令增加6.34%，其中北京地区用纸为35万令，同比增加9.51%；其他地区用纸24万令，同比增加2.41%。从出版端来看，不管是新书品种还是重印书品种，采用数字印刷的图书品种都在增加，数字印刷整体体量在增长，而且北京作为出版重点，相对于其他地区来说，按需印刷相对发展较快。

如图9所示，从高速喷墨印刷设备在按需出版领域的装机量，也足以看出按需印刷发展态势。如果排除2020年的装机量暴涨之外，2016年以来，应用于按需出版领域的高速喷墨印刷设备一直处于稳定的增长期。2023年为116台，相比于2022年增长了69台。由于政策、市场、印刷质量等因素，在喷墨技术方面，书刊按需印刷市场的潜能还远远没有全面释放，仍然具有巨大潜力和发展机遇。

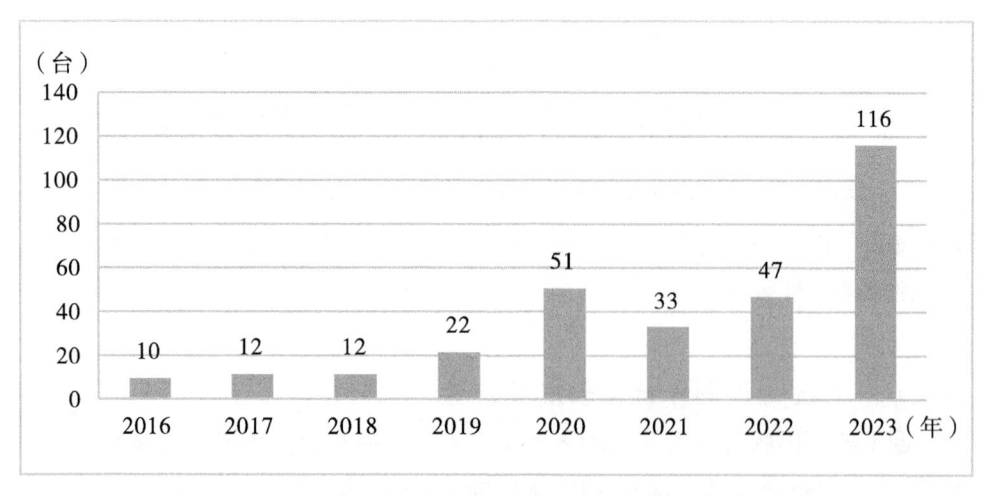

图9　2016—2023年应用于按需出版的高速喷墨印刷设备装机量

（二）个性化定制包装市场入局者越来越多

当前，个性化、小批量的包装需求越来越多，随着数字印刷技术的不断成熟，不少印刷企业敏锐地察觉到这一市场机会，加入定制包装的赛道，为市场带来创新活力。

最具典型的则是传统包装印刷企业，原有的业务群体中有不少小批量、定制包装需求，涉足个性化定制包装领域具有良好的业务基础，而且积累了丰富的包装设计、印刷及后道加工等经验。国内大型包装印刷企业裕同、虎彩、中荣股份、九星印刷、贤俊龙等都早早布局该领域。其中，动作比较大的则属中荣股份。2024年上半年，中荣股份再次投入使用全新Landa S10，以进一步支持快速增长的短版到中版数字包装需求。中荣股份早于2019年就安装了亚洲第一台Landa S10，该设备每天能够提供数万张的印刷生产量，用于实现各种各样的应用和印刷长度。新机器的安装能够帮助中荣股份将更多胶印作业转向数字印刷。

涉足个性化定制包装市场的主力还有图文快印店，在图文快印市场下滑的情况下，不少图文快印店都将包装作为转型方向。例如，创越广印于2022年从图文快印转型到小批量茶包装，经过两年多的时间不断发展和突破，在茶包装领域基本做到了全茶类的适应性包装，不论是散茶、紧压茶还是泡袋茶，都有对应的完整解决方案。尚品快印也是一家具有近20年发展史的图文快印连锁品牌，2023年毅然决然卖掉尚品快印，新成立郑州贝印包装，布局小批量包装领域，通过线上、线下同步运营，8个月时间将帆布袋产品从0做到1500多万元的销售额，而且利润高达25%。

（三）商务印刷领域数字印刷应用深入推进，数字印刷工厂建设速度加快

近年来，商务印刷市场持续萎缩，部分传统产品需求出现大幅下滑，数字印刷技术的快速发展为该领域带来更多可能性。

1. 数字印刷在合版印刷企业深入应用，或将迎新机遇

2024年初，商务印刷巨头盛大印刷发文称决定革新，放弃合版印刷，发展全品类专机专印、品类细分，并公开表示，将加大投资数字印刷，以迎合快速增长的小批量需求。drupa2024上，盛大印刷更是大手笔引进数字印刷机群，包括5台HP Indigo 100K数字印刷机、5台Durst高端数码标签机、数台Landa纳米数字印刷机，如果全部落地，将大幅升级和扩充已有数字印刷产能。相信随着盛大印刷的成功探索，数字印刷在商务印刷市场或将迎来新的发展机遇。

2. 数字印刷工厂建设速度加快，苦练内功

在商务印刷市场不景气的情况下，商务印刷企业瞅准时机，加大数字印刷工厂建设，或新建数字印刷工厂，或扩大原有数字印刷工厂生产规模，以进一步提升市场竞争力。例如，奈斯印刷在已有河南工厂的基础下，2023年新建武汉数字印刷工厂，引入多条喷墨轮转印刷机、静电数字印刷机及配套设备；京考快印2023年下半年扩大再生产，新投入使用占地6000m^{2}的晋中新工厂，实现了"太原市区工厂+晋中工厂"同时运营的模式，并迅速引入了两台彩色高清喷墨轮转印刷机，在商业印刷、包装印刷、书刊印刷、艺术印刷、标签和贴纸印刷等多个业务领域均有涉足。湖南湘印客大手笔增购两台高清喷墨轮转印刷机，大大提升了设备产能，并成立了自己的物流公司，综合成本更低、时效更快。

值得一提的是，这些数字印刷工厂都积极开拓按需印刷业务，进一步蚕食出版印刷市场，并积极练内功，加强数字化建设。例如，美高美数字印刷工厂

在新引进一台喷墨轮转印刷机的同时，在软件领域也下足功夫，引入软件平台，连通线上下单平台、自动拼版、自动排产、自动分发、自动化生产线等流程，并配套开发ERP\EMS等数字化管理系统，实现全流程数字化管理。

（四）图文快印企业前店后厂模式越来越成为主流，转型更加多元化

图文快印企业的传统业务近年来断崖式下滑，大家已经深有体会，分析原因主要有几点。标书电子化，使标书业务一去不复返；房地产行业低迷，使图纸业务大幅度减少；高速喷墨轮转机吸走了原来属于门店的培训公司、出版社样书、印刷厂小批量订单业务；各地数字印刷加工中心吸走了不少批量的激光打印业务；互联网打印越来越具有竞争力，也在快速瓜分门店的打印业务。面对这样的局面，图文快印企业积极调整新的商业模式、业务结构，以提高企业竞争力。

1. 前店后厂的模式越来越成为主流

目前，采用"前店后厂"模式的图文快印店主要有三类。一是连锁型图文快印店，这类店面通常具有统一的品牌形象、管理标准和运营流程，为了提高效率和降低成本，往往会采用前店后厂模式进行布局；二是具备一定规模的图文快印店，为了满足不同客户的需求，提供更全面的服务，往往会设置专门的生产加工区域，与店面形成前店后厂的格局；三是注重客户体验和效率提升的图文快印店，这类店面意识到通过优化生产流程和提高生产效率可以提升客户满意度和自身竞争力，因此会倾向于采用前店后厂模式。目前行业内的头部图文快印店广州大洋、云南金伦、杭州真彩、佛山富丽图、天津赛可优等都采用前店后厂模式。

2. 转型方向更加多元化，从生产型转变为服务型

越来越多的图文快印店意识到不能仅靠传统的业务来持续经营，必须转变业务类型和重新梳理发展模式。除了前面提到的转型包装，转型广告、文创、影像也成为主流方向。例如，本度、大洋图文成立专业广告公司，支持门店承接广告业务，设计广告、文创项目等新服务越来越成为门店的主流业务；中天图文瞄准邯郸当地丰厚的成语文化底蕴，成立独立的文创礼品研发公司，专注

打造具有邯郸当地文化特色的文创礼品；金木堂 2020 年收购页马文创后，致力于为图文快印店提供一站式全产业链生产加工配套服务，为寻找差异化发展之路，2024 年创立"不一样影像"品牌，正式进军影像印刷领域。

三、从 drupa2024 看数字印刷技术最新进展

（一）喷墨印刷技术持续突破，尽显多元潜能

drupa2024 展会，数字印刷无疑是最为热议的话题。其中，碳粉领域在幅面上有所突破，富士胶片推出了首台 B2 幅面单张纸碳粉机——Revoria。但整体来说，经过 50 多年的发展，碳粉印刷已经较为成熟。在此主要观察喷墨印刷的表现。从 drupa2024 展会上可以切实感受到喷墨无处不在，不仅数字印刷设备厂商推出各自的喷墨印刷解决方案，传统印刷设备厂商也都有各自的解决方案。从技术来看，主要体现在以下几点。

1. 速度有提升

先看连续纸高速喷墨印刷设备，目前仍然是喷墨技术应用的主力，普遍从 100 米 / 分钟向 200 米 / 分钟甚至更高的速度迈进。值得一提的是，圣德精彩 M440C 彩色高速喷墨印刷机的打印速度已高达 203 米 / 分钟。再看单张纸高速喷墨印刷设备，Landa S11/S11P 得益于橡皮布转印带红外干燥技术的进步，印刷速度提升至 11200 张 / 小时。

2. 向大幅面发展

B1 幅面有新进展，Landa、柯尼卡美能达、高宝得世均有 B1 幅面喷墨印刷设备展出，可见 B1 幅面是各大设备厂商争夺的一块蛋糕，从目前来看，Landa 仍是先行者，其 S10/S10P 在全球已售出 55 余台；B2 幅面百花齐放，几乎所有头部数字印刷厂商均推出了 B2 幅面喷墨印刷设备，其中理光首发双面水性单张纸高速喷墨印刷系统 RICOH Pro Z75，柯尼卡美能达首秀高速 UV 喷墨印刷机 AccurioJet 60000。

3. 承印材料有突破

展会上大部分高速喷墨印刷设备品牌普遍以铜版纸印刷为主打展品，样

张极尽精美。富士胶片则展出了用于软包装的水性喷墨数字印刷机 Jet Press FP790，该机通过预涂、CMYK、双白机组，可以实现 BOPP、PET 等薄膜材料的印刷。值得一提的是，此前宫腰、网屏都推出了生产型软包装喷墨印刷设备。喷墨印刷在软包装领域的突破，将给未来软包装中的小订单提供更多技术选择。

（二）"数字印后+连线"成为书刊印后最大亮点，更加适应柔性化生产

无论是传统印后设备厂商还是数字印后设备厂商，都推出了不同的数字印后解决方案，尤其连线成为热点，更加适应数字印刷个性化、小批量订单的柔性化生产。例如，马天尼推出了应用于数字印刷纸卷的紧凑型图书联动线、意大利梅凯诺集团推出了一条数码多功能书籍精加工线、好利用展示了胶装系统与集成连线解决方案。

其中，马天尼推出的应用于数字印刷纸卷的紧凑型图书联动线，包含西格玛 SigmaLine 紧凑型（折页）、安塔洛型 Antaro 数码胶装机（胶装），以及无限型 InfiniTrim 裁切机器人（裁切），可以完全实现不同规格、不同批量的图书在一条线上完成生产，通过马天尼 Connex 指挥官工作流程系统连接所有设备，实现技术全线贯通。

意大利梅凯诺集团展示的数码多功能书籍精加工生产线，包含 UniverseWeb 全自动数码折配锁线生产线、Proxima 全自动数码背胶机、Sirio 全自动数码胶装机，以及 Trimming 全自动数码三面刀（第三代）。通过 4 台全自动数码书刊解决方案的组合，该生产线可以实现锁线和胶装，以及多种产品方案，如锁线平装或精装书芯准备。这是 drupa2024 展示的唯一一条从卷到锁线成品的装订线，加上数字工作流程，可在同一卷内无缝生产各种各样的产品，实现本本可变，全程设备自动调机无须干预。

（三）数字印后增效创新不断更迭，应用面更加广泛

在数字印后增效领域，这次亮相 drupa2024 的制造商，除了大家耳熟能详的视高迪、MGI 以外，还有来自中国的上海彩之酷、日本的 Duplo（迪普乐）和捷克的 KOMFI（康飞），其中上海彩之酷和 KOMFI（康飞）都是首次亮相

国际展台。从技术上来看，主要体现在以下几点。

1. 印刷精度和套印精度不断提升

在软硬件技术不断开发的基础上，印刷精度进一步提升，最高精度已经达到 2540dpi，可以应对更细小的文字、线条，数字增效效果更加精美。套准精度也达到 ±0.1mm，能轻松应对纸张因吸墨、裱膜和裁切带来的变形。

2. 品类不断丰富，各幅面的竞争者不断增加

数字印后增效设备按幅面大致分为 B1、B2 和 B3 幅面 3 类。不同幅面专注于不同的市场，应用领域不尽相同。其中 B3 幅面更专注于商务印刷和图文快印应用，MGI、Duplo、上海彩之酷均推出 B3 幅面设备。B2 幅面兼顾各种类型应用，是当前的主流机型，各大厂商都拥有 B2 幅面的生产线。B1 幅面侧重于卡盒、礼盒类包装应用，研发成本较高，目前仅有视高迪、MGI 和上海彩之酷推出。数字印刷增效设备幅面的拓展，可以更好地匹配不同幅面的数字设备，从而实现工序之间的衔接。

3. 更多周边配套耗材出现，配套产业链深入发展

数字电化铝，最初仅有库尔兹配套，颜色也只有 8 种，发展到如今，仅中国就有 4 家电化铝生产厂家供应数字电化铝，颜色多达 50 多种，价格也是量升价跌。本次展会上，中国的电化铝生产厂家龙源镭射、弘晔包装等也来到德鲁巴参展，为客户提供更多创新解决方案。

综上所述，中国数字印刷市场近年来保持了快速增长的态势，市场规模不断扩大，技术革新与进步显著，形成了多元化竞争格局，并在政策支持下展现出广阔的发展前景。期待印刷企业能够更多地挖掘创新做法，找到创新思路，为印刷业的可持续发展贡献更多力量。

人工智能对出版物印刷产业的影响与对策

北京印刷学院　曹鹏

一、引　言

2014年中国印刷及设备器材工业协会本着高度的责任感，组织编写了《中国印刷产业技术发展路线图（2016—2025）》，明确提出"印制方式多样化、生成过程绿色化、技术支撑网络化、装备制造智能化、服务产业专业化"35字技术发展演进范式，为当时乃至今日的印刷产业技术发展提供了科学行动指南。自2022年大语言模型技术迅速兴起，AI（Artificial Intelligence，人工智能）技术裂变式发展并加速重塑千行百业，出版业首当其冲。

出版与印刷行业在多重变革因素影响下，迫切需要加快数字化转型，以适应新时代的发展需求。AIGC（Artificial Intelligence Generated Content，人工智能生成内容）正在改变科技图书出版模式、内容生产方式、出版制度。同时，智能内容生成提质优化、产业生产效率提速升级、个性定制内容交付传播、融合发布渠道策略制定、商业市场数据分析洞察、新型商业模式开发创新、组织架构流程变革重组、品牌核心价值维护创造、法律法规伦理风险考量，以及传统出版企业转型升级均成为行业关注的核心问题和热点问题。

当前，出版物印刷产业正处于快速变革与发展的关键阶段。

（一）数字化转型成为行业发展的核心驱动力

数字印刷技术的应用提升了印刷过程的灵活性和效率，支持按需印刷和个性化定制，满足了市场对小批量、多样化产品的需求，降低了库存风险并提升了客户满意度。同时，云计算、大数据和 AI 技术的引入，使印刷企业能够更加精准地进行市场分析和资源管理，显著提高了运营效率。

（二）环保与可持续发展成为行业关注的重点

随着绿色印刷技术的广泛推广，印刷企业逐步采用环保材料、减少废弃物排放、优化能源使用，从而实现可持续发展的目标。

（三）全球化趋势对印刷行业产生了深远影响

跨国合作与市场拓展为企业带来了新的增长点，但也加剧了市场竞争。特别是在欧美及亚太地区，印刷市场的需求结构和竞争格局不断变化，企业需提升产品质量和服务水平，以保持竞争优势。

（四）AI 技术的快速发展深刻影响了传统印刷出版业，同时催生了新的业务模式

许多印刷企业利用 AI 进行内容生成、个性化定制和生产优化，提供智能化的电子与纸质结合的混合出版方案，开拓了新市场空间。文化创意产业的蓬勃发展借助 AI 赋能，为印刷行业注入了新活力，定制化、高附加值的文化产品需求不断增长，推动印刷企业向更高端、更专业的方向发展。

本文将探讨 AI 技术在出版物印刷行业中的应用现状，分析其对行业的深远影响，并提出相应的应对策略，旨在为行业从业者和决策者提供参考。

二、AI 技术发展演进

AI 是一门研究人类智能的理论、方法、技术及其应用系统的新兴科学。其主要目标是模拟、延伸和扩展人类的智能能力，包括学习、推理、感知、决策及自然语言处理等能力。AI 旨在使计算机系统具备自主适应环境、解决问题和做出预测的能力。

（一）技术发展演进及影响

自20世纪50年代诞生以来，AI经历了从概念构想到技术突破的漫长历程，其发展可大致分为几个关键阶段。早期的AI研究主要集中在符号主义学派，试图通过逻辑规则和知识表示来模拟人类思维。然而，这种方法在处理复杂问题和大规模数据时表现不佳，导致了"AI冬天"的出现。

进入21世纪，随着计算能力的飞速提升和大数据的兴起，机器学习，特别是深度学习，成为AI领域的主导力量。深度学习借鉴人脑神经网络的结构，通过多层非线性变换对数据建模，使计算机在图像识别、语音识别和自然语言处理等领域取得前所未有的成就。这一阶段的标志性事件包括2011年IBM的"沃森"在电视问答节目《危险边缘》中战胜人类冠军，以及2016年谷歌的AlphaGo在围棋比赛中击败世界冠军李世石。

AI技术演进催生了新的应用领域，如自动驾驶、智能制造、精准医疗和金融科技。这些应用不仅依赖于AI技术的进步，也促进了AI的创新。例如，自动驾驶汽车需要实时感知环境、理解交通规则并做出决策，这推动了传感器技术、计算机视觉和决策系统的协同发展。

然而，AI的发展也伴随着诸多挑战和争议，如数据隐私、算法偏见和就业影响。因此，研究者们开始关注AI的伦理和社会影响，推动透明度、可解释性和公平性的研究。未来，AI的发展趋势可能包括更强大的通用智能、自主学习系统以及与人类更紧密的协作，如通过混合智能系统，人类和AI可以共同解决问题，实现互补优势。

（二）AI大模型及发展趋势

AI大模型具有规模性（参数量庞大）、涌现性（产生新能力）及通用性（适用于多领域）等特点。以ChatGPT为代表的生成式大模型，凭借其海量参数和深层网络结构，能够高效学习和理解复杂特征，展现出卓越的自然语言处理、意图识别、推理及语言生成能力，被视为迈向通用AI的重要路径。

AI大模型作为当前智能科技领域的核心驱动力，正在深刻影响社会的各个层面，在自然语言处理、计算机视觉、语音识别等多个领域取得显著突破。例如，GPT-4在多语言翻译、文本总结和内容生成方面表现出色，广泛应用于客户服务、内容创作和教育等领域。

然而，AI大模型的发展也面临诸多挑战。

首先是计算资源的需求。训练和运行大模型需要大量的计算能力和能源，这不仅增加了运营成本，也带来了环境方面的压力。据估算，训练一个大型AI模型的碳排放量相当于数十辆汽车一年的排放量。为应对这一问题，研究人员正在探索更高效的算法和硬件优化方案，如模型压缩、知识蒸馏及专用AI芯片的设计，以降低能耗并提升计算效率。

其次，数据隐私和安全问题日益凸显。大模型依赖海量数据进行训练，这些数据可能包含敏感信息和个人隐私。如何在保证模型性能的同时保护数据隐私，成为亟需解决的重要课题。联邦学习和差分隐私等技术正在逐步应用于大模型训练中，以提升数据安全性和隐私保护水平。例如，谷歌的Federated Learning项目通过在本地设备上训练模型，减少了对中央服务器的数据依赖，提升了隐私保护。

最后，AI大模型的透明度和可解释性也是亟待解决的问题。目前，大模型如"黑箱"般难以解释其决策过程，这在某些关键应用场景（如医疗诊断、金融风控）中存在潜在风险。增强模型的可解释性，不仅有助于提升其可靠性和用户信任度，也有助于发现和修正潜在的偏见和错误。研究者们正在开发可解释AI技术，通过可视化工具和解释性模型，增加AI决策过程的透明度。

AI大模型的主要发展趋势包括如下五个方面。

1. 多模态与通用性

未来的大模型将不仅限于单一模态的数据处理，而是能够综合处理文本、图像、语音等多种数据类型，实现更加全面和通用的智能应用。例如，MULTIMODAL GPT模型能够同时理解和生成文本和图像内容，广泛应用于智能助手和内容创作工具。

2. 高效与绿色

随着环境影响关注的增加，研究将更加注重大模型的能效优化，开发更高效的算法和硬件，以实现绿色AI。例如，采用低精度计算和稀疏连接技术，可以显著降低模型的计算需求和能耗。

3. 增强可解释性

提升模型的透明度和可解释性将成为研究的重要方向，帮助用户理解 AI 的决策过程，增强模型的可信度和应用的安全性。可解释 AI 技术的发展将促进 AI 在医疗、法律等高风险行业的应用。

4. 隐私保护

数据隐私保护将继续受到重视，联邦学习等技术将进一步发展和应用，以确保大规模数据处理中的隐私安全。未来，更多基于隐私保护的 AI 模型将被开发和应用，促进数据安全与模型性能的平衡。

5. 跨领域融合

AI 大模型将与其他前沿技术（如区块链、物联网、量子计算）深度融合，催生新的应用场景和商业模式，推动智能社会的全面发展。例如，结合区块链技术的 AI 模型可以实现更为安全和透明的数据共享与模型训练。

大模型作为 AI 发展的重要里程碑，正在引领科技前沿，推动社会智能化进程。尽管面临诸多挑战，但随着技术的不断进步和创新，AI 大模型将在未来发挥更大的作用，助力构建更加智能、高效和可持续的社会。

三、AI 在出版物印刷行业中的应用

（一）内容生成与创作辅助

AI 在内容生成与创作辅助方面取得了显著进展，尤其在新闻媒体和数字出版领域。自然语言生成（NLG）技术能够根据数据和主题，自动生成新闻报道、文章摘要、产品描述等文本内容。例如，《华盛顿邮报》的"Heliograf"平台能够自动撰写新闻稿，在体育赛事和选举报道等需要快速生成且分析要求较低的场景中表现尤为出色。

此外，AI 还可作为创作者的助手，提供创作灵感或进行内容润色。AI 可以在写作过程中提供参考文献、统计数据、文风优化建议，甚至智能建议下一个写作方向。这不仅提高了创作效率，还减轻了作者的负担。

然而，尽管 AI 在内容生成和辅助创作方面表现出色，但在复杂的文学创

作和深度报道等需要高度人类智慧和情感表达的领域，仍存在局限性。AI生成的内容往往缺乏创新性和深度，人类创作者在这些领域仍具有不可替代的优势。因此，AI更适合作为辅助工具，而非完全替代人类创作。

（二）排版与设计自动化

AI排版工具和智能设计系统的出现，大大简化和优化了排版与设计过程。AI基于大量设计数据，能够自动生成符合视觉美学和用户需求的排版方案。例如，Adobe的"Adobe Sensei"平台可分析用户上传的图片或文本，智能推荐最佳排版布局。此外，AI还能根据出版物的主题和读者偏好，自动调整排版风格和图像处理，确保视觉效果和可读性。

计算机视觉技术的进步也推动了设计自动化的发展。通过图像识别和分析，AI可自动识别图片中的元素，进行裁剪、色彩调整等操作，使其更符合设计需求。这不仅提高了排版设计的效率，还降低了人工操作的错误率。

此外，AI还可以根据市场反馈和用户喜好，动态调整设计风格，提供个性化的设计方案。这种智能化的设计方式不仅提升了设计质量，还增强了出版物的市场竞争力。

（三）印刷流程优化

AI在印刷流程中的应用主要体现在提升生产效率和降低成本。传统印刷流程中，设备的维护与管理依赖人力和经验，而AI技术通过数据分析和预测模型，能够自动监控设备运行状态，识别潜在故障风险，提前进行维护，减少因设备故障导致的停机时间。

此外，AI还能优化印刷机的参数设置，减少材料浪费。基于机器学习的算法可根据不同印刷需求，自动调整油墨使用量和印刷速度，提高资源利用率。这种智能化生产方式不仅显著降低了生产成本，还提升了生产效率。

一些印刷企业已开始使用AI驱动的生产管理系统，通过大数据分析优化生产计划，预测市场需求。智能化生产方式能够灵活应对市场变化，避免库存积压和产能浪费。

（四）市场分析与读者行为预测

在数字化时代，出版物的消费方式和市场需求不断变化。通过大数据和 AI 技术，出版商可以更好地了解读者的阅读习惯、偏好和购买行为，从而制定精准的市场营销策略。AI 通过分析读者行为数据，自动生成个性化推荐内容。例如，电子书平台和数字出版平台广泛应用基于 AI 的推荐算法，向读者推荐感兴趣的书籍或文章。这种个性化推荐不仅提升了用户体验，还增加了出版物的销售机会。

此外，AI 还能帮助出版商预测市场趋势和读者需求。通过分析历史销售数据、社交媒体反馈和行业趋势，AI 能够预测哪些类型的出版物将在未来受到欢迎，帮助出版商优化出版计划，降低市场风险。

（五）客户服务与售后支持

AI 技术在客户服务领域的应用大幅提升了出版物印刷行业的服务效率。智能客服系统利用自然语言处理技术，自动回答用户常见问题，提供 24 小时在线服务。例如，用户可通过智能客服查询订单状态、了解产品详情或解决售后问题。此外，AI 通过分析客户反馈数据，帮助企业改进产品和服务。通过分析客户投诉和退货原因等数据，AI 可识别产品问题或服务流程中的不足，帮助企业进行改进，提高客户忠诚度。

四、AI 对出版物印刷行业的影响

（一）对从业者的影响

AI 在出版物印刷行业的应用，对从业者产生了深远影响。一方面，AI 的自动化和智能化功能可替代部分重复性工作，如排版设计、内容审核和设备管理等，这可能导致部分低技能岗位被取代。另一方面，AI 的应用也带来了对高技能人才的需求，如数据科学、机器学习和编程等领域的技术人员。此外，创意类工作如高质量内容创作和复杂设计策划，仍需依赖人类的智慧和创造力。因此，从业者需不断提升技能，以适应行业的技术变革。例如，某印刷企业通过员工培训计划,提高了员工的 AI 技术应用能力,员工满意度和工作效率均有所提升。

(二)对出版物质量的影响

AI 技术有助于提升出版物质量。通过自动化内容审核和排版设计,出版物中的拼写、语法错误及排版不当问题大大减少。AI 可根据读者反馈,自动优化内容和设计,使其更符合市场需求。

然而,AI 生成的内容在深度和创新性上仍有局限。尽管 AI 能模仿人类写作风格,生成高质量文本,但在创意写作和文学作品等领域,仍无法完全替代人类智慧。因此,出版物的创作质量在很大程度上依赖于人类贡献。此外,过度依赖 AI 生成内容可能导致内容同质化,影响出版物的独特性和多样性。因此,AI 更适合作为辅助工具,结合人类创作者的智慧,提升整体内容质量和创新性。

(三)对商业模式的影响

AI 技术的引入对出版物印刷行业的商业模式产生了深远影响。首先,自动化和智能化技术降低了生产成本,使小批量、个性化出版成为可能。出版商可根据市场需求和读者偏好,灵活调整生产计划,推出定制化产品。例如,某印刷企业通过 AI 驱动的按需印刷服务,实现了小批量订单的高效处理,满足了特定客户的个性化需求,显著提升了市场响应速度。其次,基于大数据的精准营销和个性化推荐系统,使出版商能更有效地触达目标用户。通过分析用户阅读习惯和购买行为,出版商可制定精准广告投放策略,提高营销转化率。

此外,AI 推动了出版物数字化发展。电子书和数字杂志等新形式的普及,使出版商能够通过数字出版平台面向全球市场,打破传统出版的地域限制,提供更多盈利机会,同时加剧行业竞争。例如,某出版集团通过数字化转型,成功拓展了国际市场,实现了跨地域的销售增长。

五、出版物印刷行业的应对策略

（一）技术升级与人才培养

为应对 AI 技术"狂飙"式发展带来的变革，出版物印刷行业需加快技术升级步伐。企业应积极引入 AI 技术，优化生产流程，提高效率。同时，加大员工培训力度，帮助从业者掌握 AI 相关技能和工具，以更好适应行业变革。例如，某印刷企业与高校合作开设 AI 技术培训课程，提升了员工的技术应用能力和创新水平。

（二）创新商业模式

AI 技术应用于出版物印刷行业需探索新的商业模式，如开发基于 AI 的个性化出版服务，推出按需印刷和定制化出版物。这种灵活的商业模式不仅满足消费者多样化需求，还为企业带来新的盈利增长点。

（三）强化数据安全与隐私保护

随着 AI 在数据分析和市场营销中的应用，数据安全和隐私保护成为重要议题。出版商在利用 AI 进行数据分析时，必须严格遵守相关法律法规，确保用户个人信息不被滥用。此外，企业应加强网络安全防护，防止数据泄露和黑客攻击，保障用户隐私安全。

（四）提升原创内容与差异化竞争

尽管 AI 在内容生成方面表现出色，但高质量的原创内容仍是出版物印刷行业的核心竞争力。企业应继续加强内容创作，尤其在文学、艺术和文化等领域，保持内容的独特性和原创性。同时，出版商应通过差异化竞争策略，打造具有特色的品牌形象，在激烈的市场竞争中脱颖而出。

六、结　论

　　AI 技术的快速发展，为出版物印刷行业带来了前所未有的机遇与挑战。通过自动化、智能化和数据驱动的方式，AI 技术在内容生成、排版设计、印刷流程优化及市场分析等方面展现出巨大潜力。同时，AI 的应用也对行业从业者、出版物质量和商业模式产生了深远影响。在此背景下，出版物印刷行业必须积极应对技术变革、提升技术水平、培养高技能人才、创新商业模式并加强数据安全和原创内容保护。未来，随着 AI 技术的进一步发展，出版物印刷行业将迎来更深刻的变革。企业和从业者唯有积极拥抱这一变化，才能在竞争激烈的市场中保持竞争力，推动行业持续发展。

印刷标准化工作报告

全国印刷标准化技术委员会　李永林

2024年，全国印刷标准化技术委员会（SAC/TC 170）（以下简称"印刷标委会"）在国家标准化管理委员会和国家新闻出版署的领导下，围绕推动《国家标准化发展纲要》《质量强国建设纲要》深入实施，以满足行业标准化需求，促进行业创新发展为目标，积极开展标准的制修订工作，持续做好国际标准化工作，较好地完成了全年的工作任务。截至2024年10月，印刷标委会负责归口的印刷技术领域现行国家标准和行业标准共计211项，包括95项国家标准和116项新闻出版行业标准，基本完成了印刷业数字化发展改革试点印刷标准的组织制定任务。印刷标委会还积极参与组织2024年出版业科技与标准创新示范项目的申报工作，参与印刷领域国际标准的制修订工作。本报告主要报告2024年印刷标准化的主要工作开展情况和2025年的重点工作计划。

一、2024年主要工作开展情况

（一）重点工作的进展情况

1.参与印刷业数字化发展改革试点工作，完善按需印刷标准体系

根据国家新闻出版署《印刷业数字化发展改革试点工作方案》及中宣部印刷发行局印发的《印刷业数字化发展改革试点任务分工方案》中对于完善按需印刷标准体系的具体任务与要求，印刷标委会完成了基于ISO 12640《印刷技

术 印前数据交换》系列中第 3 部分至第 5 部分的国际标准采标工作，并已成功发布并实施。至此，等同采用该系列国际标准的国家标准制定工作全部完成。在行业标准的推进上，备受关注的《个性化印刷服务参考模型》及《数字印刷颜色体系技术规范》等相关行业标准，已顺利完成了起草阶段的各项任务。

此外，在充分做好前期预研工作的基础上，印刷标委会向国家新闻出版署提出了《数字印刷标准体系表》《图书按需印刷通用规范》及《云印刷平台服务通用规范》等关键性行业标准立项提案并获批立项。目前，这些项目正按研制计划在推进中。

2. 完成 ISO/TC 130 国内对口国际工作组的组建工作，中国参与主导的国际标准项目取得进展

为发挥国内企业和技术专家在印刷及相关领域参与国际标准制修订和推动中国标准"走出去"方面的作用，更加有效地跟踪 ISO/TC 130 国际标准化的发展趋势和工作动态，积极参与相关国际标准化活动，经面向全行业公开征集专家，中国印刷技术协会作为 ISO/TC 130 国内对口单位于 2024 年 7 月组建了 ISO/TC 130 国内技术对口工作组，并按照《参加国际标准化组织（ISO）和国际电工委员会（IEC）国际标准化活动管理办法》有关要求积极开展工作。

由我国与美国专家联合主导研制的 ISO 22067-2《印刷技术 印刷产品环境因素的沟通要求 第 2 部分：印后加工》进入委员会草案阶段；由我国专家提出的 2 个新工作项目提案也有望通过投票阶段，获得正式立项。

（二）国家标准立项和计划执行情况

1. 已列入立项计划的项目及执行情况

截至 2024 年 10 月，印刷领域的国家标准在研项目共有 9 项，其标准名称、执行单位、国标计划号及当前状态见表 1。

表 1 国标立项标准明细表

序号	标准名称	执行单位	国标计划号	当前状态
1	印刷技术 网目调分色版、样张和生产印刷品的加工过程控制 第 6 部分：柔性版印刷	全国印刷标准化技术委员会	20212128-T-421	主管部门审核

续表

序号	标准名称	执行单位	国标计划号	当前状态
2	印刷技术　印刷图像的光谱测量和色度计算	全国印刷标准化技术委员会	20203899-T-421	主管部门审核
3	印刷技术　胶印油墨特性沟通交流规则	全国印刷标准化技术委员会包装印刷分会	20232421-T-421	征求意见
4	印刷技术　网目调分色版、样张和生产印刷品的加工过程控制　第9部分：使用平版胶印的金属装饰印刷	全国印刷标准化技术委员会	20232422-T-421	组织起草
5	印刷技术　安全印刷过程管理	全国印刷标准化技术委员会包装印刷分会	20232424-T-421	征求意见
6	印刷技术术语　第6部分：孔版印刷术语	全国印刷标准化技术委员会网版印刷分会	20232425-T-421	征求意见
7	印刷技术　四色印刷油墨颜色和透明度　第2部分：冷固型卷筒纸胶印	全国印刷标准化技术委员会	20232426-T-421	组织起草
8	印刷技术　胶印橡皮布	全国印刷标准化技术委员会	20233592-T-421	征求意见
9	热固型轮转胶印过程控制要求及检测方法	全国印刷标准化技术委员会	20233593-T-421	组织起草

2. 预研项目情况

截至2024年10月，印刷标委会拟提出制修订计划建议的12个国家标准项目完成了预研工作，并已提交至国家新闻出版署及国家标准委进行立项申报。有关这些项目的详细情况及当时审批进度，请参阅表2。

表2　国标预研项目情况明细表（已申报立项）

序号	标准名称	制修订	执行单位	项目状态
1	中小学教科书印制质量要求	修订	全国印刷标准化技术委员会	主管部门审核
2	凹版装潢印刷品	修订	全国印刷标准化技术委员会	主管部门审核
3	印刷技术　印刷媒体产品碳足迹量化与通报要求	制定	全国印刷标准化技术委员会、全国碳排放管理标准化技术委员会	主管部门审核

续表

序号	标准名称	制修订	执行单位	项目状态
4	印刷技术　电子媒体碳足迹量化与通报要求	制定	全国印刷标准化技术委员会、全国碳排放管理标准化技术委员会	主管部门审核
5	印刷技术　印刷产品环境因素的沟通要求　第1部分：一般印刷	制定	全国印刷标准化技术委员会	主管部门审核
6	印刷技术　印后加工　运输、处理和储存的一般要求	制定	全国印刷标准化技术委员会	主管部门审核
7	印刷技术　油墨、纸张和标签　热碱透性和抗阻性的要求	制定	全国印刷标准化技术委员会	主管部门审核
8	印刷技术　颜色数据交换格式　第1部分：与CxF3的关系（CxF/X）	制定	全国印刷标准化技术委员会包装印刷分会	主管部门审核
9	印刷技术　颜色数据交换格式（CxF/X）　第2部分：扫描仪色标数据（CxF/X-2）	制定	全国印刷标准化技术委员会包装印刷分会	主管部门审核
10	印刷技术　颜色数据交换格式（CxF/X）　第3部分：输出色标数据（CxF/X-3）	制定	全国印刷标准化技术委员会包装印刷分会	主管部门审核
11	印刷技术　颜色数据交换格式（CxF/X）　第4部分：专色特征化数据（CxF/X-4）	制定	全国印刷标准化技术委员会包装印刷分会	主管部门审核
12	印刷技术　印刷白色油墨的视觉不透明度	制定	全国印刷标准化技术委员会包装印刷分会	主管部门审核

此外，从2024年第三季度开始，印刷标委会也将包括GB/T 34053.3—2017《纸质印刷产品印制质量检验规范　第3部分：图书期刊》及GB/T 34053.4—2017《纸质印刷产品印制质量检验规范　第4部分：中小学教科书》在内的系列国家标准的修订工作纳入预研项目工作计划，预计有关项目将在2025年申报立项，以进一步推动和完善我国纸质印刷产品印制质量的标准化进程。

（三）行业标准立项及计划执行情况

1. 已列入立项计划项目及执行情况

2024年4月，国家新闻出版署发布2024年首批行业标准立项计划，其中包括印刷标委会及分技术委员会归口的《数字印刷标准体系表》等 7 个项目。截至 2024 年 10 月，在研行业标准项目共 20 项，其中 6 项已报批待国家新闻出版署颁布，7 项完成或已接近完成起草阶段工作待报批。另有 7 项处于起草阶段。项目情况详见表 3。

表 3 行标在研标准情况明细表

序号	标准名称	执行单位	项目状态
1	图书精细化印制质量要求及检验方法	全国印刷标准化技术委员会书刊印刷分会	报批
2	图书精细化印制评价规范	全国印刷标准化技术委员会书刊印刷分会	报批
3	儿童纸板图书印制质量规范	全国印刷标准化技术委员会书刊印刷分会	报批
4	书刊装订粘结强度检测方法	全国印刷标准化技术委员会	报批
5	数字印刷颜色体系技术规范	全国印刷标准化技术委员会书刊印刷分会	报批
6	书刊包装规范	全国印刷标准化技术委员会书刊印刷分会	报批
7	绿色印刷产品合格判定准则 第 1 部分：阅读类印刷品	全国印刷标准化技术委员会	征求意见
8	儿童纸板图书结构设计规范	全国印刷标准化技术委员会	征求意见
9	印刷包装纸压痕挺力测定方法	全国印刷标准化技术委员会	征求意见
10	个性化印刷服务参考模型	全国印刷标准化技术委员会	征求意见
11	紫外光固化印刷橡皮布	全国印刷标准化技术委员会	征求意见
12	蝴蝶装图书要求	全国印刷标准化技术委员会书刊印刷分会	待报批
13	绿色印刷材料 覆膜用纸质薄膜	全国印刷标准化技术委员会包装印刷分会	待报批
14	数字印刷标准体系表	全国印刷标准化技术委员会	起草阶段
15	图书按需印刷通用规范	全国印刷标准化技术委员会书刊印刷分会	起草阶段
16	云印刷平台服务通用规范	全国印刷标准化技术委员会书刊印刷分会	起草阶段
17	纸质印刷品水性上光技术规范	全国印刷标准化技术委员会包装印刷分会	起草阶段
18	水转印花纸质量及转印技术要求	全国印刷标准化技术委员会网版印刷分会	起草阶段
19	电子雕刻凹版质量要求及检验方法	全国印刷标准化技术委员会	起草阶段
20	数字印刷 瓦楞纸板喷墨印刷规范	全国印刷标准化技术委员会包装印刷分会	起草阶段

2. 预研项目情况

2024年，印刷标委会提出了6个行业标准计划立项建议。相关预研项目的详细情况见表4。

表4　行标预研项目情况明细表

序号	标准名称	执行单位
1	成型纸质包装盒印制质量要求	全国印刷标准化技术委员会
2	化妆品类包装印刷品质量控制要求及检验方法　第3部分：塑料瓶包装	全国印刷标准化技术委员会网版印刷分会
3	轮转胶印数字化管理要求	全国印刷标准化技术委员会书刊印刷分会
4	书刊气味测试方法	全国印刷标准化技术委员会
5	书刊低气味印刷工艺指南	全国印刷标准化技术委员会
6	印刷企业智能化诊断评估规范	全国印刷标准化技术委员会

（四）标准颁布实施情况

截至2024年10月底，由印刷标委会归口的国家标准项目颁布实施7项（见表5）。行业标准颁布实施9项（见表6）。这些标准涉及多个细分领域和不同标准类别，均为相关领域急需标准。

表5　2024年颁布实施国家标准情况明细表

序号	标准编号	标准名称
1	GB/T 18721.3—2024	印刷技术　印前数据交换　第3部分：CIELAB标准彩色图像数据（CIELAB/SCID）
2	GB/T 18721.4—2024	印刷技术　印前数据交换　第4部分：显示用宽色域标准彩色图像数据[Adobe RGB（1998）/SCID]
3	GB/T 18721.5—2024	印刷技术　印前数据交换　第5部分：场景相关的标准彩色图像数据（RIMM/SCID）
4	GB/T 43828.1—2024	印刷技术　印前数据交换　输入扫描仪校准用色标　第1部分：输入扫描仪校准用色标
5	GB/T 43828.2—2024	印刷技术　印前数据交换　输入扫描仪校准用色标　第2部分：输入扫描仪校准用高阶色标
6	GB/T 43835—2024	印刷技术　印前数据交换　基于RGB印刷工作流程中使用RGB图像的准备和可视化

续表

序号	标准编号	标准名称
7	GB/T 43856—2024	印刷技术 印刷工作流程的颜色一致性

表6 2024年颁布实施行业标准情况明细表

序号	标准编号	标准名称
1	CY/T 273—2024	标签外观质量智能化视觉检测系统构建指南
2	CY/T 274—2024	绿色印刷食品类塑料软包装印刷品生产过程控制要求
3	CY/T 275—2024	柔性透明薄膜电子器件印制过程控制要求
4	CY/T 276—2024	网版印刷丝网的印刷性能通用要求
5	CY/T 277—2024	印刷企业信息分类及编码方法
6	CY/T 278—2024	纸质包装印刷品印制质量视觉检测系统使用要求
7	CY/T 59—2024（代替：CY/T 59—2009）	纸质印刷品平压平模切过程控制要求
8	CY/T 60—2024（代替：CY/T 60—2009）	纸质印刷品热烫印过程控制要求
9	CY/T 61—2024（代替：CY/T 61—2009）	折叠纸盒制盒过程控制要求

（五）标准宣贯工作情况

2024年，印刷标委会重点开展了《印刷技术 印刷工作流程的颜色一致性》《印前数据交换》等系列国家标准及《折叠纸盒制盒过程控制要求》行业标准的宣贯工作。

（六）参与国际标准化相关工作情况

1. 国际投票情况

截至2024年10月底，我国完成已到投票截止日期的各类投票31项，投票率达到100%。

2. 组织我国专家参加国际会议情况

2024年共组织我国印刷标准化专家参加2次国际会议，即ISO/TC 130第

38届春季工作组会议和秋季工作组会议及全会。春季工作组会议于2024年4月22日至26日在德国柏林以线上线下混合会议的形式召开。会议共有6个工作组及任务组召开了会议，分别推进印刷技术各细分领域国际标准的制修订工作。中国在ISO/TC 130注册的工作组专家共计16人以线上和线下的形式参加了各工作组会议，其中9人赴德参会。第38届秋季工作组会议及全会于2024年12月2日至6日在韩国首尔以线上线下混合会议的形式召开，本次有10个工作组及任务组陆续召开会议，以推进印刷技术领域国际标准的制修订工作。我国专家积极参加各工作组会议，我国代表团团组在全会上对重要决议事项进行表决。

3. 我国参与国际标准制定情况

截至2024年10月，ISO/TC 130有21个积极成员，22个观察成员；8个常设工作组，1个任务组，3个联合工作组，以及7个由其他TC负责管理的联合工作组；已出版国际标准、技术规范和技术报告共118项，正在制定的标准项目有12个。我国专家参与了绝大多数国际标准的制定工作。由我国专家提出或与其他国家专家共同提出的2个项目提案有望正式立项。

（七）承担ISO/TC 130秘书处与主席相关工作情况

ISO/TC 130秘书处与主席由中国印刷技术协会承担。截至2024年10月，ISO/TC 130秘书处共开启27项各类国际投票，处理各类投票31项。在ISO/TC 130工作平台上，上传文件86个（文件号：N5110—N5196）。ISO/TC 130秘书处2024年全年共协调组织了两次国际会议，即ISO/TC 130第38届春季工作组会议、秋季工作组会议及全会。由中国印刷技术协会委派的专家以主席身份在首尔出席并主持ISO/TC 130第38届全会预演会议和全会。

2024年，印刷标委会秘书处代表中国印协继续保持对ISO/TC 130工作组注册专家的管理工作，根据工作组注册专家考核及实际工作情况，拟适时撤销并新提名ISO/TC 130工作组注册专家，进而实质性提升我国专家参与国际标准化工作的水平，优化工作组注册专家团队。

（八）组织机构建设与管理工作情况

2024年，印刷标委会根据实际情况，上报了第五届委员的调整建议，以进一步优化、加强委员队伍建设；按照《全国专业标准化技术委员会管理办法》有关规定，对3个分技术委员会进行指导、协调，为分技术委员会开展工作提供保障。

由印刷标委会及其分技术委员会承担组织的起草组会议、标准宣贯活动成果丰富、反响良好，印刷标委会及其分技术委员会年会的组织工作得到行业大力支持，组织活力被进一步激发。

二、2025年重点工作计划

2025年印刷标准化工作将以习近平新时代中国特色社会主义思想为指导，全面贯彻党的二十大和二十届二中、三中全会精神，以高度的政治责任感继续推动《国家标准化发展纲要》《质量强国建设纲要》的深入实施；认真落实《印刷业"十四五"时期发展专项规划》的任务要求，夯实工作基础，优化标准供给，强化标准实施，发挥好印刷标准化工作在扩大内需、对外开放合作、产业稳链中的重要作用，为推动印刷业高质量发展和文化繁荣提供更加有力的技术支撑。

2025年，印刷标委会及其分技术委员会将立足努力实现"加强标准引领和质量支撑　赋能印刷业新质生产力培育"的工作目标，开展以下主要工作。

（一）聚焦促进印刷业新质生产力发展，以标准化工作提升引领产业优化升级

一是推进印刷标准化研究和应用服务，提升标准的技术支撑能力。积极开展全产业链印刷标准体系研究，加强融合交叉领域的标准研究工作，提高印刷领域国内标准与国际标准的一致性；协同发挥产学研各方优势，建立产学研融合互动机制，强化需求与推动相结合，筹备建设印刷标准化技术研究中心、创新孵化中心、应用推广中心、资源服务中心、教育培训中心；主动对接企业需求，为企业提供个性化印刷标准化技术咨询与服务工作。

二是进一步完善印刷标准体系，及时更新《印刷标准体系表》，增加标准

的有效供给，加快构建结构优化、先进合理、国际兼容的印刷标准体系，加强数字化、智能化、绿色化、低碳化标准的制修订工作，牵引传统印刷技术不断升级；加强印刷标准制定、复审、修订工作与标准实施信息反馈、效果评价等工作的衔接，努力实现标准的全生命周期管理；加快中小学教科书、图书期刊印制质量检验检测和绿色印刷相关的国家标准、行业标准的制修订工作；贯彻落实《质量强国纲要》，开展出版物印刷、包装印刷产品的质量分级标准的研究工作。

（二）积极主导和参与国际标准制定，加快转化先进适用国际标准

其一，发挥ISO/TC 130国内对口技术工作组和注册专家团队作用，提升我国实质性参与国际标准化工作的能力和水平。根据工作计划，ISO/TC 130国内对口技术工作组不定期召开调研和研讨活动，推进由我国和美国联合主导的《印刷技术　印刷产品环境因素的沟通要求　第2部分：印后加工》国际标准制定进程，加快推动由我国提出的《印刷技术　生产折叠盒的平板模切、压痕和划线》《印刷技术　纸张印刷适性测试方法　透印的测定》等项目的立项、制定工作。

其二，加大对国际标准和国外先进标准的跟踪研究力度，提高提出等同采用国际标准的国家标准计划建议数量和质量，加快转化先进适用国际标准，提高印刷领域国际标准采标率。综合国际标准的制修订进程和国家标准的复审结果，及时修订等同采用国际标准的国家标准。

（三）加强组织保障，健全规范运行的制度机制要求

第一，加强组织机构的建设与管理。完善印刷标委会制度机制建设，加强对分技术委员会、工作组建设的指导和统筹协调工作，进一步完善年会、标委会工作会议、标准审查会、标准起草会议的办会模式，承担好ISO/TC 130秘书处日常工作。

第二，发展委员单位、观察员单位，发挥好委员、观察员作用，扩大印刷标准化工作在行业的辐射面和影响力。搭建印标委与政府部门、科研院所、检测机构、企业等之间的交流平台，加强标准化改革创新和理论实践交流。

第三，结合世界标准日、消费者权益保护日、行业重要会展举办期以及重要标准发布实施的关键时点，强化标准化宣传培训，深入开展重要标准解读。探索建立对标准实施效果跟踪及评价的有效机制。

2023年我国造纸行业发展情况分析

中国制浆造纸研究院有限公司　周在峰

2023年中国经济整体上保持了稳定增长的态势，GDP超过126万亿元，同比增长5.2%，增速高于全球平均水平，位居世界前列。然而，外部环境复杂严峻，国内有效需求不足、部分行业产能过剩等问题对行业产生影响。对于造纸行业而言，2023年是充满机遇与挑战的一年。上半年造纸行业市场需求低迷、原材料价格波动和能源成本上升，对企业利润空间构成压力，虽然生产量略有增长，但经济效益下滑，前三季度全行业营收和利润处于历史低位，部分产品出现供需失衡，迫切需要企业提升市场拓展和生存能力。

一、我国造纸行业经营情况

（一）我国造纸及纸制品业营业收入情况

2023年我国造纸及纸制品业营业收入整体低迷，从月度数据看，1月至8月基本徘徊在1000亿—1100亿元，而且同比增速全部为负。9月起开始有所回升，后4个月营收稳定在1250亿—1350亿元。除9月增速转正，其他月份增速全部为负（见图1）。

2023年我国造纸和纸制品业营业收入下降主要受到以下因素的影响。受全球经济放缓、消费需求下降等因素影响，造纸和纸制品市场需求减少。纸浆等原材料价格的上涨增加了生产成本，降低了企业盈利能力。竞争加剧导致市场份额争夺更加激烈。

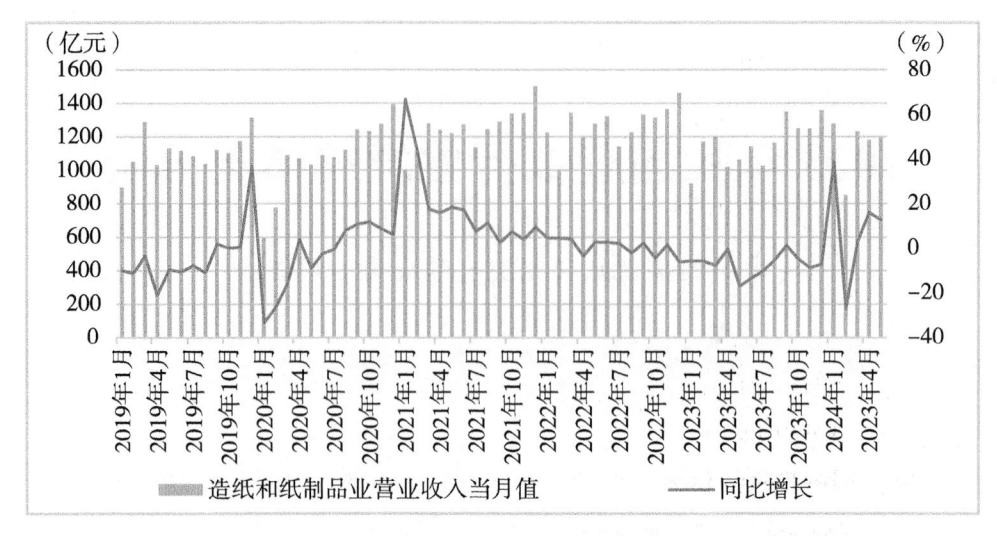

图 1　2019—2023 年造纸和纸制品行业月度营业收入及增长率

数据来源：国家统计局

（二）我国造纸及纸制品业利润情况

2023 年我国造纸和纸制品业利润总额为 508.4 亿元，较 2022 年的 621.1 亿元下降了 18.15%。这一下降受到多种因素的影响，包括市场需求减少、原材料价格上涨、生产成本上升以及行业竞争加剧等。

2012 年到 2023 年我国造纸和纸制品业利润总额整体呈波动趋势（见图 2）。其中，2017 年达到最高点 1016.39 亿元，而 2022 年和 2023 年就降至低谷。这表明该行业在近几年经历了显著的市场波动和经济挑战。

2023 年的造纸和纸制品业利润总额从年初就呈现下降趋势，前三季度一直比较低迷。直到 9 月份才开始回升，到年底全行业利润总额转负为正。从利润总额的月度同比增长来看（见图 3），前 8 个月都处于负增长状态，降速超过 50%，显示全行业利润严重低迷。第四季度，随着国内经济的逐步复苏、市场需求回暖以及行业结构的调整，造纸和纸制品业的利润总额开始回升。全年呈现先抑后扬的态势。

结合 2023 年我国造纸行业的现实情况，利润总额变化的主要因素包括：市场需求变化、原材料价格波动，增加了企业运营的不确定性，高价采购压缩

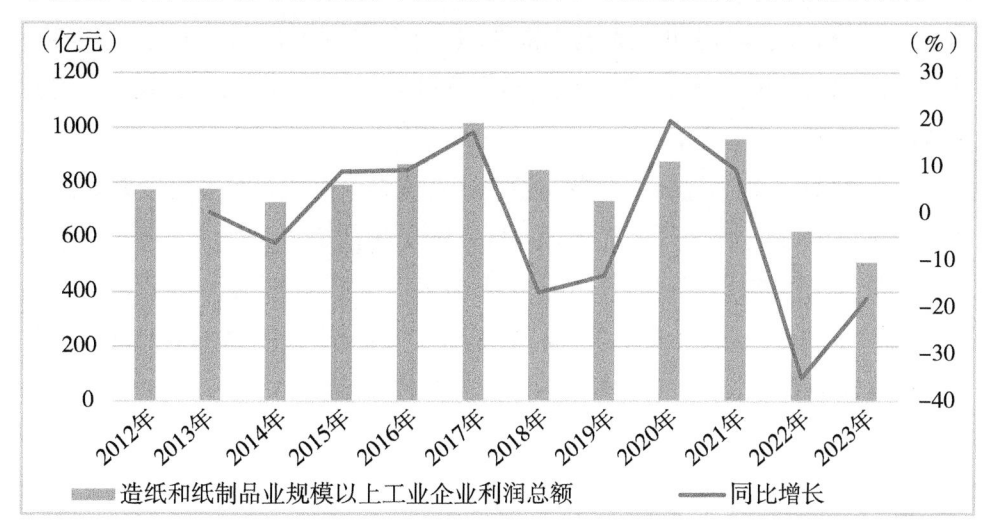

了企业的利润空间。国际贸易环境的变化也在一定程度上影响了行业利润。

图2 2012—2023年造纸和纸制品业利润总额及增长率

数据来源：国家统计局

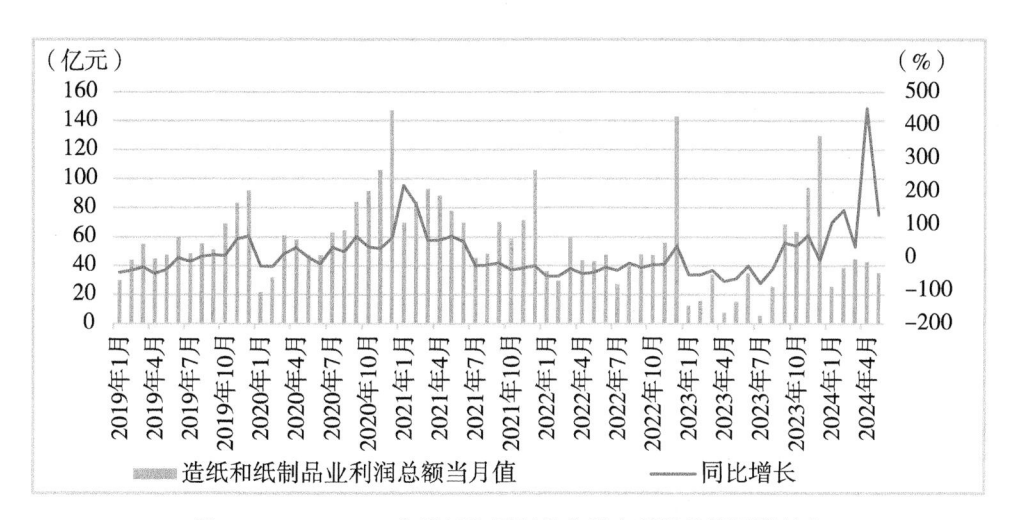

图3 2019—2023年造纸和纸制品业月度利润总额及增长率

数据来源：国家统计局

（三）我国造纸及纸制品业营业成本情况

2023年造纸和纸制品业月度营业成本较上年有所下降。从月度来看，

2023年有10个月份下降，其中5月、6月、11月降幅较为显著，降幅均超过10%。三季度的成本与上年同期基本持平，11月和12月与同期相比又有所下降。整体来看，2023年我国造纸和纸制品业月度营业成本波动较大，呈现出一定的季节性变化特点（见图4）。

根据2023年我国造纸行业现实情况，造成造纸和纸制品业月度营业成本变化的主要因素包括以下几点：原材料价格变动直接影响企业的生产成本。2023年原材料价格受市场供需关系和国际贸易政策等因素的影响，出现了一定的波动。能源成本、劳动力成本也对企业产生一定的影响。政府的宏观调控政策和产业扶持措施也会影响造纸行业的成本结构和盈利能力。

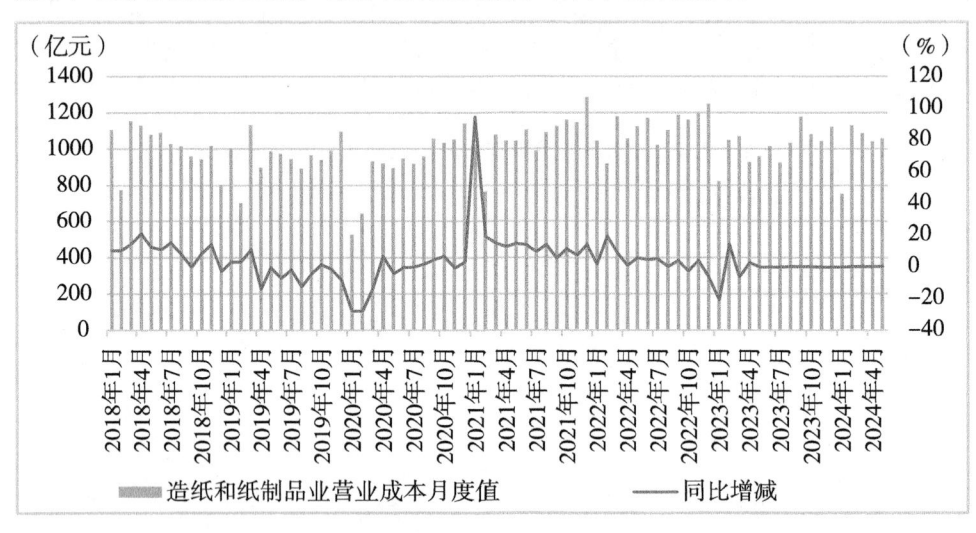

图4　2018—2023年造纸和纸制品业月度营业成本及增长率

数据来源：国家统计局

（四）我国纸浆、造纸、纸制品PPI走势情况

2023年我国纸浆、造纸、纸制品PPI（工业生产者出厂价格指数）走势出现新的变化（见图5）。纸浆PPI整体呈下降趋势，从1月到8月，PPI值由120.7降至75.6，显示出纸浆价格的下降走势，9月起又开始触底反弹，到12月升至84.1。2024年延续上涨趋势，到2024年6月又升至100点以上。造纸PPI整体波动不大，月度指数均低于97，1月到8月PPI值由96.4降至89，12月恢复到92.8。纸制品PPI整体保持稳定，月度值基本在96—100之间波动。

分析认为，纸浆PPI下降与市场需求、原材料价格、生产成本等因素有关。造纸PPI由调整需求低迷、成本上升等因素导致。纸制品PPI的稳定受到市场供需关系、价格政策等因素的影响。

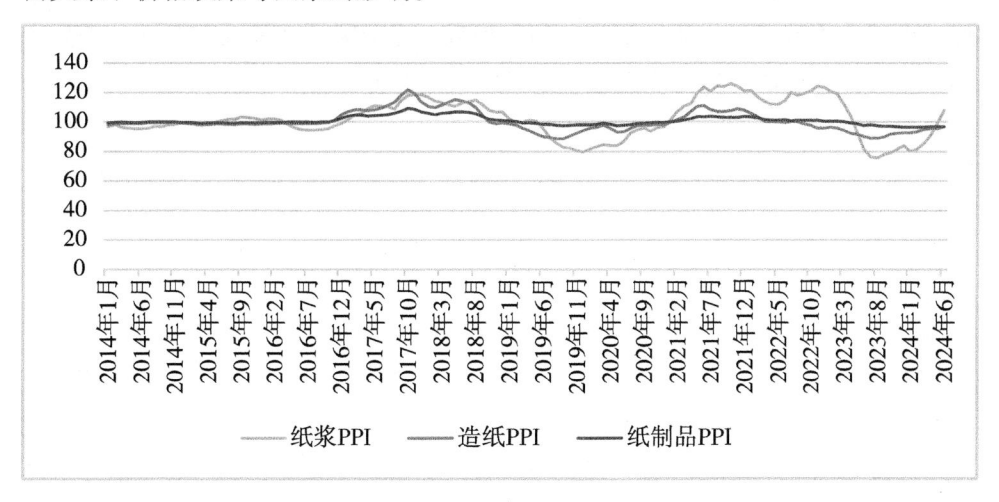

图5　2014—2023年中国纸浆、造纸和纸制品工业生产者出厂价格指数（上年同月=100）
数据来源：国家统计局

（五）我国造纸及纸制品业亏损情况

2023年我国造纸业的亏损总额依然高企，与2022年几乎没变。根据国家统计局历史数据，2012年至2021年间，我国造纸业的亏损总额经历了两次周期性波动变化，但每年的亏损额基本都在100亿元以下。在2022年和2023年，亏损总额持续处于高位，分别为152.5亿元和151.6亿元（见图6）。从亏损数据看，基本与经济形势有密切关系，预测在未来一段时间内，造纸和纸制品业的亏损总额将会随着经济好转而回落。

分析近两年亏损总额变化的影响因素，主要是经济不振使得市场需求减少，进而导致造纸业的盈利能力下降。原材料价格上涨导致生产成本增加，进而影响到企业利润水平。国际贸易环境变化对企业经营状况产生影响。

从造纸和纸制品业亏损企业数量的大幅增加也可以反映出行业面临的困难。2023年月度亏损企业数量明显比往年高出很多，2023年造纸和纸制品业规模以上企业有超过7600家，但月度亏损企业数量上半年大部分月份亏损超过 2500 家，超过三分之一的企业处于亏损状态，虽然，下半年亏损企业数量有所降低，11 月之前均超过 2000 家企业亏损，直到 12 月才降至 1821 家，但亏损企业数量依然比往年要高（见图 7）。显示出 2023 年我国造纸及纸制品行业外部环境不佳，业内竞争激烈。面对挑战，企业需要加强成本控制、提高产品竞争力，并密切关注市场需求变化以应对行业困境。

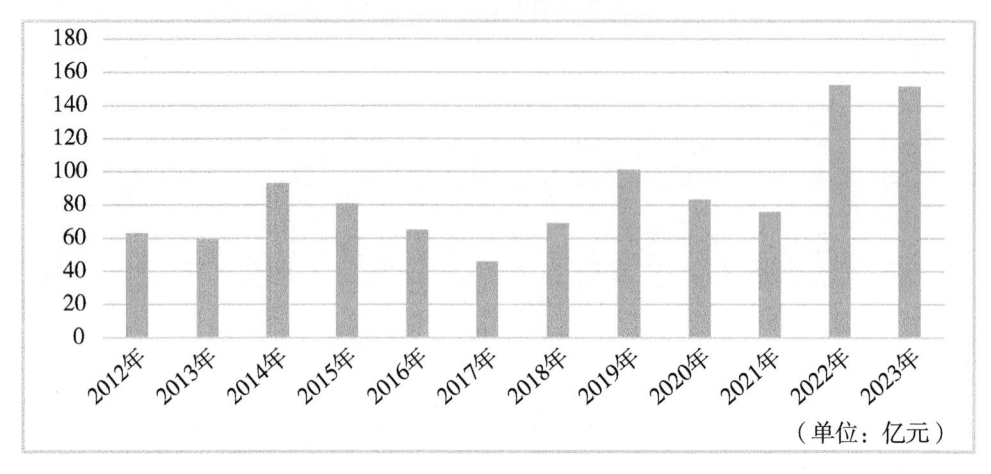

图 6　2012—2023 年造纸和纸制品业规模以上工业企业亏损总额

数据来源：国家统计局

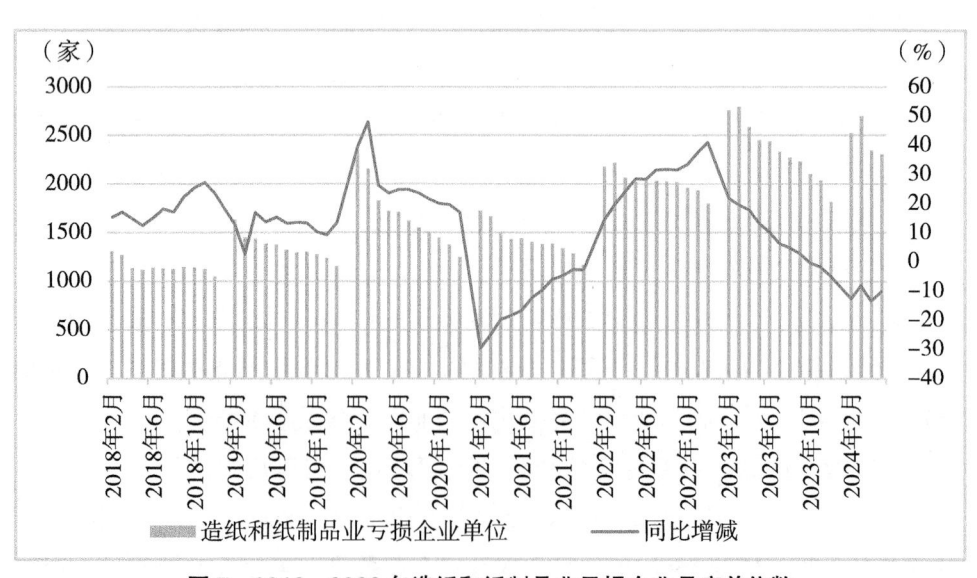

图 7　2018—2023 年造纸和纸制品业亏损企业月度单位数

数据来源：国家统计局

二、我国纸浆生产情况

（一）我国纸浆生产情况

根据中国造纸协会数据，2023年我国纸浆生产总量为8823万吨，同比增长2.75%。从不同纸浆的产量来看，2023年我国木浆产量2312万吨，同比增长9.31%，保持较快增速。废纸浆产量为5936万吨，同比增长0.37%，略有增长，接近2013年产量。非木浆2023年产量为575万吨，同比增长3.05%，增速有所回升。

对比各纸浆的占比情况，2023年废纸浆产量占比为67.28%，同比下降1.59个百分点。木浆占比26.20%，同比增加1.57个百分点。非木浆占比为6.52%，与上年6.50%相比略有增加。

（二）我国纸浆消耗情况

2023年我国纸浆消耗量为11899万吨，同比增长5.35%，纸浆消耗量再创历史新高。

在消耗的原生浆过程中，2023年木浆消耗量为4391万吨，同比增长13.93%，占比41.44%，同比增长3.12个百分点。在木浆消耗量中，国产木浆消耗2247万吨，同比增长7.46%；进口木浆2684万吨，同比增长19.98%。2023年非木浆消耗量为533万吨，同比下降0.74%，非木浆消耗量占比为4.48%，同比下降0.27个百分点。

2023年废纸浆消耗量达到6435万吨，占比54.08%，同比增长0.08%。其中进口再生纸浆489万吨，同比增长45.54%。

（三）部分地区纸浆生产和消耗量情况

在主要造纸省份中，2023年山东造纸原生浆产量为727万吨，同比增长4.8%。2023年山东纸浆消耗量为1738万吨，同比增加4.38%。2023年江苏纸浆用量为1244万吨，其中木浆用量为486万吨，同比增加7.3%；废纸浆用量754万吨，同比增加1.3%；非木浆用量4万吨，同比减少63.6%。2023年四川纸浆产量为 165 万吨，其中竹浆产量为 154.34 万吨，同比增长 14.42%，占全国竹浆产量的 70.45%。2023 年广西原生浆产量为 425 万吨，同比增长 6.0%，其中木浆产量为 362 万吨，同比增长 7.1%；蔗渣浆产量为 54 万吨，同比下降 5.3%。广西蔗渣浆受上游原料制约，近年产量基本在 50 万—60 万吨之间。

（四）我国纸浆新建产能情况

2023 年是我国纸浆行业扩张的一年，不仅国内企业增加了产能，而且国际市场也迎来了新的产能释放，这可能会对全球纸浆的价格和供需关系产生影响。根据不完全统计，2023 年我国公布的投产、在建、拟建的纸浆项目达到 1198 万吨，其中 2023 年新投产的纸浆产能达到 385 万吨。2024 年造纸企业新建纸浆的速度没有停止，并有加速趋势。根据统计，预计 2024 年我国新投产 478 万吨化学浆，新投产 135 万吨化机浆。

三、我国纸浆进出口情况

（一）中国纸浆进口情况

根据中国海关数据统计，2023 年我国纸浆产品进口量为 3664.89 万吨，同比增长 25.67%。纸浆进口量再度大幅增加。纸浆进口金额为 1664.86 亿元，同比增长 11.55%。在进口纸浆商品中，漂白阔叶浆进口数量最大，为 1635.04 万吨，同比增长 27.80%。其次是漂白针叶浆，进口量为 920.60 万吨，同比减少 28.41%。溶解浆进口 396.73 万吨，同比增加 18.52%。废纸浆进口量为 447.58 万吨，同比增长 55.28%。未漂白针叶浆进口量为 120.92 万吨，同比减少 19.01%。化机浆进口 136.72 万吨，同比增加 1.42%。

2023 年我国纸浆进口共有 43 个来源国和地区，其中来自巴西的纸浆进口数量依然最大，为 965.65 万吨。其次是印度尼西亚为 522.68 万吨，加拿大为 351.36 万吨，智利为 302.22 万吨。超过 100 万吨的还有泰国、美国、芬兰、俄罗斯、乌拉圭和马来西亚。

2023 年我国共有 27 个省市区进口纸浆，其中山东省进口纸浆数量最多，为579.87万吨，其次是江苏省为505.55万吨，其他依次是广东省为503.83万吨，浙江省为500.38万吨，福建省为400.83万吨，纸浆进口超过100万吨的还有重庆、江西、北京。

（二）中国纸浆出口情况

根据中国海关数据统计，2023年我国纸浆产品出口量为24.08万吨，同比减少9.61%。纸浆出口金额为20.15亿元，同比减少27.70%。在出口纸浆商品中，棉短绒纸浆出口10.36万吨，同比增长25.88%。其次是漂白针叶浆出口数量为6.88万吨，同比减少12.36%；漂白阔叶浆出口量为4.49万吨，同比减少38.83%。其他的纸浆出口较少，大部分不足万吨。

2023年我国纸浆出口到了74个国家和地区，其中出口到俄罗斯、韩国分别为3.67万吨、3.55万吨。出口到印度尼西亚、越南、日本、阿联酋、泰国的数量在1万—2万吨，出口到其他国家和地区的数量均不足1万吨。

2022年我国共有23个省市区出口纸浆，其中山东省出口纸浆数量最多，为4.91万吨，其次是浙江出口4.83万吨，江苏出口3.26万吨，安徽、广东的出口量在2万—3万吨，福建、广西和湖北超过1万吨，其他省份均低于1万吨。

（三）我国纸浆进出口价格情况

新世纪以来，我国纸浆进口价格经历了多个周期性波动（见图8）。其中，2002年至2008年期间，进口价格总体呈上升趋势。2009年受全球经济影响，进口价格大幅下跌。之后几年，进口价格再次回升，但波动不大。在2018年再度达到高位，此后回落两年后开始拉升，但在2023年纸浆进口价格又回落到647.32美元/吨，下降了约15.56%。

纸浆出口价格则呈现显著的波动。出口价格在2002年至2010年期间快速上升，特别是在2011年，达到2323.8美元/吨的历史最高值。随后几年出口价格有所回落，但总体保持在较高水平。2022年达到近几年的最高值，但到2023年纸浆出口价格又下降到1184.56美元/吨，下降了约24.20%。

纸浆进出口价格变化表明，尽管国内纸浆生产能力不断增加，但对商品浆的需求仍然旺盛，导致进口依赖度较高。同时，随着人民币升值，出口价格相对提高。未来我国纸浆进口价格可能会受到国际市场供应紧张、原材料成本上升等因素的影响，而出口价格则可能受制于市场需求和人民币汇率变动。为了应对这些挑战，我国造纸行业需要加强技术创新，提高生产效率，降低成本，同时积极拓展海外市场，提高在国际纸浆贸易中的地位。

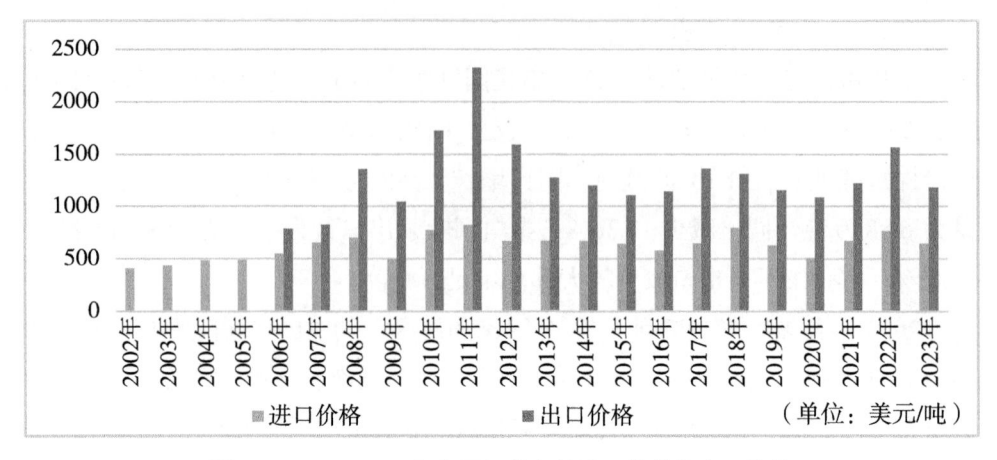

图8　2002—2023年我国纸浆年均进口价格和出口价格

数据来源：中国海关　中国造纸协会

四、我国纸及纸板生产情况

（一）我国制浆造纸及纸制品整体生产情况

随着国内经济复苏和消费活跃，市场对纸张需求正在呈现恢复增长态势。国家统计局数据显示，2023年纸及纸板产量为14405.5万吨，同比增长6.6%（见图9）。中国造纸协会统计的全国纸及纸板产量为12965万吨，同比增长4.35%；消费量为13165万吨，同比增长6.14%。造纸行业在2023年保持了稳定增长，为未来的可持续发展奠定基础（见图10）。

2023年我国纸浆产量达到8823万吨，比上年增加236万吨，同比增长2.75%。从纸浆产量变化情况，从2000年的2501万吨增长到2023年的8823万吨。但在2018—2020年出现了明显的下降，主要是由于废纸进口短缺导致原材料供应紧张等因素引起的。

纸浆产量的增加，主要体现两个方面：一是废纸浆产量进一步提升；二是国内更多企业开始自建浆厂，特别是化机浆产能快速增加，并有新的项目正在建设或计划建设。造纸企业加大自备浆厂的力度，根本原因在于商品浆的价格持续高位，严重影响了企业的原料供应，加大了企业的生产成本。

纸制品产量在2000年至2016年间稳步增长，但在2017年至2020年间，产量出现了波动，既有上升也有下降。在2021年达到高点后，近两年再次出现下降。纸制品产量是造纸市场需求的直观体现，纸制品产量下降，显示出造纸市场存在较为激烈的竞争。

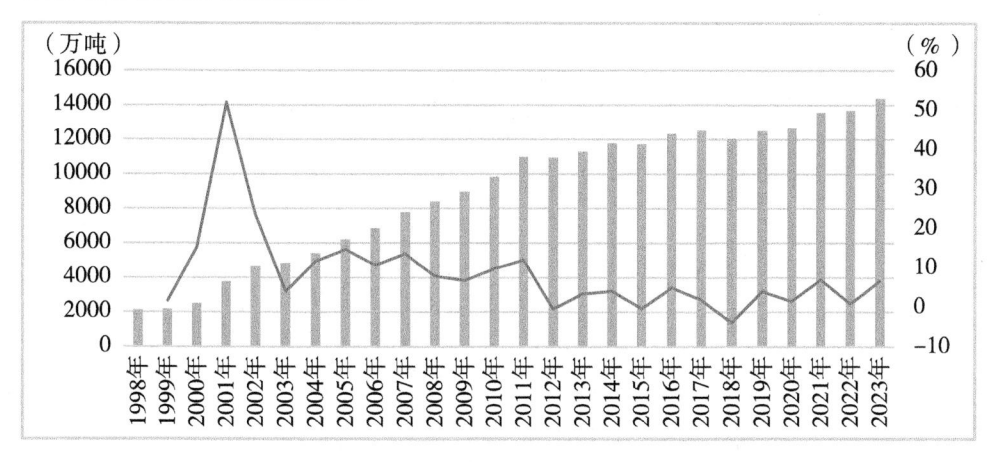

图9　1998—2023年我国机制纸及纸板产量及增速

数据来源：国家统计局

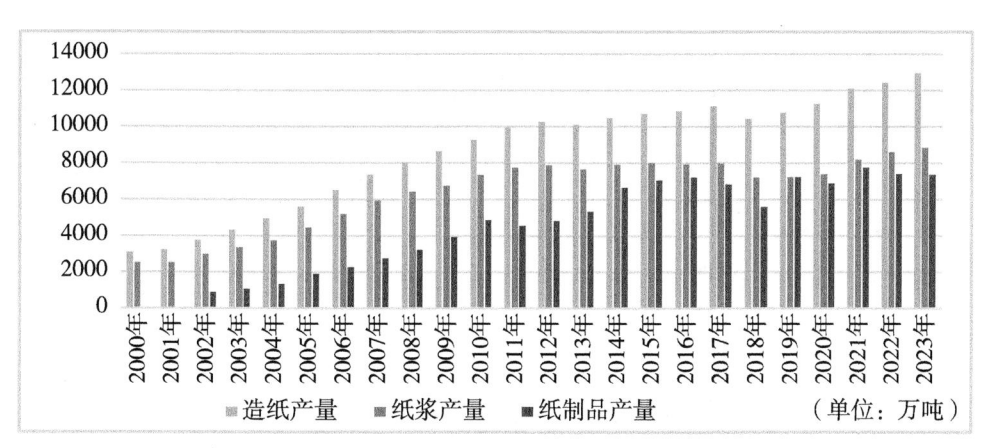

图10　2000—2023年中国纸浆、造纸和纸制品的产量

数据来源：中国造纸协会

（二）我国纸及纸板月度生产量情况

2023年，我国纸及纸板月度产量呈现明显的波动与回升趋势。年初，受市场需求疲软、原材料成本上升等多种因素影响，产量处于相对较低水平。随着国内经济的逐步复苏和下游需求的回暖，纸及纸板产量开始逐步回升。特别是在第四季度，产量实现了强势回升，创下了历史新高。具体来看，前几个月产量波动较大，但从年中开始，月度产量逐步稳定在较高水平，并持续增长至年底。

与月度产量走势相对应，增长率也呈现先抑后扬的态势。年初有2个月份纸及纸板产量增长率处于负值区间，显示出较大的下行压力。随着市场的逐步回暖和企业积极调整，增长率开始逐步回升。下半年增长率显著提升，8月份之后增长率均在11%以上，达到了较高水平（见图11）。

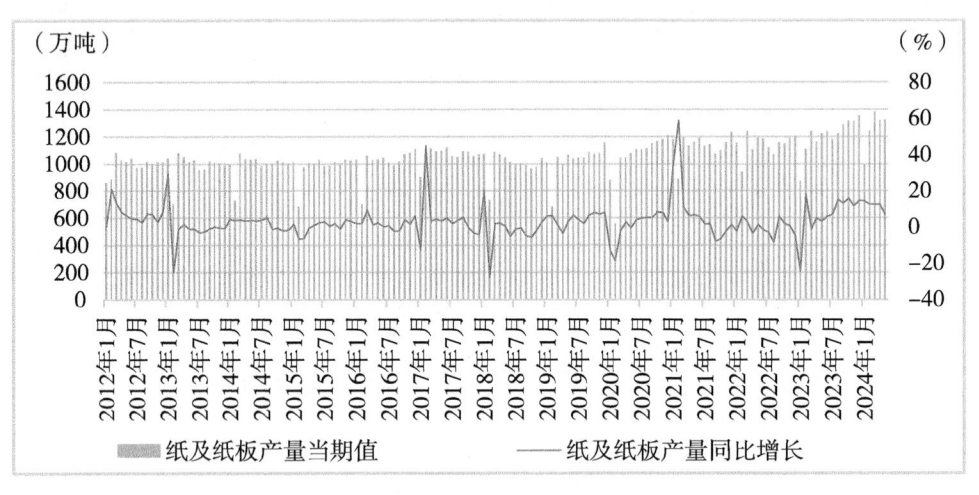

图11　2012—2023年我国纸及纸板月度产量及增长率

数据来源：国家统计局

2023年造纸产量月度变化的主要因素是下半年市场需求回暖，为造纸行业提供了复苏的市场空间。面对市场需求的变化和行业竞争的加剧，造纸企业积极调整生产策略，提高生产效率和产品质量，增强市场竞争力。同时，随着前期新增产能的逐步释放，造纸行业的产能规模不断扩大，也促进了产量的增长。

（三）中国造纸产量全球占比情况

我国造纸产量在全球造纸产量的占比继续呈现持续上升的走势。从1996

年的9.38%开始，占比逐年稳步增加，至2023年已达到30.87%，并首次超过30%（见图12）。这一增长趋势表明，我国造纸行业在全球市场中的地位日益重要，产量占比不断提升。

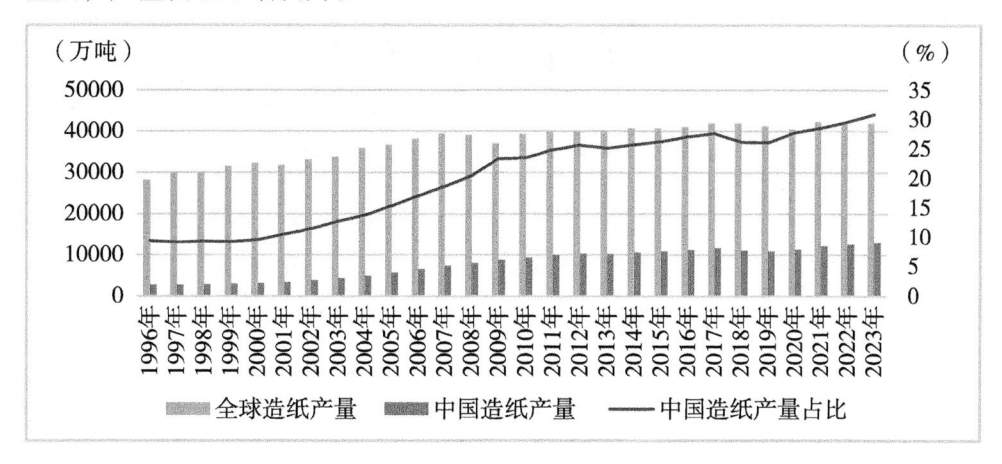

图12　1996—2023年中国和全球造纸产量及中国在全球所占比例

数据来源：《中国造纸年鉴》　中国造纸协会

我国造纸产量占比持续提升的主要原因体现在我国造纸技术的不断进步和产业升级，使得我国造纸产品更具竞争力。同时国际市场对我国造纸产品的认可度也在提高，出口量逐年增加，进一步推动了我国造纸产量的提升。未来，随着我国造纸行业的不断发展和创新，全球市场份额还将进一步提升。

（四）我国地区造纸产量变化情况

我国各省市区造纸产量分布相对集中，主要省份在产量上占据显著地位。2023年，山东省以全年新增产量172.11万吨，总量达到2587.07万吨，继续保持全国产量最大的省份地位。广东省和浙江省紧随其后，分别位列第二和第三，其中广东省全年新增产量104.46万吨，总产量达到2478.60万吨，而浙江省则实现了9.04%的增速，总产量达到1743.96万吨。此外，江苏、湖北、广西等省份的造纸产量也相对较高，且部分省份如山西、新疆、吉林等实现了较快的增速（见图13）。

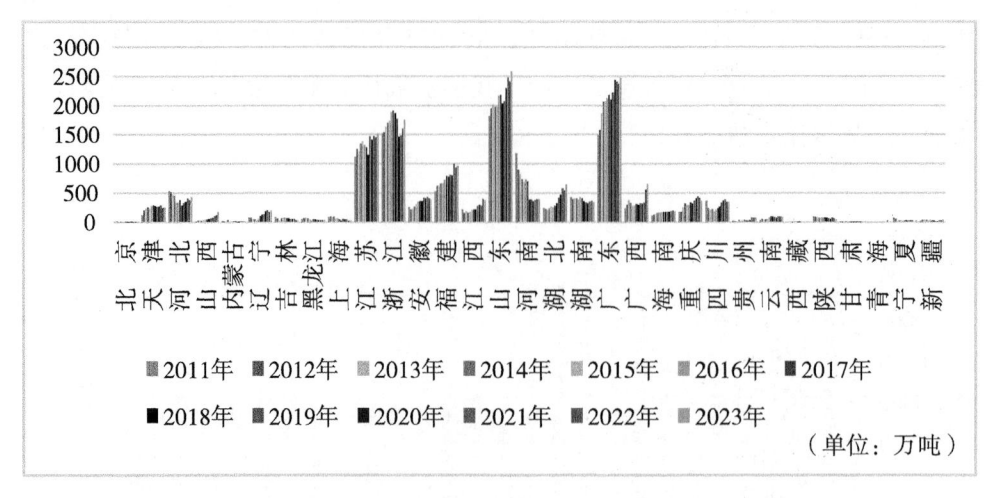

图13　2011—2023年我国各省市区制纸及纸板产量

数据来源：国家统计局

（五）我国区域造纸发展情况

2023年我国东、中、西部的造纸产量格局有所变化（见图14）。东部地区以8843万吨的总产量继续保持领先地位，显示其造纸行业的稳定与强劲。中部地区产量增至2493万吨，紧随其后，显示其产量的稳步增长。西部地区产量为1629万吨，虽然与东、中部地区相比仍有差距，但也呈现一定的增长趋势。

在占比变化方面，东部地区虽然总产量最大，但其占比可能受到中部和西部地区快速增长的影响而略有下降。中部地区凭借稳定的增速，其占比逐年提升，成为造纸产量增长的重要引擎。西部地区虽然基础较低，但通过加大投入和技术进步，其产量和占比也在逐年提高，显示良好的发展势头。

东部地区作为我国经济最为发达的区域之一，其造纸行业的发展得益于完善的产业链、丰富的资源供应和庞大的市场需求。然而，随着环保政策的收紧和产业结构调整的需求，东部地区造纸企业面临转型升级的压力，部分落后产能被淘汰，但同时也有更多的高新技术企业和高附加值产品涌现，推动了整个行业的持续发展。

中部地区凭借其地理位置优势和较为丰富的资源储备，近年来在造纸行业上取得了显著的进步。政府的大力支持和产业政策的引导，使得中部地区吸引了大量投资和技术人才，推动了造纸企业的技术改造和产业升级。同时，中部地区也积极响应国家环保政策，加强污染治理和节能减排工作，促进了造纸行业的绿色发展。

西部地区虽然基础薄弱，但后发优势为造纸行业的发展提供了广阔的空间。近年来，随着西部大开发战略的深入实施和区域协调发展的推进，西部地区的基础设施和配套设施不断完善，为造纸行业的发展提供了有力保障，逐步缩小与东、中部地区的差距。未来，随着各地区的持续发展和政策环境的不断优化，我国造纸行业有望实现更加均衡和可持续的发展。

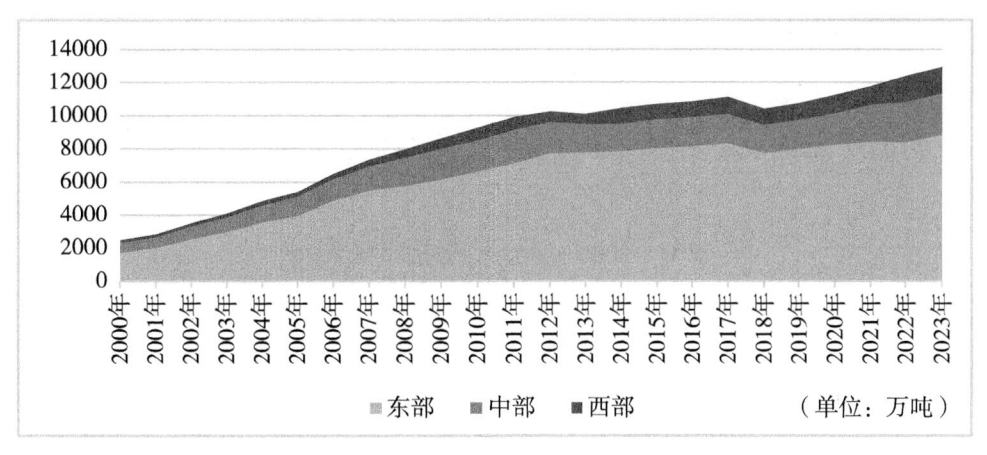

图14　2000—2023年中国纸及纸板生产区域分布比例统计

数据来源：中国造纸协会

（六）我国主要造纸产品生产量情况

2023年我国主要纸种的产量整体呈现增长态势。全国机制纸及纸板产量达到了14405.5万吨，同比增长6.6%。这一增长趋势体现了造纸行业在市场需求和生产规模方面的显著提升。其中，箱纸板、瓦楞原纸以及未涂布印刷书写纸作为产量最高的三大细分产品，继续保持了稳定的增长。箱纸板产量位居第一，其增长对于总产量的提升起到了重要作用。

从占比变化来看，各主要纸种的产量占比基本保持稳定。箱纸板仍然是产量最高的细分产品，其产量占总产量的比重较高，显示出包装用纸在市场需求中的重要地位。瓦楞原纸紧随其后，其产量占比与箱纸板相近，进一步印证了包装行业的强劲需求。未涂布印刷书写纸则位列第三，虽然其产量也实现了增长，但占比变化不大（见图15）。

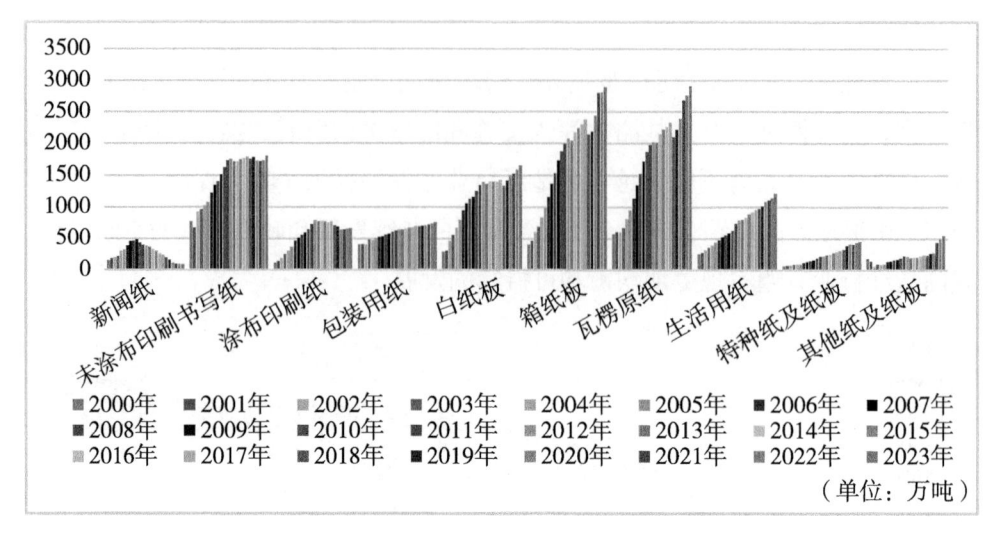

图 15　2000—2023年我国主要纸种产量

数据来源：中国造纸协会

2023年我国主要纸种产量走势整体向好，这主要得益于市场需求的增长、产业升级与技术创新、政策引导与区域发展的差异等因素的共同作用。然而，面对原材料价格波动、环保政策趋严等挑战，造纸企业仍需坚持创新驱动、绿色发展、质量为王的发展理念，不断创新发展特色产品纸种，提升自身的核心竞争力和市场地位。

（七）我国造纸大企业产量集中度情况

2023年我国造纸产量前20家的企业展现显著的增长态势。从整体走势来看，这些企业的产量持续攀升，市场份额进一步扩大，显示了行业集中度的不断提升。具体而言，这些企业的总产量在2023年实现了较高的增长率，达到7.85%，远超全国平均4.35%增长率，这主要得益于龙头企业对市场的引领和带动作用。部分龙头企业如玖龙纸业、山东太阳等，其产量更是实现了两位数的增长，对整体增长率的提升贡献显著（见图16）。

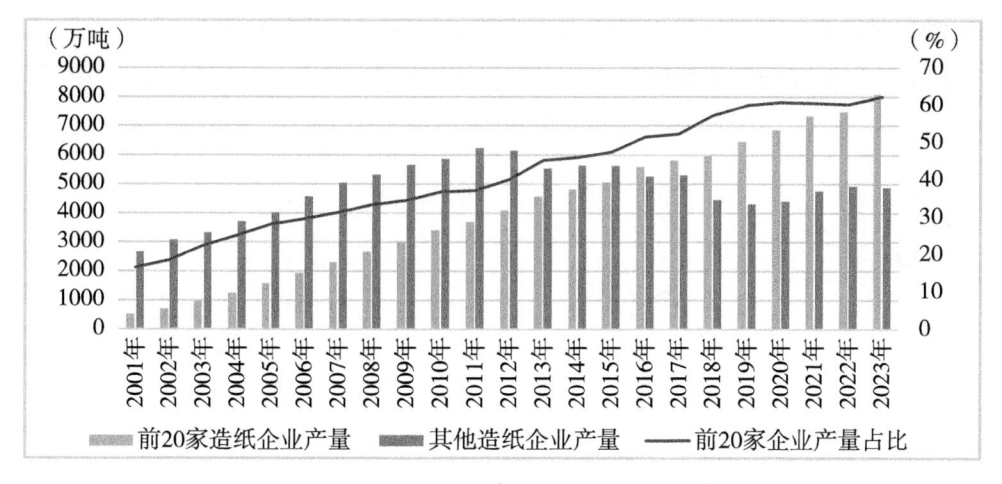

图16 2001—2023年中国造纸产量前20家企业产量占全国比重
数据来源：中国造纸协会　中国造纸杂志社

2023年我国造纸产量前20家企业在造纸行业中表现出强劲的增长势头，主要得益于市场需求的增长、技术进步与产业升级、企业投资与整合等多重因素的共同作用。未来，随着行业发展和市场需求不断变化，这些企业有望进一步保持领先地位。

（八）我国纸及纸板具体纸种市场价格情况

2023年我国主要纸种的价格波动较大（见图17）。文化用纸整体呈现一季度稳定、二季度下降、下半年回升的走势。其中铜版纸2023年价格在5600—6200元/吨，双胶纸价格在5800—6800元/吨。文化用纸下半年价格回升的主要原因是，国内经济开始复苏，市场需求有所好转，同时纸浆价格进入回升走势，带动纸价上调，此外文化用纸出口也刺激了市场价格上涨。

2023年包装用纸价格整体呈现下降走势，不过具体纸种价格走势有所差异。箱纸板和瓦楞原纸价格在第一季度下降之后基本稳定。瓦楞原纸2023年价格区间在3000—3300元/吨，箱纸板价格稳定在3600—4000元/吨。牛卡纸、白纸板的价格上半年持续下降，下半年有所企稳。虽然下半年经济复苏和传统旺季带动了对包装用纸需求的增加，但由于企业减少停机和大量新增产能投放市场，虽然包装用纸价格试图上调，但下游消费端接受度较低，导致包装用纸价格相对低迷。白卡纸价格走势上半年基本一致，但下半年有所不同，在价格触底后，二季度开始快速回升，接近年初的价格。

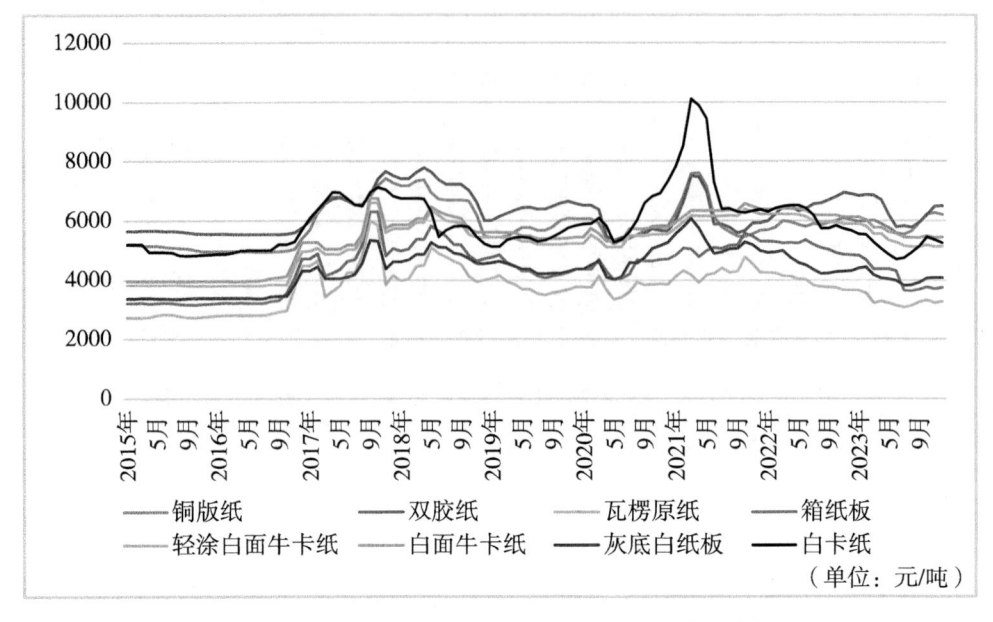

图17　2015—2023年中国市场主要纸张的价格走势

数据来源：RISI纸业联讯

针对当前的挑战，解决之道需明确而有力。造纸行业需积极拥抱变革，加大推动产业升级，提升产品附加值；造纸企业要持续优化供应链管理、强化成本控制，提高抗风险能力和盈利能力。同时，还应积极响应绿色发展战略，加强环保治理，实现可持续发展。纸浆和纸张的国际贸易持续增加，在国际舞台上，需要加强与全球伙伴的合作，开拓更广阔的市场空间，探索持续健康发展之路，期颐实现经济效益与环境效益的双赢。

五、我国纸及纸板进出口情况

（一）我国纸及纸板进出口总体情况

2023年我国纸及纸板的进出口量呈现出一定的变化。中国海关数据显示，

2023年我国纸及纸板进口量为1132万吨，出口量为932万吨。与往年相比，进口量有明显上升，而出口量则呈现稳定的增长态势（见图18）。

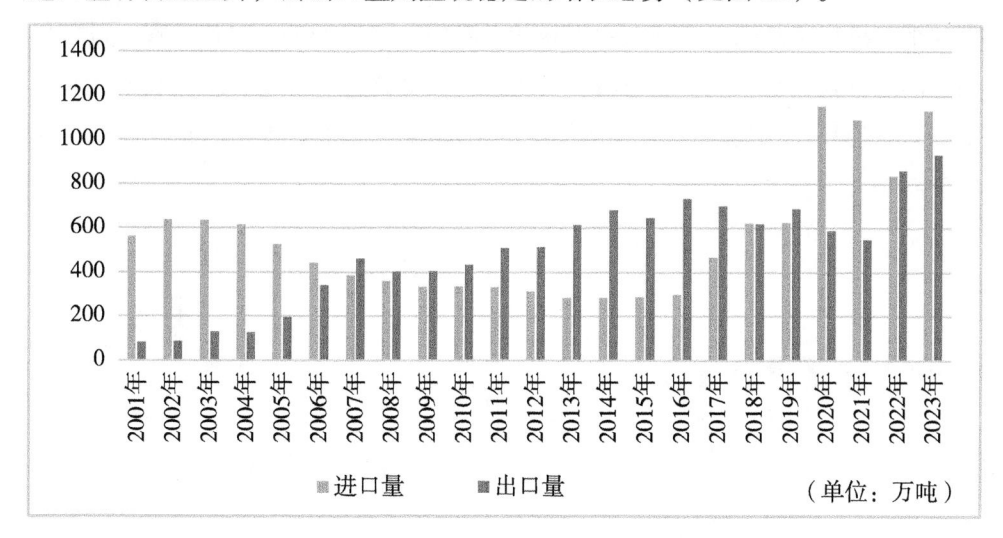

图18　2001—2023年中国纸及纸板进口量和出口量

数据来源：中国海关　中国造纸协会

相较于前几年的进出口数据，2023年我国纸及纸板进口量继续下降，反映国内造纸行业对进口依赖度的降低。出口量的增长得益于国内造纸企业产品质量的提升、国际市场需求的增加以及国家政策的支持，增长率保持在一个较为稳定的水平。

近年来，我国造纸行业经历了快速的发展，产能不断提升，从而满足了更多国内外市场的需求，这使得进口量相对保持稳定或略有下降。国际贸易环境的变化也对纸及纸板的进出口产生了一定影响。一方面，全球经济形势的不稳定导致部分国家减少进口量；另一方面，中国造纸行业在国际市场上的竞争力不断提升，吸引了更多国际买家的关注。未来，随着国内造纸行业的持续发展和国际市场的不断开拓，我国纸及纸板的进出口量有望继续保持稳定增长态势。

（二）我国纸及纸板进口具体纸种情况

2023年，我国主要纸种的进口量呈现不同的走势和增长率变化（见图19）。新闻纸、包装用纸、箱纸板、瓦楞原纸、生活用纸保持增长，其中箱纸板、瓦楞原纸的增长率接近50%，分别达到47.78%和48.96%。未涂布印刷书写纸、涂布印刷纸、特种纸及纸板，以及其他纸及纸板则有所下降。其中未涂布印刷书写纸、涂布印刷纸、特种纸及纸板的下降率均超过15%。对比发现，进口量增长的基本是包装用纸，进口减少的大部分是文化用纸和特种纸。表面包装用纸的市场空间仍然存在，而文化用纸的市场需求已经饱和，因此进口量相对较少。

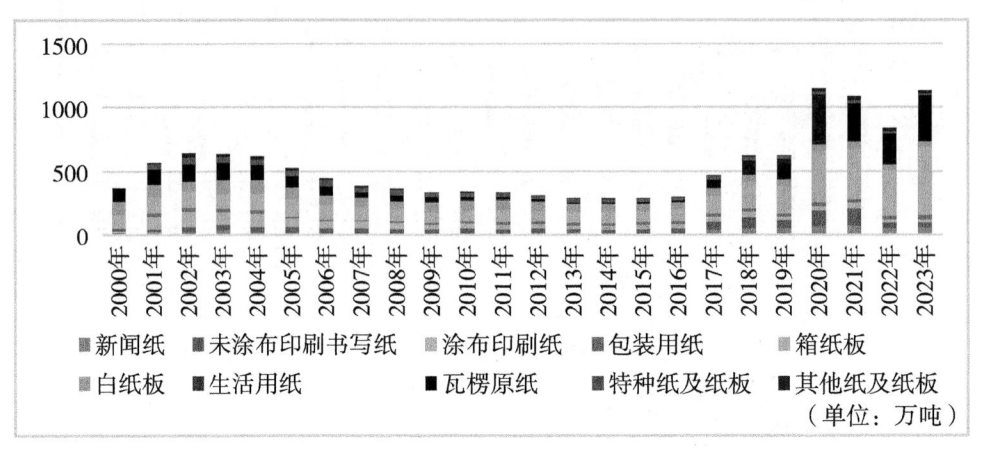

图19　2000—2023年中国纸及纸板具体纸种进口量

数据来源：中国海关　中国造纸协会

（三）我国纸及纸板出口具体纸种情况

我国纸及纸板的出口量在2023年呈现不同的趋势，其中未涂布印刷纸、生活用纸、特种纸及纸板的出口量增长最为明显。数据显示，2023年我国未涂布印刷纸出口量比上年增加了34万吨，达到136万吨。这是由于国际市场对高质量印刷品需求的变化。包装用纸的出口量相对较少，主要满足国内市场需求。白纸板的出口量在过去几年中稳步增长，虽然在2023年略有下降，出口量为243万吨，但是所有纸种中出口量最大的类别。生活用纸、特种纸及纸板的出口量在过去几年中稳步增长，2023年分别达到111万吨、179万吨，均创下了历史新高（见图20）。这与全球市场对高品质、特殊用途纸张需求的增长有关。

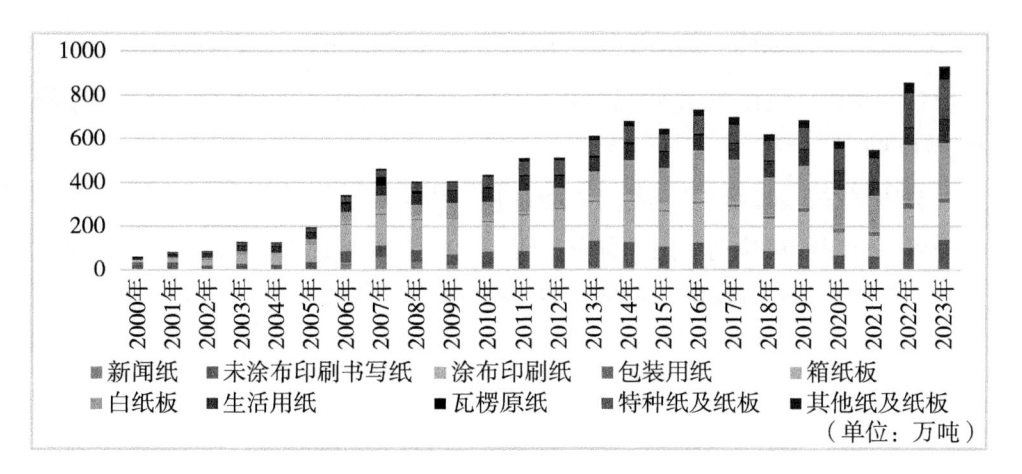

图20 2000—2023年中国纸及纸板具体纸种出口量

数据来源：中国海关 中国造纸协会

（四）我国纸及纸板进出口价格情况

从历史数据来看，我国纸及纸板的进口价格整体呈现波动变化趋势（见图21）。2013年达到1274.06美元/吨的历史最高价格之后几年，进口价格出现了较为明显的下降，在2020年达到谷底，约为547.93美元/吨，随后的两年有所增长，但在2023年再度出现下跌，为552.13美元/吨，下降率为24.6%。进口价格波动主要是由于全球经济形势和供应链变化的影响。

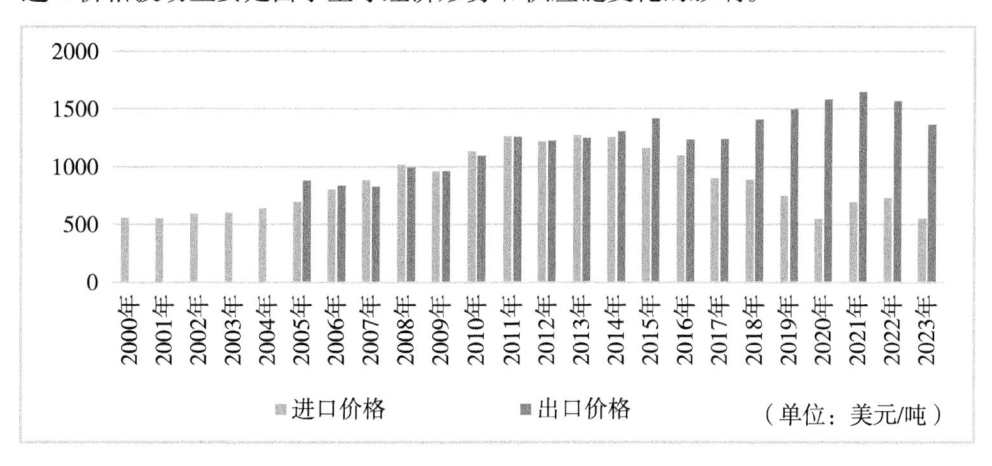

图21 2000—2023年中国纸及纸板年均进口价格和出口价格

数据来源：中国海关 中国造纸协会

与进口价格不同，我国纸及纸板的出口价格在 2021 年之前整体表现出持续增长的趋势。但在 2022 年起又有所回落，2023 年为 1365.18 美元/吨，下降率为 12.9%。

整体来看，2023 年我国纸及纸板的进口价格和出口价格均出现下降，这主要受到原材料价格波动、国际贸易政策变化、国内市场需求变化以及人民币汇率波动等多重因素的影响。未来，随着全球经济的复苏和我国造纸行业的持续发展，预计纸及纸板的进出口市场将呈现更加复杂多变的态势。

2023年中国印刷及设备器材进出口数据情况报告

中国印刷及设备器材工业协会

一、概 述

（一）国家统计局发布

2023年国民经济回升向好，高质量发展扎实推进。2023年，面对复杂严峻的国际环境和艰巨繁重的国内改革发展稳定任务，各地区各部门认真贯彻落实党中央、国务院决策部署，坚持稳中求进工作总基调，完整、准确、全面贯彻新发展理念，加快构建新发展格局，全面深化改革开放，加大宏观调控力度，着力扩大内需、优化结构、提振信心、防范化解风险，我国经济回升向好，供给需求稳步改善，转型升级积极推进，就业物价总体稳定，民生保障有力有效，高质量发展扎实推进，主要预期目标圆满实现。

从经济增长看，2023年我国GDP超过126万亿元，增速比2022年加快2.2个百分点。分季度看呈现前低、中高、后稳的态势，向好趋势进一步巩固。按照可比价计算，2023年经济增量超过6万亿元，相当于一个中等国家一年的经济总量。人均国内生产总值稳步提高，2023年达到8.9万元，比2022年增长5.4%。从物价看，物价总体保持温和上涨，全年CPI上涨0.2%，核心CPI上涨0.7%。

（二）海关统计数据的总体状况

2023年1—12月，一般贸易出口2.2万亿美元，同比下降2.9%，进口1.7

万亿美元，同比下降 4%。从国际收支看，全年货物出口增长 0.6%，年末外汇储备超过 3.2 万亿美元。

二、中国印刷及设备器材进出口数据

（一）印刷设备

表 1　2023 年 1—12 月印刷设备进出口情况

项目	出口 金额（万美元） 2022 年 1—12 月	出口 金额（万美元） 2023 年 1—12 月	出口 同比	出口 台套 2022 年 1—12 月	出口 台套 2023 年 1—12 月	进口 金额（万美元） 2022 年 1—12 月	进口 金额（万美元） 2023 年 1—12 月	进口 同比	进口 台套 2022 年 1—12 月	进口 台套 2023 年 1—12 月
卷筒纸胶印机	2714	1957	−28%	139	121	1490	3182	114%	52	80
单张纸胶印机（不包含单色胶印机）	11805	16302	38%	544	1149	51278	62250	2.5%	961	877
柔版印刷机	10004	11575	16%	2236	1422	3052	1780	−42%	42	38
凹版印刷机	6568	6172	−6%	1105	1278	2411	1091	−55%	51	31

1. 胶印机

（1）卷筒纸胶印机

2023 年 1—12 月，中国出口卷筒纸胶印机 121 台，金额 1957 万美元，金额同比下降 28%。出口西班牙 8 台，金额 270 万美元；出口越南 27 台，金额 242 万美元；出口意大利 7 台，金额 231 万美元；出口土耳其 11 台，金额 194 万美元；出口俄罗斯 5 台，金额 189 万美元；出口印尼 10 台，金额 175 万美元。

2022 年 1—12 月，出口卷筒纸胶印机 139 台，金额 2714 万美元。其中出口意大利27台，金额839万美元；出口土耳其25台，金额496万美元；出口西班牙10台，金额336万美元。

2023年1—12月，进口80台卷筒纸胶印机（包含商业表格轮转印刷机等商品），金额3182万美元，金额同比增长114%。从日本进口58台，金额1540万美元；从德国进口11台，金额1387万美元（其中2023年7月从德国进口到天津1台，金额高达1081万美元）；从法国进口7台，金额228万美元。从日本和德国两国进口额加起来占总进口额的92%。

（2）单张纸胶印机（不包含单色胶印机）

2023年1—12月，出口单张纸胶印机1149台，金额1.6亿美元，同比增长38%。其中出口印度556台，金额2009万美元；出口越南87台，金额1812万美元；出口日本12台，金额1454万美元；出口美国58台，金额1191万美元。

2022年1—12月出口单张纸胶印机544台，金额1.2亿美元，其中出口美国36台，金额1815万美元，金额排名第一。

2023年1—12月，进口单张纸胶印机877台，金额6.2亿美元，其中进口自德国金额4.6亿美元，约占总进口金额的四分之三；进口自日本金额1.5亿美元。

2022年1—12月，共进口961台单张纸胶印机，金额5.1亿美元，其中进口自德国677台，金额4.3亿美元；进口自日本282台，金额1.7亿美元。

2. 柔版印刷机

2023年1—12月共进口38台柔版印刷机，金额1780万美元，金额同比下降42%。其中从德国进口5台柔版印刷机，金额1239万美元，占总进口金额的70%；从意大利进口7台，金额367万美元；从日本进口1台，金额103万美元；从瑞士进口1台，金额49万美元。

2023年1—12月出口柔版印刷机1422台，金额1.16亿美元，金额同比增长16%。出口金额最高的目的地是俄罗斯，金额2632万美元，数量118台；其次是越南，金额876万美元，数量114台；沙特金额733万美元，数量131台；意大利金额555万美元，数量10台。

2022年1—12月，出口柔版印刷机2236台，金额1亿美元。其中出口越南金额最高，1611万美元，数量524台；出口印度195台，金额758万美元；

出口俄罗斯 70 台，金额 734 万美元。

3.凹版印刷机

2023 年 1—12 月进口凹印机 31 台，金额 1091 万美元，金额同比下降 55%。金额最高的进口来源国依次是日本、韩国和瑞士等国。其中从日本进口 4 台，金额 315 万美元；从韩国进口 5 台，金额 298 万美元；从瑞士进口 3 台，金额 228 万美元。

2023 年 1—12 月出口凹印机 1278 台，金额 6172 万美元，金额同比下降 6%。其中出口越南 303 台，金额 1297 万美元；出口印度 76 台，金额 832 万美元；出口泰国 52 台，金额 632 万美元；出口印度尼西亚 45 台，金额 445 万美元；出口日本 15 台，金额 306 万美元。

（二）印刷器材

表2 2023 年 1—12 月印刷器材进出口情况

项目	出口 金额（万美元） 2022年1—12月	出口 金额（万美元） 2023年1—12月	同比	出口 数量 2022年1—12月	出口 数量 2023年1—12月	进口 金额（万美元） 2022年1—12月	进口 金额（万美元） 2023年1—12月	同比	进口 数量 2022年1—12月	进口 数量 2023年1—12月
PS 版	14003	10450	-25%	4590万平方米	3924万平方米	57.6	44.6	-23%	1.6万平方米	7.8万平方米
CTP 版	64312	58126	-9.6%	18520万平方米	18604万平方米	472	486	3%	11.2万平方米	18.8万平方米
柔性印刷版	2433	2390	-1.8%	57.3万平方米	65.6万平方米	3330	3178	-4.6%	65.8万平方米	62.9万平方米
黑色印刷油墨	1561	1747	12%	3200吨	3731吨	5546	5157	-7%	1706吨	1633吨
其他印刷油墨	14698	14791	0.6%	25932吨	31549吨	20442	21190	3.7%	7152吨	6377吨
水性喷墨墨水	24185	26401	9%	30562吨	37279吨	13762	12927	-6%	6639吨	5400吨

1. 版材

（1）PS 版

2023 年 1—12 月出口 PS 版 3924 万平方米，金额 1 亿美元，金额同比下降 25%。其中出口韩国数量最大，960 万平方米，金额也最高，为 2579 万美元。出口金额其次为孟加拉、印度和土耳其。

2022 年同期出口 4590 万平方米，金额 1.4 亿美元。

与出口相比，PS 版进口数量和金额均较少。

（2）CTP 版

2023 年 1—12 月出口 CTP 版材 1.86 亿平方米，金额 5.8 亿美元。其中出口荷兰金额最高，8411 万美元，2000 万平方米；其次为韩国（2032 万平方米），金额 5965 万美元；印度（1279 万平方米），金额 3868 万美元；土耳其（957 万平方米），金额 2838 万美元。

相对于 CTP 版材出口，CTP 版材的进口数量和金额都较少。

（3）柔性印刷版

2023 年 1—12 月，进口柔性印刷版材金额 3178 万美元（62.9 万平方米）。进口柔性印刷版材主要来自发达国家。进口数量最多的来源国是德国和日本，这两国进口数量加起来为 45.6 万平方米，占总进口数量的 73%。

2023 年 1—12 月，累计出口柔性印刷版材 65.6 万平方米，金额 2390 万美元，从数量和金额来看，第一大出口目的地国是俄罗斯，16 万平方米，金额 549 万美元。其次为越南、印度、比利时和印尼等国。

2. 油墨

（1）黑色印刷油墨

2023 年 1—12 月进口黑色印刷油墨 1633 吨，金额 5157 万美元。其中从日本进口数量最多，为 621 吨，金额 2141 万美元，数量约占总进口量的 38%，其次为英国、新加坡、韩国、德国、法国和美国等国。

2023 年 1—12 月出口黑色印刷油墨 3731 吨，金额 1747 万美元。其中出口俄罗斯最多，412 吨，金额 279 万美元；其次是印尼，393 吨，金额 178 万美元。

（2）其他印刷油墨

2023 年 1—12 月，进口其他印刷油墨 6377 吨，金额 2.1 亿美元。进口数量最大的来源国为日本，1610 吨，占总进口数量的四分之一，金额 7290 万美元，占总进口金额的三分之一。从瑞士进口了 119 吨，金额 3111 万美元，金额上排名第二。从韩国进口 943 吨，金额 2314 万美元，金额排第三。

2023 年 1—12 月其他印刷油墨进口数量同比少了 775 吨，金额却增加 748 万美元。

2023 年 1—12 月出口其他印刷油墨 3.2 万吨，1.5 亿美元。其中从金额上看，出口俄罗斯最多，1920 万美元，2246 吨；其次为越南，1627 万美元，4131 吨；印尼，1185 万美元，2738 吨。

（3）水性喷墨墨水

2023 年 1—12 月出口水性喷墨墨水 3.7 万吨，金额 2.6 亿美元，金额同比增长 9%。出口金额最大的市场是印度，6222 吨，3092 万美元；巴基斯坦第二，4393 吨，2426 万美元；排名第三的是印尼，2247 吨，1735 万美元；美国第四，1146 吨，1459 万美元；泰国第五，1650 吨，1436 万美元。

2023 年 1—12 月进口水性喷墨墨水 5400 吨，金额 1.3 亿美元。其中从马来西亚进口最多，1815 吨，6336 万美元，占总进口金额的一半。其次是日本，1398 吨，2971 万美元。

（三）印刷品

表 3　2023 年 1—12 月印刷品进出口情况

项目	出口 金额（万美元） 2022 年 1—12 月	出口 金额（万美元） 2023 年 1—12 月	同比	出口 数量 2022 年 1—12 月	出口 数量 2023 年 1—12 月	进口 金额（万美元） 2022 年 1—12 月	进口 金额（万美元） 2023 年 1—12 月	同比	进口 数量 2022 年 1—12 月	进口 数量 2023 年 1—12 月
其他书籍、小册子及类似印刷品	117583	101866	-13%	37.8 万吨	35.1 万吨	32706	29801	-9%	15522 吨	14697 吨
无商业价值的商业广告、商品目录等印刷品	32123	33319	3.7%	3.6 万吨	4 万吨	2975	2585	-13%	2636 吨	2066 吨

续表

项目	出口 金额（万美元）2022年1—12月	出口 金额（万美元）2023年1—12月	同比	出口 数量 2022年1—12月	出口 数量 2023年1—12月	进口 金额（万美元）2022年1—12月	进口 金额（万美元）2023年1—12月	同比	进口 数量 2022年1—12月	进口 数量 2023年1—12月
纸质的其他印刷品	23381	28605	22%	4.7万吨	4.9万吨	18643	17788	-4.6%	2431吨	2890吨

1. 其他书籍、小册子及类似印刷品

2023年1—12月，出口其他书籍、小册子及类似印刷品35.1万吨，金额10.2亿美元，金额同比下降13%。其中出口美国金额最高，4.6亿美元，15.7万吨，金额和数量占出口总金额和总数量的45%。

2023年1—12月，进口其他书籍、小册子及类似印刷品1.47万吨，金额3亿美元，金额同比下降9%。其中进口自英国金额最高，5582万美元，2118吨。

2. 无商业价值的商业广告、商品目录等印刷品

2023年1—12月，出口无商业价值的商业广告、商品目录等印刷品4万吨，金额3.3亿美元，金额同比增加3.7%。金额最大的出口目的地是美国，5071万美元，6886吨；越南第二，3866万美元，4403吨。

2023年1—12月，进口无商业价值的商业广告、商品目录等印刷品2066吨，金额2585万美元。金额同比下降13%。

3. 纸质的其他印刷品

2023年1—12月，出口纸质的其他印刷品4.9万吨，金额2.9亿美元，金额同比增长22%。金额最高的出口目的地是日本，金额4846万美元，但重量相对较小，只有760吨；金额第二是美国，4716万美元，9648吨；第三是越南，3635万美元，1.3万吨。

2023年1—12月，进口纸质的其他印刷品2890吨，金额1.8亿美元，金额同比下降4.6%。其中从美国进口金额最高，3590万美元，451吨；从新加坡进口金额2838万美元，93吨；从德国进口金额1893万美元，32吨。

三、结束语

2023 年 1—12 月，在印刷设备进出口方面：

其一，2023 年进口卷筒纸胶印机 3182 万美元，同比金额增长 114%，增长幅度较大；同期同比卷筒纸胶印机的出口金额下降 28%。

出口单张纸胶印机（不包含单色胶印机）金额 1.6 亿美元，同比增长 38%。单张纸胶印机（不包含单色胶印机）的进口金额依然较大，6.2 亿美元。其中进口自德国金额 4.6 亿美元，约占总进口金额的四分之三。进口自日本金额 1.5 亿美元。

其二，凹版印刷机进口金额下降了 55%，下降幅度较大。

2023 年 1—12 月，在印刷器材进出口方面：

其一，2023 年 PS 版出口金额同比下降 25%。

其二，2023 年进口柔性印刷版主要来自发达国家。进口数量最多的来源国是德国和日本，两国进口数量加起来为 45.6 万平方米，占总进口数量的 73%。

其三，黑色印刷油墨出口平均 4700 美元/吨，进口平均 3.2 万美元/吨。其他印刷油墨出口平均 4700 美元/吨，进口平均 3.3 万美元/吨。进口价格约为出口价格的 7 倍。

2023 年 1—12 月，从印刷品的进出口统计数据来看，美国是印刷品出口的主要市场之一。

产业政策

新闻出版总署、环境保护部关于实施绿色印刷的公告

2011 年第 2 号

为推动我国生态文明、环境友好型社会建设，促进印刷行业可持续发展，根据《中华人民共和国环境保护法》和《印刷业管理条例》的有关规定，新闻出版总署和环境保护部决定共同开展实施绿色印刷工作。现将有关事项公告如下：

一、实施绿色印刷的指导思想

认真贯彻党的十七大、十七届五中全会精神，深入学习实践科学发展观，坚持"以人为本"的宗旨，本着"全面推进、重点突破、创新机制、加强监管"的原则，通过在印刷行业实施绿色印刷战略，促进印刷行业发展方式的转变，加快建设印刷强国，推动生态文明、环境友好型社会建设。

二、实施绿色印刷的范围和目标

（一）实施绿色印刷的范围

绿色印刷是指对生态环境影响小、污染少、节约资源和能源的印刷方式。实施绿色印刷的范围包括印刷的生产设备、原辅材料、生产过程以及出版物、包装装潢等印刷品，涉及印刷产品生产全过程。

（二）实施绿色印刷的目标

通过在印刷行业实施绿色印刷战略，到"十二五"期末，基本建立绿色印刷环保体系，力争使绿色印刷企业数量占到我国印刷企业总数的 30%，印刷产

品的环保指标达到国际先进水平，淘汰一批落后的印刷工艺、技术和产能，促进印刷行业实现节能减排，引导我国印刷产业加快转型和升级。

三、实施绿色印刷的组织管理

为加强对实施绿色印刷工作的组织领导，新闻出版总署和环境保护部决定共同成立实施绿色印刷工作领导小组，负责统一领导实施工作，统筹协调有关部门，督促检查工作进展。

领导小组组长由两部门主管副部级领导担任，日常工作由新闻出版总署印刷发行管理司和环境保护部科技标准司承担。

四、绿色印刷标准

绿色印刷标准是实施绿色印刷、评价绿色印刷成果的技术依据，绿色印刷标准由环境保护部和新闻出版总署共同组织制定，由环境保护部以国家环境保护标准《环境标志产品技术要求 印刷》的形式发布。绿色印刷标准对印前、印刷和印后过程的资源节约、能耗降低、污染物排放、回收利用等方面以及使用的原辅材料提出相关要求，特别是针对印刷产品中的重金属和挥发性有机化合物等危害人体健康的有毒有害物质提出控制要求。

环境保护部已于 2011 年 3 月 2 日发布了国家环境保护标准《环境标志产品技术要求 印刷 第一部分 平版印刷》（HJ 2503-2011）。今后根据工作进展情况，将陆续制定发布相关标准。各级新闻出版和环境保护行政主管部门应做好标准的宣传贯彻工作。

五、绿色印刷认证

实施绿色印刷工作的重要途径是在印刷行业开展绿色印刷环境标志产品认证（以下简称绿色印刷认证）。绿色印刷认证按照"公平、公正和公开"原则进行，在自愿的原则下，鼓励具备条件的印刷企业申请绿色印刷认证。国家对获得绿色印刷认证的企业给予项目发展资金、产业政策和管理措施等的扶持和倾斜。

六、实施绿色印刷的工作安排

（一）启动试点阶段

2011 年，在印刷全行业动员和部署实施绿色印刷工作。各地要深入学习和宣传国家环境保护标准《环境标志产品技术要求 印刷 第一部分 平版印刷》；有条件的地区和企业要针对青少年儿童紧密接触的印刷品特别是在中小学教科书上率先进行绿色印刷试点；鼓励骨干印刷企业积极申请绿色印刷认证。

（二）深化拓展阶段

2012年至2013年，在印刷全行业构筑绿色印刷框架。陆续制定和发布相关绿色印刷标准，逐步在票据票证、食品药品包装等领域推广绿色印刷；建立绿色印刷示范企业，出台绿色印刷的相关扶持政策；基本实现中小学教科书绿色印刷全覆盖，加快推进绿色印刷政府采购。

（三）全面推进阶段

2014年至2015年，在印刷全行业建立绿色印刷体系。完善绿色印刷标准；绿色印刷基本覆盖印刷产品类别，力争使绿色印刷企业数量占到我国印刷企业总数的30%；淘汰一批落后的印刷工艺、技术和产能，促进印刷行业实现节能减排，引导我国印刷产业加快转型和升级。

七、实施绿色印刷的配套保障

（一）宣传引导

新闻出版总署和环境保护部决定每年11月第一周为"绿色印刷宣传周"。各地要结合自身实际，大力宣传我国实施绿色印刷战略、推进绿色印刷的措施和成效，开展多种形式的宣传教育活动，普及绿色印刷知识，提高全社会的绿色印刷意识。引导印刷企业及印刷设备、原辅材料生产企业积极履行社会责任，大力推动节能环保体系建设。统筹协调组织好"绿色印刷在中国"等系列活动。

（二）教育培训

结合绿色印刷标准实施，对相关行政主管部门、行业协会和企业人员开展多层次、多形式的教育培训工作，提高政府行政管理人员的监督管理能力，提高行业协会工作人员的指导协调能力，提高检测机构和企业内部人员的技术保障能力，增强全行业从业人员的绿色印刷意识。

（三）政策扶持

新闻出版总署和环境保护部将与有关部门和地区研究出台绿色印刷的扶持

政策，鼓励有关企业、科研机构和高等院校建立产学研相结合的实施绿色印刷的新模式，对实施绿色印刷取得突出业绩的部门和企业进行奖励。各地要结合自身实际，研究出台对绿色印刷的扶持政策。

（四）监督检查

各级新闻出版和环境保护行政主管部门要高度重视实施绿色印刷工作，抓好工作落实；相关检测机构要根据有关标准做好绿色印刷质量检测工作。新闻出版总署和环境保护部将对各地实施绿色印刷工作的情况进行督促检查，建立健全责任制和责任追究制，逐步完善绿色印刷管理的长效机制。

特此公告。

新闻出版总署

环境保护部

2011 年 10 月 8 日

新闻出版总署关于支持民间资本参与出版经营活动的实施细则

新出政发〔2012〕5号

为推动社会主义文化大发展大繁荣，充分调动民间资本参与文化建设，促进出版行业科学发展，根据《国务院办公厅关于鼓励和引导民间投资健康发展的若干意见》（国发〔2010〕13号），结合出版行业特点，现就支持民间资本参与出版经营活动，提出如下实施细则。

一、继续支持民间资本投资设立印刷复制企业，从事出版物、包装装潢印刷品及其他印刷品、可录类光盘生产和只读类光盘印刷复制经营活动。

二、继续支持民间资本投资设立出版物总发、批发、零售、连锁经营企业，从事图书、报纸、期刊、音像制品、电子出版物等出版产品发行经营活动。

三、继续支持民间资本投资设立网络出版包括网络游戏出版、手机出版、电子书出版和内容软件开发等数字出版企业，从事数字出版经营活动。

四、支持民间资本在党报党刊出版单位实行采编与经营"两分开"后，在报刊出版单位国有资本控股51%以上的前提下，投资参股报刊出版单位的发行、广告等业务，提高市场占有率。

五、支持民间资本投资设立的文化企业，以选题策划、内容提供、项目合作、作为国有出版企业一个部门等方式，参与科技、财经、教辅、音乐艺术、少儿读物等专业图书出版经营活动。

六、支持民间资本通过国有出版传媒上市企业在证券市场融资参与出版经营活动，支持国有出版传媒企业通过上市融资的方式吸收民间资本，实现对民间资本的有序开放。

七、支持民间资本参与"走出去"出版经营，从事图书、报纸、期刊、音像制品、电子出版物等出版产品的出口业务，到境外建社建站、办报办刊、开厂开店等出版发行业务。经批准，对面向境外市场生产销售外语出版物的，可以配置专项出版权。

八、支持民间资本投资成立版权代理等中介机构，开展版权贸易业务。

九、支持民间资本投资设立的文化企业通过所在地区新闻出版行政管理部门申报新闻出版改革和发展项目，申请国家文化产业发展专项资金。

十、支持民间资本参与出版产业园区和产业基地建设，在项目安排、资金支持、税收优惠等方面予以国有资本同等待遇。

支持民间资本参与出版经营活动，对于出版行业持续健康发展具有十分重要的意义。各级新闻出版行政管理部门要认真贯彻落实国发〔2010〕13号文件精神，继续深化改革，规范市场准入，为民间资本从事出版经营活动提供良好环境和制度保障。要切实加强指导和管理，引导民间投资主体按照国家的法律法规要求，认真履行审批备案程序，依法经营，诚实守信，履行社会责任。要不断提高管理水平，做到依法管理、科学管理、有效管理，确保民间资本参与出版经营活动健康发展。

新闻出版总署

2012年6月28日

国家新闻出版广电总局、财政部关于推动新闻出版业数字化转型升级的指导意见

新广出发〔2014〕52号

各省、自治区、直辖市新闻出版广电局、财政厅（局），各计划单列市新闻出版广电局、财政厅（局），新疆生产建设兵团新闻出版广电局、财务局：

面对数字化与信息化带来的挑战与机遇，传统新闻出版业只有主动开展数字化转型升级，才能实现跨越与发展。开展数字化转型升级是进一步巩固新闻出版业作为文化主阵地主力军地位的客观需要，是抢占未来发展制高点、参与国际竞争的重要途径。经过几年的探索和积累，目前新闻出版业已经具备了实现整体转型升级的思想基础、技术基础、组织基础和工作基础，但还存在资源聚集度不高、行业信息数据体系不健全、技术装备配置水平较低、对新技术与新标准的应用不充分、市场模式不清晰、人才不足等问题。为贯彻党的十八大关于加快文化与科技融合的精神，落实《国家"十二五"时期文化改革发展规划纲要》关于"出版业要推动产业结构调整和升级，加快从主要依赖传统纸介质出版物向多种介质形态出版物的数字出版产业转型"的要求，推动新闻出版业健康快速发展，特制定本意见。

一、总体要求

（一）指导思想

深入贯彻落实党的十八大、十八届三中全会精神，充分发挥市场机制作用，

通过政府引导、以企业为主体，加速新闻出版与科技融合，推动传统新闻出版业转型升级，提高新闻出版业在数字时代的生产力、传播力和影响力，为人民群众的知识学习、信息消费提供服务，为国民经济其他领域的产业发展提供知识支撑，更好更多地提供生活性服务与生产性服务，推动新闻出版业成为文化产业的中坚和骨干，为把文化产业打造成国民经济支柱性产业做出积极贡献。

（二）主要目标

通过三年时间，支持一批新闻出版企业、实施一批转型升级项目，带动和加快新闻出版业整体转型升级步伐。基本完成优质、有效内容的高度聚合，盘活出版资源；再造数字出版流程、丰富产品表现形式，提升新闻出版企业的技术应用水平；实现行业信息数据共享，构建数字出版产业链，初步建立起一整套数字化内容生产、传播、服务的标准体系和规范；促进新闻出版业建立全新的服务模式，实现经营模式和服务方式的有效转变。

（三）基本原则

改革先行、扶优助强、鼓励创新、示范推广。优先扶持已完成出版体制改革、具备一定数字化转型升级工作基础的新闻出版企业，鼓励新闻出版企业在数字化转型升级进程中大胆创新，探索新产品形态、新服务方式、新市场模式，形成示范项目并进行推广。

分步启动、并行实施、迭加推进、市场调节。优先支持已经先行启动转型升级项目的企业，对不同支持方向的转型升级项目并行推进，正确处理政府与市场关系，充分发挥财政资金引导示范作用，培养企业市场风险意识，提高企业市场应对能力。

二、主要任务

（一）开展数字化转型升级标准化工作

支持企业对《中国出版物在线信息交换（CNONIX）》国家标准开展应用。重点支持图书出版和发行集团。包括：支持企业研制企业级应用标准；采购基于CNONIX标准的数据录入、采集、整理、分析、符合性测试软件工具，开展出版端系统改造与数据规范化采集示范；搭建出版、发行数据交换小型试验系统，实现出版与发行环节的数据交换；开展实体书店、电子商务（网店）、物流各应用角度基于 CNONIX 标准的数据采集、市场分析、对出版端反馈的应用示范。

支持企业对《多媒体印刷读物（MPR）》国家标准开展应用。重点支持教育、少儿、少数民族语言等出版单位，推动企业从单一产品形态向多媒体、复合出版产品形态，从产品提供向内容服务的数字化转型升级。包括：研制企业级应用标准；部署相应软件系统；完成选题策划、资源采集，研发教材教辅产品、少儿、少数民族文字阅读产品；开展底层技术兼容性研究与应用；建设 MPR 出版资源数据库；创新产品销售体系，构建从实体店到电子商务的立体销售体系。

支持企业面向数字化转型升级开展企业标准研制。支持出版企业研制企业标准，以及开展国家标准、行业标准的应用研究；支持、鼓励相关技术企业研制基于自主知识产权技术的企业标准；支持以企业标准为基础申报行业标准、国家标准乃至国际标准。

（二）提升数字化转型升级技术装备水平

支持企业采购用于出版资源深度加工的设备及软件系统。以实现出版资源的知识结构化、信息碎片化、呈现精细化为目标，支持企业采购出版资源专业化的深度加工服务；支持部分专业出版单位采购专用的扫描设备、识别软件等资源录入设备及软件。

支持企业采购用于出版业务流程改造、复合出版产品生产与投送的软件及系统。以数字环境下出版业务流程再造、实现出版业务流程完整性为目标，支持采购出版内容资源数字化加工软件、内容资源管理系统、编辑加工系统、产品发布系统等软件及系统；以实现出版产品表现形式完整性为目标，支持采购关联标识符编码嵌入软件、复合出版物生产和投送系统等软件及系统。

支持企业采购版权资产管理工具与系统。以支撑新闻出版企业版权运营多元化为目标，为全面开展版权运营奠定基础，支持采购版权资产管理工具与系统，包括：自有版权资产与外购版权资产数据输入模块，以控制版权资产的规范化输入；授权管理模块，以控制版权资产的规范化输出；版权管理模块和业务支撑管理模块，以记录版权资产状况、控制版权运营策略；与出版企业其他生产业务流程系统进行对接，以实现对版权资产的精细化管理，对存量版权资产的清查和增量版权资产的管控。

（三）加强数字出版人才队伍建设

支持出版企业与高校、研究机构联合开展基础人才培养，开展定向培养。支持、鼓励高校设立专业课程，联合研究机构，培养面向出版企业数字化转型升级的专业人才，定向输送出版与科技专业知识相融合的基础性人才。

支持相关技术企业与高校、研究机构联合开展数字出版业务高级人才培养。支持、鼓励技术企业提供技术支撑，参与高校、研究机构的高级人才培养计划，开展面向出版企业在岗高级数字出版人才的培养。

（四）探索数字化转型升级新模式

支持教育出版转型升级模式探索。重点支持部分以教育出版为主的出版企业开展电子书包应用服务项目。包括：研制电子书包（数字出版教育应用服务）系列标准；以课程标准和完整的教材教辅内容框架为基础，整合内容资源，开发富媒体、网络化数字教材，开展立体化的教育出版内容资源数字化开发，打造数字资源库，为电子书包试验的顺利推进奠定内容基础；构建对教育出版内容的价值评测、质量评测的完整评测系统；研发包括下载与推送、使用统计等功能的教育出版内容资源服务系统；构建包括教学策略服务、过程性评测、个性化内容推送、内容互动服务等教学应用服务支撑体系，并开展入校落地试验；基于用户数据分析技术开展个性化定向投送平台建设（B2C 模式），基于集团化学习的出版资源投送平台建设（B2B 模式）。

支持专业出版转型升级模式探索。重点支持部分专业出版企业按服务领域划分、联合开展专业数字内容资源知识服务模式探索。包括：开展知识挖掘、语义分析等知识服务领域关键技术的应用，基于专业内容的知识服务标准研制，基于专业出版内容的知识资源数据库建设，基于知识资源数据库的知识服务平台建设。

支持大众出版转型升级模式探索。重点支持出版企业在关注阅读者需求、引导大众阅读方向的模式创新。包括：建设作者资源管理系统，选题热点推荐与评估系统；开展生产与消费互动的定制化服务模式探索，形成线上与线下互动（O2O）的出版内容投送新模式；建设经典阅读、精品阅读产品投送平台。

三、保障措施

（一）加大财政扶持。加大财政对新闻出版业数字化转型升级的支持力度，将新闻出版业数字化转型升级项目作为重大项目纳入中央文化产业发展专项资金扶持范围，分步实施、逐年推进。发挥财政资金杠杆作用，推动重点企业的转型升级工作，引导企业实施转型升级项目。

（二）充分利用新闻出版改革与发展项目库。进一步完善新闻出版改革与发展项目库建设，征集符合本指导意见并具有较强示范带动效应的新闻出版业数字化转型升级项目，加强对重点项目的组织、管理、协调、支持和服务。

（三）加强组织实施。各级新闻出版广电行政部门、财政部门要按照本意见要求，在党委、政府的领导下，结合本地区实际，切实加强新闻出版业数字化转型升级工作的组织领导，同时加强跨地区、跨部门协作，确保各项任务的执行和落实。

国家新闻出版广电总局　财政部
2014 年 4 月 24 日

国家新闻出版广电总局、财政部关于推动传统出版和新兴出版融合发展的指导意见

新广发〔2015〕32号

各省、自治区、直辖市新闻出版广电局、财政厅（局），新疆生产建设兵团新闻出版局、财务局，解放军总政治部宣传部新闻出版局：

推动传统出版和新兴出版融合发展，把传统出版的影响力向网络空间延伸，是出版业巩固壮大宣传思想文化阵地的迫切需要，是履行文化职责的迫切需要，是自身生存发展的迫切需要。根据中共中央办公厅、国务院办公厅印发的《关于推动传统媒体和新兴媒体融合发展的指导意见》，结合出版业实际情况，现就推动传统出版和新兴出版融合发展，提出如下指导意见：

一、总体要求

1.指导思想。以邓小平理论、"三个代表"重要思想、科学发展观为指导，深入贯彻落实习近平总书记系列重要讲话精神，贯彻落实中央关于全面深化改革的重大战略部署，坚持以先进技术为支撑、内容建设为根本，充分运用新技术，创新出版方式、提高出版效能，进一步掌握网络空间话语权，进一步提高出版业的影响力传播力和竞争实力，推动出版业更好更快发展。

2.基本原则。必须始终坚持党管出版，把坚持正确政治方向和出版导向贯穿到出版融合发展的各环节、全过程，自觉体现社会主义核心价值观，始终坚持把社会效益放在首位，努力实现社会效益和经济效益有机统一；坚持正确处理传统出版和新兴出版关系，以传统出版为根基实现并行并重、优势互补、此

长彼长；坚持强化互联网思维，积极推进理念观念、管理体制、经营机制、生产方式创新；坚持一体化发展，推动传统出版和新兴出版实现出版资源、生产要素的有效整合；坚持内容为本技术为用、内容为体技术为翼，运用先进技术传播先进文化；坚持重点突破和整体推进相结合，因地制宜、积极探索、差异化发展。

3. 工作目标。按照积极推进、科学发展、规范管理、确保导向的要求，立足传统出版，发挥内容优势，运用先进技术，走向网络空间，切实推动传统出版和新兴出版在内容、渠道、平台、经营、管理等方面深度融合，实现出版内容、技术应用、平台终端、人才队伍的共享融通，形成一体化的组织结构、传播体系和管理机制。力争用3—5年的时间，研发和应用一批新技术新产品新业态，确立一批示范单位、示范项目、示范基地（园区），打造一批形态多样、手段先进、市场竞争力强的新型出版机构，建设若干家具有强大实力和传播力公信力影响力的新型出版传媒集团。

二、重点任务

4. 创新内容生产和服务。始终坚持贴近需求、质量第一，严格把关、深耕细作，将传统出版的专业采编优势、内容资源优势延伸到新兴出版，更好发挥舆论引导、思想传播和文化传承作用。探索和推进出版业务流程数字化改造，建立选题策划、协同编辑、结构化加工、全媒体资源管理等一体化内容生产平台，推动内容生产向实时生产、数据化生产、用户参与生产转变，实现内容生产模式的升级和创新。顺应互联网传播移动化、社交化、视频化、互动化趋势，综合运用多媒体表现形式，生产满足用户多样化、个性化需求和多终端传播的出版产品。强化用户理念和体验至上的服务意识，既做到按需提供服务、精准推送产品，又做到在互动中服务、在服务中引导，不断增强用户的参与度、关注度和满意度。

5. 加强重点平台建设。整合、集约优质内容资源，推动建立国家级出版内容发布投送平台、国家学术论文数字化发布平台、出版产品信息交换平台、国家数字出版服务云平台、版权在线交易平台等聚合精品、覆盖广泛、服务便捷、交易规范的平台及出版资源数据库，推进内容、营销、支付、客服、物流等平台化发展。鼓励平台间开放接口，通过市场化的方式，实现出版内容和行业数据跨平台互通共享。

6.扩展内容传播渠道。各出版发行单位要探索适合自身融合发展的道路，创新传统发行渠道，大力发展电子商务，整合延伸产业链，构建线上线下一体化发展的内容传播体系。进一步加强实体书店建设，努力将实体书店建设成为集阅读学习、展示交流、聚会休闲、创意生活等功能于一体的复合式文化消费场所。支持实体书店与电子商务合作，在区域配送发挥各自优势。探索以用户为中心的全渠道服务模式。进一步开拓农村等出版产品消费市场。利用社交网络平台，建立出版网络社区等传播载体，打通传统出版读者群和新兴出版用户群，着力增强黏性，广泛吸引用户。借力商业网站的微博微信微店等渠道，不断扩大出版产品的用户规模，进一步扩大覆盖面。

7.拓展新技术新业态。运用大数据、云计算、移动互联网、物联网等技术，加强出版内容、产品、用户数据库建设，提高数据采集、存储、管理、分析和运用能力。积极通过多种方式吸收借鉴、善加利用先进的传播技术和渠道，借力推动出版融合发展。充分利用新一代网络的技术优势，加快发展移动阅读、在线教育、知识服务、按需印刷、电子商务等新业态。加强出版大数据分析、结构化加工制作、资源知识化管理、数字版权保护、数字印刷、发布服务以及产品优化工具、跨终端呈现工具等关键性技术的研发和应用实践，着力解决出版融合发展面临的技术短板。建立和完善用户需求、生产需求、技术需求有机衔接的生产技术体系，不断以新技术引领出版融合发展，驱动转型升级。有计划地组织相关标准的制修订工作，完善标准化成果推广机制，加快国际标准关联标识符（ISLI）、中国出版物在线信息交换（CNONIX）等标准的推广和应用。

8.完善经营管理机制。积极适应出版融合发展要求，主动探索出版单位内部组织结构的重构再造，逐步建立顺畅高效、适应市场竞争和一体化发展的内部运行机制。变革和融合传统出版和新兴出版生产经营模式，建立健全一个内容多种创意、一个创意多次开发、一次开发多种产品、一种产品多个形态、一次销售多条渠道、一次投入多次产出、一次产出多次增值的生产经营运行方式，激发出版融合发展的活力和创造力。探索建立首席信息官制度，加强版权、商标、品牌等的保护和多元化、社会化运营，构建融合发展状态下的经营管理模式。

9.发挥市场机制作用。坚持行政推动和发挥市场作用相结合，探索以资本为纽带的出版融合发展之路，支持传统出版单位控股或参股互联网企业、科技企业，支持出版企业尤其是出版传媒集团跨地区、跨行业、跨媒体、跨所有制兼并重组。在网络出版以及对外专项出版领域，探索实行管理股试点。引导社会力量参与融合项目的技术研发和市场开拓，鼓励支持符合条件的出版企业上市融资，促进金融资本、社会资本与出版资源有效对接。增强传统出版单位的市场竞争意识和能力，健全技术创新激励机制和容错、纠错机制，探索建立股权激励机制。

三、政策措施

10.加强相关法律法规修制工作。推动修订《中华人民共和国著作权法》，加快修订出台《网络出版服务管理规定》和《出版物市场管理规定》。制定新闻出版许可证管理办法、新闻采编人员职业资格制度暂行规定和网络连续出版物管理规定等。制定网络出版等新兴出版主体资格和准入条件，制定加强信息网络传播权行政保护指导意见，推动网络使用作品依法依规进行。通过逐步建立以法律法规为主体，以部门规章为配套，以规范性文件为补充的法律法规体系，规范、保障、推动出版融合发展。

11.加大财政政策支持力度。充分发挥财政引导示范和带动作用，着力改善传统出版和新兴出版融合发展环境。加大中央文化产业发展专项资金支持力度，完善和落实项目补助、贷款贴息、保费补贴、绩效奖励等措施，更好地与新闻出版改革发展项目库等进行衔接，实现财政政策、产业政策与企业需求的有机衔接。支持出版企业在项目实施中更多运用金融资本、社会资本，符合条件的可通过"文化金融扶持计划"给予支持。加大国家出版基金对涉及出版融合发展的出版项目支持力度。继续实施新闻出版业转型升级重大项目，探索将传统出版和新兴出版融合发展纳入重大项目支持范围，突出重点、分步实施、逐年推进。

12.优化出版行政管理。坚持和完善新闻出版主管主办制度，坚持出版特许经营，严格许可证管理。对网上网下、不同出版业态进行科学管理、有效管理，建立统一的导向要求和内容标准，建立出版单位社会效益评价机制。严厉打击各类非法出版物、网上淫秽色情信息，严厉打击出版领域的侵权盗版行为尤其是网上侵权盗版行为，创造良好的版权保护环境。加强质量管理，建立不良产品和企业退出机制。鼓励有条件的地区和出版单位率先发展，支持有先发优势的产业带、产业基地（园区）依托资源条件和产业优势，建设出版融合发展聚集区，扶持创业孵化，培育新的经济增长点。建立国家级出版融合发展研究基地（中心），对融合发展重大项目实施集智攻关。支持行业组织在出版融合发展研究、标准制定、自律维权等方面发挥积极作用。

13. 实施项目带动战略。充分发挥全民阅读、国家古籍整理出版、农家书屋、民文出版、出版发行网络建设、绿色印刷、"丝路书香"、国家数字复合出版、数字版权保护技术研发等项目的带动作用，支持提升出版融合发展的质量和水平。

14. 强化人才队伍建设。制定出版融合发展人才培养规划，支持出版单位与高校、研究机构和创新型企业联合开展出版融合发展人才培养，加大新兴出版内容生产人才、技术研发人才、资本运作人才和经营管理人才培养引进力度，进一步优化人才结构。建立出版融合发展人才资源库。鼓励出版传媒集团设立人才基金，鼓励出版单位加强领军人才和复合型人才队伍建设。建立健全绩效考核体系，创新项目用人机制，探索出版融合发展条件下吸引人才、留住人才、用好人才的有效途径。

四、组织实施

15. 统筹推进任务措施落实。各出版行政主管部门、出版单位要将出版融合发展列入行业和单位"十三五"规划等重大产业发展规划，制定实施方案，明确时间表、路线图、任务书，合理设计和规划实施项目，重大项目要按程序报批备案。制定精细化的项目指标，加强跟踪测评和效果评估。建立责任考核机制，一层抓一层，层层抓落实，将出版融合发展任务、重点项目落到实处。

16. 进一步加强组织领导。各级出版行政主管部门主要负责同志亲自抓、负总责，会同财政部门结合本地区（部门）实际，切实加强对出版融合发展的组织领导。要形成统一高效的议事决策和协调推动机制，整合各方资源，加强外部协作，强化内部协调，为推动出版融合发展提供有力保障。

国家新闻出版广电总局　财政部
2015 年 3 月 31 日

国家新闻出版广电总局、财政部关于深化新闻出版业数字化转型升级工作的通知

新广出发〔2017〕17号

各省、自治区、直辖市新闻出版广电局、财政厅（局），各计划单列市新闻出版广电局、财政厅（局），新疆生产建设兵团新闻出版广电局、财政局，各相关行业机构、行业协会，各新闻出版企业：

自2014年国家新闻出版广电总局、财政部联合发布《关于推动新闻出版业数字化转型升级的指导意见》以来，在国家新闻出版广电总局、财政部的统一部署与具体指导下，各地新闻出版广电局、财政厅（局）密切配合，充分发挥财政资金的引导作用，新闻出版行业协会、行业机构加强组织协调，广大新闻出版企业积极参与，技术企业全力支持，实施了一批转型升级项目，新闻出版业数字化转型升级工作已取得较为显著的阶段性成果。

通过实践探索，一批新闻出版企业已形成"制定长远规划、建立专职部门、建设专业队伍、落实重点标准、找准市场需求、实施项目带动"的数字化转型升级工作模式，探索出"标准研制、装备配置、资源建设、产品开发、平台搭建、服务创新"的数字化转型升级路径；一批技术企业紧跟行业发展，不断完善技术工具与系统，并推动相关标准的建立与完善，数字化转型升级技术体系已初步形成；相关行业协会与行业机构加强建设，解决数字化转型升级行业级共性问题的能力不断提升，启动了技术支持服务、内容资源管理、数据共享、知识服务等行业级平台建设。新闻出版业数字化转型升级工作已基本具备进入深化

阶段的基础条件。为全面贯彻落实《关于推动新闻出版业数字化转型升级的指导意见》，国家新闻出版广电总局和财政部将继续深入推进新闻出版业数字化转型升级工作，现将深化阶段相关工作安排通知如下。

一、指导思想

深入贯彻党的十八大及十八届三中、四中、五中、六中全会精神和习近平总书记系列重要讲话精神，贯彻落实《国家"十三五"时期文化改革发展规划纲要》《新闻出版广播影视"十三五"发展规划》《新闻出版广播影视"十三五"科技发展规划》、《新闻出版业数字出版"十三五"时期发展规划》，全面贯彻落实《关于推动新闻出版业数字化转型升级的指导意见》，继续深入推动新闻出版业数字化转型升级，通过政府引导，以企业为主体，发挥财政资金引导作用和市场机制调节作用，进一步加快文化与科技融合，提高新闻出版业生产力、传播力、影响力，丰富产品形态、提升服务能力，为人民群众与国民经济各领域提供资讯、数据、文献、知识的多层级信息内容服务，推动新闻出版业成为文化产业的中坚和骨干，将文化产业打造成国民经济支柱性产业。

二、目标与原则

（一）主要目标

1. 推动新闻出版企业加快完成数字化转型升级。完成技术装备优化升级、内容资源精细化加工，实现出版流程再造，具备多形态数字内容产品的生产能力；完成数据管理工具与系统的配置，实现资源数据、产品数据、市场数据等相关数据的资产化管理，具备以数据为支撑的运营能力；完成知识服务模式建设，以其引领、兼容其他服务模式建设，满足大众、教育、学术研究领域信息消费市场的用户需求，具备多层级立体化的服务能力。

2. 初步建成支撑新闻出版业数字化转型升级的行业服务体系。加快相应的行业服务机构建设；继续推进数字出版标准化工作，不断完善支持数字化内容生产、传播与服务的标准体系；完成新闻出版业数据体系建设，实现行业数据交换、共享与应用；完成科学、合理的人才培养机制建设，培养一批数字出版专业人才和复合型高端人才。

（二）基本原则

1. 政府引导与市场调节相结合。政府加强宏观指导，重点推进基础建设；坚持市场在资源配置中起决定性作用，鼓励新闻出版企业以用户为导向，充分发挥市场调节作用。

2. 财政投入与社会资本相结合。政府完善投入机制，充分发挥财政资金撬动作用，引导新闻出版企业积极拓展资金来源渠道，吸引社会资本注入，提高市场风险应对能力。

3. 成果推广与持续创新相结合。支持新闻出版企业参照先行企业的转型升级路径，按照转型升级总体部署，深入开展数字化转型升级工作；支持新闻出版企业积极应用新技术，大胆创新，结合自身实际，在丰富产品形态、改进服务模式和深化跨界融合等方面不断开展实践探索。

三、主要任务

全面总结新闻出版业开展数字化转型升级以来取得的各项成果，推广在中央文化企业范围内实施的技术装备改造项目、专业领域内容资源库建设项目、投送平台建设项目的相关成果，以及在全行业范围内实施的 MPR 国家标准应用示范项目、CNONIX 国家标准应用示范项目、知识服务模式试点项目的相关成果；充分运用国家数字复合出版系统工程、数字版权保护技术研发工程、中华字库工程等新闻出版重大科技工程取得的阶段性成果，进一步提升新闻出版业的技术应用水平和能力。重点从以下五个方面继续深化数字化转型升级工作。

1. 优化软硬件装备。新闻出版企业要结合本企业数字化进程、数字出版业务开展的实际情况，搭建硬件环境，采购并不断优化推动数字化转型升级的相关技术装备，包括：资源标识管理及基于 ISLI 国际标准、MPR 国家标准的关联构建工具系统、数字化编辑出版工具系统、数据采集管理与应用工具系统、版权保护工具集、版权资产管理系统、数字印刷与按需印刷支持系统、运营服务支撑系统、知识服务支持工具系统等。加强行业转型升级技术服务机构建设，制定并完善数字化转型升级标准体系，搭建行业级技术服务平台。

2. 开展数据共享与应用。新闻出版企业及相关下游企业，要基于 CNONIX

国家标准对现有业务管理、用户管理等相关数据管理系统进行优化和升级改造；要结合所处产业链位置及企业实际情况，与数据应用服务企业开展合作，采购其不同层次、形式多样的数据服务；要以需求为导向，采集市场数据、用户数据，创新数据应用模式，初步实现内容供应的运营模式向数据驱动转变。加强行业级数据管理服务机构建设，建立数据汇聚、共享、交换和应用的科学机制。

3. 探索知识服务模式。新闻出版企业要积极参与知识服务标准规范研制，构建各专业领域知识体系，建设知识资源数据库，开发多层次、多维度、多形态知识服务产品，搭建分领域知识服务平台；鼓励新闻出版企业之间开展合作，建设跨领域知识服务平台，跨领域调取知识资源，开发跨领域知识服务产品；要积极创新知识服务模式，面向不同终端、采取不同方式，实现精准的多形态知识服务供应，以知识服务兼容文献服务等其他服务模式，探索知识服务在专业、大众、教育出版的转型升级进程中的应用模式。加强国家级知识服务机构建设，推动国家知识服务平台及知识资源数据库库群建设。

4. 持续开展创新。新闻出版企业要积极实施数字化转型升级创新项目，应用新技术、提出新标准、丰富产品形态、创新服务模式；要加快与广播影视等领域内容供应企业、互联网企业的融合，探索与外部产业跨界融合的新模式。鼓励新闻出版企业联合高校、科研院所、技术企业，分类建设不同研究方向的新闻出版业重点实验室。

5. 加快人才培养。新闻出版企业要高度重视人才队伍建设，选派数字出版业务负责人和业务骨干积极参与参与数字出版千人培养计划，通过高校集中学习、新媒体企业实训和走出去交流等环节，培养推动数字化转型升级的高端复合型人才和专门人才；鼓励新闻出版企业和行业社团组织联合研究机构、高等院校、技术企业等创新数字出版人才培养模式，开展专题和专业培训；倡导高等院校加强数字出版及相关专业学科建设，加快培养数字出版基础人才，扩大数字出版人才储备池。

四、保障措施

1. 加快标准制定。加快支撑新闻出版业数字化转型升级的国家标准、行业标准和工程标准的制定工作，并继续加强宣贯和培训，指导新闻出版企业开展标准化工作，提高新闻出版企业在数字化转型过程中对国家标准、行业标准和项目标准的采标比例。

2. 加强政策扶持。加强对开展数字化转型升级工作的具体指导，通过发布一系列具体指导性文件，做出具体工作部署。充分利用新闻出版改革与发展项目库，优先考虑将深化新闻出版业数字化转型升级项目纳入新闻出版改革与发展项目库，加强对重点项目的组织、管理、协调、支持和服务。

3. 拓宽资金渠道。完善财政投入机制，对符合条件的新闻出版业数字化转型升级重点项目予以扶持。鼓励新闻出版企业运用金融资本、社会资本开展数字化转型升级。

五、分工与要求

1. 推动新闻出版业数字化转型升级工作由新闻出版广电总局、财政部共同组织与推进。新闻出版广电总局负责做出具体工作部署、细化进度安排、完善项目管理规范，指导行业全面推进数字化转型升级各项工作。财政部负责制定落实有关财政支持政策。

2. 各级新闻出版广电行政部门要进一步加强组织管理。各省新闻出版广电局应确定具体部门负责组织、推进本地区相关工作。要切实加强深化阶段的组织管理工作，既要组织好相关项目申报工作，更要加强对项目实施的监督管理。各级新闻出版广电行政部门加强跨地区、跨部门协作，确保各项工作任务的执行和落实。

3. 各相关行业机构、行业协会要进加快支撑行业数字化转型升级的能力建设。中国新闻出版研究院、新闻出版广电总局信息中心、中国音像与数字出版协会及相关行业标准化技术委员会，根据统一部署，负责配合总局及各省新闻出版广电局落实对应的专项任务。要从机构建设、标准规范建设、制度与机制建设、行业基础环境建设、共性技术研发等方面全面推进，加快提升服务水平，提高服务能力。

4. 各新闻出版企业要进一步加大数字化转型升级的投入。各新闻出版企业应当积极推进数字化转型升级工作。要进一步统一思想认识，做好企业发展顶层设计与长远规划，用好财政资金投入、用足扶持政策，同时不断加大企业在人财物方面的投入，全力推进数字化转型升级。各新闻出版企业要及时向所在地新闻出版广电局、财政厅（局）报告工作进展。

国家新闻出版广电总局　财政部

2017 年 3 月 17 日

国家新闻出版署关于印发《国家出版产业基地（园区）管理办法》的通知

国新出发〔2019〕22号

各省、自治区、直辖市新闻出版局：

  为深入贯彻落实中央关于加强和改进新时代出版工作的部署，进一步规范和加强国家出版产业基地（园区）管理，推动出版产业高质量发展，现将修订后的《国家出版产业基地（园区）管理办法》印发给你们，请认真贯彻执行。

国家新闻出版署

2019年6月19日

国家出版产业基地（园区）管理办法

第一章　总则

第一条　为进一步规范和加强国家出版产业基地（园区）（以下简称"基地"）管理，强化产品内容建设，深化供给侧结构性改革，推动出版产业高质量发展，依据中央关于加强和改进新时代出版工作的有关部署，制定本办法。

第二条　基地是指经国家新闻出版署认定，以出版创意策划、内容采集加工、产品生产制作、数字内容服务、印刷复制、出版物物流配送、进出口贸易、音乐、动漫游戏等为主要发展方向，以聚集出版企业及为其提供技术支撑、原料设备供给、行业相关服务等企业为主的产业集群区域。

第三条　基地建设的总体要求是：自觉承担"举旗帜、聚民心、育新人、兴文化、展形象"的使命任务，坚持正确的政治方向、出版导向，坚持把社会效益放在首位，注重统筹区域经济发展布局和出版产业发展实际，注重统筹出版资源的优化配置和集聚融合，注重统筹出版产品、业态、技术创新和体制机制、发展模式、管理方式创新，着力提高出版产业规模化、集约化、专业化水平，着力加快出版产业优化升级，为人民群众提供更加丰富、更加优质的出版产品和服务。

第四条　国家新闻出版署负责统筹基地的整体规划、战略发展，对基地进行认定、管理。国家出版产业基地（园区）管理办公室设在中宣部文改办，具体负责基地的规划、认定、管理及协调推动相关政策执行等工作。省、自治区、直辖市出版管理部门负责本行政区域内基地的培育、申报、日常管理及政策支持等工作。

第二章　申报与认定

第五条　申报基地认定应具备以下条件：

（一）导向正确。增强"四个意识"，坚定"四个自信"，做到"两个维护"。把好出版导向关、价值取向关、格调品味关，加强原创出版和精品生产。坚持把社会效益放在首位、实现社会效益和经济效益相统一。

（二）带动性强。出版主业突出，区位优势明显，具有符合出版产业和新技术发展要求的研发和应用能力，且形成产业聚集，对周边地区具有带动、辐射作用。已实现年营业收入不低于20亿元人民币；已入驻的出版及相关企业不少于30家，其中年营业收入大于3亿元人民币的入驻企业不少于3家。

（三）管理规范。建设规划已经得到省、自治区、直辖市有关部门认可，并纳入本地区总体发展规划。须有具备独立法人资格的运营管理主体，具有有利于发展和创新的体制机制和工作制度。

（四）配套完善。当地政府已经制定切实可行的配套财税、用地、融资等优惠经济政策，支持保障基础设施建设、重大项目实施、骨干企业培育、战略人才引进等方面工作顺利开展。有地域范围相对集中的区域，规划建筑面积一般应在5万平方米以上，已投入使用的建筑面积一般不少于2万平方米，水、电、气、交通、通信等设施完备。有较完善的公共服务体系和服务平台，可提供创业孵化、融资推介、信息交流、市场推广、版权保护等多方面服务。

（五）法律、行政法规规定的其他条件。

第六条 基地实行自愿申报的原则。符合本办法第五条申报条件的，均可以由所在地省、自治区、直辖市出版管理部门向国家新闻出版署申报。

鼓励发挥地方优势，基于区域经济和出版产业发展实际，建设省级出版产业特色基地（园区），为建设国家出版产业基地（园区）奠定基础，创造条件。

第七条 申报基地认定须提交以下材料：

（一）所在地省、自治区、直辖市出版管理部门申请文件；

（二）发展研究报告，近期和中长期建设发展规划；

（三）具备独立法人资格的运营管理主体组成情况及法人资质证明；

（四）地方政府支持建设和发展的政策清单及相关文件；

（五）《国家出版产业基地（园区）审核认定申请表》《入驻基地大型企业基本情况表》以及相关情况的有效证明材料；

（六）申请单位认为需要提供的其他文件材料。

第八条 国家新闻出版署组织专家对申报材料进行评审并进行实地考察，综合考虑区域、结构、示范性等因素，确定拟认定基地名单并公示。公示结果不影响认定的，由国家新闻出版署正式认定为国家出版产业基地（园区）并授牌。

对未达到认定标准的，一年内可申请一次复验，符合条件的给予认定，不符合条件的不予认定。

第九条 基地增设园区、合并、迁移等，须按本办法规定的条件、程序报国家新闻出版署认定。

第三章 管理与激励

第十条 省、自治区、直辖市出版管理部门应重点从以下方面加强对基地的日常管理和服务：

（一）加强内容导向管理，建立健全基地入驻单位内容产品审读工作机制，实行审读结果季度报告制度。

（二）加强产品质量管理，建立健全出版产品编校、印刷等质量检查制度，对不符合国家质量管理要求的产品，应予召回、销毁。

（三）加强重大项目管理，建立健全基地重大项目协调机制，积极推动重大项目实施，为项目争取政策和资金支持提供服务和帮助。

省、自治区、直辖市出版管理部门须指定部门和人员负责相关工作。

第十一条 基地实行年度报告制度，按照以下程序进行：

（一）每年6月30日前，由具备独立法人资格的运营管理主体向所在省、自治区、直辖市出版管理部门报告上一年度基地建设发展情况，同时报送入驻企业经营概况和遵守出版法规等有关情况。

（二）省、自治区、直辖市出版管理部门收到相关材料后，及时进行审核并出具相关意见；对基地建设偏离主业、发展规模严重萎缩或入驻企业存在违法违规问题的，要求其限期整改。

每年8月31日前，各省、自治区、直辖市出版管理部门将基地建设发展等有关情况及工作意见报送国家新闻出版署，同时报送当地省、自治区、直辖市人民政府。

（三）国家新闻出版署收到省、自治区、直辖市出版管理部门报送的基地建设发展等有关情况及工作意见后，进行评估考核。根据考核评估结果研究作出通过考核、限期整改、撤销命名等决定。限期整改的整改期限为一年，整改后仍不达标的，撤销其国家出版产业基地（园区）命名。

第十二条　基地纳入国家新闻出版统计范围。基地须按照有关规定报送统计数据。

第十三条　国家新闻出版署通过以下方式支持激励基地建设：

（一）将基地的建设发展列为国家相关产业发展规划的重要任务。

（二）在出版资源的综合配置、重大出版工程项目的安排实施等方面，对基地予以政策倾斜，支持开展相关政策的先行先试工作。

（三）支持基地运营管理主体和基地内企业参加国家新闻出版署组织的相关培训活动，支持组织开展基地间的交流活动，为基地内企业申报文化产业发展项目库入库项目等开辟绿色通道。

（四）鼓励支持基金（文投公司）等优先支持基地内符合政策要求、具有股权（债权）融资需求的优质企业。

第四章　附则

第十四条　本办法由国家新闻出版署负责解释。

第十五条　本办法自发布之日起实施。《国家新闻出版广电总局关于印发〈国家新闻出版产业基地（园区）管理办法〉的通知》（新广出办发〔2014〕107号）同时废止。

附件：1. 国家出版产业基地（园区）审核认定申请表（略）
　　　2. 入驻基地大型企业基本情况表（略）

国家新闻出版署等印发《关于推进印刷业绿色化发展的意见》的通知

国新出发〔2019〕29号

各省、自治区、直辖市和新疆生产建设兵团新闻出版局、发展改革委、工业和信息化厅（局）、生态环境厅（局）、市场监管局：

现将《关于推进印刷业绿色化发展的意见》印发给你们，请认真贯彻执行。

国家新闻出版署
国家发展改革委
工业和信息化部
生态环境部
国家市场监督管理总局
2019年9月19日

关于推进印刷业绿色化发展的意见

印刷业是我国出版业的重要组成部分，是社会主义文化繁荣兴盛的重要推动力量，是国民经济的重要服务支撑。为深入学习宣传贯彻习近平新时代中国特色社会主义思想和党的十九大精神，加快推进印刷业绿色化发展，现提出如下意见。

一、指导思想

以习近平新时代中国特色社会主义思想为指导，全面贯彻党的十九大和十九届二中、三中全会精神，紧紧围绕统筹推进"五位一体"总体布局和协调推进"四个全面"战略布局，牢牢把握意识形态工作主导权，坚持正确的政治导向，突出问题导向和效果导向，深化印刷业供给侧结构性改革，加强印刷业绿色化发展制度系统设计，推动印刷业绿色化发展全面升级，守正创新推动印刷业高质量发展。

二、目标原则

（一）发展目标

建立完善印刷业绿色化发展制度体系，调整优化产业布局、生产体系和能源结构，推进资源全面节约和循环利用，解决突出环境问题，落实印刷业风险防控要求，为党和国家重要出版物出版、社会主义文化繁荣兴盛与经济社会发展提供有力支撑，为人民群众提供更多优质生态印刷产品和服务，推动印刷业实现绿色化高质量发展。

（二）基本原则

1. 坚持正确发展方向。加强党对印刷工作的全面领导，强化协调指导，加快印刷强国建设步伐，更好承担举旗帜、聚民心、育新人、兴文化、展形象的使命任务。

2. 坚持顶层制度设计。全面贯彻创新、协调、绿色、开放、共享的发展理念，综合设计制度政策，推动形成产业升级扩容和生态环境改善的良性循环。

3. 坚持创新协同突破。深化印刷业供给侧结构性改革，加强全产业链上下游信息交流和分工协作，推动形成印刷业绿色化升级发展的合力。

4.坚持新旧动能转换。加快印刷业传统领域绿色化改造，淘汰落后技术、工艺、装备，运用互联网、大数据、人工智能等新技术，培育壮大新兴印刷业态发展。

三、工作任务

（一）推动完善印刷业绿色化发展的体制机制

完善《印刷业管理条例》等法规规章，加强质量管理，支持绿色发展。推行印刷业绿色产品合格评定制度，以第三方认证、自我声明等方式促进印刷业绿色化发展，按照《绿色产品标识使用管理办法》使用相关标识。

（二）推动建设京津冀印刷业协同发展先行区

贯彻落实《京津冀协同发展规划纲要》，按照《北京市出版物印刷服务首都核心功能建设升级指南》具体要求，建设京津冀印刷业协同发展先行区。统一京津冀三地印刷企业的审批条件和流程；京津冀三地已获批印刷企业实现印刷资质互认，在有效期内搬迁的不再另行审批；提升京津冀三地印刷监管信息化水平。

（三）推动建设长三角区域印刷业一体化发展创新高地和粤港澳大湾区珠三角印刷业对外开放连接平台

贯彻落实《长江三角洲区域一体化发展规划纲要》，按照《长三角区域印刷业一体化发展升级指南》有关要求，加快建设长三角区域印刷业一体化发展创新高地。贯彻落实《粤港澳大湾区发展规划纲要》，编制出台《粤港澳大湾区珠三角印刷业发展升级指南》，推动建设粤港澳大湾区珠三角印刷业对外开放连接平台。

（四）推动数字印刷新动能加快发展

建设扩容印刷智能制造测试线。支持数字印刷企业和互联网印刷服务平台发展。在按需印刷出版领域，选择一批印刷企业和出版单位开展印刷委托书、版权页与样本缴送管理等改革试点；在个性化包装领域，推广个性化定制、可变数据标签、场景化解决方案等应用。

（五）推动完善印刷业绿色化发展的标准和技术支撑

完善印刷业绿色化发展的标准体系，加快印刷智能制造标准制定采信工作。推广使用绿色环保低碳的新技术新工艺新材料。出版物印刷企业采用低VOCs含量的油墨、胶黏剂、清洗剂等，排放浓度稳定达标且排放速率满足规定要求的，可不要求建设末端治理设施。推进包装装潢印刷，尤其是塑料软包装和印铁印刷企业的VOCs综合治理。

（六）推动印刷业绿色化发展重大项目实施

培育遴选公布印刷业绿色化发展重大项目，加大对重大项目的支持力度。发挥项目带动作用，围绕印刷业绿色化发展的重点和难点，在印刷设备改造、加工工艺改进、原辅材料研发、环保设施建设等方面，加快建立以企业为主体、市场需求为导向、产学研用金相结合的自主创新协同体系。

（七）推动成立中国印刷业创新基金

建立常态化、稳定的资金投入机制，推动成立中国印刷业创新基金。发挥基金的杠杆作用，对涉及印刷业发展的全局性、转折性、先导性重大项目进行战略投资，加快培育龙头骨干企业和优势产业集群，提高集约化发展水平。

四、保障措施

（一）加强组织领导。贯彻落实意识形态工作责任制，牢牢掌握印刷工作领导权。对导向性问题要旗帜鲜明、敢抓敢管，确保印刷工作始终坚持正确方向。各地区要切实履行好指导协调和监督管理职责，及时研判处置重要问题。

（二）落实重点任务。各地区要依据本意见通知要求，研究制定具体工作安排，协同推动重点任务落实。对重点任务要建立工作台账，在落实过程中，遇到的困难和问题要及时协调反映。要总结工作经验，扩大工作成果。

（三）营造良好环境。各地区要加强统筹协调，将印刷业绿色化发展纳入相关规划安排，加大政策资金扶持力度。要加强事中事后监管，提高全流程监管能力，及时公开披露违法违规信息，营造公平市场环境。

（四）加强人才建设。加强印刷业思想政治和职业道德建设，培育创新精神和工匠精神，培养印刷企业家和专业技能人才。加强资源整合，充分发挥高等院校、行业协会、科研机构、传媒平台、骨干企业的作用。

国家新闻出版署关于印发《报纸期刊质量管理规定》的通知

国新出发〔2020〕10号

各省、自治区、直辖市和新疆生产建设兵团新闻出版局，中央和国家机关各部委、各人民团体报刊主管部门，中央军委政治工作部宣传局，中央各重点出版集团：

现将《报纸期刊质量管理规定》印发给你们，请认真遵照执行。

国家新闻出版署

2020年5月28日

报纸期刊质量管理规定

第一条 为加强报纸、期刊质量管理，规范报纸、期刊出版秩序，促进报纸、期刊质量提升，根据《中华人民共和国产品质量法》《出版管理条例》《报纸出版管理规定》《期刊出版管理规定》等法律法规，制定本规定。

第二条 本规定适用于经国家新闻出版主管部门批准，持有国内统一连续出版物号，领取报纸出版许可证和期刊出版许可证的报纸、期刊。

第三条 报纸、期刊质量包括内容质量、编校质量、出版形式质量、印制质量四项，分为合格和不合格两个等级。四项均合格的，其质量为合格；四项中有一项不合格的，其质量为不合格。

第四条 报纸、期刊内容符合《出版管理条例》第二十五条、第二十六条规定，并符合国家新闻出版主管部门批准的业务范围的，其内容质量为合格；不符合的，其内容质量为不合格。

第五条 报纸、期刊编校差错判定以相关法律法规、国家标准、行业标准及规范为依据。

报纸编校差错率不超过万分之三的，其编校质量为合格；差错率超过万分之三的，其编校质量为不合格。差错率的计算按照本规定附件《报纸编校差错率计算方法》执行。

期刊编校差错率不超过万分之二的，其编校质量为合格；差错率超过万分之二的，其编校质量为不合格。差错率的计算按照本规定附件《期刊编校差错率计算方法》执行。

第六条 报纸、期刊出版形式差错判定以相关法规规章、国家标准、行业标准及规范为依据。

报纸出版形式差错数不超过三个的，其出版形式质量为合格；差错数超过三个的，其出版形式质量为不合格。差错数的计算按照本规定附件《报纸出版形式差错数计算方法》执行。

期刊出版形式差错数不超过五个的，其出版形式质量为合格；差错数超过五个的，其出版形式质量为不合格。差错数的计算按照本规定附件《期刊出版形式差错数计算方法》执行。

第七条　报纸印制质量包括单份印制质量和批印制质量，期刊印制质量包括单册印制质量和批印制质量。报纸、期刊印制符合国家和行业现行标准及规定的，其印制质量为合格；不符合的，其印制质量为不合格。

第八条　国家新闻出版主管部门负责全国报纸、期刊质量管理工作，各省级新闻出版主管部门负责本行政区域内的报纸、期刊质量管理工作。各级新闻出版主管部门应当切实履行监管职责，实施报纸、期刊质量检查，并及时向社会公布检查结果。

第九条　报纸、期刊主管主办单位应当督促出版单位建立健全质量管理制度并监督落实，将报纸、期刊质量纳入出版单位社会效益评价考核，对质量不合格的报纸、期刊提出处理意见和整改措施。报纸、期刊出版单位应当落实"三审三校"等管理制度，加强业务培训，保证出版质量。

第十条　报纸、期刊质量检查采取抽样方式进行。报纸内容质量、编校质量、出版形式质量抽样检查的对象为报纸各版面及中缝、插页等所有内容。期刊内容质量、编校质量、出版形式质量抽样检查的对象为期刊正文、封一（含书脊）、封二、封三、封四、版权页、目次页、广告页、插页等所有内容。报纸、期刊印制质量检测样本抽取依据相关标准进行。

第十一条　新闻出版主管部门实施报纸、期刊质量检查，须将检查结果为不合格的报纸、期刊的具体情况书面通知出版单位或主办单位。出版单位、主办单位如有异议，须在接到通知后15日内提出复检申请；对复检结果仍有异议，须在接到通知后7日内向上一级新闻出版主管部门请求复核。

第十二条　报纸、期刊内容质量、编校质量、出版形式质量不合格的，由省级以上新闻出版主管部门依据《出版管理条例》《报纸出版管理规定》《期刊出版管理规定》等相关规定，责令改正，给予警告；情节严重的，责令限期停业整顿，或由原发证机关吊销出版许可证。

报纸、期刊出现严重质量问题的，出版单位应当采取收回、销毁等措施，消除负面影响。

第十三条　报纸、期刊印制质量不合格，出版单位应当及时收回、调换。出版单位违反本规定继续发行印制质量不合格报纸、期刊的，按照《中华人民共和国产品质量法》《出版管理条例》等相关规定处理。

第十四条 省级以上新闻出版主管部门对报纸、期刊质量管理工作中成绩突出的单位和个人予以表扬或者奖励。

第十五条 本规定自印发之日起施行。

附件：1. 报纸编校差错率计算方法（略）

2. 期刊编校差错率计算方法（略）

3. 报纸出版形式差错数计算方法（略）

4. 期刊出版形式差错数计算方法（略）

关于加快推进国有企业数字化转型工作的通知

各中央企业，各省、自治区、直辖市及计划单列市和新疆生产建设兵团国资委：

为贯彻落实习近平总书记关于推动数字经济和实体经济融合发展的重要指示精神，落实党中央、国务院关于推动新一代信息技术与制造业深度融合，打造数字经济新优势等决策部署，促进国有企业数字化、网络化、智能化发展，增强竞争力、创新力、控制力、影响力、抗风险能力，提升产业基础能力和产业链现代化水平，现就加快推进国有企业数字化转型工作的有关事项通知如下：

一、提高认识，深刻理解数字化转型的重要意义

深入学习领会习近平总书记关于推动数字经济和实体经济融合发展的重要指示精神，研究落实党中央、国务院有关政策，将数字化转型作为改造提升传统动能、培育发展新动能的重要手段，不断深化对数字化转型艰巨性、长期性和系统性的认识。发挥国有企业在新一轮科技革命和产业变革浪潮中的引领作用，进一步强化数据驱动、集成创新、合作共赢等数字化转型理念，系统组织数字化转型理论、方法和实践的集中学习，积极开展创新大赛、成果推广、树标立范、交流培训等多种形式的活动，激发基层活力，营造勇于、乐于、善于数字化转型的氛围。

二、加强对标，着力夯实数字化转型基础

（一）建设基础数字技术平台。

运用5G、云计算、区块链、人工智能、数字孪生、北斗通信等新一代信息技术，探索构建适应企业业务特点和发展需求的"数据中台""业务中台"

等新型 IT 架构模式，建设敏捷高效可复用的新一代数字技术基础设施，加快形成集团级数字技术赋能平台，提升核心架构自主研发水平，为业务数字化创新提供高效数据及一体化服务支撑。加快企业内网建设，稳妥推动内网与互联网的互联互通。优化数据中心布局，提升服务能力，加快企业上云步伐。

（二）建立系统化管理体系。

应用两化融合管理体系标准（GB/T 23000 系列），加快建立数字化转型闭环管理机制，以两化融合管理体系促进企业形成并完善数字化转型战略架构。积极推进数字化转型管理工作与质量管理、信息安全、职业健康管理等体系的融合应用。建立数字化转型诊断对标工作机制，定期开展诊断对标，持续提升新一代信息技术与企业业务融合发展水平。

（三）构建数据治理体系。

加快集团数据治理体系建设，明确数据治理归口管理部门，加强数据标准化、元数据和主数据管理工作，定期评估数据治理能力成熟度。加强生产现场、服务过程等数据动态采集，建立覆盖全业务链条的数据采集、传输和汇聚体系。加快大数据平台建设，创新数据融合分析与共享交换机制。强化业务场景数据建模，深入挖掘数据价值，提升数据洞察能力。

（四）提升安全防护水平。

建设态势感知平台，加强平台、系统、数据等安全管理。使用安全可靠的设备设施、工具软件、信息系统和服务平台，提升本质安全。建设漏洞库、病毒库、威胁信息库等网络安全基础资源库，加强安全资源储备。搭建测试验证环境，强化安全检测评估，开展攻防演练，加快培养专业人才队伍。

三、把握方向，加快推进产业数字化创新

（一）推进产品创新数字化。

推动产品和服务的数字化改造，提升产品与服务策划、实施和优化过程的数字化水平，打造差异化、场景化、智能化的数字产品和服务。开发具备感知、交互、自学习、辅助决策等功能的智能产品与服务，更好地满足和引导用户需求。

（二）推进生产运营智能化。

推进智慧办公、智慧园区等建设，加快建设推广共享服务中心，推动跨企业、跨区域、跨行业集成互联与智能运营。按照场景驱动、快速示范的原则，加强智能现场建设，推进5G、物联网、大数据、人工智能、数字孪生等技术规模化集成应用，实现作业现场全要素、全过程自动感知、实时分析和自适应优化决策，提高生产质量、效率和资产运营水平，赋能企业提质增效。

（三）推进用户服务敏捷化。

加快建设数字营销网络，实现用户需求的实时感知、分析和预测。整合服务渠道，建设敏捷响应的用户服务体系，实现从订单到交付全流程的按需、精准服务，提升用户全生命周期响应能力。动态采集产品使用和服务过程数据，提供在线监控、远程诊断、预测性维护等延伸服务，丰富完善服务产品和业务模式，探索平台化、集成化、场景化增值服务。

（四）推进产业体系生态化。

依托产业优势，加快建设能源、电信、制造、医疗、旅游等领域产业链数字化生态协同平台，推动供应链、产业链上下游企业间数据贯通、资源共享和业务协同，提升产业链资源优化配置和动态协调水平。加强跨界合作创新，与内外部生态合作伙伴共同探索形成融合、共生、互补、互利的合作模式和商业模式，培育供应链金融、网络化协同、个性化定制、服务化延伸等新模式，打造互利共赢的价值网络，加快构建跨界融合的数字化产业生态。

四、技术赋能，全面推进数字产业化发展

（一）加快新型基础设施建设。

充分发挥国有企业新基建主力军优势，积极开展5G、工业互联网、人工智能等新型基础设施投资和建设，形成经济增长新动力。带动产业链上下游及各行业开展新型基础设施的应用投资，丰富应用场景，拓展应用效能，加快形成赋能数字化转型、助力数字经济发展的基础设施体系。

（二）加快关键核心技术攻关。

通过联合攻关、产业合作、并购重组等方式，加快攻克核心电子元器件、

高端芯片、基础软件、核心工业软件等关键短板，围绕企业实际应用场景，加速突破先进传感、新型网络、大数据分析等数字化共性技术及5G、人工智能、区块链、数字孪生等前沿技术，打造形成国际先进、安全可控的数字化转型技术体系。

（三）加快发展数字产业。

结合企业实际，合理布局数字产业，聚焦能源互联网、车联网等新领域，着力推动电子商务、数据资产运营、共享服务、平台服务、新零售等数字业务发展，打造规模化数字创新体，培育新业务增长点。面向企业数字化转型需要，加强资源整合优化，创新体制机制，培育行业领先的数字化服务龙头企业，研发和输出数字化转型产品和系统解决方案。

五、突出重点，打造行业数字化转型示范样板

（一）打造制造类企业数字化转型示范。

以智能制造为主攻方向，加快建设推广智能工厂、数字化车间、智能炼厂、智能钢厂等智能现场，推动装备、生产线和工厂的数字化、网络化、智能化改造，着力提高生产设备数字化率和联网率，提升关键工序数控化率，增强基于数字孪生的设计制造水平，加快形成动态感知、预测预警、自主决策和精准执行能力，全面提升企业研发、设计和生产的智能化水平。积极打造工业互联网平台，推动知识能力的模块化、软件化和平台化，加快产业链供应链资源共享和业务协同。

（二）打造能源类企业数字化转型示范。

加快建设推广智慧电网、智慧管网、智能电站、智能油田、智能矿山等智能现场，着力提高集成调度、远程操作、智能运维水平，强化能源资产资源规划、建设和运营全周期运营管控能力，实现能源企业全业务链的协同创新、高效运营和价值提升。

（三）打造建筑类企业数字化转型示范。

重点开展建筑信息模型、三维数字化协同设计、人工智能等技术的集成应用，提升施工项目数字化集成管理水平，推动数字化与建造全业务链的深度融合，助力智慧城市建设，着力提高 BIM 技术覆盖率，创新管理模式和手段，强化现场环境监测、智慧调度、物资监管、数字交付等能力，有效提高人均劳动效能。

（四）打造服务类企业数字化转型示范。

着力推进智慧营销、智慧物流、智慧金融、智慧旅游、智慧供应链等建设，推动实体服务网点向虚拟智慧网点转变，打造智慧服务中心，发展基于互联网平台的用户服务，打造在线的数字服务产品，积极创新服务模式和商业模式，提升客户体验，提高客户黏性，拓展数字服务能力，扩展数字业务规模。

六、统筹部署，多措并举确保转型工作顺利实施

（一）制定数字化转型规划和路线图。

结合企业实际，制定企业数字化转型专项规划，明确转型方向、目标和重点，勾画商业模式、经营模式和产业生态蓝图愿景。以构建企业数字时代核心竞争能力为主线，制定数字化转型方案，纳入企业年度工作计划，明确相关部门和岗位工作要求，加强动态跟踪和闭环管控。加快企业数字化治理模式、手段、方法升级，以企业架构为核心构建现代化 IT 治理体系，促进 IT 投资与业务变革发展持续适配。运用数字化转型服务平台（http://gq.dlttx.com），开展诊断对标。

（二）协同推进数字化转型工作。

建立跨部门联合实施团队，探索建设数字化创新中心、创新实验室、智能调度中心、大数据中心等平台化、敏捷化的新型数字化组织，推动面向数字化转型的企业组织与管理变革，统筹构建数字化新型能力，以钉钉子的精神切实推动数字化转型工作，一张蓝图干到底。对接考核体系，以价值效益为导向，跟踪、评价、考核、对标和改进数字化转型工作。

（三）做好数字化转型资源保障。

要实行数字化转型一把手负责制，企业主要负责同志应高度重视、亲自研究、统筹部署，领导班子中明确专人分管，统筹规划、科技、信息化、流程等管控条线，优化体制机制、管控模式和组织方式，协调解决重大问题。建立与企业营业收入、经营成本、员工数量、行业特点、数字化水平等相匹配的数字化转型专项资金投入机制。加快培育高水平、创新型、复合型数字化人才队伍,健全薪酬等激励措施,完善配套政策。

国务院国资委将加强对国有企业数字化转型工作的指导,组织数字化转型线上诊断,开展"一把手谈数字化转型"工作,遴选推广数字化转型典型案例和解决方案,推进数字化转型协同创新平台建设,组织数字化转型相关交流研讨,切实推动国有企业数字化转型工作。

国务院国资委办公厅

2020 年 8 月 21 日

国家新闻出版署关于印发《出版物鉴定管理办法》的通知

国新出发〔2020〕22号

各省、自治区、直辖市新闻出版局：

现将《出版物鉴定管理办法》印发给你们，请认真遵照执行。

国家新闻出版署

2020年12月14日

出版物鉴定管理办法

第一章 总则

第一条 为加强出版物鉴定活动管理，规范出版物鉴定工作，保障出版物鉴定质量，根据《出版管理条例》和国家有关规定，制定本办法。

第二条 本办法所称出版物鉴定，是指出版物鉴定机构运用专业知识或者技术手段，对出版物鉴定样本是否属于非法出版物或者违禁出版物进行分析审鉴，并提出鉴定意见的活动。

第三条 出版物鉴定主要针对以下出版物：

（一）非法出版物，包括未经批准擅自出版、印刷或者复制的出版物，伪造、假冒出版单位或者报刊名称出版的出版物，非法进口的出版物等；

（二）违禁出版物，是指含有《出版管理条例》和国家有关规定禁止内容的出版物。

第四条 本办法所称出版物鉴定机构，是指承担出版物鉴定职责的出版主管部门和出版主管部门所属的承担出版物鉴定职责的机构。

第五条 出版物鉴定机构接受"扫黄打非"工作机构、文化综合执法机构、公安机关、检察机关、审判机关等具有行政和司法职能的国家机关和单位的委托，开展出版物鉴定活动。

第六条 出版物鉴定实行鉴定机构负责制。出版物鉴定机构应当严格依据国家法律法规和有关规定，独立、客观、公正、规范地开展出版物鉴定活动。

第七条 出版物鉴定机构和鉴定相关人员应当对在出版物鉴定活动中知悉的国家秘密、工作秘密、商业秘密和个人隐私予以保密。

第八条 国家新闻出版署负责全国出版物鉴定活动的监督管理。省级以下出版主管部门负责本行政区域内出版物鉴定活动的监督管理。

第二章 出版物鉴定机构

第九条 出版物鉴定机构应当具有健全的工作制度和专业的鉴定人员队伍，能够独立开展出版物鉴定活动，承担相应的管理责任和法律责任。

第十条 出版物鉴定机构应当规范鉴定委托受理、委托手续办理等工作程序，建立完善鉴定材料审核、接收、保管、使用、退还、存档等工作制度。

接到涉及重大社会影响案件的鉴定委托后，出版物鉴定机构应当在受理委托 24 小时内向同级出版主管部门报告相关信息。

第十一条 出版物鉴定人员应当具备以下基本条件：

（一）拥护中华人民共和国宪法，遵守国家法律和社会公德；

（二）熟悉国家有关新闻出版的法律法规和政策规范；

（三）具备出版物鉴定业务知识和专业技能；

（四）具有新闻出版相关工作经验。

第十二条 出版物鉴定机构应当成立出版物鉴定委员会，研究决定本机构受理的复杂、疑难或者有重大争议的鉴定事项等。出版物鉴定委员会应当由本机构负责人、鉴定人员以及与鉴定业务相关的人员组成，组成人数应当为单数。

出版物鉴定机构可以聘请其他相关专业领域的专家，为出版物鉴定事项提供咨询意见。

第十三条 出版物鉴定人员、鉴定委员会成员存在以下情形的，应当回避：

（一）是鉴定事项当事人或者当事人近亲属的；

（二）与鉴定事项有利害关系的；

（三）与鉴定事项有其他关系可能影响公正鉴定的。

委托单位、鉴定相关人员提出回避申请的，应当说明理由，并经出版物鉴定机构负责人批准。

第十四条 出版物鉴定机构应当加强鉴定文书管理，严格鉴定文书的制作、复核、审核及签发、发送等工作流程，确保鉴定过程规范高效、鉴定结果准确客观。

第十五条 出版物鉴定机构应当建立鉴定人员上岗培训、继续教育、业务考评制度，支持鉴定人员参加教育培训和业务交流活动，确保鉴定人员具备较高的政治素养和较强的专业技能。

第三章 出版物鉴定程序

第十六条 委托单位应当委托所在行政区域内同级出版物鉴定机构进行鉴定;同级无具备相应鉴定职责的出版物鉴定机构的,应当委托上一级出版物鉴定机构进行鉴定。

有关少数民族语言文字类出版物的鉴定,委托单位所在省级行政区域内无具备相应鉴定能力的出版物鉴定机构的,经省级出版主管部门同意,委托单位可以委托具有鉴定能力的其他省级出版物鉴定机构进行鉴定。

省级以上出版主管部门根据工作需要,可以指定本行政区域内具备相应鉴定职责的出版物鉴定机构受理鉴定委托。

违禁出版物的鉴定应当由省级以上出版物鉴定机构作出。

第十七条 委托单位向出版物鉴定机构提供的鉴定材料应当真实、客观、完整、充分,对鉴定材料及其来源的真实性、合法性负责。

第十八条 出版物鉴定机构收到鉴定委托后,应当与委托单位办理接收手续,核对并记录鉴定材料的名称、种类、数量、送鉴时间等。鉴定材料包括:

(一)鉴定委托函件;

(二)鉴定事项说明;

(三)鉴定样本及清单;

(四)鉴定所需的其他材料。

第十九条 出版物鉴定机构应当自收到鉴定委托之日起5个工作日内作出是否受理的决定。对于复杂、疑难或者特殊鉴定事项,经本机构负责人批准,可以延长至10个工作日。

第二十条 出版物鉴定机构应当对委托鉴定事项、鉴定材料等进行审查。对属于本机构鉴定职责、鉴定材料能够满足鉴定需要的,应当受理。

对于鉴定材料不完整、不充分、不能满足鉴定需要的,出版物鉴定机构可以要求委托单位补充,经补充后能够满足鉴定需要的,应当受理。

第二十一条 具有下列情形之一的鉴定委托,出版物鉴定机构不予受理:

(一)鉴定事项超出本机构鉴定职责范围的;

(二)鉴定材料不完整、不充分,经补充后仍无法满足鉴定需要的;

（三）委托单位就同一鉴定事项同时委托其他鉴定机构鉴定的；

（四）法律法规规定的其他情形。

第二十二条 出版物鉴定机构决定受理鉴定委托的，应当与委托单位办理委托手续，明确鉴定事项、鉴定用途、鉴定时限，以及需要约定的其他事项等。

出版物鉴定机构决定不予受理的，应当向委托单位书面说明理由，并退还鉴定材料。

第二十三条 出版物鉴定机构应当自受理委托生效之日起20个工作日内完成鉴定。情况复杂确需延长的，经本机构负责人批准，延长时限不得超过20个工作日。鉴定时限延长的，应当及时告知委托单位。

鉴定过程中补充或者重新提取鉴定材料所需的时间，以及与相关单位进行信息核实所需的时间，不计入鉴定时限。

第二十四条 出版物鉴定机构受理鉴定委托后，应当指定不少于2名鉴定人员进行鉴定。鉴定人员应当对鉴定方法和鉴定过程等进行记录，记录内容应当真实、客观、规范、完整。

第二十五条 出版物鉴定机构在鉴定过程中，需要就所鉴定样本的出版、印刷或者复制、进口等情况，与相关部门和单位进行核实时，应当出具书面文件，并加盖公章。相关部门和单位应当就出版物鉴定机构提出的核实事项及时提供真实、明确的书面说明及相关证据材料，并加盖公章。

第二十六条 出版物鉴定机构在鉴定过程中有下列情形之一的，应当终止鉴定：

（一）有本办法第二十一条规定情形的；

（二）鉴定材料发生损毁或者灭失，影响作出鉴定意见且委托单位不能补充提供的；

（三）委托单位撤回鉴定委托的；

（四）因不可抗力致使鉴定无法继续进行的；

（五）对复杂、疑难或者有重大争议的鉴定事项难以作出鉴定意见的；

（六）其他需要终止鉴定的情形。

出版物鉴定机构终止鉴定的，应当向委托单位书面说明理由，并退还鉴定材料。

第二十七条　有下列情形之一的，委托单位可以委托出版物鉴定机构进行补充鉴定：

（一）委托单位因故导致鉴定事项有遗漏的；

（二）委托单位就原鉴定事项补充新的鉴定材料的；

（三）其他需要补充鉴定的情形。

补充鉴定应当委托原鉴定机构进行，超出原鉴定机构鉴定职责范围的除外。

第二十八条　有下列情形之一的，委托单位可以委托出版物鉴定机构进行重新鉴定：

（一）原鉴定机构超出鉴定职责范围组织鉴定的；

（二）原鉴定相关人员应当回避没有回避的；

（三）委托单位确有合理理由，需要重新鉴定的；

（四）其他需要重新鉴定的情形。

第二十九条　对于出版物鉴定机构难以作出鉴定意见而终止鉴定的，以及需要重新鉴定的，委托单位可以委托上一级出版物鉴定机构进行鉴定。

第三十条　出版物鉴定机构完成鉴定后，应当将与鉴定事项相关的鉴定样本、核实的信息材料、其他鉴定材料、鉴定记录、鉴定委员会决定、鉴定专家意见、鉴定文书等整理立卷、存档保管。鉴定样本数量较大的，可以存档保管其主要信息页的扫描件、复印件或者照片。

委托单位需要取回鉴定材料的，应当提交书面说明。出版物鉴定机构应当将鉴定样本主要信息以及其他鉴定材料进行扫描、复印或者拍照留存。

出版物鉴定档案保管期限不少于30年，重要鉴定事项档案应当永久保存。

第四章　出版物鉴定文书

第三十一条　出版物鉴定机构完成鉴定后，鉴定人员应当及时规范地制作鉴定文书。

鉴定文书制作完成后，出版物鉴定机构应当指定其他鉴定人员进行复核，并提出复核意见。

出版物鉴定机构负责人对复核后的鉴定文书进行审核与签发。

第三十二条 出版物鉴定文书一般应当包括标题、编号、基本情况、鉴定情况、鉴定意见、署名、日期等内容，并符合下列要求：

（一）标题，写明出版物鉴定机构全称和鉴定文书名称；

（二）编号，写明出版物鉴定机构缩略名、文书性质缩略语、年份及序号；

（三）基本情况，写明委托单位、委托事项、样本信息等内容；

（四）鉴定情况，写明对鉴定样本及相关鉴定材料的核查与分析情况；

（五）鉴定意见，应当依法、规范、明确，有针对性和适用性；

（六）附件，对鉴定文书中需要解释或者列明的内容加以说明；

（七）署名，注明出版物鉴定机构全称，同时加盖出版物鉴定机构鉴定专用章；

（八）日期，注明鉴定文书的制作日期。

第三十三条 出版物鉴定机构应当按照规定或者与委托单位约定的方式，向委托单位发送鉴定文书。

第三十四条 鉴定文书发送后，因补充鉴定、重新鉴定或者其他原因需要对鉴定文书进行更改时，出版物鉴定机构应当重新制作鉴定文书，并作出声明："本鉴定文书为××号鉴定文书的更改文书，原鉴定文书作废。"更改后的鉴定文书应当在原鉴定文书收回后发送。原鉴定文书作为更改文书的原始凭据存档保管。

第五章 法律责任

第三十五条 出版物鉴定机构有下列情形之一的，由出版主管部门责令改正；造成严重后果的，对其主要负责人及直接责任人作出相应处理：

（一）超出鉴定职责范围开展出版物鉴定活动的；

（二）无正当理由拒绝受理鉴定委托的；

（三）拒绝接受出版主管部门监督、检查或者向其提供虚假材料的；

（四）因故意或者重大过失造成鉴定材料损毁、灭失的。

第三十六条 出版物的出版、印刷或者复制、进口单位等就出版物鉴定机构要求核实的事项提供虚假信息的，出版物鉴定机构应当将有关情况反馈同级出版主管部门，由出版主管部门依法核查处理。

第六章　附则

第三十七条　本办法自 2021 年 7 月 1 日起施行。新闻出版署 1993 年 3 月 16 日发布的《新闻出版署出版物鉴定规则》同时废止。

国家新闻出版署关于印发
《中国出版政府奖评奖章程》的通知

国新出发〔2021〕2号

各省、自治区、直辖市新闻出版局，中央和国家机关各部委、各人民团体出版单位主管部门，中央军委政治工作部宣传局，中国出版集团有限公司：

  现将修订后的《中国出版政府奖评奖章程》印发给你们，请认真遵照执行。

国家新闻出版署

2021年2月1日

中国出版政府奖评奖章程

第一章 总则

第一条 中国出版政府奖是贯彻落实《关于加强和改进出版工作的意见》和中央有关精神,根据《全国性文艺新闻出版评奖管理办法》,由国家新闻出版署主办的全国性奖项。

第二条 为保证中国出版政府奖评奖的公正性、科学性、权威性,制定本章程。

第三条 本章程适用于中国出版政府奖的各类子项奖。

第四条 设立中国出版政府奖的宗旨是,高举中国特色社会主义伟大旗帜,以习近平新时代中国特色社会主义思想为指导,坚持为人民服务、为社会主义服务,坚持百花齐放、百家争鸣,坚持创造性转化、创新性发展,贴近实际、贴近生活、贴近群众,弘扬主旋律、传播正能量,提高全民族思想道德素质、科学文化素质和身心健康素质,满足人民群众日益增长的精神文化需求。通过奖励、表彰优秀出版物和在出版领域作出突出贡献的先进单位、优秀人物,推动出版工作更好地承担举旗帜、聚民心、育新人、兴文化、展形象的使命任务,推动多出精品、多出人才,推动出版业高质量发展,助力社会主义文化强国建设。

第五条 评奖坚持公正、公平、公开原则,努力提高科学性、权威性,严格程序、严格标准、严格纪律,做到优中选优、宁缺毋滥。

第六条 中国出版政府奖评选范围包括:

(一)由国家出版主管部门批准设立的出版单位正式出版并公开发行的图书、期刊、音像制品、电子出版物和网络出版物,由国家出版主管部门批准设立的出版物印刷、复制单位生产的印刷品和复制品;

(二)由国家出版主管部门批准设立的图书、期刊、音像制品、电子出版物出版单位和网络出版服务单位,出版物印刷、复制单位,发行单位及在出版行业从事版权、教育、科研等方面工作的单位;

(三)在上述单位从事编辑、印刷、发行、版权、教育、科研等方面工作,取得优异成绩、作出突出贡献的人员。

第二章　奖项设置

第七条　中国出版政府奖设立 7 个子项奖，根据实际情况可以增设荣誉奖。荣誉奖主要表彰项目为图书，出版时间可以适当放宽，不占子项奖数额，数量视情而定。

7 个子项奖奖励数额共计 240 个，奖项设置如下：

（一）图书奖 60 个；

（二）期刊奖 20 个；

（三）音像制品、电子出版物和网络出版物奖 20 个；

（四）印刷复制奖 10 个；

（五）装帧设计奖 10 个；

（六）先进出版单位奖 50 个；

（七）优秀出版人物奖 70 个。

图书奖，期刊奖，音像制品、电子出版物和网络出版物奖，印刷复制奖，装帧设计奖设立提名奖（先进出版单位奖、优秀出版人物奖不设提名奖），共计 240 个，其中，图书提名奖 120 个，期刊提名奖 40 个，音像制品、电子出版物和网络出版物提名奖 40 个，印刷复制提名奖 20 个，装帧设计提名奖 20 个。

第八条　评选标准

（一）参评出版物应当无版权或其他法律纠纷，并且具备以下条件之一：

1. 紧扣时代主题，对学习宣传贯彻习近平新时代中国特色社会主义思想、全面贯彻党中央重大决策部署具有积极作用；

2. 内容健康向上，对于传播、积累科学技术和文化知识，促进经济发展和社会进步有较大贡献；

3. 社会效益显著，在本学科领域、本行业、全国有较大影响或在海外产生较好反响，具有较高的知名度和品牌效应；

4. 具有重要思想价值、科学价值、文化价值、艺术价值，有一定的创新性；

5. 制作精良，格调高雅，具有先进的印刷复制水平与较高的艺术品位；

6. 装帧设计简洁美观，不过度包装，兼顾审美性与实用性，给读者舒适的阅读体验。

（二）参评先进出版单位奖应当具备以下条件：

1. 深入学习宣传贯彻习近平新时代中国特色社会主义思想，全面贯彻党的基本理论、基本路线、基本方略，增强"四个意识"、坚定"四个自信"、做到"两个维护"，自觉承担举旗帜、聚民心、育新人、兴文化、展形象的使命任务；

2. 牢牢把握正确导向，模范遵守党规党纪和法律法规，严格落实意识形态工作责任制，制度完善、机制有效、管理有序；

3. 在围绕中心、服务大局，弘扬主旋律、传播正能量的主题出版工作中积极作为、表现突出；

4. 坚持深化改革、守正创新、繁荣发展，出版主业突出，以优秀作品自觉主动服务大局、服务群众，切实做到把社会效益放在首位，社会效益和经济效益相统一；

5. 领导班子团结向上，作风优良，管理规范，重视职工培养，注重高素质专业化人才队伍建设；

6. 在同类出版单位中具有较高的知名度和影响力。

（三）参评优秀出版人物奖应当具备以下条件：

1. 深入学习宣传贯彻习近平新时代中国特色社会主义思想，全面贯彻党的基本理论、基本路线、基本方略，增强"四个意识"、坚定"四个自信"、做到"两个维护"；

2. 模范遵守党规党纪和法律法规，遵守职业道德，作风正派，廉洁自律，坚持原则，诚信服务；

3. 在围绕中心、服务大局，弘扬主旋律、传播正能量的主题出版工作中积极作为、表现突出；

4. 具有强烈的事业心、责任感，爱岗敬业，刻苦钻研，求实创新，敢于担当，自觉增强脚力、眼力、脑力、笔力；

5. 具有较深的专业造诣、较高的业务素养、较强的工作能力，在本职岗位上成绩卓著，对出版工作有突出贡献。

第九条 中国出版政府奖原则上每三年评选一次。

第三章　评奖机构

第十条　国家新闻出版署成立中国出版政府奖评选工作领导小组（以下简称领导小组），负责中国出版政府奖评选工作的组织领导。领导小组下设办公室，负责评奖具体工作。

第十一条　各子项奖分别成立评审委员会及办公室。

第十二条　各子项奖评审委员会根据本章程分别制定子项奖评奖办法和实施细则，并据此进行评审。

第十三条　各子项奖评审委员会采取无记名投票的方式，提出获奖建议名单。

第四章　评奖程序

第十四条　各省级新闻出版局，中央和国家机关各部委、各人民团体出版单位主管部门，中央军委政治工作部宣传局，中国出版集团有限公司负责组织本地区本部门的评选推荐工作。

第十五条　各地区各部门采取自下而上、基层推荐、逐级审核的方式进行推荐，将材料报送至各子项奖评审委员会办公室。各子项奖评审委员会组织评审。评审结果经领导小组审议后进行公示，领导小组办公室协调各子项奖评审委员会办公室对相关异议进行处理，按程序报批确定获奖名单。

第十六条　中国出版政府奖所有奖项同时评出，由国家新闻出版署公布获奖名单，组织表彰颁奖。各地区各部门可以结合实际给予适当奖励。

第五章　附则

第十七条　本章程由国家新闻出版署负责解释。

第十八条　本章程自印发之日起施行。新闻出版总署《关于印发中国出版政府奖评奖章程的通知》同时废止。

邮件快件包装管理办法

中华人民共和国交通运输部令 2021 年第 1 号

《邮件快件包装管理办法》已于 2021 年 2 月 3 日经第 2 次部务会议通过，现予公布，自 2021 年 3 月 12 日起施行。

部长　李小鹏
2021 年 2 月 8 日

邮件快件包装管理办法

第一章 总则

第一条 为了加强邮件快件绿色包装管理，保证邮件快件包装质量，规范邮件快件包装行为，保障用户合法权益和寄递安全，节约资源、保护环境，根据《中华人民共和国邮政法》《中华人民共和国固体废物污染环境防治法》《快递暂行条例》等法律、行政法规，制定本办法。

第二条 本办法适用于国内邮件快件包装物（以下简称包装物）的使用、包装操作和相应的监督管理工作。

第三条 本办法所称包装物，包含单个邮件快件使用的封装用品、胶带、填充材料以及用于盛放多个邮件快件的邮政业用品用具，不含邮件快件内件物品的商品、产品包装等。

本办法所称封装用品，包括邮件快件封套、包装箱、包装袋等。

本办法所称邮件快件包装操作（以下简称包装操作），是指为了保护邮件快件安全或者方便储存、运输，使用合适包装物、按照一定的技术方法对邮件快件进行包装的操作活动。

第四条 国务院邮政管理部门和省、自治区、直辖市邮政管理机构以及按照国务院规定设立的省级以下邮政管理机构（以下统称邮政管理部门）负责包装物使用、包装操作的监督管理工作。

邮政管理部门应当与有关部门相互配合，健全共建共治协同机制，完善邮件快件包装治理体系。

第五条 包装邮件快件应当坚持实用、安全、环保原则，符合寄递生产作业和保障安全的要求，节约使用资源，避免过度包装，防止污染环境。

第六条 禁止使用不符合法律、行政法规以及国家有关规定的材料包装邮件快件。

第七条 邮政企业、快递企业、经营邮政通信业务的企业（以下统称寄递企业）应当依法建立健全包装管理制度，明确包装管理机构和人员，落实包装管理责任，加强从业人员培训。

使用统一的商标、字号或者寄递详情单经营寄递业务的，商标、字号或者寄递详情单所属企业应当对邮件快件包装实行统一管理，监督使用其商标、字号或者寄递详情单的企业执行邮件快件包装管理制度。

第八条 鼓励寄递企业采用先进技术，提升包装的自动化、信息化和智能化水平。

第九条 鼓励寄递企业与制造业、农业、商贸业等相关企业加强协同，推进一体化包装和简约包装，共同落实有关包装管理要求。

第十条 支持建立邮件快件包装实验室，开展邮件快件包装研发，推行科学的包装方法和技术。

鼓励寄递企业与包装生产企业、科研院校等合作，加强产学研衔接，促进邮件快件包装产品、技术、模式创新和应用。

第十一条 依法成立的行业组织应当加强行业自律，督促企业执行有关包装管理的法律、法规、规章、标准和规范，引导企业推广绿色包装。

第二章　包装选用

第十二条 寄递企业应当严格执行包装物管理制度，采购使用符合国家规定的包装物。

第十三条 寄递企业应当按照规定使用环保材料对邮件快件进行包装，优先采用可重复使用、易回收利用的包装物，优化邮件快件包装，减少包装物的使用，并积极回收利用包装物。

邮政管理部门应当加强与有关部门的配合，推进对包装物依法实行绿色产品认证，逐步健全行业绿色认证体系。鼓励寄递企业采购使用通过绿色产品认证的包装物。

第十四条 寄递企业应当遵守国家有关禁止、限制使用不可降解塑料袋等一次性塑料制品的规定。

鼓励寄递企业积极回收塑料袋等一次性塑料制品，使用可循环、易回收、可降解的替代产品。

第十五条 寄递企业使用的包装物应当具备保护邮件快件内件物品的功能，并方便封装、运输和拆解。

鼓励寄递企业通过信息化技术与包装物相结合等措施，提升包装实用性。

第十六条　寄递企业使用的包装物中的铅、汞、镉、铬总量以及苯类溶剂残留应当符合国家规定。

禁止使用有毒物质作为邮件快件填充材料。

第十七条　鼓励寄递企业建立可循环包装物信息系统，在分拣、转运、投递等环节提升可循环包装物的使用效率。

鼓励寄递企业之间、寄递企业与包装物供应商等市场主体之间健全共享机制，扩大可循环包装物的应用范围。

第十八条　寄递企业应当根据包装箱内装物最大质量和最大综合内尺寸，选用合适的包装箱。

第十九条　寄递企业应当优先使用宽度较小的胶带，在已有黏合功能的封套、包装袋上减免使用胶带。鼓励寄递企业使用免胶带设计的包装箱。

第二十条　寄递企业应当优化邮件快件包装，加强结构性设计，减少使用填充材料。

第二十一条　寄件人自备包装物、不需要寄递企业提供的，其自备包装物应当符合法律、行政法规以及国务院和国务院有关部门关于禁止寄递物品和限制寄递物品的规定。

前款规定的寄件人为协议用户的，寄递企业应当向其书面告知，其自备的包装物应当符合国家规定。

第二十二条　具备条件的寄递企业应当全面推广使用电子运单，设计、使用电子运单应当注意保护用户信息安全。

第三章　包装操作

第二十三条　寄递企业应当根据相关法律法规以及强制性标准制修订本单位包装操作规范，并按国务院邮政管理部门的规定备案。

第二十四条　寄递企业应当建立并实施从业人员岗前培训、在岗培训制度，加强包装操作知识技能培训。

第二十五条　寄递企业应当按照环保、节约的原则，根据邮件快件内件物品的性质、尺寸、重量，合理进行包装操作，防止过度包装，不得过多缠绕胶带，尽量减少包装层数、空隙率和填充物。

第二十六条 寄递企业应当规范操作和文明作业，避免抛扔、踩踏、着地摆放邮件快件等行为，防止包装物破损。

第二十七条 包装物发生破损时，寄递企业应当按照规范包装要求及时修补并做好邮件快件内件物品的防护。

第二十八条 鼓励寄递企业在其营业场所、处理场所设置包装物回收设施设备，建立健全相应的工作机制和业务流程，对包装物进行回收再利用。

第二十九条 鼓励寄递企业对回收后外形完好、质量达标的包装箱、填充材料等包装物进行再利用；对无法再利用的包装物，按有关规定妥善处理。

第四章　监督管理

第三十条 邮政管理部门应当依照本办法规定加强对寄递企业的监督检查。监督检查以下列事项为重点：

（一）寄递企业建立健全和执行包装管理制度的情况；

（二）寄递企业落实包装操作规范的情况；

（三）寄递企业开展相关培训的情况。

第三十一条 邮政管理部门实施监督检查，可以采取下列措施：

（一）进入寄递企业或者涉嫌发生违反本办法活动的其他场所实施现场检查；

（二）向有关单位和个人了解情况；

（三）查阅、复制有关文件、资料、凭证。

邮政管理部门实施现场检查，可以采取现场监测、采集样品等措施。邮政管理部门对样品进行检测、检验的，应当明确检测、检验的期间，并书面告知当事人。邮政管理部门委托符合法定条件的专业技术组织进行检验、检测的，不免除邮政管理部门的告知义务。

邮政管理部门工作人员对监督检查中知悉的商业秘密，负有保密义务。

第三十二条 邮政管理部门根据履行监督管理职责的需要，可以要求寄递企业报告包装物中一次性塑料制品的使用等情况。

寄递企业报送的信息和数据应当真实、完整。

第三十三条 邮政管理部门建立实施包装物编码管理制度，推动包装物溯源管理。

第三十四条 寄递企业应当协助配合邮政管理部门依法开展的监督检查，如实说明情况并提供文件、资料，不得拒绝或者阻碍。

第三十五条 寄递企业使用的包装物不符合国家规定要求的，邮政管理部门应当责令寄递企业停止使用。

第三十六条 邮政管理部门可以组织评估寄递企业包装管理情况。

第三十七条 邮政管理部门依法记录寄递企业包装违法失信行为信息，并纳入邮政业信用管理。

第三十八条 单位或者个人可以向邮政管理部门举报寄递企业使用不符合国家规定的包装物等违法行为。

邮政管理部门接到举报后，应当及时依法处理。

第五章　法律责任

第三十九条 商标、字号或者寄递详情单所属经营快递业务的企业违反本办法第七条第二款规定，未对邮件快件包装实施统一管理的，由邮政管理部门依照《快递暂行条例》第四十一条的规定予以处罚。

第四十条 寄递企业违反本办法第十六条规定，使用包装物不符合国家规定，或者使用有毒物质作为填充材料的，由邮政管理部门责令限期改正；逾期未改正的，处 5000 元以上 1 万元以下的罚款。

第四十一条 寄递企业违反本办法第二十一条第二款规定，未向协议用户书面告知包装物要求的，由邮政管理部门责令限期改正，可以处 5000 元以下的罚款。

第四十二条 寄递企业违反本办法第二十三条规定，未制定包装操作规范，或者未按要求备案的，由邮政管理部门责令限期改正，可以处 3000 元以上 1 万元以下的罚款。

第四十三条　寄递企业违反本办法第二十四条规定，未对从业人员进行包装操作培训的，由邮政管理部门责令限期改正，可以处 5000 元以上 1 万元以下的罚款。

第四十四条　寄递企业违反本办法第二十五条规定，对邮件快件的包装操作明显超出邮件快件内件物品包装需求的，由邮政管理部门责令改正，可以处 1000 元以上 5000 元以下的罚款。

第四十五条　违反本办法第十四条、第三十二条规定，未遵守国家有关禁止、限制使用不可降解塑料袋等一次性塑料制品的规定，或者未按照邮政管理部门要求报告塑料袋等一次性塑料制品的使用情况的，依照《中华人民共和国固体废物污染环境防治法》第一百零六条的规定执行。

第六章　附则

第四十六条　经营国际寄递业务的寄递企业应当采取必要措施规范进境邮件快件包装，优先使用环保材料，避免外源性包装污染。

第四十七条　本办法自 2021 年 3 月 12 日起施行。

关于加快解决当前挥发性有机物治理突出问题的通知

环大气〔2021〕65号

各省、自治区、直辖市生态环境厅（局），新疆生产建设兵团生态环境局，中国国家铁路集团有限公司、中国船舶集团有限公司、中国石油天然气集团有限公司、中国石油化工集团有限公司、中国海洋石油集团有限公司、国家能源投资集团有限责任公司、中国中化控股有限责任公司、中国中煤能源集团有限公司、中国医药集团有限公司：

为深入打好污染防治攻坚战，强化细颗粒物（$PM_{2.5}$）和臭氧（O_3）协同控制，落实相关法律法规标准等要求，坚持精准治污、科学治污、依法治污，在继承过去行之有效的工作基础上，加快解决当前挥发性有机物（VOCs）治理存在的突出问题，推动环境空气质量持续改善和"十四五"VOCs减排目标顺利完成，现将有关事项通知如下。

一、开展重点任务和问题整改"回头看"

各地要系统梳理《"十三五"挥发性有机物污染防治工作方案》《重点行业挥发性有机物综合治理方案》《2020年挥发性有机物治理攻坚方案》各项任务措施和2020年生态环境部夏季臭氧污染防治监督帮扶反馈的VOCs治理问题，以及长期投诉的涉VOCs类恶臭、异味扰民问题，对重点任务完成情况和问题整改情况开展"回头看"。对未完成的重点任务、未整改到位的问题，要建立VOCs治理台账，加快推进整改；对监督帮扶反馈的突出问题和共性问题，要举一反三，仔细分析查找薄弱环节，组织开展专项治理，切实加强监督执法。

"回头看"工作于 2021 年 9 月底前完成。

二、针对当前的突出问题开展排查整治

各地要以石油炼制、石油化工、合成树脂等石化行业，有机化工、煤化工、焦化（含兰炭）、制药、农药、涂料、油墨、胶粘剂等化工行业，涉及工业涂装的汽车、家具、零部件、钢结构、彩涂板等行业，包装印刷行业以及油品储运销为重点，并结合本地特色产业，组织企业针对挥发性有机液体储罐、装卸、敞开液面、泄漏检测与修复（LDAR）、废气收集、废气旁路、治理设施、加油站、非正常工况、产品 VOCs 含量等 10 个关键环节，认真对照大气污染防治法、排污许可证、相关排放标准和产品 VOCs 含量限值标准等开展排查整治，具体要求见附件。

大气污染防治重点区域（以下简称重点区域）于 2021 年 10 月底前、其他地区于 12 月底前，组织企业自行完成一轮排查工作。在企业自查基础上，地方生态环境部门对企业 VOCs 废气收集情况、排放浓度、治理设施去除效率、LDAR 数据质量以及储油库、加油站油气回收设施组织开展一轮检查抽测，其中排污许可重点管理企业全覆盖；针对排查和检查抽测中发现的问题，指导企业统筹环保和安全生产要求，制定整改方案，明确具体措施、完成时限和责任人，在此基础上形成行政区域内企业排查清单和治理台账。能立行立改的，要督促企业抓紧整改到位；对其他问题，重点区域力争 2022 年 6 月底前基本完成整治，其他区域 2022 年 12 月底前基本完成；确需一定整改周期的，最迟在相关设备下次停车（工）大修期间完成整改。重点区域省级生态环境部门于 2021 年 12 月底前、其他地区于 2022 年 6 月底前将企业排查清单和治理台账报送生态环境部；整治基本完成后报送工作总结。

中国铁路、中国船舶、中国石油、中国石化、中国海油、国家能源集团、中国中化、中煤集团、国药集团等中央企业要切实发挥模范带头作用，组织专业队伍，对下属企业开展系统排查，高标准完成各项治理任务。2021 年 12 月底前，汇总集团排查清单和治理台账报生态环境部；整治基本完成后报送工作总结。

三、加强指导帮扶和能力建设

各地要整合大气环境管理、执法、监测、行业专家等力量组建专门队伍，开展"送政策、送技术、送方案"活动。通过组织专题培训、现场指导、新媒体信息推送、发放实用手册等多种方式，向企业详细解读排查整治工作要求，指导企业编制治理方案；对治理进度滞后的企业，要及时督促提醒，确保完成治理任务。按照《生态环境保护综合行政执法装备标准化建设指导标准（2020年版）》的要求，增强基层VOCs执法装备配备。定期组织地方环境管理、执法、监测人员及相关企业、第三方环保服务机构等开展VOCs治理专题培训。

加强监测能力建设。按照《"十四五"全国细颗粒物与臭氧协同控制监测网络能力建设方案》要求，持续加强VOCs组分监测和光化学监测能力建设。加强污染源VOCs监测监控，加快VOCs重点排污单位主要排放口非甲烷总烃自动监测设备安装联网工作；对已安装的VOCs自动监测设备建设运行情况开展排查，达不到《固定污染源废气中非甲烷总烃排放连续监测技术指南（试行）》要求的，督促企业整改。加强对企业自行监测的监督管理，提高企业自行监测数据质量；联合有关部门对第三方检测机构实施"双随机、一公开"监督抽查。鼓励企业对治理设施单独计电；安装治理设施中控系统，记录温度、压差等重要参数；配备便携式VOCs监测仪器，及时了解排污状况。鼓励重点区域推动有条件的企业建设厂区内VOCs无组织排放自动监测设备，在VOCs主要产生环节安装视频监控设施。自动监测、中控系统等历史数据至少保存1年。

四、强化监督落实，压实VOCs治理责任

各地要加强组织实施，监测、执法、人员、资金保障等向VOCs治理倾斜；制定细化落实方案，精心组织排查、检查、抽测等工作，完善排查清单和治理台账；积极协调、配合相关部门，加强国家和地方涂料、油墨、胶粘剂、清洗剂等产品VOCs含量限值标准执行情况的监督检查。检查、抽测中发现违法问题的，依法依规进行处罚；重点查处通过旁路直排偷排、治理设施擅自停运、严重超标排放，以及VOCs监测数据、LDAR、运行管理台账造假等行为；涉嫌污染环境犯罪的，及时移交司法机关依法严肃查处；典型案例向社会公开曝光。各省级生态环境部门要加强业务指导，强化统筹调度，对治理任务重、工

作进度慢的城市，要加强督促检查，加大帮扶指导力度。

生态环境部组织开展重点区域夏季臭氧污染防治监督帮扶，重点监督各地"回头看"和 VOCs 治理突出问题排查整治工作开展情况，对发现的问题实行"拉条挂账"式管理，督促整改到位。对 2020 年监督帮扶反馈问题整改不到位、VOCs 治理进度滞后、问题突出的地方和中央企业，生态环境部将视情开展点穴式、机动式专项督查，并通过通报、公开约谈等方式压实责任。

附件： 挥发性有机物治理突出问题排查整治工作要求（略）

生态环境部

2021 年 8 月 4 日

国家新闻出版署关于印发
《出版业"十四五"时期发展规划》的
通知

国新出发〔2021〕20号

各省、自治区、直辖市新闻出版局，中央和国家机关各部委、各人民团体出版单位主管部门，中央军委政治工作部宣传局，中央各重点出版集团：

现将《出版业"十四五"时期发展规划》印发给你们，请结合实际认真贯彻落实。

国家新闻出版署

2021年12月28日

/ 产业政策 /

出版业"十四五"时期发展规划

为推动"十四五"时期出版业高质量发展，深入推进出版强国建设，根据《中华人民共和国国民经济和社会发展第十四个五年规划和2035年远景目标纲要》、"十四五"文化发展规划、《关于加强和改进出版工作的意见》等，编制本规划。

一、深刻把握出版业发展新任务新要求

"十三五"时期，在以习近平同志为核心的党中央坚强领导下，出版业深入贯彻落实党中央关于出版工作的重大决策部署，出版事业与党和国家各项事业同向同步，在正本清源、守正创新中取得历史性成就、发生历史性变革，为社会主义文化强国建设提供了重要支撑。党对出版工作的领导全面加强，出版治理效能不断提升。党的创新理论出版传播工作深入推进，习近平新时代中国特色社会主义思想更加深入人心，深刻地改变着中国、影响着世界，有力发挥了统一思想、凝聚力量的重要作用。出版业持续繁荣发展，各类出版精品佳作迭出，为满足人民日益增长的美好生活需要提供了更加丰富优质的精神食粮。全民阅读活动深入开展，实体书店、农家书屋建设扎实推进，2020年全国出版物发行网点超过26万处，全社会爱读书、读好书、善读书的文明风尚更加浓厚。出版业整体实力与质量效益稳步提升，2020年全国出版、印刷和发行服务营业收入超过1.6万亿元、资产总额超过2.2万亿元、净资产超过1.1万亿元，数字出版产业规模不断壮大，出版业在文化产业中的地位更加凸显。出版走出去取得新进展，2020年出版版权输出规模超过1.38万项，出版在增进中外文化交流互鉴、扩大中华文化感召力和影响力方面的作用显著增强。

"十四五"时期，是我国全面建成小康社会、实现第一个百年奋斗目标之后，乘势而上开启全面建设社会主义现代化国家新征程、向第二个百年奋斗目标进军的第一个五年。出版工作是党的宣传思想文化工作的重要组成部分，是促进文化繁荣兴盛、建设社会主义文化强国的重要力量。进入新发展阶段，出版工作迫切需要更好发挥服务大局、统一思想、凝聚力量的重要作用，进一步巩固壮大主流思想舆论；迫切需要提升内容建设水平和服务供给能力，更好以精品奉献人民；迫切需要积极适应新一轮科技革命和产业变革趋势，深化改革创新，转化增长动能，更好抢占数字时代出版发展制高点；迫切需要用好国内国际两

个市场两种资源，增强走出去实效，讲好中国故事，传播好中国声音。

（一）指导思想

高举中国特色社会主义伟大旗帜，深入贯彻党的十九大和十九届历次全会精神，坚持以马克思列宁主义、毛泽东思想、邓小平理论、"三个代表"重要思想、科学发展观、习近平新时代中国特色社会主义思想为指导，全面贯彻落实习近平总书记关于出版工作的重要论述，紧扣新时代中国特色社会主义事业总体布局和战略布局，围绕立足新发展阶段、贯彻新发展理念、构建新发展格局，聚焦举旗帜、聚民心、育新人、兴文化、展形象的使命任务，以社会主义核心价值观为引领，以推动出版业高质量发展为主题，以深化出版领域供给侧结构性改革为主线，以推动出版业改革创新为根本动力，以多出优秀作品为中心环节，以满足人民日益增长的学习阅读需求为根本目的，为人民群众提供更加充实、更为丰富、更高质量的出版产品和服务，推动出版业实现质量更好、效益更高、竞争力更强、影响力更大的发展。

（二）基本原则

——坚持党的全面领导。贯彻落实党管出版原则，健全完善党领导出版发展的体制机制，严格落实意识形态工作责任制以及主管主办制度和属地管理责任，把党的领导落实到出版工作的方方面面，为实现出版业高质量发展提供根本保证。

——坚持以人民为中心。尊重人民主体地位，坚持为人民出好书理念，保障人民阅读权益，把服务群众和教育引导群众结合起来，把满足需求和提高素养结合起来，促进满足人民文化需求和增强人民精神力量相统一。

——坚持新发展理念。把新发展理念贯穿出版发展的全过程、各领域，不断推进内容创新、技术创新和体制机制创新，支持产业链上下游深度融合，优化出版发展生态，转变出版发展方式，构建出版业发展新格局，实现更高质量、更有效率、更加公平、更可持续、更为安全的发展。

——坚持质量第一。把提高质量作为出版工作的生命线，牢固树立精品意识，增强原创能力，构建品位健康、品质优良、品类丰富的出版生产服务体系，着力打造思想精深、艺术精湛、制作精良的精品力作，充分发挥出版精品的示范引领作用。

——坚持把社会效益放在首位。以社会主义核心价值观为引领，正确处理出版意识形态属性和产业属性、社会效益和经济效益之间的关系，积极履行出版社会责任，注重出版的社会效果，弘扬主旋律，传播正能量，践行好出版职责使命。

——坚持统筹兼顾。牢固树立系统观念，加强顶层设计和协调推进，统筹好出版事业与出版产业、出版发展与出版管理、传统出版与新兴出版，促进出版全领域各环节协同高效，实现出版发展质量、结构、规模、速度、效益、安全相统一。

（三）主要目标

展望2035年，我国将建成出版强国，出版创新创造活力充分激发，优质内容供给能力显著增强，出版服务大局服务人民能力凸显，出版业实力、影响力、国际竞争力明显提高，出版领域治理体系和治理能力基本实现现代化，出版在增强国家文化软实力和中华文化影响力中的作用更加彰显。

锚定建成出版强国的远景目标，结合出版改革发展的形势和条件，坚持目标导向和效果导向相结合，坚持守正和创新相统一，到"十四五"时期末，出版强国建设取得重大进展，努力实现以下目标。

服务大局的能力水平达到新高度。全行业牢固树立围绕中心、服务大局意识，党的创新理论出版传播广泛深入，党中央决策部署宣传阐释准确到位，主题出版的传播力引导力影响力明显提高，出版在宣传思想文化阵地中的重要性进一步凸显，服务党和国家事业发展的作用更加显著。主题出版印刷保障能力和应急印刷保障能力大幅提升。

满足人民学习阅读需求实现新提升。以人民为中心的出版导向更加鲜明，出版原创能力明显增强，精品生产机制更加健全，人民群众喜爱的优秀出版物持续涌现，出版公共服务体系更加完善，书香社会建设取得显著成效，出版在提升人民思想境界、增强人民精神力量中的作用更加突出。到"十四五"时期末，全国出版物发行网点数量达到30万处左右。

行业繁荣发展取得新突破。出版业供给侧结构性改革深入推进，转变发展方式迈出重要步伐，出版品种、结构、布局显著优化，现代出版体系建设取得重大进展，行业整体实力进一步增强，对文化产业增长的贡献率稳中有升，在坚持把社会效益放在首位的前提下，努力实现社会效益和经济效益双跃升、双丰收。重点培育10家左右主业突出、综合实力强、品牌价值凸显的出版发行企业。国家印刷示范企业增长引擎作用更加明显，数字印刷等新动能持续增强。到"十四五"时期末，出版、印刷和发行年营业收入达到2万亿元左右。

产业数字化水平迈上新台阶。出版科技创新与成果转化能力明显增强，数字技术赋能引领作用充分发挥，内容生产传播数字化水平显著提升，数字出版、按需印刷等新业态新模式更加多元，精品供给更加丰富，数字化营收占比持续提高，行业融合发展进一步深化。重点培育10家左右优势明显、传播力强、影响广泛的新型出版企业。

出版走出去取得新成效。出版国际交流合作渠道更加丰富有效，对外贸易的范围、领域、层次进一步拓展，中国优秀出版物国际影响力明显增强，出版走出去取得更大实效。到"十四五"时期末，出版物版权年输出规模达到2万项左右。

行业治理效能得到新提高。党管出版的体制机制更加健全，出版领域法规制度体系更加完备，全社会版权保护意识和保护水平明显提高，应对防范出版领域意识形态风险能力进一步增强，出版业数据共享、开发、应用和网络安全水平显著提升，行业发展安全保障更加有力。形成统一开放、竞争有序的出版物市场体系，市场环境持续改善，行业生态不断优化。

二、做强做优主题出版

把学习宣传贯彻习近平新时代中国特色社会主义思想作为长期重大政治任务，及时策划、编辑、出版、传播党的创新理论读物，打造文献精编、权威读本、理论专著、通俗读物等多层次作品体系，推动党的创新理论更加深入人心、落地生根。坚持围绕中心、服务大局，打造更多培根铸魂、启智增慧的出版精品，更好为全面建设社会主义现代化国家统一思想、凝聚力量。

加强党的创新理论出版传播。发挥出版在理论研究宣传中系统深入的优势，推进马克思主义中国化、时代化、大众化最新成果的出版。聚焦学习宣传贯彻习近平新时代中国特色社会主义思想，统筹做好习近平总书记重要著作、讲话单行本、论述摘编、思想研究、实践成果、用语解读以及描写习近平总书记工作、生活足迹等作品出版工作，加强学理化、学术化阐释，推出一批有学理深度和学术厚度的理论专著；增强针对性，扩大覆盖面，面向党员干部、知识分子、工农群众、大中小学生等不同群体，推出一批在深入研究基础上进行浅出表达的大众化读物。聚焦习近平总书记"七一"重要讲话提出的一系列新的重大思想、重大观点、重大论断，推出一批重要理论力作。强化习近平新时代中国特色社会主义思想读物发行保障和网上出版传播，让党的创新理论传得更开更广更深入，更好地武装全党、教育人民、推动工作。整合对外出版资源力量，推动习近平总书记著作及相关图书译介出版，扩大海外发行规模，深入宣介习近平新时代中国特色社会主义思想。

做好重大主题作品出版传播。聚焦党和国家重大决策部署和年度工作主题主线，推出一批反映时代新气象、讴歌人民新创造的重点出版物。围绕国家有关重大战略，有针对性地策划出版一批准确阐释、解疑释惑、凝聚力量的优秀读物。紧扣宣传党的十九届五中全会精神，解读"十四五"时期我国发展的战略目标和任务部署，阐释进入新发展阶段、贯彻新发展理念、构建新发展格局、推动高质量发展的丰富内容和实践要求，策划出版一批服务创新驱动发展战略、新型城镇化战略、区域协调发展战略、制造强国战略等国家重大战略和反映我国社会主义现代化建设伟大成就的精品读物。聚焦宣传党的十九届六中全会精神，推出一批深刻阐述党的百年奋斗重大成就和历史经验、深刻阐释全会提出的重要思想和重大论断、深刻阐明"两个确立"对新时代党和国家事业发展及对推进中华民族伟大复兴历史进程具有决定性意义的理论力作。围绕建党100周年、党的二十大、毛泽东同志诞辰130周年、邓小平同志诞辰120周年、中国人民抗日战争胜利80周年等重要时间节点，打造一批高质量、影响大的主题出版精品。

推进弘扬中华民族精神作品出版传播。围绕充分展现中国人民的伟大创造精神、伟大奋斗精神、伟大团结精神、伟大梦想精神，打造一批出版精品。聚焦中国特色社会主义、中国梦、社会主义核心价值观、坚定理想信念、民族团结进步等，围绕公民道德建设、褒扬英雄模范、宣传先进典型人物等，推出一批主题鲜明突出、内容丰富生动、形式灵活多样的优秀出版作品。围绕深入开展党史学习教育和"四史"宣传教育，出版一批党史、新中国史、改革开放史、社会主义发展史相关读物。

强化主题出版组织引导。进一步完善主题出版选题策划机制，优化主题出版选题结构，提升选题质量。严格落实重大选题备案制度，加强选题内容审核把关，确保坚持正确政治方向、出版导向、价值取向。鼓励创新表达方式和传播手段，增强主题出版物的吸引力感染力影响力，打造一批双效俱佳的主题出版精品。建立重点作品跟踪推进机制，整合各方有效资源，加强全流程内容把关和质量管理，打造标杆性主题出版精品。

专栏1　习近平新时代中国特色社会主义思想出版传播

习近平新时代中国特色社会主义思想重要读物出版：认真做好习近平总书记重要著作、讲话单行本、论述摘编的出版发行工作，并精心组织少数民族文字版、外文版、繁体中文版、盲文版等的出版发行。继续编辑出版《习近平谈治国理政》。重点做好习近平总书记"七一"重要讲话多语种多版本的出版发行工作。

习近平新时代中国特色社会主义思想研究阐释读物出版：围绕习近平新时代中国特色社会主义思想的丰富内涵，推出一批高质量高水平的理论阐释读物，重点组织出版《习近平新时代中国特色社会主义思想学习问答》，编辑出版《习近平外交思想学习纲要》《习近平经济思想学习纲要》《习近平法治思想学习纲要》等分领域学习问答、学习纲要。

习近平新时代中国特色社会主义思想大众化普及化读物出版：围绕生动普及、有效传播习近平新时代中国特色社会主义思想，组织出版一批吸引力、感染力强的分众化作品，重点打造描写习近平总书记工作、生活足迹的系列重要作品，打造"习近平讲故事"系列丛书、《总书记来过我们家》、《收到总书记回信后》等大众读物、特色读物。

习近平新时代中国特色社会主义思想读物发行传播：做好党的创新理论相关出版物发行保障工作。建好用好"新时代　新经典——学习习近平新时代中国特色社会主义思想重点数字图书专栏3"。做好习近平总书记著作海外翻译出版发行。

习近平新时代中国特色社会主义思想读物出版统筹组织：根据中央部署和工作重点进行统一安排、合理规划、分类实施，建立健全习近平新时代中国特色社会主义思想读物出版的统筹协调机制，做好立项、编写、审核、出版、印制、发行、宣传等工作。设立"习近平新时代中国特色社会主义思想大众化普及化精品项目库"。

专栏2	主题出版传播

马克思主义经典著作研究出版工程：推动出版单位深入研究马克思主义深邃的思想内核，加强总体性研究，拓宽研究视角，重点打造《马克思主义经典文献传播通考》《马克思主义经典作家文库》《马藏》等，不断丰富马克思主义经典著作成果宝库。

"四史"题材作品出版工程：围绕"四史"宣传教育，推出一批经典教材和主题出版物，打造"建党百年书系""党的革命精神谱系"丛书等，打造《中国共产党简史》《中华人民共和国简史》《改革开放简史》《社会主义发展简史》等重点作品。开展"书映百年伟业"好书荐读、"红色经典、献礼百年"阅读、党建文献主题阅读等读书学史活动。

现实题材作品出版工程：围绕全面建设社会主义现代化国家等主题，打造坚定信仰、信念、信心的"三信书系"；服务有关国家重大战略，精心打造"强国书系"。做好纪录小康工程相关出版工作。围绕经济持续健康发展、深化改革开放、精神文明建设、生态环境保护、民生福祉保障等主题，鼓励出版单位推出一批重点作品。持续实施"中华人物故事汇"丛书出版工程。

重点时政社科期刊舆论引导能力建设工程：根据年度党和国家重大主题宣传需要，每年遴选支持一批重点时政社科期刊，策划推出相关重点专题和专栏专刊，形成舆论强势。开展"期刊主题宣传好文章"推荐活动，每年遴选推荐100篇左右主题鲜明的好文章。

三、打造新时代出版精品

着眼提高全民族思想道德素质、科学文化素质和身心健康素质，促进人的全面发展和社会全面进步，改善人民生活品质，提升社会文明程度，大力加强精品出版、原创出版，推出更多既能满足人民文化需求、又能增强人民精神力量的出版精品，着力打造一批在全国有影响力、在国际上有竞争力的出版品牌。

实施一批重大出版工程。围绕巩固壮大主流思想舆论、服务经济社会各领域高质量发展、传承弘扬中华优秀传统文化等，规划实施若干体现新时代文化成就、代表国家文化形象的重大出版选题，推出一批具有长远意义、代表国家水准、产生世界影响的传世精品。

整理出版一批重要文化典籍。坚持创造性转化、创新性发展，着眼加强保护、研究与利用，系统性整理出版一批重点古籍。加强对出土文献、重要考古成果和具有重大价值社会档案的抢救性整理。针对存藏海外的中国古籍，加强查访了解、调研摸底，利用多种方式进行整理出版。持续推广普及经典古籍权威版本。健全全国古籍工作体制机制，完善覆盖全国的古籍工作体系，形成古籍工作"一盘棋"格局，提升新时代古籍保护利用能力和古籍工作水平。

推出一批人文社科领域出版精品。着眼推动构建中国特色、中国风格、中国气派的哲学社会科学，打造一批高水平哲学社会科学重要著作。着眼以文化人、以文育人，鼓励出版更多体现人文精神、彰显人文关怀的优秀出版物，重点扶持一批反映时代新气象、讴歌人民新创造的文学艺术出版精品。着眼满足人民群众多层次、多方面、多样化的阅读需求，出版更多普及知识、陶冶情操的大众读物。

推出一批科学技术类出版精品。服务科技强国建设，面向世界科技前沿、面向经济主战场、面向国家重大需求、面向人民生命健康，打造一批反映科学研究前沿、代表国家科技实力的出版精品。着眼满足重大科技攻关需要，瞄准人工智能、量子信息、集成电路、生命健康、脑科学、生物育种、空天科技、深地深海等前沿领域，推出一批具有前瞻性、战略性的科技出版精品。加快世界一流科技期刊建设。推出一批弘扬科学精神、普及科学知识的科普读物。

推出一批少儿读物精品。面向青少年积极传播党的创新理论，开展"四史"宣传教育，贴近青少年阅读习惯，创新方法手段，组织推出一批生动阐释、丰富呈现的学习读物。聚焦培育时代新人,引导青少年以实现中华民族伟大复兴为己任,推出一批立德树人、启智增慧的教材、读物,培养德智体美劳全面发展的社会主义建设者和接班人。落实《新时代公民道德建设实施纲要》《新时代爱国主义教育实施纲要》,组织出版一批大力弘扬民族精神和时代精神、培育和践行社会主义核心价值观、传承中华优秀传统文化的优秀少儿图书、绘本连环画、有声读物等。

专栏3　新时代出版精品

　　重大出版工程:推进《中国大百科全书》第三版编纂出版,推进《复兴文库》编纂。推进中华民族音乐传承出版工程、中国经典民间故事动漫创作出版工程。支持有关重点志书、专门史、盲文、民文项目出版。

　　重要文化典籍整理出版:整理出版300种以上中华典籍,组织《永乐大典》、敦煌文献等重点古籍系统性保护整理出版。推进点校本"二十四史"及《清史稿》修订工程、《中国历代绘画大系》等重点古籍整理出版项目和中华优秀传统文化普及出版工程。

　　原创精品创作出版:继续实施优秀通俗理论读物出版工程、优秀现实题材文学出版工程,启动实施科普读物等原创精品出版工程。深入推进优秀青少年读物出版工程,打造一批青少年喜闻乐见的高质量少儿读物、教辅读物,重点打造《我听习爷爷讲故事》、《青少年读"四史"》、《童心向党、热爱祖国》(连环画)、《我爱传统文化》(连环画)等精品读物。

　　精品出版建设引导:开展精神文明建设"五个一工程"奖优秀图书、中国出版政府奖、中华优秀出版物奖评选和"中国好书"推荐。扶持引导出版更多反映各领域各学科最新成果的学术研究著作。组织实施出版内容和编校质量提升计划,进一步完善出版物质量保障体系。

　　精品科技期刊建设工程:鼓励有实力的科技期刊出版企业整合重组期刊资源,加快形成具有较大规模、较强实力的科技期刊出版集群和集团,打造一批高品质科技期刊。着眼建设世界一流科技期刊和推动学术期刊繁荣发展,优化科技期刊出版资源配置,进一步完善学术期刊评价体系,展示高水平学术研究成果。

四、壮大数字出版产业

实施数字化战略，强化新一代信息技术支撑引领作用，引导出版单位深化认识、系统谋划，有效整合各种资源要素，创新出版业态、传播方式和运营模式，推进出版产业数字化和数字产业化，大力提升行业数字化数据化智能化水平，系统推进出版深度融合发展，壮大出版发展新引擎。

着力推出一批数字出版精品。加强数字出版内容建设，深入推进数字出版供给侧结构性改革，有力发挥重点项目和工程示范带动作用，推出一批导向正确、内容优质、创新突出、双效俱佳的数字出版产品和服务。实施品牌提升计划，鼓励出版单位推出更多数字出版拳头产品，打造一批国际知名数字出版品牌。着眼弘扬中华优秀传统文化，加强古籍数字化开发利用，推出一批古籍数字化重点项目。引导网络游戏健康有序发展，支持创作更多优秀现实题材和历史题材网络文学精品，加强网络数据库建设。

大力发展数字出版新业态。推动数字技术赋能出版全产业链条，补足补强出版业数字化薄弱环节，进一步催生传统出版与数字业务相融合的新型出版业态。着眼满足消费升级新要求，顺应数字时代文化生活移动化智能化个性化新趋势，精准匹配用户需求和应用场景，推广互动式、服务式、场景式传播，打造数字出版新产品新服务新模式。鼓励跨界融合，推动数字出版与经济社会各领域相加相融，构建附加值高、功能多样的新型"出版+"业态。

做大做强新型数字出版企业。根据不同出版门类的规律特点，推出一批技术领先、融合度高、精品聚集、示范性强的出版单位，带动行业全面提高融合发展能力和水平。鼓励有条件、有实力的出版单位加大投入力度，巩固壮大数字出版规模优势，打造主业突出、国际竞争力强的数字出版龙头企业，建设具有广泛影响力的国家级数字出版平台。对接国家区域发展战略，加强对数字出版基地（园区）的规范管理和科学引导，突出基地（园区）对数字出版企业的孵化、服务、支撑作用，形成创新活跃、资源集聚、带动效应明显的数字出版企业集群。

健全完善数字出版科技创新体系。突出科技创新在推动出版业数字化转型升级、实现深度融合发展中的重要作用，大力推动5G、大数据、云计算、人工智能、区块链、物联网、虚拟现实和增强现实等技术在出版领域的应用，推动国家出版发行信息公共服务平台的应用。鼓励出版单位与高等院校、科研机构、科技企业等加强合作，建设高水平行业重点实验室、协同创新平台、技术研发中心，促进相关科技成果高效转化。强化出版企业创新主体地位，促进各类创新要素整合集聚，形成以企业为主体、市场为导向、产学研用相衔接的技术创新体系。推动建立行业数据服务规范，构建出版行业数据服务体系，开展面向政府、企事业单位和个人的数据服务。

| 专栏4 | 出版融合发展工程 |

重大出版融合发展项目：围绕国民经济和社会发展重要领域、重大工程，重点聚焦社会主义核心价值观、新时代公民道德建设、新时代爱国主义教育、乡村振兴等主题，推出一批出版融合发展重点项目。打造推出代表国家水平的党史文献、社科文献、科技文献、学术文献融合出版精品。

文化传承融合出版工程：遴选一批具有重大文化传承意义的出版融合发展项目。深入推进国家古籍数字化工程，重点建设国家古籍数字化总平台和国家古籍数字资源版本库。

数字出版内容精品工程：深入实施数字出版精品遴选推荐计划，面向出版单位和文化科技企业评选100种左右优质数字出版产品和服务项目，建立数字出版精品项目库。深化实施优秀现实题材和历史题材网络文学出版工程、有声读物精品出版工程，启动实施主题游戏出版工程。

出版融合发展示范单位和大型数字出版平台建设：实施出版融合发展示范单位遴选推荐计划，区分不同类型出版单位，遴选20家左右综合实力强的出版融合旗舰单位、30家左右优势突出的出版融合特色单位，培育融合发展第一方阵。鼓励有条件的出版单位积极建设综合性、专业化大型数字出版平台。

出版业科技与标准创新示范项目：每年评选确定一批出版技术研发、标准研制等方面的优秀成果，一批在出版科技与标准应用方面具有示范作用的单位。

报业创新发展引领示范工程：每年面向报纸出版单位遴选60种左右优质深度融合发展创新项目，举办中国报业创新发展大会、创新案例展览、新媒体业务培训，培育一批具有强大影响力和竞争力的新型报纸出版单位。

五、促进印刷产业提质增效

深化印刷业供给侧结构性改革，扩大优质印刷产品和服务供给，统筹发展和安全，加快构建产能供给优质、技术先进安全、绿色融合开放的印刷产业体系。

提高印刷供给体系质量。建立健全重点出版物印刷保障体系，高质量做好重大主题出版物、中小学教科书和重点应急印刷品的印制保障工作。针对高品质、个性化印刷产品需求，顺应消费升级趋势，加快新旧动能转换，优化供给结构，改善供给质量，提升印刷供给体系对国内需求的适配性。

推动印刷产学研用协同创新。集中优势资源突破喷墨数字印刷等关键核心技术，解决一批"卡脖子"问题。加快重大印刷技术装备工程化产业化步伐，分类布局建设印刷技术装备创新高地。建立重大需求传导机制，支持印刷骨干企业与高等院校、研究机构等加强合作，协同创新。高标准办好中国印刷业创新大会，加强大会对印刷业发展的引导和推动。

培育一批优质骨干印刷企业。加强统筹规划，强化新技术新创意新服务应用推广，打造先进制造业和现代服务业深度融合的印刷骨干企业。实施全印刷补链强链护链工程，培育壮大一批国家印刷示范企业、细分领域单项冠军企业和"专精特新"中小企业。发挥骨干企业的示范带动作用，提升我国印刷业的国际竞争力和影响力。

推动印刷业区域协调发展。规划引导东中西部印刷业梯度布局，深化京津冀印刷业协同发展先行区、长三角印刷业一体化创新高地、珠三角印刷业高水平对外开放连接平台建设。优化印刷生产要素空间配置，增强梯度发展韧性，形成特色鲜明、优势互补、融合互动、全面升级的产业布局。

专栏5	印刷业创新发展

重大任务印制保障工程：科学布局一批政治过硬、质量可靠、管理规范的骨干印刷企业，做好峰值生产的产能储备和特殊情况下的产能备份。布局建设一批优质原辅材料生产基地，提升统筹调配和智能仓储管理能力。完善相关印刷标准和检测标准，开展质量巡查和抽查，确保印刷质量。

中国印刷业创新大会：发布推动发展和加强管理的政策举措、产业发展趋势报告、重要专题报告、重要研究成果等。交流印刷业创新发展、产能升级、技术研发、绿色融合的典型经验。拓展深化创新项目路演观摩活动，推动优秀项目落地，推动成立专门基金。完善协同创新运行机制，组建细分领域协同创新产业联盟，推动破解协同创新难题。

印刷业关键核心技术及装备器材研发攻关工程：开展以高精度微机电系统、激光技术、集成电路芯片技术等为代表的喷墨数字印刷喷头关键核心技术和高速喷墨控制技术、数字前端印刷软件系统、墨水及数字化控制技术、数字化书芯成型技术等数字印刷核心技术研究攻关。开展多色高速胶印机、环保高速凹版印刷机、高速柔性版印刷机、高速涂布印刷机、高速智能清废模切机、无线胶订智能联动线、精装智能联动线等高端装备自主创新，推进高速免处理CTP版材、数字化柔性版材、绿色油墨、环保橡皮布等印刷器材国产化进程。

印刷智能制造示范工程：升级完善"一本图书印刷智能制造测试线"，建设按需印刷智能制造测试线、包装印刷智能制造测试线，并实现应用推广。建设若干家印刷智能制造应用示范中心和一批示范智能工厂、数字化车间。

全印刷补链强链护链工程：补链是指分领域建设一批印刷互联网信息平台，推进企业数字化管理进程和自动化生产进程。强链是指推进印刷智能制造，推动按需印刷出版、个性化包装发展，推动印刷与各领域融合发展。护链是指推广使用绿色环保低碳的新技术新工艺新材料，推动关键零部件、重要原辅材料供应多元化。

分期建设中国数字印刷大数据中心：一期建设管理部门、出版单位、印刷企业与电商平台统一在线的信息化管理系统，对生产型数字印刷设备的生产信息实施在线监管。

六、加强出版公共服务体系建设

坚持政府引导、社会参与、全民共建，围绕优秀城乡文化资源配置，创新出版公共服务供给模式，提高公共服务的效率和质量，不断增强人民群众文化获得感幸福感。深入开展全民阅读活动，加强特殊群体和乡村地区阅读服务保障，在全社会大力营造爱读书、读好书、善读书的良好氛围，建设书香社会。

增强出版公共服务效能。优化出版公共资源配置，推动出版公共服务社会化发展、专业化运营，加快建设现代出版公共服务体系。加强各类出版公共服务设施建设，优化服务定位，升级服务标准，提升数字化水平，推动出版公共服务标准化、均等化，保障人民群众基本文化权益。推进国家版本馆等国家重大出版文化设施建设，持续优化馆藏内容和社会服务，充分发挥优秀出版文化资源在传承中华文明、赓续中华文脉中的重要作用。

创新开展全民阅读活动。着力推进主题出版阅读，聚焦学习贯彻习近平新时代中国特色社会主义思想，开展丰富多样的阅读推广活动。整合全民阅读资源，组织开展重点阅读活动，着力打造"书香中国"全国性阅读活动品牌，举办全民阅读大会，推动各地区各部门结合实际，以实体书店、农家书屋等为基础，大力开展读书节、读书月、阅读季等特色鲜明的品牌阅读活动。组织引导社会各方力量共同参与，充分发挥文化名家、知名作者的阅读引领作用，提升阅读活动的群众参与度、辐射面、号召力。加强阅读分众分类分级指导，健全全民阅读推广服务体系，营造良好社会阅读风尚。建好用好全民阅读公共服务平台，促进阅读便利化，提高阅读普及率。

保障特殊群体基本阅读权益。丰富老年人、进城务工人员、农村留守妇女儿童的阅读资源供给，保障特殊群体的出版文化权益。大力推进盲人读物出版，扶持盲人阅读推广。推动优质公共出版资源向农村地区、革命老区、少数民族地区倾斜，提高社会整体阅读服务水平。

提升乡村阅读服务水平。推动农家书屋对接基层群众实际阅读需求，增加优质内容供给，加强数字化升级改造，深化"百姓点单"服务模式，推动与"两中心一平台"共建共享，用高质量阅读服务提升书屋综合服务效能。支持加大乡村阅读投入和帮扶力度，鼓励出版单位积极参与乡村阅读推广，缩小城乡出版公共服务差距，助力乡村振兴。

专栏6	出版公共服务建设

国家级出版文化设施建设：坚持高质量推进、高水平运营，建好用好国家版本馆等国家重大出版文化设施。

优化公共出版阅读资源配置：优化基层出版阅读资源配置，推动公共图书馆、农家书屋、社区书屋、职工书屋等阅读场所完善配套设施，推动车站、机场等公共场所改善阅读条件，深入推动全民阅读进农村、进社区、进家庭、进学校、进机关、进企业、进军营、进网络。

优秀全民阅读项目评选：推动深入开展"书香中国"系列活动，每年评选资助10个左右全国性全民阅读优秀项目，总结推广基层促进全民阅读的好经验好做法。

盲人群体阅读权益保障：实施盲人数字阅读推广工程，建设盲用资源平台和数字出版基地，推进盲用数字化深度融合发展与传播，为盲人提供阅读便利。研制3D盲文绿色印刷技术及智能生产系统，推动盲文印制转型升级。

农家书屋数字化提升工程：加快农家书屋数字化建设，研发适合农民群众阅读的数字文化产品，丰富数字阅读资源供给，增强农家书屋数字化阅读服务能力，培育一批数字化服务典型模式和示范案例。探索建立农家书屋智能化管理体系，提升管理水平。

七、健全现代出版市场体系

进一步发挥市场在出版资源配置中的积极作用，更好发挥政府作用，深化体制机制改革，培育壮大更有活力、创造力和竞争力的出版市场主体。健全出版要素市场运行机制，全面促进出版市场消费，加快构建高效规范、竞争有序的出版市场。

推动市场主体做优做强。健全有文化特色的现代出版企业制度，支持出版发行企业在坚守主业基础上适度开展多元化经营，不断提升经营能力和管理水平，充分激发和释放市场主体活力。鼓励出版发行单位调整盘活存量资产，优化增量资本配置，探索利用市场化手段提升行业集中度，打造行业发展龙头。发挥出版产业基地优势，加强出版优质资源集聚，推动出版发行企业在业态创新、资源整合上取得更大突破。实施创建国际一流出版企业计划，推动建设实力雄厚、国际竞争优势明显、可持续发展能力强的世界一流出版企业。建设中国国际出版交流中心，努力打造主题出版发布交流平台、出版融合发展平台、出版精品展示平台、国际版权贸易和人文交流平台。

加强出版领域市场建设。优化提升人才、技术、数据、知识产权等出版要素资源质量，完善要素市场化配置体制机制，增强要素配置效能和保障能力，提高出版业全要素生产率。打通出版用纸、高端印刷、智能发行等行业堵点难点，推动畅通出版生产、分配、流通、消费各环节，实现行业上下游、产供销有效衔接、高效运转，提升出版产业链供应链现代化水平。突出消费对出版业发展的带动作用，稳步提升传统消费，培育促进新型消费，推动国内国际出版供给需求有效对接，形成需求牵引供给、供给创造需求的更高水平动态平衡。

健全出版物发行渠道。创新出版物发行业态形式、经营模式和服务方式，加快发行渠道资源整合，提升线上线下发行能力，健全广覆盖、多层次、多样态、可持续的发行网络和服务体系。完善城市出版物发行网点布局，鼓励发行企业参与城市文化功能区建设，支持社区书店、校园书店等发展，合理建设小微型发行网点，改善城市报刊亭面貌和服务水平。加强乡村地区出版物发行网点建设，鼓励农村发行网点与电商联合，建立实体与网络相结合的新型农村发行网点。推进新华书店网上商城建设。

完善出版领域市场准入机制。加强出版资质管理，进一步规范党和国家重要文献、教材、教辅、辞书、地图等门类的出版资质要求。建立健全出版单位及从业人员违规行为记录和信用管理制度，加强违规责任追究和失信惩戒，促进出版业健康发展。

专栏7	出版市场体系建设

出版要素流通建设工程：支持出版单位开展出版资源要素交易，支持具有产业链、供应链带动能力的出版企业探索构建适应企业业务特点和发展需求的数据中台、业务中台。

发行单位能力提升工程：鼓励各地加大实体书店支持力度，推动实体书店加快数字化、智能化改造，探索多业态融合发展，全面提升管理、运营、服务水平。推出一批具有文化地标意义的特色书店。打造和扶持具有重要品牌影响力和综合实力强的全国统一新华书店网络发行平台，扶持若干家骨干网络发行企业。

出版单位全媒体营销示范工程：每年遴选 20 家左右图书、期刊、音像制品、电子出版物出版单位，支持拓展线上线下发行渠道，利用短视频、网络直播、新媒体矩阵等新型营销方式，提升出版物发行能力。

八、推动出版业高水平走出去

统筹引进来和走出去，深化出版国际交流合作，扎实推进出版走出去重点工程项目，创新出版走出去方式，扩大出版物出口和版权输出，增强我国出版产业的国际竞争力，更好推动中华文化走出去。

加强出版走出去内容建设。着眼加快构建中国话语和中国叙事体系，策划出版一批面向国际市场的优秀图书，着力讲好中国共产党治国理政的故事、中国人民奋斗圆梦的故事、中国共产党和中国人民血肉联系的故事、中国坚持和平发展合作共赢的故事，让世界更好了解真实、立体、全面的中国。坚持贴近不同区域、不同国家、不同群体受众，更好适应海外读者的阅读和文化习惯，创新出版物内容表达和呈现形式，增强国际出版传播的亲和力和实效性。加大对中国图书海外译介的扶持力度，提升翻译质量，增强传播效果。大力传播弘扬中华优秀印刷文化。

拓展出版走出去方式渠道。办好北京国际图书博览会，用好重要国际书展平台，适应线上线下融合办展趋势，完善国际书展参展及主宾国活动机制，高效传播中国优质出版内容。建设国际印刷技术交流合作平台，大力发展数字文化贸易，推动网络文学、网络游戏、在线教育、数字阅读、专业数据库等数字出版精品走出去。鼓励出版企业通过新设、收购、合作等方式，加大海外投资力度，优化境外投资结构布局，提升本土化运营能力水平。

增强出版国际竞争力影响力。加强出版走出去统筹协调，有效整合各种资源、渠道，加大支持保障力度，形成走出去工作合力。持续引导出版进出口贸易平衡，提升版权输出质量，扩大实物出口规模，改善贸易结构。支持瞄准海外细分市场和主流受众，培育国际知名出版品牌，推出更多具有国际一流水准、引领国际文化消费潮流的产品和服务。引导基础较好的出版单位优化海外发展战略，用好国内国际两个市场两种资源，积极融入国内国际双循环，提高企业国际化运作能力和经营水平。支持出版单位、行业协会等参加相关国际组织，参与制定国际标准和规则，增强我国出版国际话语权。

> **专栏8　出版走出去工程**
>
> 　　**亚洲经典著作互译计划**：与亚洲国家商签双边协议，确定互译输出引进书目，开展书目互换、互译、出版发行工作。
> 　　**中国出版物国际营销渠道拓展工程**：组织出版企业参加国际书展，举办重要国际书展中国主宾国活动。打造北京国际图书博览会等国际书展品牌，建好用好"中国书架"、中国图书春节联展等活动平台。
> 　　**对外翻译出版工程**：实施经典中国国际出版工程、丝路书香工程、中外图书互译计划。
> 　　**国际出版版权数据库建设项目**：支持企业借助大数据、人工智能等新兴技术，动态实时收集分析出版物进出口、版权引进输出数据，为出版走向海外市场提供参考依据。

九、提高出版业治理能力与管理水平

坚持党管出版原则，更好履行政府职责，进一步加强和改进党对出版工作的全面领导，推动构建行政管理、社会治理、企业行业自律相结合的出版治理体系。

完善党管出版工作体制机制。深化落实党中央关于党委宣传部门统一管理出版工作的决策部署，理顺出版工作领导体制和工作机制，坚决落实党管出版原则。强化政治引领，充分发挥党组织在出版重大决策等方面的决定性作用，完善出版领域重大问题分析研判机制，健全出版工作重点任务部署落实制度，牢牢掌握党对出版工作的领导权。大力强化制度执行，加强属地管理、主管主办等制度落实情况的监督检查，推动属地管理部门和主管主办单位切实担负起对本地区本部门出版工作的指导、协调和管理职责，督促有关高校落实党委宣传部负责指导和管理所办出版单位制度。

规范网上网下出版秩序。严格规范出版单位与民营机构合作，严肃查处"买卖书号"行为。加强出版物价格监督管理，推动图书价格立法，有效制止网上网下出版物销售恶性"价格战"，营造健康有序的市场环境。进一步压实网上出版有关单位和平台的主体责任，强化分级分类管理，改进创新内容监管方式手段，加大网络游戏等重点领域专项治理，对人民群众反映突出的问题和乱象重拳整治，更好优化网上出版生态。加强对报纸出版秩序的规范管理，严肃查处报纸出版单位违规与民营机构合作、转让出版权、买卖刊号、出售版面、违规刊发广告等违法违规行为，持续深入开展打击新闻敲诈和假新闻专项行动。深入开展"扫黄打非"，严厉打击各类涉黄涉非出版传播活动，健全网上"扫黄打非"联席会议制度，加强区域性联防协作工程建设，推进基层"扫黄打非"工作常态化长效化，提升"扫黄打非"法治化信息化水平。加强出版物进口审读把关。用好文化市场综合执法队伍力量。

加强著作权保护和运用。改进和完善著作权登记、集体管理制度，健全版权保护、共享和交易系统，推进全国版权示范创建和国家版权创新发展基地试点工作，促进全国版权展会授权交易体系建设，进一步提升版权社会服务能力和水平。推动数字版权发展和版权业态融合，充分利用云计算、物联网、大数据、区块链、人工智能等新技术，创新版权监管手段，强化版权全链条保护，鼓励有条件的机构和单位建设基于区块链技术的版权保护平台，提高版权执法有效性和精准度。坚持正版化与信息化、信息安全相结合，推动重要行业和重点领域软件正版化工作制度化规范化，保障国家网络信息安全。提高版权保护工作法治化水平，严厉打击各类侵权盗版行为，持续开展"剑网"专项行动，加大执法监管力度，营造良好版权保护环境。

深化出版领域"放管服"改革。推进落实"证照分离"改革全覆盖要求，编制出版领域中央层面设定的行政许可事项清单，分级分类落实证明事项告知承诺制、涉企经营许可事项告知承诺制，编制基层政务公开事项标准指引。准确把握出版领域行政许可意识形态特点，坚持依法、安全、稳妥，创新工作理念思路，优化工作机制流程和营商环境，提高审批效率和服务水平。

加强出版领域法规体系建设。研究制定网络游戏管理办法和新兴出版业态管理相关规定，修订《中华人民共和国著作权法实施条例》《著作权集体管理条例》《网络出版服务管理规定》《印刷业经营者资格条件暂行规定》《报纸出版管理规定》《出版物市场管理规定》等法规规章。健全出版单位考核评估机制，优化社会效益评价指标体系，完善考核结果运用办法。

专栏9	出版市场管理

报业行政管理能力提升工程：推进建设全国标准统一的报业行政管理网络系统，构建机构、人员、活动、内容"四位一体"的管理服务平台。

地方新闻出版（扫黄打非）联防能力提升工程：建设中央、省、市三级协同监管体系，在5个重点地区分别建设1个监管中心及宣传教育基地，充分发挥有关联防协作机制作用，切实增强相关地方"扫黄打非"部门技术保障和协同能力。

出版领域区块链技术创新应用工程：推动智能合约、共识算法、加密算法、分布式系统等区块链技术在出版产业中的创新应用，以联盟链为重点，发展区块链服务平台，完善数字资产与供应链管理，健全行业监管机制，提高出版（版权）管理水平。

十、完善出版业高质量发展保障措施

顺应出版业高质量发展要求，加强政策有效供给，完善制度保障体系建设，促进出版业质量变革、效率变革、动力变革，推动出版业提质增效，为建设出版强国提供强有力的支撑保障。

加强出版重大课题研究。站位全局，着眼长远，聚焦出版业发展基础性战略性关键性问题，组织开展前瞻性系统性研究，为出版业高质量发展提供智力支持。围绕制约出版业高质量发展的困难和挑战，深化开展专题研究和应用对策研究，为科学决策提供参考依据。推进出版高端智库建设，更好发挥出版研究机构、行业协会、高等院校的智库作用，支持有关地方和单位积极开展出版智库建设，加强社会类出版智库规范引导，统筹推进各类出版智库规范发展。

健全精品出版激励机制。推动出版单位构建以精品生产为中心的考核评价体系，引导激励多出优秀作品。优化提升各类出版物评奖推荐活动效果，改进出版阅评、图书排行、图书评论等工作，坚持精益求精，加强宣传推介，更好引领出版精品创作生产。加强源头原创，制定重点选题规划，优化重点选题策划论证机制，加强重大题材内容审核把关，提高出版原创能力水平。建立健全精品出版与社会效益考核评价、评奖评优、出版资源配置协调联动机制。继续实施出版宏观调控，优化书号、刊号等出版资源配置。

完善出版经济政策体系。推动完善出版融合发展、印刷业转型升级、实体书店提质增效、深化出版走出去等财税政策。推动延续出版、发行、出口等环节有关税收优惠政策，建立宣传文化增值税优惠政策长效机制。积极对接运用国家有关企业设备更新和技术改造、扩大战略性新兴产业投资、推进新型基础设施建设等方面的支持政策。

优化资金投入机制。提高国家出版基金资助力度和精准度，统筹用好相关出版专项资金，加大主题出版、学术出版、融合出版支持力度，提高原创精品扶持效能。对国家级出版公共文化设施、重大出版工程、重大出版融合发展项目，积极协调财政资金支持。鼓励获得国家社科基金、国家自然科学基金资助的项目研究成果在国内出版、发表，协调进一步加大基金对优秀科研成果出版、发表的资助力度。用好中国文化产业投资基金、国家文化产业发展项目库等政策渠道。鼓励各地区各部门加大对出版领域的资金支持力度，积极出台扶持出版业发展的政策措施。

强化出版技术支撑。把先进科技作为出版业发展的战略支撑，推进实施一批出版科技创新重点项目，推动将出版技术研发列入国家重点研发计划，加强出版领域基础性和关键共性技术研发推广。统筹行业重大科技工程与企业基础技术设施建设，培育技术要素市场，扶持创新示范项目，促进科技资源优化配置和科技成果转化应用，以科技创新带动出版产品创新、服务创新、模式创新、业态创新。优化行业标准体系结构，建立符合出版业发展要求的高质量标准体系，推动标准工作提档升级。

加强出版人才队伍建设。深入开展马克思主义新闻出版观教育，推进增强"四力"教育实践工作，发挥文化名家暨"四个一批"人才、宣传思想文化青年英才等高层次人才工程作用，培养造就一批出版领军人物和出版家。加强创新型、应用型、复合型人才培养，重点打造出版理论人才、优秀骨干编辑、优秀校对人才、数字出版人才、印刷发行业务能手、版权运营专家、出版国际贸易人才等，建设新时代出版人才矩阵。推动从事网络出版业务的企业配备一支政治素质高、业务能力强、与内容生产规模相适应的编辑、审核队伍，提高对网络出版物的把关能力和水平。健全以创新能力、质量、实效、贡献为导向的出版人才评价体系，对急需紧缺的特殊人才实施特殊政策，构建充分体现知识、技术等创新要素价值的激励机制，鼓励在人才引进、绩效考核等方面加大对出版融合发展业务的支持力度。深化出版专业技术人员职称制度改革，推进实施完善职业技能等级认定工作，支持举办全国行业职业技能大赛，畅通数字出版从业人员职业资格考试渠道，健全完善继续教育培训和职称评定的长效机制。加强出版学学科建设和专业人才培养，构建中国特色社会主义出版学学科体系。

专栏10　出版业高质量发展保障工程

出版智库高质量建设计划：深入推进出版领域智库建设，着力打造20家左右有较大影响力和知名度的出版高端智库，每年遴选5家左右方向定位清晰、研究水平上乘、学术影响广泛的出版智库，在出版战略研究、政策建言、人才培养、舆论引导等方面发挥智力支持作用。加强出版智库后备力量建设，每年扶持5至10家基础好、有潜力的出版研究机构。

重点出版物规划引导：编制实施《"十四五"时期国家重点图书、音像、电子出版物出版专项规划》《2021—2030年国家古籍规划》，建立滚动式、可持续的创作生产机制，持续推出质量上乘、吸引力感染力强的重点出版物，更好发挥引领带动作用。

出版领域青年人才能力提升计划：推动传统出版单位和数字出版企业加大优秀青年人才培养力度，每年遴选30位名编辑、30位名校对、30位优秀青年数字出版人才，在学习培训、课题研究、交流锻炼等方面予以支持。每年遴选30位报业创新发展领军人才。

出版学学科高质量建设计划：深入推进出版学学科建设，进一步优化学科顶层设计，加强理论研究、人才培养等工作，为出版高质量发展提供有力理论和人才支撑。

编辑记者队伍建设提升计划：加强编辑记者队伍人才培养和管理的顶层制度设计，建立健全新闻专业技术人员职业资格制度，加强政治教育引领，编辑出版专业培训教材，提升全媒体编辑记者报道水平，推动人才培养使用、激励约束、待遇保障等体制机制不断优化，建设高素质、专业化编辑记者队伍。

十一、强化规划部署实施

各级新闻出版部门和出版单位主管部门要以习近平新时代中国特色社会主义思想为指导，增强"四个意识"，坚定"四个自信"，做到"两个维护"，胸怀"国之大者"，从全局和战略的高度，对标本规划提出的目标任务，加强政策和制度衔接，可结合各自实际编制本地区本部门出版规划。

切实加强组织领导，建立规划推进机制，明确责任分工，调整优化预算支出结构，确保规划抓实抓好抓出成效。重大工程、重点项目的牵头部门要切实落实主体责任，明确细化任务书、时间表、路线图，确保扎实高效推进。积极协调发展改革、科技、财政、税务等部门加大对本规划重大任务、重大工程的支持力度。

指导行业协会坚持正确政治方向和工作导向，完善沟通机制、加强工作衔接，始终与主管部门保持步调一致、同频共振。完善行业协会管理体制，推进行业协会制度化规范化建设。发挥行业协会在主管部门与出版企业之间的桥梁纽带作用，促进行业自律，凝聚行业力量。

建立规划实施监测评估机制，加强对规划实施情况的年度监测、中期评估和总结评估，加强评估成果运用，确保规划确定的重大任务、重大工程、重要政策落地实施，确保规划目标如期实现。

附件： 1."十四五"时期国家重点图书、音像、电子出版物出版专项规划（略）
    2.印刷业"十四五"时期发展专项规划
    3.出版物发行业"十四五"时期发展专项规划（略）

附件 2

印刷业"十四五"时期发展专项规划

为推动"十四五"时期我国印刷业高质量发展，有力推进印刷强国建设，根据《中华人民共和国国民经济和社会发展第十四个五年规划和 2035 年远景目标纲要》《"十四五"文化发展规划》《出版业"十四五"时期发展规划》等，编制本规划。

印刷业具有鲜明的意识形态属性和市场属性，承担着巩固阵地、传承文化、服务人民的重要职责。"十三五"时期，印刷业以新发展理念为引领，加快"绿色化、数字化、智能化、融合化"发展，完成了"十三五"规划的目标任务。产业规模持续扩大，产值总量位居世界第二位；质量效益不断提升，劳动生产率稳步提高；产业布局优化调整，北京、长三角、珠三角等区域印刷业深化改革全面发力；结构调整效果明显，规模以上重点印刷企业产值占比超过 60%；新旧动能逐步转换，数字印刷年复合增长率超过 30%；有效应对新冠肺炎疫情等风险挑战，印刷保障支撑工作坚强有力。国家新闻出版署创立并举办三届中国印刷业创新大会，打造统摄发展的政治阵地和协同创新的服务平台。经过五年持续奋斗，我国印刷业综合实力、产业韧性、服务大局大事能力跃上新台阶，为加快建设印刷强国奠定了良好基础。

当前和今后一个时期，我国仍处于重要战略机遇期，机遇和挑战都有新的发展变化。印刷业作为我国出版业的重要组成部分、社会主义文化繁荣兴盛的重要推动力量和国民经济的重要服务支撑，必须深刻把握进入新发展阶段的新特征新要求，努力破解发展不平衡不充分的突出问题，全面深化改革、增强创新能力，加强统筹协调、保障文化安全，善于在危机中育先机、于变局中开新局，推动印刷业高质量发展。

一、总体要求

（一）指导思想

以习近平新时代中国特色社会主义思想为指导，深入贯彻落实党的十九大和十九届历次全会精神，贯彻落实全国宣传思想工作会议精神，聚焦举旗帜、聚民心、育新人、兴文化、展形象的使命任务，围绕立足新发展阶段、贯彻新发展理念、构建新发展格局，以推动印刷业高质量发展为主题，以深化印刷业供给侧结构性改革为主线，以改革创新为根本动力，以满足人民日益增长的美好生活需要为根本目的，坚持稳中求进、进中育强，统筹产业发展和阵地安全，深入实施品牌、重大项目、先进产业集群、融合发展、走出去、人才兴业六大战略，加快构建优质产能供给、技术先进安全、绿色融合开放的产业体系，推动构建以国内大循环为主体、国内国际双循环相互促进的新发展格局，加快推进印刷强国建设。

（二）基本原则

——坚持党的全面领导。坚持和完善党领导印刷业发展的体制机制，牢牢掌握印刷工作领导权，确保印刷业发展始终坚持正确方向，更好承担举旗帜、聚民心、育新人、兴文化、展形象的使命任务。

——坚持新发展理念。把新发展理念贯穿印刷发展全过程和各领域，坚持绿色化、数字化、智能化、融合化发展方向，坚持新旧动能转换，推动形成产业链供应链优化升级和生态环境持续改善的良性循环，构建产业发展新格局。

——坚持把社会效益放在首位、社会效益和经济效益相统一。构建落实正确政治方向、出版导向、价值取向的体制机制，深化印刷业供给侧结构性改革，不断扩大优质产品服务供给，更好满足人民文化需求、增强人民精神力量。

——坚持系统观念。统筹发展与安全，统筹印刷产能供给与技术进步，综合设计制度政策，组织开展协同创新，防范化解印刷业重大风险挑战，加强治理体系和治理能力现代化建设，增强产业发展活力和韧性。

（三）目标任务

展望2035年，我国将建成文化强国，也必将建成印刷强国。我国印刷业产值规模跃居全球首位，综合实力和产业韧性进入世界前列。创新驱动有效发挥，产业链供应链关键核心技术稳步升级、安全可控。绿色发展成为常态，形成产业提质增效和生态环境改善的良性循环。竞争优势明显增强，培育若干个具有全球影响力的先进产业集群和一批具有主导地位的领军企业。

锚定2035年远景目标，"十四五"时期我国印刷业发展主要目标是：

——规模效益稳步提高。到"十四五"时期末，印刷业总产值超过1.5万亿元，人均产值超过 65 万元。数字印刷、印刷智能制造、印刷互联网平台、功能性包装印刷、绿色技术材料等新动能持续增强。

——产业结构持续优化。规模以上重点印刷企业产值比重达到 65%，国家印刷示范企业和细分领域单项冠军企业增长引擎作用更加明显。出版物印刷产值比重保持稳定，主题出版保障能力和应急保障能力大幅提升。

——创新能力明显增强。喷墨数字印刷关键核心技术设备研发取得突破，印刷智能制造、新材料深入推广应用。印刷与出版、印刷服务与装备制造、实体生产与信息平台等融合发展巩固提升，打造若干新型协同创新的服务平台。

——区域布局更加均衡。锻造东部先进产业集群竞争优势长板，扩大中部地区承接优质产能转移能力，补齐西部地区特色产能升级短板，推动数字技术赋能产业转型升级，形成点线面结合、东中西互补、数字化贯通的区域布局。

——国际合作拓展深化。统筹推进重要展会论坛建设，打造若干对外开放新高地。坚持需求"引进来"和产能"走出去"并重，保持对外加工贸易稳步增长。深化标准、技术、文化交流合作，增强我国印刷业的影响力和话语权。

二、扩大优质印刷产品和服务供给

全面深化产业改革发展，把提高印刷供给体系质量作为主攻方向，显著增强印刷业质量优势。

（一）深化印刷业供给侧结构性改革。办好中国印刷业创新大会，引领全产业链供应链坚定正确发展方向，贯彻落实新发展理念，保障意识形态安全和文化安全，以改革创新塑造发展新优势。加快新旧动能转换，优化供给结构，改善供给质量，提升印刷供给体系对国内需求的适配性。推动金融资本支持印刷实体经济。完善政策制度支撑，形成需求牵引供给、供给创造需求的更高水平动态平衡。

| 专栏 1 | 中国印刷业创新大会 |

01 政策发布

发布推动发展、加强管理的政策举措和产业发展趋势报告、重要专题报告、重要研究成果等。

02　案例分享

交流印刷业创新发展、产能升级、技术研发、绿色融合的典型经验。

03　产融对接

拓展深化创新项目路演观摩活动，推动优秀项目落地，推动成立专门基金。

04　协同创新

完善协同创新运行机制，组建细分领域协同创新产业联盟，推动破解协同创新难题。

（二）高水平保障重大任务和重点产品印制。落实意识形态工作责任制，强化政治自觉，加强组织领导，高质量做好领袖著作、党的创新理论研究阐释读物、党和国家重要文件文献等重大主题出版物以及各级党报党刊、重点应急印刷品的印制工作。加强统筹协调，优化产能和时间配置，保质保量完成中小学教科书和高校思政课教材的印制任务。

专栏2	重大任务印制保障工程

01　印制产能升级扩容

科学布局一批政治放心、质量可靠、管理规范的骨干印刷企业，提高数字化、智能化、绿色化发展能力，做好峰值生产的产能储备和特殊情况下的产能备份。

02　原辅材料供给优化

布局建设一批优质原辅材料生产基地，推动技术攻关和材料创新，提升统筹调配和智能仓储管理能力，确保原辅材料供应及时到位。

03　全过程质量监管

完善相关印刷标准和检测标准，做好技术支撑和应急预案，开展质量巡查和抽查，研发推广检测设备与技术，提升检测信息化水平，确保印刷质量。

（三）满足人民群众日益增长的多样化需求。顺应消费升级趋势，以质量品牌为重点，培育扩大儿童图画书、个性化定制、创意设计、线上线下融合等新型印刷产品和服务供给，引导印刷业由生产加工向综合服务加快转变。谋划布局全行业碳达峰、碳中和，推广使用绿色环保低碳的新技术新工艺新材料，促进印刷服务消费向绿色、健康、安全发展。

三、大力推动关键核心技术创新

贯彻落实创新驱动发展战略，坚持科技自立自强，推动用产学研开展协同创新，突破印刷业创新链瓶颈制约，不断增强印刷业创新力和竞争力。

（一）打好关键核心技术攻坚战。从当前急迫需要和长远需求出发，集中优势资源突破喷墨数字印刷喷头、高端印刷装备器材等关键核心技术装备，实施关键核心技术攻关工程，解决一批"卡脖子"问题。瞄准全球印刷业升级方向，开展前瞻性、战略性专题研究，组织实施若干重大基础科技创新项目。加快建设一批印刷重点实验室、技术中心、科研工作站等基础技术平台。

专栏3　印刷业关键核心技术及装备器材

01　数字印刷技术

开展以高精度微机电系统（MEMS）、激光技术、集成电路芯片技术等为代表的喷墨数字印刷喷头关键核心技术和高速喷墨控制技术、数字前端印刷软件系统、墨水及数字化控制技术、数字化书芯成型技术等数字印刷相关核心技术研究攻关。

02　高端印刷装备器材

开展多色高速胶印机、环保高速凹版印刷机、高速柔性版印刷机、高速涂布印刷机、高速智能清废模切机、无线胶订智能联动线、精装智能联动线等高端装备的自主创新，推进高速免处理CTP版材、数字化柔性版材、绿色油墨、环保橡皮布等印刷器材国产化进程。

（二）完善协同创新体制机制。强化企业创新主体地位，建立重大需求传导机制，支持产业链供应链龙头企业特别是国家印刷示范企业联合高等院校、研究机构和上下游企业开展协同创新，支持中小企业开展特色创新，促进创新成果转化。推进数字产业化和产业数字化，组织实施印刷智能制造示范工程，支持智能工厂和数字化车间建设，推动建设扩容印刷智能制造测试线。

| 专栏4 | 印刷智能制造示范工程 |

01 测试线建设

升级完善"一本图书印刷智能制造测试线",建设"按需印刷智能制造测试线"和"包装印刷智能制造测试线",加强应用推广。

02 信息平台建设

搭建印刷智能制造信息公共服务平台。

03 智能工厂建设

建设一批示范智能工厂和示范数字化车间,建设若干个印刷智能制造应用示范中心。

04 关键核心技术设备研发

开展喷墨数字印刷关键核心技术和整套喷墨印刷设备的研发。

(三)分类布局建设装备器材创新高地。加快重大技术装备工程化产业化突破,支持浙江(温州、杭州)、北京、上海、广东(广州、东莞)建设印刷机械制造创新基地,陕西(渭南、西安)建设包装印刷机械制造创新中心,天津、深圳建设印后装备制造创新中心,河南(南阳)建设绿色版材创新中心,江苏(苏州、泰州)建设绿色原辅材料创新中心。加强统筹规划,建设完善印刷装备技术创新信息交流平台。

四、稳步提升产业链供应链现代化水平

坚持自主可控、技术先进、安全高效,推动全印刷产业链供应链优化升级,推进产业基础高级化、产业链现代化。

(一)培育壮大龙头骨干企业。实施国家印刷示范企业培育工程,增强要素保障能力,培育壮大具有生态主导力和核心竞争力的"链主"或龙头企业,培育壮大细分领域单项冠军企业。支持中小企业向"专精特新"方向发展,培育壮大中小特色竞争企业。支持优质企业上市。实施产业链供应链质量提升行动,提高标准化精细化信息化管理水平,推动企业创品牌、提品质,加快高端化智能化绿色化发展。

(二)建设先进产业集群。依托国家印刷示范企业、龙头骨干企业、产业基地园区等优势资源，在合理服务半径内，加强产业链供应链合作协同，引导规划建设数字印刷、印刷智能制造、印刷融合发展、印刷绿色发展、印刷装备器材、印刷战略新兴等产业集群。健全产业集群组织管理和专业化推进机制，优化集群布局和结构调整，增强产业集群的规模优势和比较优势。

（三）畅通产业循环。实施全印刷补链强链护链工程，加强政策措施和市场机制的统筹协调，加快标准统一制定和应用升级，加强产业链供应链与创新链、资金链、信息链的深度融合，推动产业链供应链向专业化和价值链高端延伸。建设中国数字印刷大数据中心。发挥我国印刷业的规模优势、配套优势，形成供给有效、安全可靠的全印刷产业链供应链，提高服务效率和品质，为我国经济内循环提供有力支撑。

专栏5　印刷补链强链护链工程

01　补链

分领域建设一批印刷互联网信息平台，推进企业数字化管理进程和自动化生产进程。

02　强链

推进印刷智能制造，推动按需印刷出版、个性化包装发展，推动印刷与各领域的融合发展。

03　护链

推广使用绿色环保低碳的新技术新工艺新材料，推动关键零部件、重要原辅材料供应多元化。

04　分期建设中国数字印刷大数据中心

一期建设管理部门、出版单位、印刷企业与电商平台统一在线的信息化管理系统，对生产型数字印刷设备的生产信息实施在线监管。

五、加快推进区域协调发展

贯彻区域协调发展战略，深化落实北京、长三角、珠三角三个升级指南要求，引导支持各地出台有关政策，形成特色鲜明、优势互补、融合互动、全面升级的新型产业布局。

（一）建设京津冀协同发展先行区。紧贴保障首都核心功能任务要求，完善京津冀出版物印刷保障体系建设，发布三地出版物印刷协同保障企业名单。实现京津冀印刷资质互认，提升三地协同监管信息化水平。推动京津冀联合出台印刷业区域布局政策指引，建设认定一批协同发展先行示范基地，打造若干协同发展交流合作平台。建设全国印刷业创意设计中心、印刷物流集散基地、新材料研发中心。

（二）建设长三角一体化创新高地。出台长三角印刷业一体化发展升级的创新中心、先进产业集群和优势企业名单。以上海为龙头，引领科技创新和国际交往；以江苏和浙江为重点，深化转型升级和绿色发展；以安徽为支撑，加快产业承接和特色发展。推动长三角三省一市建立发展协商机制和资源对接平台，统筹设计制度政策，打造一批区域创新发展集群，加快构建产业发展生态圈。

（三）建设珠三角印刷业高水平对外开放连接平台。加强粤港澳用产学研协同发展，建设连接国内外的印刷业务信息服务系统，推动成立印刷标准化交流促进中心和印刷文化交流研究中心，培育数字印刷、印刷智能制造和印刷战略新兴等三类产业集群，巩固提升珠三角九市印刷业比较优势和综合协同优势。出台珠三角印刷业对外开放连接平台建设的核心单位名单和重点项目名单。

（四）增强梯度发展韧性。鼓励支持西部地区发展数字印刷、纸包装印刷、印刷装备制造和印刷原辅材料，提升出版物印刷基础发展水平。鼓励支持东北地区发展出版物印刷、包装印刷和印刷软件服务，培育新兴特色印刷。鼓励支持中部地区建设一批中高端产业集群，积极承接优质印刷产业布局和转移。鼓励支持区域合作互助，推动东部龙头骨干企业在东北地区和中西部地区投资兴业，有效服务乡村振兴战略。鼓励支持革命老区、民族地区因地制宜发展特色印刷。鼓励支持边境地区建设区域性印刷业对外开放连接平台。

六、全面提高对外开放合作水平

深化印刷业对外开放合作，加强安全保障，形成全印刷、高水平、可持续的对外开放新格局。

（一）建设国际印刷技术交流合作平台。统筹推进各类开放平台建设，鼓励支持办好北京国际印刷技术展览会、中国国际全印展等重点展会，发挥珠三角对外开放连接平台引领带动作用，鼓励支持行业协会、高等院校、研究机构和骨干企业共同打造高端合作交流平台。鼓励支持骨干企业参加世界大展。建立健全"一带一路"印刷信息合作网络，探索建设"一带一路"印刷产能技术交流合作平台。

（二）提高"走出去"和"引进来"的质量水平。促进国内国际双循环。支持龙头骨干和特色印刷企业、印刷装备器材企业走出去。支持两岸四地印刷业深化合作，共同开拓国际市场。推动对外加工贸易高质量、差异化、创新性发展，拓展第三方市场合作。扩大先进技术和重要装备进口，推动进口来源多元化，引导外资更多投向数字印刷和绿色原辅材料等领域，引导外资更多投向中西部地区。发展"走出去"和"引进来"的信息平台。

（三）增强印刷领域国际话语权。加强产业发展与治理国际沟通交流，依托世界印刷与传播论坛、亚太印刷技术论坛等国际组织，提出更多的中国方案，合力推动全球印刷业健康可持续发展。承担好国际标准化组织印刷技术委员会秘书处及主席的工作。推动我国优势印刷技术标准成为国际标准，弘扬传播中华优秀印刷文化。建立健全安全审查和风险预警防范体系。

七、加强人才建设

贯彻落实新时代人才强国战略，加强全印刷领域思想政治引领和专业素质提升，尊重劳动、尊重知识、尊重人才、尊重创造，建设爱党报国、敬业奉献、结构合理、能干善创的高素质人才队伍。

（一）完善全印刷智库建设。围绕大局大事和重大需求，开展前瞻性、针对性、储备性研究，建设特色鲜明、规模适度的印刷智库。支持研究机构在决策咨询、产业发展、标准制定等方面发挥更大作用，支持行业协会建设专题数据库，支持高等院校建设相关实验室，支持骨干企业兴办技术研究应用基地。培育具有国际影响力的印刷智库。建立运行规范、充满活力、监管有力的智库管理体制。

专栏6	全印刷智库建设

01 研究机构

中国新闻出版研究院：管理政策咨询，产业发展趋势、行业治理体系研究等。

中国印刷科学技术研究院：产业科技发展趋势、重大科技项目、协同创新机制研究，质量评价咨询等。

02 行业协会

中国印刷技术协会：发展规划、标准化体系、原辅材料保障升级、人才建设、行业诚信建设、对外交流合作研究等。

中国印刷及设备器材工业协会：技术装备发展趋势、会展经济研究，关键技术装备研发咨询等。

03 高等院校

北京印刷学院：人才培养、学术、产业功能定位、改革发展案例研究，实验室建设等。

上海出版印刷高等专科学校：技能与竞赛人才培养、职业教育、职普融通、产教融合研究，实验室建设等。

相关高等院校：专业人才培养、专题课题研究，实验室建设等。

（二）健全人才评价和评奖体系。弘扬劳模精神、劳动精神、工匠精神，弘扬科学家精神、企业家精神，突出正确导向、创新价值、优质质量、实效贡献，完善人才评价评奖和激励机制。选好用好领军人才和专家队伍，拓展全国印刷行业职业技能大赛内容领域，做好印刷工程系列专业技术职称评审和印刷行业职业技能等级认证工作。组织好中国出版政府奖印刷复制奖、毕昇印刷技术奖、中华印制大奖等评奖工作。

（三）强化技能应用型人才培养。推动出台技术工人思想引领、素质提升、建功立业等改革措施，大力培养和壮大青年技术人才队伍，完善和落实技术工人评价、考核机制，提高待遇水平，畅通职业发展通道。创新和完善职业教育模式，深化产教融合、校企合作，鼓励企业参与或举办职业技术教育，探索中国特色学徒制，为高技能青年人才成长创造条件。

八、强化规划部署实施

（一）加强组织协调。加强党对印刷工作的全面领导，统筹各地职能部门和发展改革、科技、工信、财政等部门出台完善有关政策举措，构建规划与政策协调联动机制。发挥管理部门、行业协会、市场主体、研究机构、高等院校和传媒平台作用，形成发展合力。

（二）深化行业治理。提升全行业治理体系和治理能力现代化水平，落实"放管服"改革任务，制定修订相关法规规章，实施管理制度改革试点，着力释放和激发市场主体活力。加强意识形态管理，实施全过程监管，提升信息化监管水平。组织开展双随机抽查和"3·15"质检活动。指导行业协会加强行业自律。

（三）做好监测评估。明确重点任务的责任主体，推动出台具体实施方案，细化时间表和路线图。对规划实施情况进行动态监测评估，强化督促检查，不断调整完善，确保发展目标和各项重点任务落到实处。

八部门关于印发《"十四五"智能制造发展规划》的通知

工信部联规〔2021〕207号

各省、自治区、直辖市、计划单列市及新疆生产建设兵团工业和信息化、发展改革、教育、科技、财政、人力资源社会保障、市场监管、国资主管部门,各中央企业,各有关单位:

现将《"十四五"智能制造发展规划》印发给你们,请结合实际,认真贯彻实施。

工业和信息化部

国家发展和改革委员会

教育部

科技部

财政部

人力资源和社会保障部

国家市场监督管理总局

国务院国有资产监督管理委员会

2021年12月21日

"十四五"智能制造发展规划

（目录略）

智能制造是制造强国建设的主攻方向，其发展程度直接关乎我国制造业质量水平。发展智能制造对于巩固实体经济根基、建成现代产业体系、实现新型工业化具有重要作用。为贯彻落实《中华人民共和国国民经济和社会发展第十四个五年规划和2035年远景目标纲要》，加快推动智能制造发展，编制本规划。

一、现状与形势

近十年来，通过产学研用协同创新、行业企业示范应用、央地联合统筹推进，我国智能制造发展取得长足进步。供给能力不断提升，智能制造装备市场满足率超过50%，主营业务收入超10亿元的系统解决方案供应商达40余家。支撑体系逐步完善，构建了国际先行的标准体系，发布国家标准285项，牵头制定国际标准28项；培育具有行业和区域影响力的工业互联网平台近80个。推广应用成效明显，试点示范项目生产效率平均提高45%、产品研制周期平均缩短35%、产品不良品率平均降低35%，涌现出离散型智能制造、流程型智能制造、网络协同制造、大规模个性化定制、远程运维服务等新模式新业态。但与高质量发展的要求相比，智能制造发展仍存在供给适配性不高、创新能力不强、应用深度广度不够、专业人才缺乏等问题。

随着全球新一轮科技革命和产业变革突飞猛进，新一代信息通信、生物、新材料、新能源等技术不断突破，并与先进制造技术加速融合，为制造业高端化、智能化、绿色化发展提供了历史机遇。同时，世界处于百年未有之大变局，国际环境日趋复杂，全球科技和产业竞争更趋激烈，大国战略博弈进一步聚焦制造业，美国"先进制造业领导力战略"、德国"国家工业战略2030"、日本"社会5.0"等以重振制造业为核心的发展战略，均以智能制造为主要抓手，力图抢占全球制造业新一轮竞争制高点。

当前，我国已转向高质量发展阶段，正处于转变发展方式、优化经济结构、转换增长动力的攻关期，但制造业供给与市场需求适配性不高、产业链供应链稳定面临挑战、资源环境要素约束趋紧等问题凸显。站在新一轮科技革命和产业变革与我国加快高质量发展的历史性交汇点，要坚定不移地以智能制造为主攻方向，推动产业技术变革和优化升级，推动制造业产业模式和企业形态根本性转变，以"鼎新"带动"革故"，提高质量、效率效益，减少资源能源消耗，畅通产业链供应链，助力碳达峰碳中和，促进我国制造业迈向全球价值链中高端。

二、总体思路

（一）指导思想

以习近平新时代中国特色社会主义思想为指导，全面贯彻党的十九大和十九届二中、三中、四中、五中、六中全会精神，立足新发展阶段，完整、准确、全面贯彻新发展理念，构建新发展格局，深化改革开放，统筹发展和安全，以新一代信息技术与先进制造技术深度融合为主线，深入实施智能制造工程，着力提升创新能力、供给能力、支撑能力和应用水平，加快构建智能制造发展生态，持续推进制造业数字化转型、网络化协同、智能化变革，为促进制造业高质量发展、加快制造强国建设、发展数字经济、构筑国际竞争新优势提供有力支撑。

（二）基本原则

坚持创新驱动。把科技自立自强作为智能制造发展的战略支撑，加强产学研协同创新，着力突破关键核心技术和系统集成技术。支持企业、高校、科研院所等组建联合体，开展技术、工艺、装备、软件和管理、模式创新，提升核心竞争力。

坚持市场主导。充分发挥市场在资源配置中的决定性作用，强化企业在发展智能制造中的主体地位。更好发挥政府在战略规划引导、标准法规制定、公共服务供给等方面作用，营造良好环境，激发各类市场主体内生动力。

坚持融合发展。加强跨学科、跨领域合作，推动新一代信息技术与先进制造技术深度融合。发挥龙头企业牵引作用，推动产业链供应链深度互联和协同响应，带动上下游企业智能制造水平同步提升，实现大中小企业融通发展。

坚持安全可控。强化底线思维，将安全可控贯穿智能制造创新发展全过程。加强安全风险研判与应对，加快提升智能制造数据安全、网络安全、功能安全保障能力，着力防范化解产业链供应链风险，实现发展与安全相统一。

坚持系统推进。聚焦新阶段新要求，立足我国实际，统筹考虑区域、行业发展差异，加强前瞻性思考、全局性谋划、战略性布局、整体性推进，充分发挥地方、行业和企业积极性，分层分类系统推动智能制造创新发展。

（三）发展路径和目标

"十四五"及未来相当长一段时期，推进智能制造，要立足制造本质，紧扣智能特征，以工艺、装备为核心，以数据为基础，依托制造单元、车间、工厂、供应链等载体，构建虚实融合、知识驱动、动态优化、安全高效、绿色低碳的智能制造系统，推动制造业实现数字化转型、网络化协同、智能化变革。到2025年，规模以上制造业企业大部分实现数字化网络化，重点行业骨干企业初步应用智能化；到2035年，规模以上制造业企业全面普及数字化网络化，重点行业骨干企业基本实现智能化。

2025年的主要目标是：

——转型升级成效显著。70%的规模以上制造业企业基本实现数字化网络化，建成500个以上引领行业发展的智能制造示范工厂。制造业企业生产效率、产品良品率、能源资源利用率等显著提升，智能制造能力成熟度水平明显提升。

——供给能力明显增强。智能制造装备和工业软件技术水平和市场竞争力显著提升，市场满足率分别超过70%和50%。培育150家以上专业水平高、服务能力强的智能制造系统解决方案供应商。

——基础支撑更加坚实。建设一批智能制造创新载体和公共服务平台。构建适应智能制造发展的标准体系和网络基础设施，完成200项以上国家、行业标准的制修订，建成120个以上具有行业和区域影响力的工业互联网平台。

三、重点任务

（一）加快系统创新，增强融合发展新动能。

强化科技支撑引领作用，推动跨学科、跨领域融合创新，打好关键核心和系统集成技术攻坚战，构建完善创新网络，持续提升创新效能。

加强关键核心技术攻关。聚焦设计、生产、管理、服务等制造全过程，突破设计仿真、混合建模、协同优化等基础技术，开发应用增材制造、超精密加工等先进工艺技术，攻克智能感知、人机协作、供应链协同等共性技术，研发人工智能、5G、大数据、边缘计算等在工业领域的适用性技术。

加速系统集成技术开发。面向装备、单元、车间、工厂等制造载体，构建制造装备、生产过程相关数据字典和信息模型，开发生产过程通用数据集成和跨平台、跨领域业务互联技术。面向产业链供应链，开发跨企业多源信息交互和全链条协同优化技术。面向制造全过程，突破智能制造系统规划设计、建模仿真、分析优化等技术。

推进新型创新网络建设。围绕关键工艺、工业母机、数字孪生、工业智能等重点领域，支持行业龙头企业联合高校、科研院所和上下游企业建设一批制造业创新载体。鼓励研发机构创新发展机制，加强数据共享和平台共建，开展协同创新。推动产业化促进组织建设，加快创新成果转移转化。建设一批试验验证平台，加速智能制造装备和系统推广应用。

专栏 1　智能制造技术攻关行动

关键核心技术。 突破产品优化设计与全流程仿真、基于机理和数据驱动的混合建模、多目标协同优化等基础技术；增材制造、超精密加工、近净成形、分子级物性表征等先进工艺技术；工业现场多维智能感知、基于人机协作的生产过程优化、装备与生产过程数字孪生、质量在线精密检测、生产过程精益管控、装备故障诊断与预测性维护、复杂环境动态生产计划与调度、生产全流程智能决策、供应链协同优化等共性技术；5G、人工智能、大数据、边缘计算等新技术在典型行业质量检测、过程控制、工艺优化、计划调度、设备运维、管理决策等方面的适用性技术。

系统集成技术。 开发基于信息模型和标准接口的可复用数据集成技术；制造装备、产品设计软件、管控软件、业务管理软件等之间的业务互联技术；面向产业链供应链协同的包含订单、质量、生产实绩等内容的企业信息交互技术；公有云、混合云和边云协同的灵活云化部署技术；涵盖设计、生产、管理、服务等制造全过程的复杂系统建模技术；基于模型的价值流分析和优化技术。

（二）深化推广应用，开拓转型升级新路径。

聚焦企业、行业、区域转型升级需要，围绕车间、工厂、供应链构建智能制造系统，开展多场景、全链条、多层次应用示范，培育推广智能制造新模式。

建设智能制造示范工厂。加快新一代信息技术与制造全过程、全要素深度融合，推进制造技术突破和工艺创新，推行精益管理和业务流程再造，实现泛在感知、数据贯通、集成互联、人机协作和分析优化，建设智能场景、智能车间和智能工厂。引导龙头企业建设协同平台，带动上下游企业同步实施智能制造，打造智慧供应链。鼓励各地方、行业开展多场景、多层级应用示范，培育推广智能化设计、网络协同制造、大规模定制、共享制造、智能运维服务等新模式。

专栏2	智能制造示范工厂建设行动

智能场景。 推动数字孪生、人工智能、5G、大数据、区块链、虚拟现实（VR）/增强现实（AR）/混合现实（MR）等新技术在制造环节的深度应用，探索形成一批"数字孪生+""人工智能+""虚拟/增强/混合现实（XR）+"等智能场景。

智能车间。 覆盖加工、检测、物流等环节，开展工艺改进和革新，推动设备联网和生产环节数字化连接，强化标准作业、可视管控、精准配送、最优库存，打造一批智能车间，实现生产数据贯通化、制造柔性化和管理智能化。

智能工厂。 支持基础条件好的企业，围绕设计、生产、管理、服务等制造全过程开展智能化升级，优化组织结构和业务流程，强化精益生产，打造一批智能工厂，推动跨业务活动的数据共享和深度挖掘，实现对核心业务的精准预测、管理优化和自主决策。

智慧供应链。 面向汽车、工程机械、轨道交通装备、航空航天装备、船舶与海洋工程装备、电力装备、医疗装备、家用电器、集成电路等行业，支持智能制造应用水平高、核心竞争优势突出、资源配置能力强的龙头企业建设供应链协同平台，打造数据互联互通、信息可信交互、生产深度协同、资源柔性配置的供应链。

推进中小企业数字化转型。加快实施中小企业数字化促进工程，针对中小企业典型应用场景，推广一批符合中小企业需求的数字化产品和服务。支持专精特新"小巨人"企业发挥示范引领作用，开展装备联网、关键工序数控化、业务系统云化等改造，推动中小企业工艺流程优化、技术装备升级。依托数字化服务商，提供数字化咨询诊断、智能化改造、上云用云等服务。

拓展智能制造行业应用。针对装备制造、电子信息、原材料、消费品等领域细分行业特点和痛点，制定智能制造实施路线图，分步骤、分阶段推进。支持有条件有基础的企业加大技术改造投入，持续推动工艺革新、装备升级、管理优化和生产过程智能化。建设行业转型促进机构，加快数据、标准和解决方案深化应用。组织开展经验交流、供需对接活动，总结推广智能制造新技术、新装备和新模式。

专栏3　行业智能化改造升级行动

装备制造领域。满足提高产品可靠性和高端化发展等需要，开发面向特定场景的智能成套生产线以及新技术与工艺结合的模块化生产单元；建设基于精益生产、柔性生产的智能车间和工厂；大力发展数字化设计、远程运维服务、个性化定制等模式。

电子信息领域。满足提高生产效率和产品良率、缩短研制周期等需要，建立复杂电磁环境下的企业通信网络和主动安全防护系统，实现企业内数据可靠传输；推进电子产品专用智能制造装备与自动化装配线的集成应用；开发智能检测设备与产品一体化测试平台；建设智能物流配送系统，优化生产经营决策系统。

原材料领域。满足安全生产、降耗减碳、提质降本等需要，实施大集团统一管理下的多基地协同制造；探索人工智能技术应用，实现工艺流程优化、工序动态协同、资源高效配置和智慧决策支持；针对民爆、矿山、危化品等危险性较大企业推广少人无人作业，实施安全一体化监控；实施大型制造设备健康监测和远程运维，保证流程安全运行；打造全生命周期数据共享平台，实现全产业链优化。

消费品领域。提高产品质量和安全性，满足多样化、高品质需求，大力推广面向工序的专用制造装备和专用机器人；支持供应链协同和用户交互平台建设，发展大规模定制；促进全产业链解决方案服务平台建设。

促进区域智能制造发展。鼓励地方创新完善政策体系，探索各具特色的区域智能制造发展路径。推动跨地区开展智能制造关键技术创新、供需对接、人才培养等合作。鼓励地方、行业组织、龙头企业等联合推广先进技术、装备、标准和解决方案，加快智能制造进园区，提升产业集群智能化水平。支持产业特色鲜明、转型需求迫切、基础条件好的地区建设智能制造先行区，打造智能制造技术创新策源地、示范应用集聚区、关键装备和解决方案输出地。

（三）加强自主供给，壮大产业体系新优势。

依托强大国内市场，加快发展装备、软件和系统解决方案，培育发展智能制造新兴产业，加速提升供给体系适配性，引领带动产业体系优化升级。

大力发展智能制造装备。针对感知、控制、决策、执行等环节的短板弱项，加强用产学研联合创新，突破一批"卡脖子"基础零部件和装置。推动先进工艺、信息技术与制造装备深度融合，通过智能车间/工厂建设，带动通用、专用智能制造装备加速研制和迭代升级。推动数字孪生、人工智能等新技术创新应用，研制一批国际先进的新型智能制造装备。

专栏4	智能制造装备创新发展行动

基础零部件和装置。研发微纳位移传感器、柔性触觉传感器、高分辨率视觉传感器、成分在线检测仪器、先进控制器、高精度伺服驱动系统、高性能高可靠减速器、可穿戴人机交互设备、工业现场定位设备、智能数控系统等。

通用智能制造装备。研发智能立/卧式五轴加工中心、车铣复合加工中心、高精度数控磨床等工作母机；智能焊接机器人、智能移动机器人、半导体（洁净）机器人等工业机器人；激光/电子束高效选区熔化装备、激光选区烧结成形装备等增材制造装备；超快激光等先进激光加工装备；高端分布式控制系统、可编程逻辑控制器、监视控制和数据采集系统等工业控制装备；数字化非接触精密测量、在线无损检测、激光跟踪测量等智能检测装备和仪器；智能多层多向穿梭车、智能大型立体仓库等智能物流装备。

专用智能制造装备。研发汽车发动机、变速箱等高效加工与近净成形成套装备，航空航天大型复合材料智能铺放、成形、加工和检测成套装备，航空航天智能装配装备，船舶板材激光焊接成套装备，高精度智能化热/冷连轧成套装备，百万吨以上智能化乙烯成套装备，新型干法水泥全流程智能化生产线，食品高黏度流体灌装智能成套装备，连续式针织物/纯涤纶织物印染成套装备，满足GMP要求的无菌原料药智能成套装备，极大规模集成电路制造成套装备，新型平板显示制造成套装备等。

新型智能制造装备。 研发融合数字孪生、大数据、人工智能、边缘计算、虚拟现实/增强现实（VR/AR）、5G、北斗、卫星互联网等新技术的智能工控系统、智能工作母机、协作机器人、自适应机器人等新型装备。

聚力研发工业软件产品。 推动装备制造商、高校、科研院所、用户企业、软件企业强化协同，联合开发面向产品全生命周期和制造全过程的核心软件，研发嵌入式工业软件及集成开发环境，研制面向细分行业的集成化工业软件平台。推动工业知识软件化和架构开源化，加快推进工业软件云化部署。依托重大项目和骨干企业，开展安全可控工业软件应用示范。

专栏5　工业软件突破提升行动

研发设计类软件。 开发计算机辅助设计（CAD）、计算机辅助工程（CAE）、计算机辅助工艺计划（CAPP）、计算机辅助制造（CAM）、流程工艺仿真、电子设计自动化（EDA）、产品数据管理（PDM）等。

生产制造类软件。 开发制造执行系统（MES）、高级计划排程系统（APS）、工厂物料配送管控系统（TMS）、能源管理系统（EMS）、故障预测与健康管理软件（PHM）、运维综合保障管理（MRO）、安全管理系统、环境和碳排放管理系统等。

经营管理类软件。 开发企业资源计划系统（ERP）、供应链管理系统（SCM）、客户关系管理系统（CRM）、人力资源管理（HRM）、质量管理系统（QMS）、资产绩效管理系统（APM）等。

控制执行类软件。 开发工业操作系统、工业控制软件、组态编程软件等嵌入式工业软件及集成开发环境。

行业专用软件。 开发面向特定行业、特定环节的模型库、工艺库等基础知识库，面向石化、冶金等行业的全流程一体化优化软件，面向大型装备的设计/

生产/运维一体化平台软件，面向中小企业的综合管控平台软件等。

新型软件。 开发工业APP、云化软件、云原生软件等。

着力打造系统解决方案。 鼓励智能制造系统解决方案供应商与用户加强供需互动、联合创新，推进工艺、装备、软件、网络的系统集成和深度融合，开发面向典型场景和细分行业的解决方案。聚焦中小微企业特点和需求，开发轻量化、易维护、低成本的解决方案。加快系统解决方案供应商培育，推动规范发展，引导提供专业化、高水平、一站式的集成服务。

（四）夯实基础支撑，构筑智能制造新保障。

瞄准智能制造发展趋势，健全完善计量、标准、信息基础设施、安全保障等发展基础，着力构建完备可靠、先进适用、安全自主的支撑体系。

深入推进标准化工作。 持续优化标准顶层设计，统筹推进国家智能制造标准体系和行业应用标准体系建设。加快基础共性和关键技术标准制修订，加强现有标准的优化与协同，在智能装备、智能工厂等方面推动形成国家标准、行业标准、团体标准、企业标准相互协调、互为补充的标准群。加快标准的贯彻执行，支持企业依托标准开展智能车间/工厂建设。积极参与国际标准化工作，推动技术成熟度高的国家标准与国际标准同步发展。

专栏6　智能制造标准领航行动

标准体系建设。 定期修订《国家智能制造标准体系建设指南》，建设纺织、石化、建材、汽车、航空、船舶、电力装备、轨道交通装备、家电、食品、钢铁、有色金属、新能源等细分领域的行业应用标准体系。

标准研制。 加大标准试验验证力度，推动数字孪生、数据字典、人机协作、智慧供应链、系统可靠性、信息安全与功能安全一体化等基础共性和关键技术标准制修订，满足技术演进和产业发展需求，加快开展行业应用标准研制。

标准推广应用。 围绕智能车间/工厂建设、新模式应用、供应链协同、新技术应用等方面，开展智能制造标准应用试点，形成国家标准、行业标准、团体标准协调配套的标准群，推进试点成果在中小企业和同行业企业的应用。

标准国际合作。 继续加强中德智能制造/工业4.0标准合作，拓展中日、中英等合作，积极参与国际标准化活动，持续提升中国方案在国际标准中的贡献度，深化双边、多边标准化交流机制，形成一批标准化成果。

完善信息基础设施。加快工业互联网、物联网、5G、千兆光网等新型网络基础设施规模化部署，鼓励企业开展内外网升级改造，提升现场感知和数据传输能力。加强工业数据中心、智能计算中心等算力基础设施建设，支撑人工智能等新技术应用。支持大型集团企业、工业园区，围绕内部资源整合、产品全生命周期管理、产业链供应链协同、中小企业服务、工业数据处理分析，建立各具特色的工业互联网平台，实现全要素、全产业链数据的有效集成和管理。

加强安全保障。加强智能制造安全风险研判，同步推进网络安全、数据安全和功能安全，推动密码技术深入应用。实施企业网络安全分类分级管理，督促企业落实网络安全主体责任。完善国家、地方、企业多级工控信息安全监测预警网络，加快建设工业互联网安全技术监测服务体系。探索建立数据跨境传输备案与监管机制。建立符合政策标准要求的技术防护体系和安全管理制度。培育安全服务机构，加大网络安全技术产品推广应用，提升诊断、咨询、设计、实施等服务能力。

强化人才培养。定期编制智能制造人才需求预测报告和紧缺人才需求目录，研究制定智能制造领域职业标准。依托高技能人才培训基地等机构，开展大规模职业培训。加强应届毕业生、在职人员、转岗人员数字化技能培训，推进产教融合型企业建设，促进智能制造企业与职业院校深度合作，探索中国特色学徒制。深化新工科建设，在智能制造领域建设一批现代产业学院和特色化示范性软件学院，优化学科专业和课程体系设置，加快高端人才培养。弘扬企业家精神和工匠精神，鼓励开展智能制造创新创业大赛、技能竞赛。

四、保障措施

（一）强化统筹协调。加强部门协同，统筹实施智能制造工程，深入开展技术攻关、装备创新、示范应用、标准化、人才培养等。加强央地协作，鼓励地方出台配套政策和法律法规，引导各类社会资源聚集，形成系统推进工作格局。充分发挥智能制造专家咨询委员会及相关高校、科研机构、专业智库作用，开展智能制造前瞻性、战略性重大问题研究。鼓励企业结合自身实际加快实施智能制造，持续做好安全生产和环境保护工作。

（二）加大财政金融支持。加强国家重大科技项目、国家重点研发计划等对智能制造领域的支持。落实首台套重大技术装备和研发费用加计扣除等支持政策。鼓励国家相关产业基金、社会资本加大对智能制造的投资力度。发挥国家产融合作平台作用，引导金融机构为企业智能化改造提供中长期贷款支持，开发符合智能制造特点的供应链金融、融资租赁等金融产品。鼓励符合条件的企业通过股权、债权等方式开展直接融资。

（三）提升公共服务能力。鼓励行业组织、地方政府、产业园区、高校、科研院所、龙头企业等建设智能制造公共服务平台，支持标准试验验证平台和现有服务机构提升检验检测、咨询诊断、计量测试、安全评估、培训推广等服务能力。制定智能制造公共服务平台规范，构建优势互补、协同发展的服务网络。建立长效评价机制，鼓励第三方机构开展智能制造能力成熟度评估，研究发布行业和区域智能制造发展指数。

（四）深化开放合作。加强与相关国家、地区及国际组织的交流，开展智能制造技术、标准、人才等合作。鼓励跨国公司、国外科研机构等在华建设智能制造研发中心、示范工厂、培训中心等。加强知识产权保护，推动建立数据资源产权、交易流通、跨境传输和安全保护等基础制度和标准规范。依托共建"一带一路"倡议、金砖国家合作机制、区域全面经济伙伴关系协定（RCEP）等，鼓励智能制造装备、软件、标准和解决方案"走出去"。

五、组织实施

工业和信息化部会同有关部门做好规划的组织实施，各有关部门按照职责分工，采取切实有效的政策措施，抓好重点任务落实。各地要结合本地实际，落实相关配套政策，做好信息反馈工作。相关行业组织要充分发挥桥梁和纽带作用，协同推动规划的贯彻落实。有关部门、各地方、相关行业组织要加强智能制造经验模式总结和宣传推广。

工业和信息化部　人力资源社会保障部　生态环境部　商务部　市场监管总局关于推动轻工业高质量发展的指导意见

工信部联消费〔2022〕68号

各省、自治区、直辖市、计划单列市及新疆生产建设兵团工业和信息化、人力资源社会保障、生态环境、商务、市场监管主管部门：

轻工业是我国国民经济的传统优势产业、重要民生产业，在国际上具有较强竞争力。党的十八大以来，轻工业"三品"战略成效显著，创新能力明显增强，在满足消费、稳定出口、扩大就业等方面发挥重要作用，但仍面临中高端产品供给不足、国际知名品牌不多、产业链现代化水平不高等问题。为推动轻工业高质量发展，现提出如下意见。

一、总体要求

（一）指导思想。坚持以习近平新时代中国特色社会主义思想为指导，全面贯彻党的十九大和十九届历次全会精神，立足新发展阶段，完整、准确、全面贯彻新发展理念，构建新发展格局，以推动高质量发展为主题，以深化供给侧结构性改革为主线，以改革创新为动力，以满足人民日益增长的美好生活需要为根本目的，深入实施数字"三品"战略，构建具有更强创新力、更高附加值、更加可持续发展的现代轻工产业体系，实现我国轻工业由大到强的跨越。

（二）发展目标。到2025年，轻工业综合实力显著提升，占工业比重基本稳定，扩内需、促消费的作用明显，服务构建新发展格局、促进经济社会高质量发展的能力增强。

——行业经济稳定运行。轻工业增加值增速与全国工业增加值增速平均水平一致，重点行业利润率和主要产品国际市场份额保持基本稳定，质量效益明显提升。

——科技创新取得新突破。规模以上企业有效发明专利数量较快增长，重点行业研发投入强度明显提高。突破一批关键技术，每年增加一批升级和创新消费品。

——产业结构持续优化。培育形成一批具有竞争力的企业和先进制造业集群。巩固提升内外联动、东西互济的产业发展优势，区域布局进一步优化。

——品牌竞争力大幅提升。培育一批消费引领能力强的轻工产品品牌。造就一批百亿元以上品牌价值企业，重点产业集群区域品牌影响力持续提升。

——产业链现代化水平不断提升。产业基础进一步巩固，数字化转型稳步推进，形成一批优势产业链。建设一批智能制造示范工厂，推广一批智能制造优秀场景。

——绿色发展取得新进步。资源利用效率大幅提高，单位工业增加值能源消耗、碳排放量、主要污染物排放量持续下降。

二、强化科技创新战略支撑

（三）加快关键技术突破。针对造纸、家用电器、日用化学品等行业薄弱环节，研究制定和发布一批重点领域技术创新路线图，实施"揭榜挂帅"等举措，深入推进技术研发与工程化、产业化，加快建立核心技术体系，提升行业技术水平。面向未来重大消费需求，推动建立跨行业、跨学科交流机制，加强战略前沿技术布局。

专栏 1　关键技术研发工程

家用电器：高速电机、高效热交换器、智能控制技术、人机交互技术、智能物联网技术、信息安全技术、健康家电技术等共性关键技术。

造纸：高等级绝缘纸，高纯度溶解浆生产技术，特种纸基复合材料，纤维素、半纤维素、木素基等生物质新材料，医疗卫生用纸基材料等。

轻工机械：高速 PET 瓶旋转式吹瓶机、高速无菌纸灌装机、新型洗涤装备、液体食品无菌罐装包材及设备、毒害物质检测试剂及设备等。

日用化学品：口腔清洁护理用品、化妆品功效和安全评价技术，功能化洗衣凝珠水溶膜及关键配方技术，特色化妆品植物原料，香料香精生物发酵制造等。

自行车钟表衡器：自行车变速器、中置电机力矩传感器，高能效锂电池安全技术，机械手表机心精密制造工艺技术、智能手表用微型压力技术，动态电子衡器、智能衡器、无线力与称重传感器，动态质量测量技术等。

食品：婴幼儿配方乳粉功能基料、在线微生物快速检测技术，工业核心菌种、酶制剂产业支撑技术及装备，危害因子发现和智能监控溯源等。

（四）完善科技创新体系。加快构建以企业为主体、市场为导向、政产学研用深度结合的轻工业创新体系。强化共性技术平台建设，优化轻工领域制造业创新中心、重点实验室、工程（技术）研究中心、工业设计研究院等创新平台布局，鼓励通过市场化运作建设创新平台型企业。加强企业创新创业服务体系建设，培育一批技术创新示范企业，提高科技成果转化率。

（五）优化标准体系建设。围绕产品安全、质量提升、节能节水环保、网络安全管理等方面，加快家用电器、家具、照明电器、婴童用品等领域强制性国家标准制修订，优化推荐性国家标准、行业标准、团体标准供给。建立老年用品产业标准体系，引领适老化产品发展。进一步提升标准化技术组织专业水平，发挥国家技术标准创新基地作用，促进技术创新、标准研制和产业化协调发展。加快适用国际标准转化，积极参与国际标准制修订。

三、构建高质量的供给体系

（六）增加升级创新产品。围绕健康、育幼、养老等迫切需求，大力发展功能食品、化妆品、休闲健身产品、婴童用品、适老化轻工产品等。以乡村振兴战略为契机，积极开发适应农村市场的产品。培育一批国家级工业设计中心，壮大一批设计园区、设计小镇，支持家用电器、家具、皮革、五金制品、玩具和婴童用品等行业设计创新。促进传统手工艺保护和传承，发掘文物文化资源价值内涵，在工艺美术、文教体育用品、礼仪休闲用品等行业发展文化创意产品。推动"地方小吃"食品工业化。

专栏2	升级创新产品制造工程

  家用电器：智能节能健康空调、冰箱、洗衣机等家电产品，洗碗机、感应加热电饭煲、破壁机、推杆式无线吸尘器、扫地机器人等新兴小家电，互联网智能家电全场景解决方案。

  塑料制品：新型抗菌塑料、面向5G通信用高端塑料、特种工程塑料、血液净化塑料、高端光学膜等。

  五金制品：智能锁、智能高档工具等智能五金制品，节水型卫浴五金产品等。

  陶瓷日用玻璃：新型日用陶瓷、工艺美术陶瓷，轻量化玻璃瓶罐、高档玻璃餐饮具、微晶玻璃制品等。

  照明电器：功能型照明产品，智能化、集成化照明系统解决方案。

  自行车：时尚休闲、运动健身、长途越野和高性能折叠等多样化自行车，轻量化、网联化、智能化的电动自行车等。

  眼镜钟表：有害光防护、光敏感防护、抗疲劳、青少年近视管控、成人渐进等多功能镜片产品。

  多功能高档精品手表，非遗传统技艺高档时钟，与健康产业相关的智能手表等。

  食品：特殊膳食食品，营养强化食品，菜肴类、自热方便以及功能性罐头产品，新型功能发酵制品、发酵水产食品、发酵肉制品、功能性益生菌发酵食品、食用酵素产品，工业用途食糖产品，高品质日化、生活盐产品，适用不同消费群体的多样化、个性化、低度化的白酒、黄酒等酒类产品，无醇啤酒产品等。

  （七）提升质量保障水平。推动企业建立健全质量管理体系，积极应用新技术、新工艺、新材料，提升产品舒适性、安全性、功能性。鼓励企业瞄准国际标准提高水平，开展对标达标活动。发挥质量标杆企业示范引领作用，开展质量风险分析与控制、质量成本管理等活动，提高质量在线监测、控制和产品全生命周期质量追溯能力。建设一批高水平质量控制和技术评价实验室，提升检验检测水平。

  （八）强化品牌培育服务。培育会展、设计大赛等品牌建设交流展示平台，在家用电器、皮革、五金制品、钟表、自行车、家具、化妆品、洗涤用品、乳制品、酿酒、功能性食品等领域培育一批国际知名品牌。推广具有中国文化、中国元素、中国技艺的产品，树立行业品牌。鼓励第三方机构加强品牌策划、评价、宣传等服务，助力海外商标注册、品牌国际化推广，提升品牌影响力。

专栏3　品牌培育工程

　　行业品牌推广：支持行业研究建立和推广具有轻工特色的品牌评价体系，开展企业品牌培育标准宣贯活动、品牌价值专业评价、品牌培育成熟度评价等工作。充分利用国际产业合作、重大活动等机会推广轻工行业品牌。

　　区域品牌建设：促进轻工产业集群加强技术服务平台建设，推动集群内企业标准协调、创新协同、业务协作、资源共享，加强集体商标、证明商标注册管理，发挥龙头企业带动作用，提升产业集群区域品牌影响力。

　　产品品牌培育：加大缺少品牌影响力的细分产品的品牌培育力度。植物资源化妆品、高档彩妆、定制化妆品，舒适环保的皮鞋、运动鞋、老年鞋、童鞋等鞋产品，个性化箱包，智能型健身器材、冰雪运动器材及防护用品，文具，浓缩化洗涤产品、适用于母婴童和老年人的洗护产品，环保健康儿童家具、具有特殊功能的老年人家具、高品质传统家具、具有文化创意的竹藤休闲家具，高安全性玩具和婴童用品，中小学教学用乐器、个性化乐器、民族特色乐器等。

　　（九）推广新型商业模式。鼓励轻工企业加快模式创新，构建有跨界融合特点的"商品＋服务＋文化"组合，联合互联网平台企业向线下延伸拓展，建立品牌与消费者间的深层次连接，形成基于数字决策的智慧营销模式。积极运用新技术，推动传统制造模式向需求驱动、供应链协同的新模式转型。

四、提升产业链现代化水平

　　（十）推进产业基础高级化。利用产业基础再造工程，围绕基础材料、零部件、软件、工艺、元器件和产业技术基础，加快补齐轻工产业短板。推进轻工业计量测试体系建设，加快计量测试技术、方法和装备的研制与应用，提升整体测量能力和水平。深入实施重点产品、工艺"一条龙"应用计划，促进成果创新示范应用。大力开发塑料制品、家用电器、食品等行业高端专用装备。

（十一）加快产业链补链强链。编制家用电器、塑料制品、化妆品、乳制品等领域产业链图谱，建立风险技术和产品清单，推动补链固链强链。建立监测预警机制，加强风险评估，提供信息服务。发挥工业互联网平台和标识解析体系作用，推动产业链上下游加强合作。支持乳制品、罐头、酿酒、粮油等行业建设优质原料基地。

（十二）深入实施数字化转型。引导企业综合应用新一代数字技术，逐步实现研发、设计、制造、营销、服务全链条数字化、网络化、智能化。支持龙头企业构建智能制造平台，争创国家级工业互联网、两化融合项目。在家用电器、家具、皮革、造纸、塑料制品、缝制机械、五金制品、洗涤用品、食品等行业推广一批智能制造优秀场景，推动网络安全分类分级管理，培育一批网络安全示范标杆。培育数字"三品"示范城市。

专栏4　数字化发展推进工程

轻工机械：智能化造纸装备，塑料机械、洗涤设备云控制平台，全自动吹贴灌旋一体化装备，白酒酿造机器人，液态产品包装生产线智能运维服务系统等。

造纸：智能仓储和立体库、生产线运维管理云平台，质量在线检测技术等。

家用电器：端到端数字化运营及大规模个性化定制，数字化生产、质量、供应链、设备管理和远程运维服务等智能制造解决方案。

皮革：皮革、毛皮及制品和制鞋等智能化生产，全流程信息一体化平台，皮革瑕疵智能检测技术及设备等。

电池：碱性锌锰电池、锂离子电池智能化和数字化制造。铅蓄电池高速、自动化连续极板生产技术，动力型铅蓄电池自动化组装线技术等。

家具：整装云赋能平台，大规模个性化定制家具模块化生产，智能工厂等。

照明电器：产品在线检测技术、柔性制造技术，智能化仓储、物流等。

陶瓷日用玻璃：陶瓷成型、施釉等重点环节数字化改造，基于全生产线工艺参数的采集、分析监测、过程控制和集中智能控制系统的研发和数字化技术应用。

自行车钟表：零部件高精度加工成型自动生产装备、"车网融合"技术等，智能化手表装配线、智能在线检测技术、柔性制造技术等。

日用化学品：研发、配方、体验等过程的数字化升级，在工厂总体设计、工艺流程及布局等方面的数字化仿真技术，液体洗涤剂连续智能化高效生产线等。

缝制机械：智慧缝制工厂技术、自动化缝制单元技术、立体缝制技术、云平台及网络远程运维技术、智能缝纫机及数控系统等。

乐器：钢琴专用智能装备，电鸣乐器、中乐器智能化技术与产品等。

食品：面包、饼干、传统蜜饯智能加工设备，智能生物反应器、智能化分离纯化装备，发酵过程在线监测与自动控制技术与装备，智能化信息采集、监控、分析和控制技术，基于大数据机理混合驱动的智能管控系统，产品追溯体系，酒业大数据全产业链服务平台等。

（十三）发展服务型制造新模式。推进轻工业与现代服务业深度融合，加快培育发展服务型制造新业态新模式，促进轻工业提质增效。引导轻工行业完善服务型制造评价体系。鼓励企业建立客户体验中心、在线设计中心等机构，分析客户需求信息，增强用户参与设计能力。

五、深入推进绿色低碳转型

（十四）加快绿色安全发展。有序推进轻工业碳达峰进程，绘制造纸等行业低碳发展路线图。加大食品、皮革、造纸、电池、陶瓷、日用玻璃等行业节能降耗和减污降碳力度，加快完善能耗限额和污染排放标准，树立能耗环保标杆企业，推动能效环保对标达标。推动塑料制品、家用电器、造纸、电池、日用玻璃等行业废弃产品循环利用。在制革、制鞋、油墨、家具等行业，加大低（无）挥发性有机物（VOCs）含量原辅材料的源头替代力度，推广低挥发性无铅有机溶剂工艺和装备，加快产品中有毒有害化学物质含量限值标准制修订。推动企业依法披露环境信息，接受社会监督。统筹发展和安全，指导企业落实安全生产主体责任，规范安全生产条件，提升本质安全水平。

专栏5	绿色低碳技术发展工程

塑料制品：超纤合成革制造、发泡塑料芯材清洁制备、生物质基复合制品短流程制造、塑料薄膜高值化利用等技术，全生物降解地膜、智能温控贴膜等多功能塑料制品，可循环、易回收的包装材料，超高阻氧透明膜、高阻隔食品收缩膜，环保型塑料添加剂。

造纸：生物质替代化石能源技术，低能耗蒸煮、氧脱木素、透平风机、污泥余热干燥等技术和装备。制浆造纸节水节能技术、植物纤维原料高效利用、废水处理和回用技术、竹材等非木材原料低碳制浆技术等。

皮革：生物质基复合鞋用弹性体材料及生产技术、废液循环技术、废气治理技术、无铬鞣剂及鞣制技术、少盐无盐浸酸技术、除臭技术、生物制革技术、环保胶黏技术、皮革固废资源再利用技术及设备等。

电池：铅蓄电池非铅板栅、连铸连轧铅带、冲扩网板栅、回馈式充放电电源、铅冷切粒、无镉电池制造等先进工艺和智能装备等。

日用化学品：以植物油脂、微生物、发酵产品等生物来源替代石油来源原料的生产技术，香料香精绿色制造工艺等。

陶瓷日用玻璃：日用陶瓷低温快烧及短流程生产技术，陶瓷砖坯体的减薄干法生产及免烧生产技术，节能环保型玻璃窑炉，自动化废（碎）玻璃加工处理系统，低氮燃烧技术、全氧燃烧技术、余热回收利用技术等。

食品：肉制品、大宗油料、粮食、食品添加剂绿色加工技术，先进膜分离、色谱分离等清洁生产技术，盐、生物发酵产品绿色制造技术，废弃物资源化技术，废水沼气纯化制清洁能源技术，酿酒资源综合利用技术，制糖生产热能优化集中控制及高效煮糖系统等。

（十五）全面建设绿色制造体系。加强持久性有机污染物、内分泌干扰物、铅汞铬等有害物质源头管控和绿色原材料采购，推广全生命周期绿色发展理念。完善绿色工厂评价、节水节能规范等标准，建设统一的绿色产品标准、认证、标识体系。积极推行绿色制造，培育一批绿色制造典型。鼓励企业进园入区，引导企业逐步淘汰高耗能设备和工艺，推广使用绿色、低碳、环保工艺和设备，推进节能降碳改造、清洁生产改造、清洁能源替代、新污染物环境风险管控、节水工艺改造提升，提升清洁生产水平、减污降碳协同控制水平及能源、资源综合利用水平。

（十六）引导绿色产品消费。加快完善家用电器和照明产品等终端用能产品能效标准，促进节能空调、冰箱、热水器、高效照明产品、可降解材料制品、低VOCs油墨等绿色节能轻工产品消费。引导企业通过工业产品绿色设计等方式增强绿色产品和服务供给能力。完善政府绿色采购政策，加大绿色低碳产品采购力度。鼓励有条件的地方开展绿色智能家电下乡和以旧换新行动。

六、优化协调发展的产业生态

（十七）提高企业差异化发展水平。聚焦家用电器、电池等行业，支持有条件的企业培育自主生态，发展成为领航企业。实施中小企业创新能力和专业化水平提升工程。鼓励企业通过兼并重组优化资金、技术、人才等生产要素配置，实现做优做强。推动大中小企业在协同制造、供应链管理等方面加强合作，实现融通发展。

（十八）建设高水平的产业集群。推动现有集群转型升级，构建资源高效利用、绿色低碳环保、产业分工协作、企业共生发展的生态体系。推动一批老年用品产业园区向产业集聚区方向发展。选择主导产业特色鲜明的集群，以产业链强链补链为导向，强化区域协同和国际合作，推动形成若干世界级先进制造业集群。

（十九）优化产业空间布局。落实区域重大战略、区域协调发展战略，强化生态环境分区管控，防止产能低水平重复建设，推动轻工业形成优势互补、协同发展的空间格局。推动东部地区凝聚全球创新要素资源，建立前沿技术研发中心、设计中心和品牌中心。引导中西部地区有序承接产业转移，培育形成一批特色和优势的制造基地。推进东北地区进一步激发企业活力，巩固提升传统优势轻工产业。在革命老区、民族地区因地制宜发展特色轻工产业。

（二十）积极融入全球产业体系。发挥轻工业产能优势，加强国际合作，服务共建"一带一路"。提高产品附加值，巩固传统国际市场，开拓新兴市场，鼓励轻工产业"走出去"。做好自由贸易协定原产地证书签证工作，帮助轻工产品在协定伙伴国或地区享受关税减免。推进检验检疫电子证书国际合作，提升贸易便利化水平。完善与国际接轨的标准体系和产品认证制度，提高技术性贸易措施应对能力。

七、加大组织保障实施力度

（二十一）完善财政金融支持政策。落实好促进中小企业发展的财税、金融政策，用好现有税收优惠政策。鼓励地方根据当地轻工业发展需要，完善相关支持政策，增强产业发展后劲。引导市场化运作的各类基金，支持重点轻工领域创新发展和薄弱环节攻关突破。发挥国家产融合作平台及地方相关政策作用。引导金融机构创新金融服务和产品，加大对轻工企业技术改造、科技创新的支持力度，提升轻工业发展效能。

（二十二）强化高素质人才支撑。完善轻工业人才培养体系，加强学科专业建设，鼓励普通高校、职业院校（含技工院校）、科研机构和企业建立联合培养模式，建设一批现代产业学院，加快建立多层次的职业教育和培训体系。深入实施知识更新工程和技能提升行动，持续开展中国工艺美术大师、轻工大国工匠推荐活动，支持举办行业性创新创业大赛，加大对创意设计优秀人才和团队的表彰和宣传力度。全面推行职业技能等级制度、现代学徒制度和企业新型学徒制，健全大师带徒传承机制。培育造就一批创新企业家、先进制造技术人才和先进基础工艺人才。

（二十三）加强公共服务能力建设。支持标准、计量、认证认可、检验检测、试验验证、产业信息、知识产权、成果转化等公共服务平台建设。鼓励地方出台强化公共服务能力建设、促进当地轻工产业发展的政策措施。利用行业工业大数据，支持企业在研发、生产、经营、运维等全流程的数据汇聚，推动上下游企业开放数据、合作共享。

（二十四）优化产业发展环境。加强对重点轻工产品的质量监管，推动实施缺陷产品召回制度，打击和曝光质量违法和制假售假行为。依法加强反垄断、反不正当竞争监管。加强知识产权保护力度，优化市场化、法治化、国际化营商环境。构建重点行业企业高质量发展评价体系，遴选若干轻工典型企业。加强对轻工绿色创新产品、企业先进经验做法的宣传，组织行业发布"升级和创新消费品指南（轻工）"。鼓励有条件的城市以博览会、购物节、动漫展、重大赛事活动等为载体,促进轻工产品的生产和消费。

（二十五）加强组织实施。各地工业和信息化、人力资源社会保障、生态环境、商务、市场监管主管部门要根据本意见,结合本地实际,加强统筹协调,强化过程管理,抓好贯彻落实。行业协会要充分发挥沟通政府与服务企业的桥梁纽带作用,加强本意见落实效果跟踪,及时反映行业和企业诉求,围绕行业特定需求和共性任务开展有利于行业发展的各项活动,引导企业加强自律和诚信体系建设,积极履行社会责任。

工业和信息化部
人力资源社会保障部
生态环境部
商务部
市场监管总局
2022年6月8日

工业和信息化部办公厅　财政部办公厅关于开展财政支持中小企业数字化转型试点工作的通知

工信厅联企业〔2022〕22号

各省、自治区、直辖市、计划单列市中小企业主管部门、财政厅（局），新疆生产建设兵团工业和信息化局、财政局：

为深入贯彻落实习近平总书记关于推动数字经济和实体经济融合发展、培育"专精特新"中小企业的重要指示精神，根据《财政部　工业和信息化部关于支持"专精特新"中小企业高质量发展的通知》（财建〔2021〕2号），工业和信息化部、财政部拟通过中央财政资金支持地方开展中小企业数字化转型试点，加快带动一批中小企业成长为专精特新企业，推进产业基础高级化、产业链现代化。现将有关事项通知如下：

一、工作目标

发展数字经济是把握新一轮科技革命和产业变革新机遇的战略选择。"十四五"时期，我国数字经济转向深化应用、规范发展、普惠共享的新阶段。为加快中小企业数字化转型步伐，促进产业数字化发展，提升产业链供应链协同配套能力，从2022年到2025年，中央财政计划分三批支持地方开展中小企业数字化转型试点，提升数字化公共服务平台（含数字化转型服务商、工业互联网平台等，以下简称"服务平台"）服务中小企业能力，打造一批小型化、快速化、轻量化、精准化（以下简称"小快轻准"）的数字化系统解决方案和产品，形成一批可复制可推广的数字化转型典型模式，围绕100个细分行业（详见附件1），支持300个左右公共服务平台，打造4000-6000家"小灯塔"企业作为数字化转型样本，带动广大中小企业"看样学样"加快数字化转型步伐，促进专精特新发展。

二、工作内容

（一）工作重点

1. 聚焦重点方向。将制造业关键领域和产业链关键环节的中小企业作为数字化转型试点的重点方向，对其中数字化转型需求迫切、发展潜力巨大、经济社会效益明显的中小企业加大支持力度。重点向医药和化学制造、通用和专用设备制造、汽车零部件及配件制造、运输设备制造、电气机械和器材制造、计算机和通讯电子等行业中小企业倾斜。由各地结合发展实际、发展阶段和发展需求按照细分行业列表申报服务平台和对应改造的"小灯塔"企业名单。

2. 打造示范样板。通过试点形成一批"小快轻准"的系统解决方案和产品，提炼一批聚焦细分行业规范高效、有利复制推广的中小企业数字化转型典型模式，打造一批可复制易推广的数字化转型"小灯塔"企业。

3. 增强服务能力。培育一批扎根细分行业，熟悉中小企业需求的服务平台，为中小企业提供转型咨询、诊断评估、设备改造、软件应用等一揽子数字化服务，满足行业共性及企业个性需求。引导服务平台加强资源整合和技术创新，打通细分行业的数据链条，提升系统解决方案和产品的根植性、适用性和成熟度，提升服务中小企业能力。

4. 提升政策效能。发挥中央财政资金引导带动作用，鼓励地方政府在政策扶持、优化环境等方面对中小企业数字化转型工作予以倾斜支持。按照"政府补一点，平台让一点，企业出一点"的思路，调动三方积极性，并探索中小企业以转型收益支付服务费用等方式，降低企业转型成本。

（二）工作程序

充分发挥有效市场和有为政府的作用，遵循"市场有需求、平台有能力、企业有意愿"的工作思路开展试点。

1. 精心遴选试点行业和企业。试点行业应选择纳入当地产业发展规划、升级潜力大的细分行业或特色产业集群，试点企业要选择不同规模和发展水平的中小企业（已获中央财政资金支持的专精特新"小巨人"企业不再纳入试点范围），充分尊重企业意愿，优先选择转型意愿强、经营稳健的中小企业。每个省份每批可最多推荐5个细分行业参与数字化转型试点，省级中小企业主管部门要加强统筹，避免重复。

2. 找准行业共性问题。组织由信息技术、行业技术、工艺制造、企业管理等方面专家，深入行业企业调研，为企业"画像"，厘清企业生产经营的机理、流程、工艺，找准痛点、难点、堵点，系统梳理企业的共性问题和需求。

3. 公开择优遴选服务平台。针对企业问题和需求，鼓励服务平台提炼行业共性应用场景，同时兼顾企业个性化需求，提出系统解决方案参与竞争。共性应用场景设置应把握三点：一是要让行业基本应用场景得到满足，通过数字化改造，试点企业经营管理和经济效益得以显著提升；二是要打通数据、用好数据，形成统一的数据资源管理、开发利用和安全保障体系；三是要充分考虑中小企业特点，实现轻量化投资、短工期改造，有较高的投入产出回报。要坚持公开公正公平的原则组织遴选，遴选出的平台不宜过于分散，每个细分行业遴选服务平台应在3家以内，每家服务平台完成不少于10家企业数字化改造，且在实施方案中需明确每个平台的对应服务企业、解决方案和绩效目标。

4. 实施数字化改造。着力压实服务平台责任，按照解决方案和服务合同实施改造。切实做好操作技能应知应会的实训工作，让试点企业用得上、用得好、用出效益。项目完成后，应进行严格验收，达不到要求的应进行整改。

5. 总结和推广。客观总结和宣传试点的成效与转型经验，探索形成能够满足细分行业中小企业共性和个性需求的工程化样本合同与操作规范，为复制推广打好基础。充分发挥"小灯塔"企业示范作用，推动中小企业"看样学样"，实现"试成一批，带起一片"的目的。对技术先进、效益突出、企业反响好的共性应用场景解决方案要在省内加大复制推广，省份之间也要通过组织学习交流、现场观摩等方式，促进更大范围的推广应用。

三、支持内容

（一）支持对象。中央财政安排奖补资金支持服务平台，由服务平台为中小企业提供数字化改造服务。其中，2022年拟支持100个左右服务平台。

（二）资金测算。中央财政对完成改造目标的服务平台安排奖补资金。每个服务平台最高奖补不超过 600 万元（按照不超过每家试点企业实际改造成本的 30% 且奖补资金最高不超过 30 万元进行测算）。

（三）资金安排。奖补资金在实施期初先按一定比例预拨，每批实施期 1 年，实施期满后，由工业和信息化部牵头会同财政部对试点中小企业数字化改造情况进行审核，按照实际审核通过的中小企业数量，核定奖补资金。

（四）资金用途。服务平台应将财政奖补资金直接用于试点企业，不得用于其他企业或与本项目无关的支出，鼓励平台减免试点企业数字化改造共性需求相关的软件、云服务等支出，降低企业数字化转型成本。

四、组织申报

（一）申报条件。参与试点的服务平台，需在中华人民共和国境内注册，具备独立法人资格，具有较好的行业知识积累、技术开发能力、行业服务生态，能够为细分行业或产业集群企业提供数字化转型服务，有若干已完成的细分行业数字化转型服务成功案例。每个服务平台，每批只能申报一个细分行业／产业集群。

（二）申报方式和程序。省级中小企业主管部门联合财政部门，按照通知要求的工作重点和程序，统筹组织地方做好申报工作，编制《202X 年 XX 省中小企业数字化转型试点实施方案》（以下称《实施方案》，模板见附件），按程序联合上报工业和信息化部、财政部。

（三）申报材料。《实施方案》提纲参见《202X 年 XX 省 XX 行业中小企业数字化转型实施方案（模板）》，详见附件2。

（四）申报时间。请于 2022 年 9 月 12 日前将《实施方案》报送至工业和信息化部中小企业局和财政部经济建设司，包含加盖公章纸质版和扫描 PDF 电子版（光盘刻录）各一式三份。

（五）评定程序。工业和信息化部会同财政部委托第三方机构，组织专家对各省《实施方案》进行评审，依据评审标准确定入选名单，并在工业和信息化部网站进行公示。

五、实施要求

（一）材料审核。省级中小企业主管部门联合财政部门组织《实施方案》编制报送，保证申报材料的真实性和准确性，并留存备查。要按照重点支持领域和细分行业，做好审核和遴选工作，确保符合国家政策导向。

（二）组织实施。《实施方案》获批后，要做好政策解读和方案组织实施，定期跟踪指导、现场督促、服务满意度测评、监督管理（鼓励组建专家团队专门开展此项工作），适时总结经验做法和存在困难问题，有关情况报送工业和信息化部并抄报财政部。

（三）绩效管理。各省级中小企业主管部门应当强化绩效目标管理，做好绩效运行监控，实施期满后联合财政部门对试点开展情况进行绩效自评。工业和信息化部联合财政部进行绩效评价和验收。具体评价标准和要求等事宜另行通知。

（四）惩处措施。对在材料申报、组织实施、绩效考核过程中发现虚报、冒领、造假等方式骗取财政资金的，视情况严重程度扣减奖补资金、取消奖补资格、进行通报批评等处罚措施，对出现严重问题的依据《财政违法行为处罚处分条例》等有关规定处理。

附件：1. 中小企业数字化转型试点细分行业列表
　　　2. 202X 年 XX 省中小企业数字化转型试点实施方案（模板）（略）

工业和信息化部办公厅
财政部办公厅
2022 年 8 月 15 日

附件 1

中小企业数字化转型试点细分行业列表

序号	行业类别	细分行业
1	通用设备制造业	锅炉及原动设备制造
2		金属加工机械制造
3		物料搬运设备制造
4		泵、阀门、压缩机及类似机械制造
5		轴承、齿轮制造
6		传动部件制造
7		烘炉、风机、包装等设备制造
8		通用零部件制造
9	专用设备制造业	采矿、冶金、建筑专用设备制造
10		化工、木材、非金属加工专用设备制造
11		食品、饮料、烟草专用设备制造
12		饲料生产专用设备制造
13		印刷、制药、日化及日用品生产专用设备制造
14		纺织、服装和皮革加工专用设备制造
15		电子专用设备制造
16		电工机械专用设备制造
17		农、林、牧、渔专用机械制造
18		医疗仪器设备制造
19		医疗仪器器械制造
20	汽车制造业	汽车车身制造
21		汽车挂车制造
22		汽车零部件制造
23		汽车配件制造
24	铁路、船舶、航空航天和其他运输设备制造业	铁路运输设备制造
25		城市轨道交通设备制造
26		船舶及相关装置制造
27		航空、航天器及设备制造

续表

序号	行业类别	细分行业
28	轻工纺织业	棉纺织及印染精加工
29		毛纺织及染整精加工
30		麻纺织及染整精加工
31		丝绢纺织及印染精加工
32		化纤织造及印染精加工
33		针织或钩针编织物及其制品制造
34		家用纺织制成品制造
35		产业用纺织制成品制造
36		纺织服装、服饰业
37		皮革、毛皮、羽毛及其制品和制鞋业
38		食品加工制造业
39	木材加工和木制品业	木材加工
40		人造板制造
41		木质制品制造
42	造纸和纸制品业	纸浆制造
43		造纸
44		纸制品制造
45	石油、煤炭及其他燃料加工业	精炼石油产品制造
46		煤炭加工
47		核燃料加工
48		生物质燃料加工
49	化学原料和化学制品制造业	基础化学原料制造
50		肥料制造
51		农药制造
52		涂料、油墨、颜料及类似产品制造
53		合成材料制造
54		专用化学产品制造
55		日用化学产品制造

续表

序号	行业类别	细分行业
56	医药制造业	化学药品原料药制造
57		化学药品制剂制造
58		药饮片加工
59		中成药生产
60		生物药品制品制造
61		卫生材料制造
62		医药用品制造
63	化学纤维制造业	纤维素纤维原料及纤维制造
64		合成纤维制造
65		生物基材料制造
66	印刷和记录媒介复制业	印刷
67		装订及印刷相关服务
68		记录媒介复制
69	非金属矿物制品业	水泥、石灰和石膏制造
70		石膏、水泥制品及类似制品制造
71		砖瓦、石材等建筑材料制造
72		玻璃制造
73		玻璃制品制造
74		玻璃纤维和玻璃纤维增强塑料制品制造
75		陶瓷制品制造
76		石墨制品制造
77		其他非金属矿物制品制造
78	黑色金属冶炼和压延加工业	钢压延加工
79		铁合金冶炼
80	有色金属冶炼和压延加工业	有色金属合金制造
81		有色金属压延加工
82	金属制品业	结构性金属制品制造
83		金属工具制造
84		金属制日用品制造

续表

序号	行业类别	细分行业
85	电气机械和器材制造业	电机制造
86		输配电设备制造
87		控制设备制造
88		电池制造
89		家用电力器具制造
90		照明器具制造
91		非专业视听设备制造
92		智能消费设备制造
93	计算机、通信和其他电子设备制造业	电子器件制造
94		电子元件制造
95		电子专用材料制造
96		其他电子设备制造
97	仪器仪表制造业	通用仪器仪表制造
98		专用仪器仪表制造
99		钟表与计时仪器制造
100		光学仪器制造

国务院办公厅
关于进一步加强商品过度包装治理的通知

国办发〔2022〕29号

各省、自治区、直辖市人民政府，国务院各部委、各直属机构：

商品过度包装是指超出了商品保护、展示、储存、运输等正常功能要求的包装，主要表现为包装层数过多、包装空隙过大、包装成本过高、选材用料不当等。近年来，各地区、各部门按照《国务院办公厅关于治理商品过度包装工作的通知》（国办发〔2009〕5号）部署，认真推进商品过度包装治理，完善相关法律法规标准，取得积极进展。但治理工作仍存在不少薄弱环节和突出问题，尤其是随着消费新业态快速发展，商品过度包装现象有"卷土重来"之势。为贯彻落实党中央、国务院决策部署，进一步加强商品过度包装治理，经国务院同意，现就有关事项通知如下。

一、高度重视商品过度包装治理工作

各地区、各部门要以习近平新时代中国特色社会主义思想为指导，深入贯彻习近平生态文明思想，立足新发展阶段，完整、准确、全面贯彻新发展理念，构建新发展格局，推动高质量发展，认真贯彻落实固体废物污染环境防治法、消费者权益保护法、标准化法、价格法等法律法规和国家有关标准，充分认识进一步加强商品过度包装治理的重要性和紧迫性，在生产、销售、交付、回收等各环节明确工作要求，强化监管执法，健全标准体系，完善保障措施，坚决遏制商品过度包装现象，为促进生产生活方式绿色转型、加强生态文明建设提供有力支撑。到2025年，基本形成商品过度包装全链条治理体系，相关法律法规更加健全，标准体系更加完善，行业管理水平明显提升，线上线下一体化执法监督机制有效运行，商品过度包装治理能力显著增强。月饼、粽子、茶叶等重点商品过度包装违法行为得到有效遏制，人民群众获得感和满意度显著提升。

二、强化商品过度包装全链条治理

（一）加强包装领域技术创新。推动包装企业提供设计合理、用材节约、回收便利、经济适用的包装整体解决方案，自主研发低克重、高强度、功能化包装材料及其生产设备，创新研发商品和快递一体化包装产品。充分发挥包装企业在推广简约包装、倡导理性消费中的桥梁纽带作用，推动包装设计、商品生产等上下游各环节践行简约适度理念。（工业和信息化部和各地方人民政府按职责分工负责）

（二）防范商品生产环节过度包装。督促指导商品生产者严格按照限制商品过度包装强制性标准生产商品，细化限制商品过度包装的管理要求，建立完整的商品包装信息档案，记录商品包装的设计、制造、使用等信息。引导商品生产者使用简约包装，优化商品包装设计，减少商品包装层数、材料、成本，减少包装体积、重量，减少油墨印刷，采用单一材料或便于分离的材料。（工业和信息化部、市场监管总局等部门和各地方人民政府按职责分工负责）督促商品生产者严格遵守标准化法要求，公开其执行的包装有关强制性标准、推荐性标准、团体标准或企业标准的编号和名称。（市场监管总局和各地方人民政府按职责分工负责）引导医疗机构针对门诊、住院、慢性病等不同场景和类型提出药品包装规格需求。引导药品生产者优化药品包装规格。（国家卫生健康委、国家药监局和各地方人民政府按职责分工负责）

（三）避免销售过度包装商品。督促指导商品销售者细化采购、销售环节限制商品过度包装有关要求，明确不销售违反限制商品过度包装强制性标准的商品。加强对电商企业的督促指导，实现线上线下要求一致。鼓励商品销售者向供应方提出有关商品绿色包装和简约包装要求。（商务部、市场监管总局和各地方人民政府按职责分工负责）督促指导外卖平台企业完善平台规则，对平台内经营者提出外卖包装减量化要求。（商务部负责）督促指导餐饮经营者对

外卖包装依法明码标价。（市场监管总局和各地方人民政府按职责分工负责）

（四）推进商品交付环节包装减量化。指导寄递企业制修订包装操作规范，细化限制快递过度包装要求，并通过规范作业减少前端收寄环节的过度包装。鼓励寄递企业使用低克重、高强度的纸箱、免胶纸箱，通过优化包装结构减少填充物使用量。（国家邮政局和各地方人民政府按职责分工负责）推行快递包装绿色产品认证，推广使用绿色快递包装。（国家邮政局、市场监管总局负责）督促指导电商平台企业加强对平台内经营者的引导，提出快递包装减量化要求。（商务部负责）督促指导电商企业加强上下游协同，设计并应用满足快递物流配送需求的电商商品包装，推广电商快件原装直发。（商务部、国家邮政局、工业和信息化部按职责分工负责）

（五）加强包装废弃物回收和处置。进一步完善再生资源回收体系，鼓励各地区以市场化招商等方式引进专业化回收企业，提高包装废弃物回收水平。鼓励商品销售者与供应方订立供销合同时对商品包装废弃物回收作出约定。（商务部和各地方人民政府按职责分工负责）进一步完善生活垃圾清运体系，持续推进生活垃圾分类工作，健全与生活垃圾源头分类投放相匹配的分类收集、分类运输体系，加快分类收集设施建设，配齐分类运输设备，提高垃圾清运水平。（住房城乡建设部和各地方人民政府按职责分工负责）

三、加大监管执法力度

（六）加强行业管理。进一步细化商品生产、销售、交付等环节限制过度包装配套政策。加强对电商、快递、外卖等行业的监督管理，督促指导相关行业优先采用可重复使用、易回收利用的包装物，优化物品包装，减少包装物的使用。督促生产经营者落实国家限制过度包装相关法律标准，将该项任务纳入年度工作计划及有关部署，及时掌握本行业过度包装情况，建立提示、警示、约谈等行政指导机制。（工业和信息化部、农业农村部、商务部、市场监管总局、国家邮政局等部门按职责分工负责）

（七）强化执法监督。针对重要节令、重点行业和重要生产经营企业，聚焦月饼、粽子、茶叶、保健食品、化妆品等重点商品，依法严格查处生产、销售过度包装商品的违法行为，尤其要查处链条性、隐蔽性案件。对酒店、饭店等提供高端化定制化礼品中的过度包装行为，以及假借文创名义的商品过度包装行为，依法从严查处。压实电商平台企业主体责任，督促其加强平台内经营者主体资质和商品信息审核并积极配合监管执法。坚持线上线下一体化监管，建立健全对电商渠道销售过度包装商品的常态化监管执法机制，依法查处线上销售过度包装商品的违法行为。畅通消费者投诉渠道，对消费者反映强烈的突出问题，依法从严查处。加强对企业公开其执行包装有关标准情况的执法检查。适时向社会曝光反面案例。（市场监管总局等部门和各地方人民政府按职责分工负责）及时对落实限制商品过度包装强制性标准进展滞后的地区予以督促整改，对落实成效显著的地区予以通报表扬。（市场监管总局负责）及时组织开展商品过度包装治理进展情况社会满意度调查。（国家发展改革委负责）通过"双随机、一公开"等方式对寄递企业进行过度包装执法检查，组织快递过度包装专项抽查，强化快递包装质量监督。（国家邮政局和各地方人民政府按职责分工负责）

四、完善支撑保障体系

（八）健全法律法规。研究推动循环经济促进法等法律法规与固体废物污染环境防治法有效衔接，进一步强化市场主体法律责任，提高违法成本。（国家发展改革委、司法部等部门按职责分工负责）研究修订《快递暂行条例》，细化限制快递过度包装管理和处罚要求。（国家邮政局、司法部按职责分工负责）鼓励有条件的地方制修订限制商品过度包装地方法规。（各地方人民政府负责）

（九）完善标准体系。制定食用农产品限制过度包装强制性标准，明确水果等食用农产品过度包装判定依据。（市场监管总局、农业农村部按职责分工负责）适时修订食品和化妆品限制过度包装强制性标准，进一步细化有关要求。（市场监管总局、工业和信息化部按职责分工负责）制定限制快递过度包装强制性标准。（市场监管总局、国家邮政局按职责分工负责）修订限制商品过度包装通则标准，提出更适用的要求。针对玩具及婴童用品、电子产品等领域，制定推行简约包装和限制过度包装的推荐性国家标准，明确判定过度包装的依据，引导包装减量化。（市场监管总局负责）制定电子商务物流绿色包装技术和管理方面的行业标准。（商务部负责）建立强制性标准实施情况统计分析报告制度，面向产业集聚区开展包装强制性标准实施情况统计分析试点，动态反馈和评估实施效果，不断强化标准实施。（市场监管总局负责）

（十）强化政策支持。将商品过度包装、快递过度包装执法检查所需经费纳入本级财政预算，保障执法检查工作有序开展。（各地方人民政府负责）安排中央预算内投资支持符合条件的可循环快递包装配送体系建设、专业化智能化回收设施建设等项目。（国家发展改革委负责）完善政府绿色采购政策，进一步细化商品包装政府采购需求标准，研究明确强制采购要求，发挥政府采购引导作用。（财政部负责）依托国家重点研发计划项目部署开展快递包装绿色设计、低能耗智能物流配送等方面技术研发。（科技部负责）

（十一）加强行业自律。督促指导食品和化妆品生产领域主要行业协会定期向社会发布杜绝商品过度包装报告，公布行业遵守相关法律法规标准和推广简约包装情况。（工业和信息化部等部门负责）加强限制商品过度包装法律法规标准宣贯培训，将限制商品过度包装纳入行业经营自律规范、自律公约，引导重点生产和销售企业带头推广简约包装，积极向社会公布商品包装情况。（相关行业协会负责）

五、强化组织实施

（十二）加强部门协同。国务院有关部门要各司其职、各负其责，加大指导、支持和督促力度，确保各项任务落实到位。国家发展改革委、市场监管总局、工业和信息化部、农业农村部、商务部、国家邮政局等有关部门要建立工作会商机制，加强统筹协调，强化政策衔接，及时沟通进展情况，研究解决重大问题，重大情况及时按程序向国务院请示报告。（各有关部门按职责分工负责）

（十三）落实地方责任。地方各级人民政府是商品过度包装治理工作的责任主体，要严格落实责任，健全工作机制，加强组织实施，将治理商品过度包装作为生态文明建设的重要内容抓实抓好，可结合实际研究制定针对性配套措施。（各地方人民政府负责）

（十四）加强宣传教育。按照"谁执法谁普法"普法责任制要求，积极开展限制过度包装普法宣传教育。通过报纸、广播电视、新媒体等渠道，大力宣传限制商品过度包装的标准和政策，加强正面宣传，积极报道典型做法、先进单位和个人，营造良好社会氛围。发挥媒体监督作用，加强对违法违规问题的曝光。鼓励消费者绿色消费，购买简约包装商品。各级行政机关、社会团体、事业单位、国有企业要带头自觉抵制过度包装商品。（中央宣传部等部门和各地方人民政府按职责分工负责）

国务院办公厅

2022 年 9 月 1 日

国家新闻出版署关于发布印制质量安全风险警示信息的通知

国新出发电〔2022〕27号

各省、自治区、直辖市和新疆生产建设兵团新闻出版局，各出版印刷单位：

按照《国家新闻出版署关于开展2022年"3·15"印刷复制质检活动和中小学重点教材印制环保质量检查工作的通知》（国新出发电〔2022〕10号）要求，国家新闻出版署组织对部分地区出版产品（含中小学重点教材）印制质量进行了巡查抽检。检查发现，部分产品印制质量问题比较突出，现发布以下印制质量安全风险警示信息。

一、接版位置误差超标或图文缺失

部分锁线胶订书和精装书由于折页误差控制不当，导致接版位置误差超标或接版处图文缺失。出版单位应加强对图文设计编辑环节的管控，并做好与印刷环节的衔接；印刷企业在印前应重点针对接版位置图文细化解决方案，严格控制折页误差。

二、纸张定量偏差超标

有的产品样本存在批次书芯用纸定量偏低问题，容易发生透印现象，主要是教材出版（租型）单位未对发往印刷企业的纸张进行全部检测或仅凭供应商提供的报告进行验收。出版（租型）单位和印刷企业在进行原辅材料质量验收时，应按照有关标准对其重要参数进行检验，并考虑各批次原辅材料的差异性。

三、套印误差超标

有的产品样本存在多册套印误差超标问题，主要是生产过程中操作不当或印刷机调试不当造成。印刷企业在印刷过程中，应保持车间温湿度恒定，加强印制质量全过程管控，及时发现套印不准问题并予以纠正。

各地出版主管部门要坚持正确方向导向，加强出版物印制质量监管，引导出版印刷单位坚持把社会效益放在首位、社会效益和经济效益相统一，在质检活动中重点关注上述印制质量突出问题，切实提高巡查抽检工作的针对性，为迎接宣传贯彻党的二十大提供坚强的出版印制质量保障。各出版印刷单位要对照上述印制质量安全风险警示信息认真开展自查自纠，及时堵塞质量安全漏洞，防范化解风险隐患，抓质量拓市场创精品，持续扩大优质产品供给。

国家新闻出版署

2022 年 10 月 13 日

国家新闻出版署关于印发
《国家印刷示范企业管理办法》的通知

国新出发〔2022〕19号

各省、自治区、直辖市新闻出版局：

现将《国家印刷示范企业管理办法》印发给你们，请认真遵照执行。本办法施行后，2011年12月6日新闻出版总署印发的《国家印刷复制示范企业管理办法》同时废止。原认定的国家印刷复制示范企业到2022年12月31日失效，企业可以按照本办法重新申报。

国家新闻出版署

2022年11月23日

国家印刷示范企业管理办法

第一章　总　则

第一条　为加快培育和建设一批世界一流印刷企业，推动印刷业高质量发展，建设社会主义文化强国，根据《出版管理条例》《印刷业管理条例》规定和《"十四五"文化发展规划》部署，制定本办法。

第二条　国家印刷示范企业是指坚持正确政治方向、出版导向、价值取向，以新发展理念为引领，自觉推动绿色化、数字化、智能化、融合化发展，把社会效益放在首位、社会效益和经济效益相统一，创新突出、技术领先、管理先进、供给优质、安全发展的现代化印刷企业。

第三条　通过建设一批国家印刷示范企业，培育壮大产业发展新动能，深化印刷业供给侧结构性改革，推进产业基础高级化、产业链现代化，推动印刷业改革创新，更好承担宣传思想工作使命任务，满足人民日益增长的美好生活需要。

第四条　国家新闻出版署负责国家印刷示范企业的统筹布局和认定管理。各省级新闻出版主管部门负责本地区国家印刷示范企业的组织申报和日常管理。

第五条　国家印刷示范企业建设工作坚持党的领导、示范引领、有进有退、统筹兼顾的原则。

第二章　申报条件

第六条　申报国家印刷示范企业应当取得《印刷经营许可证》两年以上（含两年），并具备以下基本条件。

（一）社会效益优先。导向意识鲜明，带头贯彻新发展理念，自觉服务和融入新发展格局，为人民提供高质量产品服务。模范遵守印刷管理各项制度，建立承印产品内容核查纠错机制，坚定维护意识形态安全和文化安全。较高水平履行社会责任。

（二）经济效益显著。积极转变发展方式，效率效益持续提升，规模实力不断壮大，企业人均产值、人均利润等经济指标位居行业前列，出版物印刷企业和数字印刷企业年度主营业务收入达 3 亿元以上，包装装潢和其他印刷品印刷企业年度主营业务收入达 8 亿元以上。

（三）发展动能强劲。践行文化数字化战略，在按需印刷、个性定制、线上线下融合等方面培育新业态，以数字化赋能生产和管理取得成效。坚持绿色低碳发展，持续扩大绿色印刷产品和服务供给，不断提高能源资源利用效率和清洁生产水平。

（四）供给质量优良。坚持质量第一，以印刷精品、优质服务奉献人民，具有较强的质量管理能力和较高的质量控制水平。以先进标准引领质量提升，不断适应个性化、差异化、品质化印刷需求。获得中国出版政府奖印刷复制奖或其他重要印刷质量奖项，通过有关认证或评价。

（五）人才队伍过硬。崇尚创新精神和工匠精神，具有结构合理、素质优良的印刷业高层次人才、专业化技术技能人才和高水平创新团队，技术技能人员和大专以上学历人员数量均不低于员工总数的 20%，研发设计人员数量不低于员工总数的 6%，企业内部人才培养和技能培训机制完善。

（六）内部治理科学。不断提升企业治理能力和水平，现代企业制度完善，具备较高企业战略管理能力，标准化、精细化、信息化管理水平高，企业文化积极健康，有效防范化解风险隐患，近两年内未受到新闻出版主管部门的行政处罚。

第七条　国家印刷示范企业分为 4 类，应当分别具备以下条件。

（一）保障支撑类。积极承担党和国家各类重点印刷任务，承印重大主题出版物、中小学教科书、各级党报党刊和重点应急印刷品等的印量占企业总印量的 30% 以上。或主动贯彻落实国家重大战略，深化落实北京、长三角、珠三角印刷业升级指南要求等取得实效。

（二）创新引领类。坚持创新驱动，主动开展技术创新、产品创新、管理创新、商业模式创新。研发投入行业领先，创新成果转化率高，推动产学研协同创新，企业专利等自主知识产权稳定增长。积极参与印刷关键核心技术及装备器材的研发和应用。

（三）智能制造类。落实国家文化数字化战略，建成数字化车间或智能工厂，实现印刷数据自动采集和驱动管理决策，形成智能制造系统集成架构，具备智能化生产加工能力。运用互联网、大数据等数字技术，较好实现印刷加工数据交换平台、互联网服务平台等应用和迭代。

（四）专业特色类。发挥"专精特新"优势，细分领域专业化特色突出，精细化管理运用到生产服务全流程，特异化竞争能力持续提升，新工艺新技术新材料广泛应用，成为各具特色、优势互补、富有活力的产业增长点。

第三章　认定管理

第八条　国家新闻出版署每两年组织开展一次国家印刷示范企业的评审认定工作。国家印刷示范企业实行自愿申请原则，按照下列程序开展。

（一）申报企业应当提交《国家印刷示范企业申请表》，各省级新闻出版主管部门依据申报条件初审同意后，报送国家新闻出版署。

（二）国家新闻出版署组织评审专家，对申报的企业进行考察和终审，经公示后公布认定结果。

（三）国家新闻出版署为国家印刷示范企业颁发证书和牌匾。

第九条　国家新闻出版署每年对国家印刷示范企业进行考核，随机开展现场检查、质量抽查，发布公告对合格国家印刷示范企业进行确认，对不合格的予以撤销和摘牌。

第十条　国家印刷示范企业应当提交年度研究报告、主动分享发展经验、带头破解行业难题、主动承接重大任务，充分发挥引领辐射示范作用。

国家新闻出版署根据日常管理和年度考核情况，定期评估国家印刷示范企业整体建设情况。

第四章　支持措施

第十一条　国家新闻出版署按类别给予国家印刷示范企业相应的项目扶持。

第十二条　国家印刷示范企业可以直接纳入国家新闻出版署重大任务印制保障工程，优先参与印刷业发展改革试点，优先入选印刷智能制造示范工程、全印刷补链强链护链工程等重大工程和项目。鼓励支持国家印刷示范企业申报先进制造业和现代服务业发展专项、高新技术企业、重大技术装备进口税收优惠、国家文化出口重点企业和重点项目、中国文化产业投资基金等。

第十三条　各级新闻出版主管部门支持国家印刷示范企业参与中国印刷业创新大会和行业重点活动，支持国家印刷示范企业加入印刷业路演观摩平台、智能制造信息公共服务平台、对外开放连接平台等，支持国家印刷示范企业牵头开展协同创新。

第十四条　支持国家印刷示范企业进行所有制、投融资机制改革，支持国家印刷示范企业上市融资、并购重组和融入全球市场。

第十五条　推动地方党委和政府给予国家印刷示范企业资金、项目、用地、人才、税收等方面的扶持政策，支持国家印刷示范企业参与建设产业基地和先进产业集群。

第十六条　国家新闻出版署总结宣传国家印刷示范企业发展的典型经验，支持国家印刷示范企业塑造知名品牌。

第五章　附　则

第十七条　本办法由国家新闻出版署负责解释。

第十八条　本办法自 2023 年 1 月 1 日起施行。

国家印刷示范企业申请表（略）

国家新闻出版署
关于加强印刷复制质量管理的通知

国新出发〔2023〕5号

各省、自治区、直辖市新闻出版局，有关单位：

为全面贯彻落实党的二十大精神，落实全国宣传部长会议、全国出版（版权）工作会议部署，树立质量第一、效益优先意识，以质量管理引领印刷复制业在新时代新征程开好局起好步，现就加强印刷复制质量管理有关事项通知如下。

一、总体要求

（一）指导思想

以习近平新时代中国特色社会主义思想为指导，完整、准确、全面贯彻新发展理念，主动服务和融入新发展格局，统筹发展和安全，落实《质量强国建设纲要》《出版业"十四五"时期发展规划》《印刷业"十四五"时期发展专项规划》有关要求，加强印刷复制质量管理，促进质量变革创新，强信心稳增长、强质量促升级，推动形成质量意识成为自觉、质量变革成为追求、供给水平明显提升、竞争能力明显增强的新局面，更好筑牢印刷复制质量安全屏障，更好满足人民美好生活向往。

（二）基本原则

——坚持党的领导。自觉将党中央决策部署贯彻落实到质量管理具体工作中，坚持正确政治方向、出版导向、价值取向。

——坚持人民至上。以人民为中心，提供优质产品供给，满足人民文化需求、增强人民精神力量。

——坚持问题导向。聚焦质量管理薄弱环节、突出问题、瓶颈制约，协同开展攻关，扩大有效供给。

——坚持系统观念。把质量管理融入印刷复制管理整体规划布局，系统谋划、整体推进。

（三）主要目标

到 2025 年，印刷复制供给体系质量有效提升，质量品牌得到培育壮大，质量优势显著增强，质量安全得到保障。

——产品质量水平显著提升。出版产品印制批质量合格率达 99% 以上，重大主题出版产品杜绝因技术性差错导致政治性错误，按需印刷、创意设计、绿色包装、线上线下融合等新型印刷产品和服务更好满足个性化、低碳化、高品质消费需求。

——质量竞争能力持续增强。自觉树立质量意识，色彩管理、设计输出、检验检测等标准化精细化信息化水平有效提升，国家印刷示范企业和"专精特新"中小企业加快高端化智能化绿色化发展。

——质量安全得到充分保障。印刷复制质量巡查抽检实现应检尽检，对重点主题出版产品和中小学教材的预警监测实现全覆盖，对容易误导消费者的包装印刷产品及时纠治，质量舆情得到稳妥处置，企业管理规范有序。

——质量管理体系更加完善。制定完善相关法规规章，及时发布相关标准，对印刷复制产品质量实现全过程、全链条监管。组织好评奖、认定等工作，建强质检专家队伍，持续提高质检机构专业化检测技术水平。

二、工作任务

（一）围绕中心、服务大局，组织开展"3·15"印刷复制质检活动

每年在 3 月 15 日前后启动专项质检活动，围绕党和国家工作大局确定重点任务，主要是对主题出版产品、热点领域出版产品，以及社会关注度高、问题比较突出的印刷复制产品进行抽检，并对相关单位进行巡查，针对巡查抽检发现的质量问题进行整治。

（二）统筹协调、持续提升，组织开展中小学重点教材印制和环保质量检查

每年与"3·15"印刷复制质检活动一并组织开展中小学重点教材印制和环保质量检查，主要是对春秋两季国家统编"三科教材"进行抽检，对相关单位进行巡查，并指导做好印制排产计划，统筹安排优质产能，协调解决实际问题，确保按时保质保量完成印制任务。

（三）强化预警、防范风险，建立完善印刷复制质量安全风险监测体系

结合巡查抽检中发现的质量问题和风险隐患，分级分类进行评估，建立完善质量安全风险监测体系。对重点主题出版产品和中小学教材的印制批质量问题、可能引起舆情的问题，由各地区第一时间稳妥处置并报告国家新闻出版署。对其他印制质量问题，由各地区指导有关单位进行整改处置。对有关风险隐患，及时发布风险警示信息并做好整改。

（四）重点突破、协同创新，全面增强产业质量竞争能力

利用中国印刷业创新大会、展会论坛、评奖认定等平台，鼓励支持产业链围绕数字印刷、印刷智能制造、印刷新技术新工艺新材料等开展协同创新，解决质量管理的难点、痛点、堵点、卡点问题。鼓励支持国家印刷示范企业和"专精特新"中小企业建设创新团队、发挥辐射作用，培育建设先进产业集群。鼓励支持先进质量标准研发应用，开展质量帮扶，引领产业发展。

三、保障措施

（一）加强组织领导

要提高政治站位，健全工作机制，整合工作力量，精心谋划部署，把印刷复制质量管理作为行业管理的重要内容抓实抓好。各地区要切实履行好统筹协调和质量监督管理职责，及时研判处置重大质量问题。

（二）落实重点任务

要依据本通知要求，研究制定具体工作安排，推动重点任务落实。要将印刷复制质量管理与"双随机、一公开"抽查、大调研相结合，总结推广先进工作经验，巩固扩大工作成果。

（三）加强人才建设

要加强资源整合，充分发挥质检机构、标准化组织、行业协会、科研院所生力军作用，培育质量管理人才和技术骨干。要加强质量管理相关法规和标准的学习宣传贯彻，将其作为培训重点内容，不断提升全行业质量管理水平。

国家新闻出版署

2023 年 3 月 16 日

企业标准化促进办法

（2023年8月31日国家市场监督管理总局令第83号公布　自2024年1月1日起施行）

第一条　为了引导企业加强标准化工作，提升企业标准化水平，提高产品和服务质量，推动高质量发展，根据《中华人民共和国标准化法》，制定本办法。

第二条　企业标准的制定、公开以及企业标准化的促进、服务及其监督管理等工作，适用本办法。

第三条　企业标准是企业对企业范围内需要协调、统一的技术要求、管理要求和工作要求所制定的标准。

第四条　企业标准化工作应当坚持政府引导、企业主体、创新驱动、质量提升的原则。

第五条　企业标准化工作的基本任务是执行标准化法律、法规和标准化纲要、规划、政策；实施和参与制定国家标准、行业标准、地方标准和团体标准，反馈标准实施信息；制定和实施企业标准；完善企业标准体系，引导员工自觉参与执行标准，对标准执行情况进行内部监督，持续改进标准的实施及相关标准化技术活动等。

鼓励企业建立健全标准化工作制度，配备专兼职标准化人员，在生产、经营和管理中推广应用标准化方法，开展标准化宣传培训，提升标准化能力，参与国际标准制定。

第六条　县级以上人民政府标准化行政主管部门、有关行政主管部门应当按照职责分工，加强对企业标准化工作的指导和监督，完善政策措施，形成合力推进的工作机制。

第七条　企业应当依据标准生产产品和提供服务。

强制性标准必须执行，企业不得生产、销售、进口或者提供不符合强制性标准的产品、服务。鼓励企业执行推荐性标准。

企业生产产品和提供服务没有相关标准的，应当制定企业标准。

第八条 制定企业标准应当符合法律法规和强制性标准要求。

制定企业标准应当有利于提高经济效益、社会效益、质量效益和生态效益，做到技术上先进、经济上合理。

鼓励企业对标国际标准和国内外先进标准，基于创新技术成果和良好实践经验，制定高于推荐性标准相关技术要求的企业标准，支撑产品质量和服务水平提升。

第九条 企业标准制定程序一般包括立项、起草、征求意见、审查、批准发布、复审、废止。

第十条 企业在制定标准时，需要参考或者引用材料的，应当符合国家关于知识产权的有关规定。

参考或者引用国际标准和国内外标准的，应当符合版权的有关规定。

第十一条 鼓励企业整合产业链、供应链、创新链资源，联合制定企业标准。

第十二条 企业制定的产品或者服务标准应当明确试验方法、检验方法或者评价方法。

试验方法、检验方法或者评价方法应当引用相应国家标准、行业标准或者国际标准。没有相应标准的，企业可以自行制定试验方法、检验方法或者评价方法。企业自行制定的试验方法、检验方法或者评价方法，应当科学合理、准确可靠。

第十三条 企业提供产品或者服务所执行的企业标准应当按照统一的规则进行编号。企业标准的编号依次由企业标准代号、企业代号、顺序号、年份号组成。

企业标准代号为"Q"，企业代号可以用汉语拼音字母或者阿拉伯数字或者两者兼用组成。

与其他企业联合制定的企业标准，以企业标准形式各自编号、发布。

第十四条 国家实行企业标准自我声明公开和监督制度。企业应当公开其提供产品或者服务所执行的强制性标准、推荐性标准、团体标准或者企业标准的编号和名称。

企业执行自行制定或者联合制定企业标准的，应当公开产品、服务的功能指标和产品的性能指标及对应的试验方法、检验方法或者评价方法。法律、法规、强制性国家标准对限制商品过度包装另有规定的，企业应当按照有关规定公开其采用的包装标准。

企业公开的功能指标和性能指标项目少于或者低于推荐性标准的，应当在自我声明公开时进行明示。

企业生产的产品、提供的服务，应当符合企业公开标准的技术要求。

第十五条 企业应当在提供产品或者服务前，完成执行标准信息的自我声明公开。委托加工生产产品或者提供服务的，由委托方完成执行标准信息的自我声明公开。

企业执行标准发生变化时，应当及时对自我声明公开的内容进行更新。企业办理注销登记后，应当对有关企业标准予以废止。

第十六条 鼓励企业通过国家统一的企业标准信息公共服务平台进行自我声明公开。

通过其他渠道进行自我声明公开的，应当在国家统一的企业标准信息公共服务平台明示公开渠道，并确保自我声明公开的信息可获取、可追溯和防篡改。

第十七条 国家建立标准创新型企业制度。鼓励企业构建技术、专利、标准联动创新体系。

第十八条 县级以上人民政府标准化行政主管部门、有关行政主管部门应当支持企业参加专业标准化技术组织，鼓励企业参与制定国家标准、行业标准、地方标准或者团体标准。

第十九条 国家鼓励企业开展标准实施效果评价，向国家标准、行业标准、地方标准、团体标准的制定机构反馈标准实施信息。

企业研制新产品、改进产品，进行技术改造的，应当对其制定的相关企业标准进行评估和更新。

第二十条 县级以上人民政府标准化行政主管部门、有关行政主管部门应当支持企业开展标准化试点示范项目建设，鼓励企业标准化良好行为创建，树立行业发展标杆。

第二十一条　国家实施企业标准"领跑者"制度，推动拥有自主创新技术、先进技术、取得良好实施效益的企业标准成为行业的"领跑者"。

第二十二条　国家实施标准融资增信制度。鼓励社会资本以市场化方式建立支持企业标准创新的专项基金，鼓励和支持金融机构给予标准化水平高的企业信贷支持，支持符合条件的企业开展标准交易、标准质押等活动。

第二十三条　国家鼓励企业对照国际标准和国外先进标准，持续开展对标达标活动，提高企业质量竞争水平。

第二十四条　县级以上人民政府标准化行政主管部门、有关行政主管部门应当支持企业参与国际标准化交流与合作，鼓励企业参加国际标准组织技术机构工作、参与国际标准制定。

第二十五条　国家鼓励企业、高等学校、科研机构和社会团体等开展标准化专业技术服务工作，提升标准化服务的社会化、市场化水平，服务企业标准化工作。

第二十六条　国家鼓励高等学校、科研机构等单位开设标准化课程或者专业，加强企业标准化人才教育。

县级以上人民政府标准化行政主管部门、有关行政主管部门应当引导企业完善标准化人才培养机制。

第二十七条　县级以上人民政府标准化行政主管部门、有关行政主管部门按照有关规定加大对具有自主创新技术、起到引领示范作用、产生明显经济社会效益的企业标准奖励力度。支持将先进企业标准纳入科学技术奖励范围。

对在标准化工作中做出显著成绩的企业和个人，按照有关规定给予表彰和奖励。

第二十八条　县级以上人民政府标准化行政主管部门、有关行政主管部门以"双随机、一公开"监管方式，依法对企业提供产品或者服务所执行的标准进行监督检查。对于特殊重点领域可以开展专项监督检查。

第二十九条　企业在监督检查中拒绝提供信息或者提供不实信息的，责令改正；拒不改正的，由县级以上人民政府标准化行政主管部门进行通报或者公告。

第三十条　企业未公开其提供产品和服务执行标准的，由县级以上人民政府标准化行政主管部门责令限期改正；逾期不改正的，在企业标准信息公共服务平台上公示。

第三十一条　企业制定的企业标准不符合本办法第八条第一款、第八条第二款、第十二条规定的，由县级以上人民政府标准化行政主管部门责令限期改正；逾期不改正的，由省级以上人民政府标准化行政主管部门废止该企业标准，在企业标准信息公共服务平台上公示。

第三十二条　企业制定的企业标准不符合本办法第十三条规定的，由县级以上人民政府标准化行政主管部门责令限期改正；逾期不改正的，由省级以上人民政府标准化行政主管部门撤销相关标准编号，并在企业标准信息公共服务平台上公示。

第三十三条　企业自我声明公开不符合本办法第十四条、第十五条、第十六条规定的，由县级以上人民政府标准化行政主管部门责令限期改正；逾期不改正的，在企业标准信息公共服务平台上公示。

第三十四条　企业在开展标准制定、自我声明公开等工作中存在本办法规定的其他违法行为的，依据法律、行政法规的有关规定处理。法律、行政法规没有规定的，县级以上人民政府标准化行政主管部门可以通过发送警示函、约谈等方式，督促其改正；逾期不改正的，在企业标准信息公共服务平台上公示。

第三十五条　法律、行政法规对企业标准化工作另有规定的，从其规定。

第三十六条　本办法自 2024 年 1 月 1 日起施行。1990 年 8 月 24 日原国家技术监督局令第 13 号公布的《企业标准化管理办法》同时废止。

关于印发《深入推进快递包装绿色转型行动方案》的通知

发改环资〔2023〕1595号

各省、自治区、直辖市人民政府：

《深入推进快递包装绿色转型行动方案》已经国务院同意，现印发给你们，请认真贯彻执行。

国家发展改革委
国家邮政局
工业和信息化部
财政部
住房城乡建设部
商务部
市场监管总局
最高人民检察院
2023年11月23日

深入推进快递包装绿色转型行动方案

为贯彻落实党中央、国务院决策部署，深入推进快递包装绿色转型，进一步加大工作力度，制定本行动方案。

一、总体要求

以习近平新时代中国特色社会主义思想为指导，深入贯彻党的二十大精神，完整、准确、全面贯彻新发展理念，加快构建新发展格局，着力推动高质量发展，强化快递包装绿色治理，聚焦重点领域和突出问题，有步骤、分阶段综合施策，加大力度扎实推进快递包装减量化，加快培育可循环快递包装新模式，持续推进废旧快递包装回收利用，提升快递包装标准化、循环化、减量化、无害化水平，促进电商、快递行业高质量发展，为发展方式绿色转型提供支撑。

到2025年底，快递绿色包装标准体系全面建立，禁止使用有毒有害快递包装要求全面落实，快递行业规范化管理制度有效运行，电商、快递行业经营者快递包装减量化意识显著提升，大型品牌电商企业快递过度包装现象明显改善，在电商行业培育遴选一批电商快递减量化典型，同城快递使用可循环快递包装比例达到10%，旧纸箱重复利用规模进一步扩大，快递包装基本实现绿色转型。

二、主要行动

（一）快递包装减量化专项指导行动。组织电商、快递行业开展快递包装相关法律法规政策培训。组织大型品牌电商企业、开展自营业务的电商平台企业和寄递企业及时进行快递包装问题自查自改，重点针对包装层数过多、空隙率过大、大箱小用、缠绕胶带过多等问题，采取有效措施提升管理水平，并将自查和改进情况报告行业主管部门。行业主管部门建立主动服务、靠前指导机制，深入重点货仓、大型发货点、电子商务园区、快递物流园区等地调研指导，帮助相关企业及时发现商品寄递环节包装问题，督促相关企业优化商品寄递环节包装规则标准，提高包装与寄递物的匹配度，优先使用简约包装，防止过度包装。

（二）电商平台企业引领行动。指导电商平台企业就其自营业务完善快递包装减量化规则，并制定快递包装减量化目标任务。指导电商平台企业与平台内大型品牌电商企业、快递企业协同发力，在食品、日用品等重点消费品中选择一批销量排名靠前的适当商品，推广电商快递原装直发、产地直采、聚单直发等模式，积极应用满足快递物流配送需求的商品包装，减少商品在寄递环节的二次包装。督促电商平台企业严格执行一次性塑料制品使用、回收报告制度。鼓励电商平台企业在同城配送生鲜等适当品类使用可循环包装。鼓励电商平台企业联合平台内品牌电商企业发出倡议，号召更多电商企业推广原装直发，推动电商领域快递包装绿色转型。编制发布全国电商领域快递包装减量化案例集。

（三）快递包装供应链绿色升级行动。督促指导商品生产者严格按照限制商品过度包装的强制性标准生产商品。督促指导电商企业等商品销售者不销售过度包装商品。支持电商、快递企业建立快递包装产品合格供应商制度，逐步扩大合格供应商包装产品采购和使用比例，推动包装生产企业开展包装减量化设计。快递企业总部要加强对分支机构、加盟企业采购使用包装产品的管理，以包装标准化、循环化、减量化、无害化为导向，建立采购使用包装产品的引导和约束机制。组织开展快递包装绿色产品认证，鼓励包装生产企业积极参与认证，推动增加快递包装绿色产品供给。

（四）可循环快递包装推广行动。深入推进可循环快递包装规模化应用试点，及时总结提炼经验成效。鼓励试点企业与商业机构、便利店、物业服务企业等合作设立可循环快递包装协议回收点，设置可循环快递包装回收设施。鼓励试点企业联合电商企业建立积分奖励、绿色信用、押金制、承诺制等激励约束机制，引导个人消费者自主返还可循环快递包装。鼓励电商平台企业充分发挥作用，在部分种类的订单生成页面为消费者提供可循环快递包装选项。鼓励在同城生鲜配送、连锁商超散货物流等场景中推广应用可循环可折叠式配送包装。各城市人民政府要结合实际规划建设快递共配终端和可循环快递包装回收设施。

（五）快递包装回收利用和处置行动。鼓励快递企业通过免费提供复用纸箱、提供寄递资费优惠等方式促进快递包装回收和重复使用。持续推进生活垃圾分类工作，完善生活垃圾分类投放、分类收集、分类运输、分类处理体系，促进快递包装废弃物及时规范收集处置。深入推进生活垃圾分类网点与再生资源回收网点"两网融合"，进一步提升废纸箱等再生资源回收利用率。

（六）快递包装监管执法行动。加大快递包装治理的监督执法力度，组织开展快递派件包装抽查，深化"双随机、一公开"监管，强化刚性约束。将快递包装相关标准实施情况纳入电商和快递行业管理，加强督促引导和约谈提醒。对违反相关法律法规和强制性标准的行为，依法依规进行查处。建立快递包装违法违规典型案例曝光制度，强化警示效果。督促指导快递企业落实快递包装和操作规范相关管理制度，将快递包装标准化、循环化、减量化、无害化等要求纳入收件服务协议，加强对从业人员培训。畅通公众投诉举报通道，及时查处快递包装违法违规行为线索，依法督促相关企业整改。鼓励有条件的地方开设快递过度包装专门投诉举报渠道。

（七）快递包装绿色转型主题宣传行动。通过报纸、广播电视、新媒体等渠道，加大快递包装法律法规标准政策宣传力度，提升政策公众知晓度，营造良好舆论氛围。指导行业协会充分发挥行业自律作用，通过出台行业自律公约、签署快递包装绿色转型自律承诺书等形式，引导企业强化主体责任。相关行业主管部门每年开展快递包装绿色转型典型经验和工作成效征集，及时总结宣传推广经验成效。在全国生态日、全国节能宣传周、全国低碳日、世界地球日、世界环境日等重要时间节点，加大对快递包装标准化、循环化、减量化、无害化理念宣传力度。鼓励电商平台以购物节为依托开展快递包装绿色转型宣传活动，引导入驻商家推进快递包装减量化，鼓励公众主动参与废旧快递包装回收。

三、保障措施

（八）加强部门协同。国务院各有关部门要各司其职、各负其责、密切配合、通力合作，加大对地方的指导力度，协调解决本行动方案实施中的困难问题，重大情况及时按程序请示报告，2025年底对《关于加快推进快递包装绿色转型的意见》及本行动方案实施情况进行总结评估。中央财政通过现有部门预算资金支持开展覆盖快递包装生产、使用和回收处置全流程的统计分析、执法和监管能力建设。国家发展改革委统筹利用中央预算内投资等渠道加大对可循环快递包装规模化应用试点等的资金支持。国家邮政局、商务部等部门要做好组织部署，分解细化目标任务，确保工作取得实效。检察机关依法对快递包装领域违法违规行为履行公益诉讼法律监督职能。

（九）完善法规标准。推动修订《快递市场管理办法》，推进快递包装标准化、循环化、减量化、无害化。加快出台限制快递过度包装的强制性标准。突出减量化要求，加快制修订快递包装绿色产品、可循环快递包装等重点领域标准。开辟绿色通道，提高标准制修订效率和质量。

（十）压实地方责任。地方各级人民政府要加强对快递包装绿色转型工作的组织领导，完善工作机制，细化任务举措，采取有力措施抓好工作落实。各省级人民政府要督促落实省级主管部门管理责任、市县人民政府属地责任，按年度对本行动方案实施情况进行跟踪评估，及时发现和解决实施中的问题。地方各级人民政府要加大执法人员、装备、经费等方面保障力度。各城市人民政府要加大对快递包装回收设施建设的支持力度。

工业和信息化部等八部门关于加快传统制造业转型升级的指导意见

工信部联规〔2023〕258号

各省、自治区、直辖市及计划单列市、新疆生产建设兵团工业和信息化主管部门、发展改革委、教育厅（委、局）、财政厅（局），中国人民银行上海总部、各省、自治区、直辖市及计划单列市分行，国家税务总局各省、自治区、直辖市及计划单列市税务局，国家金融监督管理总局各监管局，中国证监会各派出机构，有关中央企业：

传统制造业是我国制造业的主体，是现代化产业体系的基底。推动传统制造业转型升级，是主动适应和引领新一轮科技革命和产业变革的战略选择，是提高产业链供应链韧性和安全水平的重要举措，是推进新型工业化、加快制造强国建设的必然要求，关系现代化产业体系建设全局。为加快传统制造业转型升级，提出如下意见。

一、发展基础和总体要求

党的十八大以来，在以习近平同志为核心的党中央坚强领导下，我国制造业已形成了世界规模最大、门类最齐全、体系最完整、国际竞争力较强的发展优势，成为科技成果转化的重要载体、吸纳就业的重要渠道、创造税收的重要来源、开展国际贸易的重要领域，为有效应对外部打压、世纪疫情冲击等提供了有力支撑，为促进经济稳定增长作出了重要贡献。石化化工、钢铁、有色、建材、机械、汽车、轻工、纺织等传统制造业增加值占全部制造业的比重近80%，是支撑国民经济发展和满足人民生活需要的重要基础。与此同时，我国传统制造业"大而不强""全而不精"问题仍然突出，低端供给过剩和高端供给不足并存，创新能力不强、产业基础不牢，资源约束趋紧、要素成本上升，巩固提升竞争优势面临较大挑战，需加快推动质量变革、效率变革、动力变革，实现转型升级。

加快传统制造业转型升级要以习近平新时代中国特色社会主义思想为指导，深入贯彻党的二十大精神，落实全国新型工业化推进大会部署，坚持稳中求进工作总基调，完整、准确、全面贯彻新发展理念，加快构建新发展格局，统筹发展和安全，坚持市场主导、政府引导，坚持创新驱动、系统推进，坚持先立后破、有保有压，实施制造业技术改造升级工程，加快设备更新、工艺升级、数字赋能、管理创新，推动传统制造业向高端化、智能化、绿色化、融合化方向转型，提升发展质量和效益，加快实现高质量发展。

到2027年，传统制造业高端化、智能化、绿色化、融合化发展水平明显提升，有效支撑制造业比重保持基本稳定，在全球产业分工中的地位和竞争力进一步巩固增强。工业企业数字化研发设计工具普及率、关键工序数控化率分别超过90%、70%，工业能耗强度和二氧化碳排放强度持续下降，万元工业增加值用水量较2023年下降13%左右，大宗工业固体废物综合利用率超过57%。

二、坚持创新驱动发展，加快迈向价值链中高端

（一）加快先进适用技术推广应用。鼓励以企业为主体，与高校、科研院所共建研发机构，加大研发投入，提高科技成果落地转化率。优化国家制造业创新中心、产业创新中心、国家工程研究中心等制造业领域国家级科技创新平台布局，鼓励面向传统制造业重点领域开展关键共性技术研究和产业化应用示范。完善科技成果信息发布和共享机制，制定先进技术转化应用目录，建设技术集成、熟化和工程化的中试和应用验证平台。

（二）持续优化产业结构。推动传统制造业优势领域锻长板，推进强链延链补链，加强新技术新产品创新迭代，完善产业生态，提升全产业链竞争优势。支持传统制造业深耕细分领域，孵化新技术、开拓新赛道、培育新产业。持续巩固"去产能"成果，依法依规淘汰落后产能，坚决遏制高耗能、高排放、低水平项目盲目上马。完善高耗能、高排放、低水平项目管理制度，科学细化项

目管理目录，避免对传统制造业按行业"一刀切"。

（三）深入实施产业基础再造工程。支持企业聚焦基础零部件、基础元器件、基础材料、基础软件、基础工艺和产业技术基础等薄弱领域，加快攻关突破和产业化应用，强化传统制造业基础支撑体系。深化重点产品和工艺"一条龙"应用，强化需求和场景牵引，促进整机（系统）和基础产品技术互动发展，支持企业运用首台（套）装备、首批次材料、首版次软件实施技术改造，扩大创新产品应用市场。

（四）着力增品种提品质创品牌。聚焦消费升级需求和薄弱环节，大力开发智能家居、绿色建材、工艺美术、老年用品、婴童用品等领域新产品。推动供给和需求良性互动，增加高端产品供给，加快产品迭代升级，分级打造中国消费名品方阵。实施卓越质量工程，推动企业健全完善先进质量管理体系，提高质量管理能力，全面提升产品质量。加快企业品牌、产业品牌、区域品牌建设，持续保护老字号，打造一批具有国际竞争力的"中国制造"高端品牌。推动传统制造业标准提档升级，完善企业技术改造标准，用先进标准体系倒逼质量提升、产品升级。

三、加快数字技术赋能，全面推动智能制造

（五）大力推进企业智改数转网联。立足不同产业特点和差异化需求，加快人工智能、大数据、云计算、5G、物联网等信息技术与制造全过程、全要素深度融合。支持生产设备数字化改造，推广应用新型传感、先进控制等智能部件，加快推动智能装备和软件更新替代。以场景化方式推动数字化车间和智能工厂建设，探索智能设计、生产、管理、服务模式，树立一批数字化转型的典型标杆。加快推动中小企业数字化转型，推动智改数转网联在中小企业先行先试。完善智能制造、两化融合、工业互联网等标准体系，加快推进数字化转型、智能制造等贯标，提升评估评价公共服务能力，加强工业控制系统和数据安全防护，构建发展良好生态。

（六）促进产业链供应链网络化协同。鼓励龙头企业共享解决方案和工具包，带动产业链上下游整体推进数字化转型，加强供应链数字化管理和产业链资源共享。推动工业互联网与重点产业链"链网协同"发展，充分发挥工业互

联网标识解析体系和平台作用，支持构建数据驱动、精准匹配、可信交互的产业链协作模式，开展协同采购、协同制造、协同配送、产品溯源等应用，建设智慧产业链供应链。支持重点行业建设"产业大脑"，汇聚行业数据资源，推广共性应用场景，服务全行业转型升级和治理能力提升。

（七）推动产业园区和集群整体改造升级。推动国家高新区、科技产业园区等升级数字基础设施，搭建公共服务平台，探索共享制造模式，实施整体数字化改造。以国家先进制造业集群为引领，推动产业集群数字化转型，促进资源在线化、产能柔性化和产业链协同化，提升综合竞争力。探索建设区域人工智能数据处理中心，提供海量数据处理、生成式人工智能工具开发等服务，促进人工智能赋能传统制造业。探索平台化、网络化等组织形式，发展跨物理边界虚拟园区和集群，构建虚实结合的产业数字化新生态。

四、强化绿色低碳发展，深入实施节能降碳改造

（八）实施重点领域碳达峰行动。落实工业领域和有色、建材等重点行业碳达峰实施方案，完善工业节能管理制度，推进节能降碳技术改造。开展产能置换政策实施情况评估，完善跨区域产能置换机制，对能效高、碳排放低的技术改造项目，适当给予产能置换比例政策支持。积极发展应用非粮生物基材料等绿色低碳材料。建立健全碳排放核算体系，加快建立产品碳足迹管理体系，开展减污降碳协同创新和碳捕集、封存、综合利用工程试点示范。有序推进重点行业煤炭减量替代，合理引导工业用气增长，提升工业终端用能电气化水平。

（九）完善绿色制造和服务体系。引导企业实施绿色化改造，大力推行绿色设计，开发推广绿色产品，建设绿色工厂、绿色工业园区和绿色供应链。制修订一批低碳、节能、节水、资源综合利用、绿色制造等重点领域标准，促进资源节约和材料合理应用。积极培育绿色服务机构，提供绿色诊断、研发设计、集成应用、运营管理、评价认证、培训等服务。发展节能节水、先进环保、资源综合利用、再制造等绿色环保装备。强化绿色制造标杆引领，带动更多企业绿色化转型。

（十）推动资源高效循环利用。分类制定实施战略性资源产业发展方案，培育创建矿产资源高效开发利用示范基地和示范企业，加强共伴生矿产资源综合利用，提升原生资源利用水平。积极推广资源循环生产模式，大力发展废钢铁、废有色金属、废旧动力电池、废旧家电、废旧纺织品回收处理综合利用产业，推进再生资源高值化循环利用。推动粉煤灰、煤矸石等工业固废规模化综合利用，在工业固废集中产生区、煤炭主产区、基础原材料产业集聚区探索工业固废综合利用新模式。推进工业废水循环利用，提升工业水资源集约节约水平。

（十一）强化重点行业本质安全。引导企业改造有毒、有害、非常温等生产作业环境，提高工作舒适度，通过技术改造改善安全生产条件。深化"工业互联网＋安全生产"，增强安全生产感知、监测、预警、处置和评估能力。加大安全应急装备在重点领域推广应用，在民爆等高危行业领域实施"机械化换人、自动化减人"。支持石化化工老旧装置综合技术改造，培育智慧化工园区，有序推进城镇人口密集区危险化学品生产企业搬迁改造和长江经济带沿江化工企业"搬改关"。

五、推进产业融合互促，加速培育新业态新模式

（十二）促进行业耦合发展。推进石化化工、钢铁、有色、建材、电力等产业耦合发展，推广钢化联产、炼化集成、资源协同利用等模式，推动行业间首尾相连、互为供需和生产装置互联互通，实现能源资源梯级利用和产业循环衔接。大力发展生物制造，增强核心菌种、高性能酶制剂等底层技术创新能力，提升分离纯化等先进技术装备水平，推动生物技术在食品、医药、化工等领域加快融合应用。支持新型功能性纤维在医疗、新能源等领域应用。搭建跨行业交流对接平台，深挖需求痛点，鼓励企业开展技术产品跨行业交叉应用，拓展技术产品价值空间，打造一批典型案例。

（十三）发展服务型制造。促进传统制造业与现代服务业深度融合，培育推广个性化定制、共享制造、全生命周期管理、总集成总承包等新模式、新场景在传统制造业领域的应用深化。推动工业设计与传统制造业深度融合，促进设计优化和提升，创建一批国家级工业设计中心、工业设计研究院和行业性、专业性创意设计园区，推动仓储物流服务数字化、智能化、精准化发展，增强重大技术装备、新材料等领域检验检测服务能力，培育创新生产性金融服务，提升对传统制造业转型升级支撑水平。

（十四）持续优化产业布局。支持老工业基地转型发展，加快产业结构调整，培育产业发展新动能。根据促进制造业有序转移的指导意见和制造业转移发展指导目录，充分发挥各地资源禀赋、产业基础优势，结合产业链配套需求等有序承接产业转移，提高承接转移承载力，差异化布局生产力。在传统制造业优势领域培育一批主导产业鲜明、市场竞争力强的先进制造业集群、中小企业特色产业集群。支持与共建"一带一路"国家开展国际产能合作，发挥中外中小企业合作区等载体作用，推动技术、装备、标准、服务等协同走出去。

六、加大政策支持力度，营造良好发展环境

（十五）加强组织领导。在国家制造强国建设领导小组领导下，加强战略谋划、统筹协调和重大问题研究，推动重大任务和重大政策加快落地。各地区各部门协同联动，鼓励分行业、分地区制定实施方案，细化工作举措、出台配套政策、抓好推进落实，形成一批优秀案例和典型经验。充分发挥行业协会等中介组织桥梁纽带作用，加强政策宣贯、行业监测、决策支撑和企业服务。

（十六）加大财税支持。加大对制造业技术改造资金支持力度，以传统制造业为重点支持加快智改数转网联，统筹推动高端化、智能化、绿色化、融合化升级。落实税收优惠政策，支持制造业高质量发展。支持传统制造业企业参与高新技术企业、专精特新中小企业等培育和评定，按规定充分享受财政奖补等优惠政策。落实企业购置用于环保、节能节水、安全生产专用设备所得税抵免政策，引导企业加大软硬件设备投入。

（十七）强化金融服务。充分利用现有相关再贷款，为符合条件的传统制造业转型升级重点项目提供优惠利率资金支持。发挥国家产融合作平台、工业企业技术改造升级导向计划等政策作用，引导银行机构按照市场化、法治化原则加大对传统制造业转型升级的信贷支持，优化相关金融产品和服务。鼓励产业投资基金加大传统制造业股权投资支持力度。发挥多层次资本市场作用，支持符合条件的传统制造业企业通过股票、债券等多种融资方式进行技术改造或加大研发投入，通过并购重组实现转型升级。

（十八）扩大人才供给。优化传统制造业相关中职、高职专科、职业本科专业设置，全面实践中国特色学徒制，鼓励建立校企合作办学、培训、实习实训基地建设等长效机制，扩大高素质技术技能人才培养规模。实施"制造业人才支持计划"，推进新工科建设，布局建设一批未来技术学院、现代产业学院、专业特色学院，建设"国家卓越工程师实践基地"，面向传统制造业领域培养一批数字化转型人才、先进制造技术人才、先进基础工艺人才和具有突出技术创新能力、善于解决复杂工程问题的工程师队伍。

工业和信息化部

国家发展改革委

教育部

财政部

中国人民银行

税务总局

金融监管总局

中国证监会

2023年12月28日

工业和信息化部办公厅关于公布 2023 年度绿色制造名单及试点推行"企业绿码"有关事项的通知

工信厅节函〔2023〕384 号

各省、自治区、直辖市及计划单列市、新疆生产建设兵团工业和信息化主管部门：

为推动制造业高端化、智能化、绿色化发展，加快构建绿色制造和服务体系，经申报单位自愿申报、第三方机构评价、省级工业和信息化主管部门评估确认及专家论证、公示等程序，确定了 2023 年度绿色制造名单，现予以公布，同时面向绿色工厂试点推行"企业绿码"。有关事项通知如下：

一、按照 2023 年度动态管理要求，经各地工业和信息化主管部门核实确认，我部将前七批绿色制造名单中的 9 家绿色工厂、3 家绿色供应链管理企业移出绿色制造名单，46 家单位变更名称（见附件 4）。

二、我部依据《绿色工厂评价通则》（GB/T 36132）等相关标准，以及 2023 年度绿色工厂动态管理报送的绿色绩效数据开发了"企业绿码"，对绿色工厂绿色化水平进行量化分级评价和赋码，直观反映企业在所有绿色工厂中的位置以及所属行业中的位置。国家层面绿色工厂分为 A+、A、B 三级，比例分别为 5%、35%、60%。国家层面绿色工厂按照自愿原则登录工业节能与绿色发展管理平台（https://green.miit.gov.cn，以下称管理平台）进行申领"企业绿码"（示意图见附件 5），申领后可向其采购商、金融机构、有关政府部门等出示，证明自身绿色化发展水平。"企业绿码"每年更新一次，即在完成年度动态管理数据填报后，系统会在一个月内根据新一年的数据重新进行赋码。如企业不填报或者填报不规范、数据异常，不对其赋码。

三、各地工业和信息化主管部门要加强对列入绿色制造名单的单位与相关产业政策的衔接，充分发挥以点带面的示范作用。加强跟踪指导和动态管理，组织已列入绿色制造名单的单位（共八批）填报 2024 年度动态管理表（登录管理平台），并对动态管理表中明确的各项关键指标进行审核。对于绿色制造水平关键指标不符合绿色制造评价要求的，组织进行现场评估，于 2024 年 4 月 15 日前完成动态管理工作，提出动态调整意见，我部将综合评估后对名单进行调整。对于发生重大安全、质量、环境污染等事故的，要及时上报，我部将从名单中予以除名。

四、省级工业和信息化主管部门可结合当地绿色工厂创建情况，参照国家动态管理要求，面向省层面绿色工厂试点推行"企业绿码"。

附件：1. 绿色工厂名单（略）
2. 绿色工业园区名单（略）
3. 绿色供应链管理企业名单（略）
4. 绿色制造名单动态调整汇总表（略）
5. "企业绿码"示意图

工业和信息化部办公厅
2023 年 12 月 29 日

附件 5

"企业绿码"示意图

工业和信息化部办公厅　商务部办公厅海关总署办公厅关于优化低浓度三乙醇胺混合物进出口监管措施的通知

工信厅联安全函〔2023〕394号

各省、自治区、直辖市及新疆生产建设兵团工业和信息化主管部门、商务主管部门，各直属海关：

根据《中华人民共和国监控化学品管理条例》《〈中华人民共和国监控化学品管理条例〉实施细则》有关规定，为提升监控化学品进出口管理效能，现决定自2024年2月1日起优化部分低浓度三乙醇胺混合物进出口的监管措施。现将有关事项通知如下：

三乙醇胺含量较低的非医用消毒剂、合成洗涤粉、化妆品、墨水等消费类商品（详见附件），防扩散风险可控，不属于《两用物项和技术进出口许可证管理目录》中三乙醇胺（海关商品编号2922150000）和三乙醇胺混合物（海关商品编号3824999950）项下的管控物项，无需办理监控化学品进出口审批手续，无需办理两用物项和技术进出口许可。

执行过程中发现的问题，请及时报国家履行《禁止化学武器公约》工作办公室，以便根据实际情况动态调整监管措施。

附件：不属于《两用物项和技术进出口许可证管理目录》的低浓度三乙醇胺混合物产品清单

工业和信息化部办公厅
商务部办公厅
海关总署办公厅
2024 年 1 月 16 日

附件

不属于《两用物项和技术进出口许可证管理目录》的低浓度三乙醇胺混合物产品清单

序号	商品名称	备注	参考海关商品编号
1	非医用消毒剂	其他非医用消毒剂	3808940090
2	合成洗涤粉	零售包装的合成洗涤粉	3402501000
		其他零售包装有机表面活性剂制品	3402509000
3	洁肤用有机表面活性产品及制品（液状或膏状并制成零售包装的，不论是否含有肥皂）	洁肤用有机表面活性产品及制品	3401300090
		洁肤用有机表面活性产品及制品，液状或膏状并制成零售包装的，含有含汞亮肤肥皂（含汞量超过百万分之一）	3401300010
	香水及花露水	包装标注含量以重量计的香水及花露水	3303000010
		包装标注含量以体积计的香水及花露水	3303000020
	唇用化妆品	包装标注含量以重量计的含濒危物种成分唇用化妆品	3304100011
		包装标注含量以体积计的含濒危物种成分唇用化妆品	3304100012
		包装标注规格为"片"或"张"的含濒危物种成分唇用化妆品	3304100013
		包装标注含量以重量计的其他唇用化妆品	3304100091
		包装标注含量以体积计的其他唇用化妆品	3304100092
		包装标注规格为"片"或"张"的其他唇用化妆品	3304100093
	眼用化妆品	包装标注含量以重量计的含濒危物种成分眼用化妆品	3304200011
		包装标注含量以体积计的含濒危物种成分眼用化妆品	3304200012
		包装标注规格为"片"或"张"的含濒危物种成分眼用化妆品	3304200013
		包装标注含量以重量计的其他眼用化妆品	3304200091
		包装标注含量以体积计的其他眼用化妆品	3304200092

续表

序号	商品名称	备注	参考海关商品编号
3	眼用化妆品	包装标注含量以体积计的其他眼用化妆品	3304200093
	指（趾）甲化妆品	包装标注含量以重量计的指（趾）甲化妆品	3304300001
		包装标注含量以体积计的指（趾）甲化妆品	3304300002
		包装标注规格为"片"或"张"的指（趾）甲化妆品	3304300003
	粉，不论是否压紧	其他粉状化妆品，不论是否压紧	3304910090
	洗发剂（香波）	含濒危物种成分的洗发剂	3305100010
		其他洗发剂（香波）	3305100090
	其他护发品	其他护发品	3305900000
	剃须用制剂	剃须用制剂	3307100000
	香浴盐及其他泡澡用制剂	香浴盐及其他泡澡用制剂	3307300000
	其他盥洗用皂及有机表面活性产品（包括含有药物的产品、呈条状、块状或模制形状）（特殊化妆品功效香皂）	其他盥洗用皂及有机表面活性产品（包括含有药物的产品、呈条状、块状或模制形状）（特殊化妆品功效香皂）	3401110090
	其他按零售包装供私人使用或经包装供个人使用的美容品或化妆品或护肤品	包装标注含量以重量计含濒危物种成分的美容品或化妆品及护肤品（包括防晒油或晒黑油，但药品除外）	3304990021
		包装标注含量以重量计的其他美容品或化妆品及护肤品（包括防晒油或晒黑油，但药品除外）	3304990029
		包装标注含量以体积计含濒危物种成分的美容品或化妆品及护肤品（包括防晒油或晒黑油，但药品除外）	3304990031
		包装标注含量以体积计的其他美容品或化妆品及护肤品（包括防晒油或晒黑油，但药品除外）	3304990039
		包装标注规格为"片"或"张"的含濒危物种成分的美容品或化妆品及护肤品（包括防晒油或晒黑油，但药品除外）	3304990041

续表

序号	商品名称	备注	参考海关商品编号
		包装标注规格为"片"或"张"的其他美容品或化妆品及护肤品（包括防晒油或晒黑油，但药品除外）	3304990049
		其他包装标注规格的含濒危物种成分的美容品或化妆品及护肤品（包括防晒油或晒黑油，但药品除外）	3304990091
		其他包装标注规格的其他含濒危物种成分的美容品或化妆品及护肤品（包括防晒油或晒黑油，但药品除外）	3304990099
4	水性喷墨墨水	水性喷墨墨水	3215902000
5	书写墨水	书写墨水（不论是否固体或浓缩）	3215901000

备注：清单中商品范围以商品名称及备注为准，海关商品编号仅供通关申报参考。

工业和信息化部等七部门关于加快推动制造业绿色化发展的指导意见

工信部联节〔2024〕26号

各省、自治区、直辖市及计划单列市、新疆生产建设兵团工业和信息化主管部门、发展改革委、财政厅（局）、生态环境厅（局），中国人民银行上海总部，各省、自治区、直辖市及计划单列市分行，各省、自治区、直辖市及计划单列市、新疆生产建设兵团国资委、市场监管局（厅、委），有关中央企业：

为深入贯彻落实党的二十大精神，推动制造业绿色化发展，在落实碳达峰碳中和目标任务过程中锻造新的产业竞争优势，加快建设现代化产业体系，推进新型工业化，提出如下意见。

一、总体要求

（一）指导思想

以习近平新时代中国特色社会主义思想为指导，深入贯彻落实党的二十大精神，立足新发展阶段，完整、准确、全面贯彻新发展理念，加快构建新发展格局，着力推动高质量发展，以实现碳达峰碳中和目标为引领，改造升级传统产业，巩固提升优势产业，加快推动新兴产业绿色高起点发展，前瞻布局绿色低碳领域未来产业，培育绿色化数字化服务化融合发展新业态，建立健全支撑制造业绿色发展的技术、政策、标准、标杆培育体系，推动产业结构高端化、能源消费低碳化、资源利用循环化、生产过程清洁化、制造流程数字化、产品供给绿色化全方位转型，构建绿色增长新引擎，锻造绿色竞争新优势，擦亮新型工业化生态底色。

(二)主要目标

到 2030 年，制造业绿色低碳转型成效显著，传统产业绿色发展层级整体跃升，产业结构和布局明显优化，绿色低碳能源利用比例显著提高，资源综合利用水平稳步提升，污染物和碳排放强度明显下降，碳排放总量实现达峰，新兴产业绿色增长引擎作用更加突出，规模质量进一步提升，绿色低碳产业比重显著提高，绿色融合新业态不断涌现，绿色发展基础能力大幅提升，绿色低碳竞争力进一步增强，绿色发展成为推进新型工业化的坚实基础。

到 2035 年，制造业绿色发展内生动力显著增强，碳排放达峰后稳中有降，碳中和能力稳步提升，在全球产业链供应链绿色低碳竞争优势凸显，绿色发展成为新型工业化的普遍形态。

二、加快传统产业绿色低碳转型升级

(三)推进传统产业绿色低碳优化重构。加快传统产业产品结构、用能结构、原料结构优化调整和工艺流程再造，提升在全球分工中的地位和竞争力。实施"增品种、提品质、创品牌"行动，推动产品向高端、智能、绿色、融合方向升级换代，推动形成品种更加丰富、品质更加稳定、品牌更具影响力的供给体系。构建清洁高效低碳的工业能源消费结构，实施煤炭分质分级清洁高效利用行动，有序推进重点用能行业煤炭减量替代；鼓励具备条件的企业、园区建设工业绿色微电网，推进多能高效互补利用，就近大规模高比例利用可再生能源；加快推进终端用能电气化，拓宽电能替代领域，提升绿色电力消纳比例。推进绿氢、低(无)挥发性有机物、再生资源、工业固废等原料替代，增强天然气、乙烷、丙烷等原料供应能力，提高绿色低碳原料比重。推广钢铁、石化化工、有色金属、纺织、机械等行业短流程工艺技术。健全市场化法治化化解过剩产能长效机制，依法依规推动落后产能退出。到 2030 年，主要再生资源循环利用量达到 5.1 亿吨，大宗工业固废综合利用率达到 62%，电解铝使用可再生能源比例达到 30% 以上，短流程炼钢比例达到 20% 以上，合成气一步法制烯烃、乙醇等短流程合成技术实现规模化应用。

(四)加快传统产业绿色低碳技术改造。定期更新发布制造业绿色低碳技术导向目录，遴选推广成熟度高、经济性好、绿色成效显著的关键共性技术，推动企业、园区、重点行业全面实施新一轮绿色低碳技术改造升级。支持大型企业围绕产品设计、制造、物流、使用、回收利用等全生命周期绿色低碳转型需求，实施全流程系统化改造升级。充分发挥链主企业带动作用，帮助产业链上下游中小企业找准绿色低碳转型短板，有计划分步骤组织实施技术改造。鼓励工业园区、产业集聚区对标绿色工业园区建设要求，开展布局集聚化、结构绿色化、链接生态化整体改造升级，组织园区内企业持续实施绿色低碳技术改造。支持行业协会制定重点行业改造升级计划，鼓励地方开展环保绩效创 A 行动，提升行业环保治理水平。

（五）引导区域绿色低碳优化布局。坚持全国一盘棋，综合考虑区域产业基础、资源禀赋、环境承载力等因素，推动传统产业形成集群化、差异化的绿色低碳转型新格局。落实京津冀协同发展、长江经济带发展、粤港澳大湾区建设、长三角一体化发展、黄河流域生态保护和高质量发展等区域重大战略定位，把绿色发展和产业转型结合起来，加强跨区域产业分工合作、科技协同创新、要素优化配置。发挥地区特色和优势，综合平衡生产力、能源、资源、市场需求等要素，支持中西部和东北地区有序承接产业转移，避免低水平重复建设。严格落实生态环境分区管控要求，在符合环保、能耗、水耗、安全生产等标准要求的前提下，稳妥有序推动高载能行业向西部清洁能源优势地区转移。严格项目准入，坚决遏制高耗能、高排放、低水平项目盲目上马。推动区域产业绿色协同提升，重点发展钢化联产、炼化一体化、林浆纸一体化、以化固碳等产业耦合模式，以及冶金和建材等行业协同处置生活垃圾、向城镇居民供热等产城融合模式，鼓励有条件的地区加强资源耦合和循环利用，加快建设"无废企业""无废园区""无废城市"。

三、推动新兴产业绿色低碳高起点发展

（六）加快补齐新兴产业绿色低碳短板弱项。聚焦制约新兴产业绿色发展的瓶颈环节，加快补齐短板弱项，着力解决新兴产业可持续发展的后顾之忧。在新一代信息技术领域，引导数据中心扩大绿色能源利用比例，推动低功耗芯片等技术产品应用，探索构建市场导向的绿色低碳算力应用体系。在新能源领域，加快废旧光伏组件、风力发电机组叶片等新型固废综合利用技术研发及产业化应用。在新能源汽车领域，完善废旧动力电池综合利用体系，推动规范化回收、分级资源化利用。在新材料领域，开展共伴生矿与尾矿集约化利用、工业固废规模化利用、再生资源高值化利用等技术研发和应用，提升稀土、稀有金属等战略性矿产资源保障能力。在高端装备领域，加快增材制造、柔性成型、无损检测和拆解等关键再制造技术创新与产业化应用，推动高技术含量、高附加值装备开展再制造。在环保装备领域，针对新污染物治理等新需求加强关键核心技术攻关。在航空航天领域，积极发展电动飞机等新能源航空器。在船舶与海洋工程装备领域，加快液化天然气（LNG）、甲醇、氨、电池等动力形式的绿色智能船舶研制及示范应用，推广内河、近海船舶电气化改造工程试点。

（七）着力锻造绿色低碳产业长板优势。立足经济社会绿色低碳转型带来的巨大市场空间，大力发展绿色低碳产业，提高绿色环保、新能源装备、新能源汽车等绿色低碳产业占比。鼓励产业基础好、集聚特征突出的地区，优化产业链布局，集聚各类资源要素，提升集群治理能力，推动产业由集聚发展向集群发展跃升，在绿色低碳领域培育形成若干具有国际竞争力的先进制造业集群。加强绿色低碳产业链分工协作，支持龙头企业争创制造业领航企业，加快产业延链强链，在产业链关键环节打造一批制造业单项冠军企业，培育一批专精特新"小巨人"企业，努力提升全产业链竞争力。推动工业互联网、大数据、人工智能、5G等新兴技术与绿色低碳产业深度融合，探索形成技术先进、商业可行的应用模式，形成产业增长新动能。

（八）前瞻布局绿色低碳领域未来产业。聚焦"双碳"目标下能源革命和产业变革需求，谋划布局氢能、储能、生物制造、碳捕集利用与封存（CCUS）等未来能源和未来制造产业发展。围绕石化化工、钢铁、交通、储能、发电等领域用氢需求，构建氢能制、储、输、用等全产业链技术装备体系，提高氢能技术经济性和产业链完备性。聚焦储能在电源侧、电网侧、用户侧等电力系统各类应用场景，开发新型储能多元技术，打造新型电力系统所需的储能技术产品矩阵，实现多时间尺度储能规模化应用。发挥生物制造选择性强、生产效率高、废弃物少等环境友好优势，聚焦轻工发酵、医药、化工、农业与食品等领域，建立生物制造核心菌种与关键酶创制技术体系。聚焦CCUS技术全生命周期能效提升和成本降低，开展CCUS与工业流程耦合、二氧化碳生物转化利用等技术研发及示范。

四、培育制造业绿色融合新业态

（九）推动数字化和绿色化深度融合。发挥数字技术在提高资源效率、环境效益、管理效能等方面的赋能作用，加速生产方式数字化绿色化协同转型。深化产品研发设计环节数字化绿色化协同应用，分行业建立产品全生命周期绿色低碳基础数据库，开发全生命周期评价、数字孪生系统等工具。面向重点行业领域在生产制造全流程拓展"新一代信息技术+绿色低碳"典型应用场景，提高全要素生产率。发挥区块链、大数据、云计算等技术优势，建立回收利用环节溯源系统，推广"工业互联网+再生资源回收利用"新模式。加快建立数字化碳管理体系，鼓励企业、园区协同推进能源数据与碳排放数据的采集监控、智能分析和精细管理。推进绿色低碳技术软件化封装，支持开发绿色低碳领域的专用软件、大数据模型、工业APP等。

（十）推动绿色制造业和现代服务业深度融合。紧跟现代服务业与制造业深度融合的变革趋势，在绿色低碳领域深入推行服务型制造，构建优质高效的绿色制造服务体系。引导大型企业利用自身在产品绿色设计、绿色供应链管理、履行生产者责任延伸制度等方面的经验，为上下游企业提供绿色提升服务。鼓励绿色低碳装备制造企业由提供"产品"向提供"产品+服务"转变。积极培育专业化绿色低碳公共服务平台和服务机构，开发推广绿色制造解决方案，提供绿色诊断、计量测试、研发设计、集成应用、运营管理、检验检测、评价认证、人才培训等服务。深化绿色金融服务创新，引导金融机构在供应链场景下规范开展供应链金融服务，为产业链上下游企业提供绿色低碳转型融资服务。

（十一）推动绿色消费需求和绿色产品供给深度融合。紧紧围绕能源生产、交通运输、城乡建设等全社会各领域绿色消费需求，加大绿色产品供给，培育供需深度融合新模式，实现供需两侧协同发力，支撑经济社会绿色低碳转型。全面推行工业产品绿色设计，运用无害化、集约化、减量化、低碳化、循环化等绿色属性突出的产品设计理念和方法，构建工业领域从基础原材料到终端消费品全链条的绿色产品供给体系。加快建立健全覆盖主要工业行业的绿色产品标准、标识、认证体系，研究加大绿色产品政府采购力度，推广应用光伏光热产品、新能源车船、绿色建材等绿色产品。鼓励大型零售企业、电商平台丰富绿色消费场景，优化购买使用环境，建立购销激励机制。

五、提升制造业绿色发展基础能力

（十二）构建绿色低碳技术创新体系。以满足市场需求为导向，一体化部署绿色低碳技术攻关、转化应用、主体培育等，引导各类创新要素向绿色低碳领域集聚，实现创新效能转化为产业竞争新优势。依托产业基础再造工程和重大技术装备攻关工程，有序推进与绿色低碳转型密切相关的关键基础材料、基础零部件、颠覆性技术攻关，加快突破绿色电力装备、轨道交通、工程机械等一批标志性重大装备。强化企业科技创新主体地位，培育绿色低碳领域科技领军企业、专精特新"小巨人"企业。加快推进绿色低碳重点领域创新联合体和原创技术策源地建设。在钢铁、石化化工、家电等行业建设一批国家产业计量测试中心，开展绿色低碳关键计量技术、设备研发。布局建设绿色低碳领域制造业创新中心、试验验证平台和中试平台，加快推进科技成果工程化和产业化发展。健全技术应用推广机制，组织制定供需对接指南，开展技术交流活动。

（十三）完善绿色化发展政策体系。以精准、协同、可持续为导向，完善支持绿色发展的财税、金融、投资、价格等政策，创新政策实施方式，逐步建立促进制造业绿色化发展的长效机制。通过现有财政资金渠道，重点支持绿色低碳重大技术装备攻关、绿色低碳产业基础设施建设等方向和领域。充分发挥国家产融合作平台作用，依托扩大制造业中长期贷款投放专项工作机制，建立健全金融资源支持制造业绿色低碳转型的常态化工作机制，建立绿色低碳技术改造项目库和标杆企业库，加大绿色金融、转型金融支持力度，用好碳减排支持工具等结构性货币政策工具。鼓励现有政府投资基金按照市场化方式，培育和孵化绿色低碳领域新产业、新业态、新模式。发挥税收优惠政策正向激励作用，落实好对绿色技术推广应用、资源节约循环利用等方面的税收优惠政策，确保符合条件的市场主体应享尽享。完善工业节能管理制度，健全相关政策法规，督促企业加强合规建设，依法依规合理用能。综合考虑能耗、环保绩效水平，完善阶梯电价制度和水价政策。健全全国碳排放权交易市场配套制度，研究有序扩大行业覆盖范围，协调推进碳排放权交易、用能权交易、绿电绿证交易等市场建设。

（十四）健全绿色低碳标准体系。强化标准顶层设计和规范性管理，推动各级各类标准衔接配套，加强标准贯彻实施和应用评估。发挥各有关标准化技术组织作用，按照需求导向、先进适用、急用先行的原则，加快制定碳排放基础通用、核算与报告、低碳技术与装备等国家标准、行业标准和团体标准，到2030年完成500项以上碳达峰急需标准制修订。持续完善节能、节水、资源综合利用、环保装备标准，稳步升级绿色工厂、绿色产品、绿色工业园区、绿色供应链标准，协同推进数字赋能绿色低碳领域标准。加强国际标准研究和对比分析，推动先进国际标准在我国转化应用，积极参与国际标准规则制定，推动我国绿色低碳标准转化为国际标准。

（十五）优化绿色低碳标杆培育体系。发挥绿色低碳标杆的引领带动作用，构建绿色制造"综合标杆"和细分领域"单项标杆"相衔接的标杆培育体系，打造制造业绿色化发展领军力量。制定绿色工厂梯度培育及管理办法，发挥绿色工厂在制造业绿色低碳转型中的基础性和导向性作用，纵向形成国家、省、市三级联动的绿色工厂培育机制，横向通过绿色工业园区、绿色供应链管理企业带动园区内、供应链上下游企业创建绿色工厂。到2030年，各级绿色工厂产值占制造业总产值比重超过40%。鼓励绿色工厂进一步深挖节能降碳潜力，创建"零碳"工厂。深入开展工业产品绿色设计示范企业培育，不断探索绿色低碳路径和解决方案。持续遴选发布能效"领跑者"、水效"领跑者"、再生资源规范条件企业、环保装备规范条件企业、工业废水循环利用试点企业园区等，从工业全过程深挖能源资源节约潜力。

六、组织实施

（十六）加强统筹协调。强化部门间协同合作，推动形成工作合力，协调解决重大问题。加大对地方绿色低碳产业培育、技术改造升级、工业领域碳达峰等重点工作指导评估，鼓励结合实际创新支持政策，合理设置政策过渡期。有关行业协会、专业智库、第三方机构积极发挥桥梁纽带作用，促进绿色低碳技术、产品和服务推广，助力重点行业和重要领域绿色低碳发展。

（十七）深化国际合作。利用现有双多边机制，加强绿色发展战略、规划、政策、标准和合格评定交流对接。深化与各国在绿色技术、绿色产品、绿色装备、绿色服务以及产品碳足迹管理等方面的交流与合作，推动我国新能源、新能源汽车、绿色环保等技术装备有序走出去，鼓励国内有条件的地方建设中外合作绿色工业园区，为全球绿色发展作出中国贡献。

（十八）加强人才培养。支持高校和科研院所增设绿色低碳领域急需紧缺专业，鼓励企业与高校、科研院所开展人才"订单式"培养。依托制造业人才支持计划、卓越工程师薪火计划和各类高层次人才计划，引进和培育绿色低碳领域海内外高水平人才。支持地方面向绿色低碳领域开展职业技能培训。

（十九）做好宣传引导。组织开展全国生态日、环境日、节能宣传周、低碳日、中国水周等活动，加强各类媒体、公益组织舆论引导，加大对制造业绿色化发展相关政策法规、先进技术、典型案例的宣介力度，推广一批可借鉴、可复制的先进经验和举措。

工业和信息化部
国家发展改革委
财政部
生态环境部
中国人民银行
国务院国资委
市场监管总局
2024 年 2 月 5 日

工业和信息化部等七部门关于印发推动工业领域设备更新实施方案的通知

工信部联规〔2024〕53号

各省、自治区、直辖市人民政府，国务院各部委、各直属机构：

《推动工业领域设备更新实施方案》已经国务院同意，现印发给你们，请认真贯彻执行。

工业和信息化部

国家发展改革委

财政部

中国人民银行

税务总局

市场监管总局

金融监管总局

2024年3月27日

推动工业领域设备更新实施方案

推动工业领域大规模设备更新，有利于扩大有效投资，有利于推动先进产能比重持续提升，对加快建设现代化产业体系具有重要意义。为贯彻落实党中央、国务院决策部署，推动工业领域设备更新和技术改造，制定如下实施方案。

一、总体要求

推动工业领域大规模设备更新，要以习近平新时代中国特色社会主义思想为指导，深入贯彻党的二十大精神，按照中央经济工作会议和中央财经委员会第四次会议部署，统筹扩大内需和深化供给侧结构性改革，围绕推进新型工业化，以大规模设备更新为抓手，实施制造业技术改造升级工程，以数字化转型和绿色化升级为重点，推动制造业高端化、智能化、绿色化发展，为发展新质生产力，提高国民经济循环质量和水平提供有力支撑。

——坚持市场化推进。坚持全国统一大市场，充分发挥市场配置资源的决定性作用，结合工业领域各类设备更新差异化需求，依靠市场提供多样化供给和服务。更好发挥政府作用，营造有利于企业技术改造和设备更新的政策环境。

——坚持标准化引领。强化技术、质量、能耗、排放等标准制定和贯标实施，依法依规引导企业淘汰落后设备、使用先进设备，提高生产效率和技术水平。统筹考虑行业发展和市场实际，循序渐进、有序推进。

——坚持软硬件一体化更新。主动适应和引领新一轮科技革命和产业变革，积极推进新一代信息技术赋能新型工业化，在推动硬件设备更新的同时，注重软件系统迭代升级和创新应用。

到2027年，工业领域设备投资规模较2023年增长25%以上，规模以上工业企业数字化研发设计工具普及率、关键工序数控化率分别超过90%、75%，工业大省大市和重点园区规上工业企业数字化改造全覆盖，重点行业能效基准水平以下产能基本退出、主要用能设备能效基本达到节能水平，本质安全水平明显提升，创新产品加快推广应用，先进产能比重持续提高。

二、重点任务

（一）实施先进设备更新行动

1. 加快落后低效设备替代。针对工业母机、农机、工程机械、电动自行车等生产设备整体处于中低水平的行业，加快淘汰落后低效设备、超期服役老旧设备。重点推动工业母机行业更新服役超过10年的机床等；农机行业更新柔性剪切、成型、焊接、制造生产技术及装备等；工程机械行业更新油压机、折弯机、工艺陈旧产线和在线检测装备等；仪器仪表行业更新数控加工装备、检定装备等；纺织行业更新转杯纺纱机等短流程纺织设备，细纱机、自动络筒机等棉纺设备；电动自行车行业更新自动焊接机器人、自动化喷涂和烘干设备、电动或气动装配设备、绝缘耐压测试仪、循环充放电测试仪等。

2. 更新升级高端先进设备。针对航空、光伏、动力电池、生物发酵等生产设备整体处于中高水平的行业，鼓励企业更新一批高技术、高效率、高可靠性的先进设备。重点推动航空行业全面开展大飞机、大型水陆两栖飞机及航空发动机总装集成能力、供应链配套能力等建设；光伏行业更新大热场单晶炉、高线速小轴距多线切割机、多合一镀膜设备、大尺寸多主栅组件串焊机等先进设备；动力电池行业生产设备向高精度、高速度、高可靠性升级，重点更新超声波焊接机、激光焊接机、注液机、分容柜等设备；生物发酵行业实施萃取提取工艺技改，更新蒸发器、离心机、新型干燥系统、连续离子交换设备等。

3. 更新升级试验检测设备。在石化化工、医药、船舶、电子等重点行业，围绕设计验证、测试验证、工艺验证等中试验证和检验检测环节，更新一批先进设备，提升工程化和产业化能力。重点推动设计验证环节更新模型制造设备、实验分析仪器等先进设备；测试验证环节更新机械测试、光学测试、环境测试等测试仪器；工艺验证环节更新环境适应性试验、可靠性试验、工艺验证试验、安规试验等试验专用设备，以及专用制样、材料加工、电子组装、机械加工等样品制备和试生产装备；检验检测环节更新电子测量、无损检测、智能检测等仪器设备。

（二）实施数字化转型行动

4. 推广应用智能制造装备。以生产作业、仓储物流、质量管控等环节改造为重点，推动数控机床与基础制造装备、增材制造装备、工业机器人、工业控制装备、智能物流装备、传感与检测装备等通用智能制造装备更新。重点推动装备制造业更新面向特定场景的智能成套生产线和柔性生产单元；电子信息制造业推进电子产品专用智能制造装备与自动化装配线集成应用；原材料制造业加快无人运输车辆等新型智能装备部署应用，推进催化裂化、冶炼等重大工艺装备智能化改造升级；消费品制造业推广面向柔性生产、个性化定制等新模式智能装备。

5. 加快建设智能工厂。加快新一代信息技术与制造全过程、全要素深度融合，推进制造技术突破、工艺创新、精益管理、业务流程再造。推动人工智能、第五代移动通信（5G）、边缘计算等新技术在制造环节深度应用，形成一批虚拟试验与调试、工艺数字化设计、智能在线检测等典型场景。推动设备联网和生产环节数字化链接，实现生产数据贯通化、制造柔性化和管理智能化，打造数字化车间。围绕生产、管理、服务等制造全过程开展智能化升级，优化组织结构和业务流程，打造智能工厂。充分发挥工业互联网标识解析体系作用，引导龙头企业带动上下游企业同步改造，打造智慧供应链。

6. 加强数字基础设施建设。加快工业互联网、物联网、5G、千兆光网等新型网络基础设施规模化部署，鼓励工业企业内外网改造。构建工业基础算力资源和应用能力融合体系，加快部署工业边缘数据中心，建设面向特定场景的边缘计算设施，推动"云边端"算力协同发展。加大高性能智算供给，在算力枢纽节点建设智算中心。鼓励大型集团企业、工业园区建立各具特色的工业互联网平台。

（三）实施绿色装备推广行动

7. 加快生产设备绿色化改造。推动重点用能行业、重点环节推广应用节能环保绿色装备。钢铁行业加快对现有高炉、转炉、电炉等全流程开展超低排放改造，争创环保绩效 A 级；建材行业以现有水泥、玻璃、建筑卫生陶瓷、玻璃纤维等领域减污降碳、节能降耗为重点，改造提升原料制备、窑炉控制、粉磨破碎等相关装备和技术；有色金属行业加快高效稳定铝电解、绿色环保铜冶炼、再生金属冶炼等绿色高效环保装备更新改造；家电等重点轻工行业加快二级及以上高能效设备更新。

8. 推动重点用能设备能效升级。对照《重点用能产品设备能效先进水平、节能水平和准入水平（2024年版）》，以能效水平提升为重点，推动工业等各领域锅炉、电机、变压器、制冷供热空压机、换热器、泵等重点用能设备更新换代，推广应用能效二级及以上节能设备。

9.加快应用固废处理和节水设备。以主要工业固废产生行业为重点，更新改造工业固废产生量偏高的工艺，升级工业固废和再生资源综合利用设备设施，提升工业资源节约集约利用水平。面向石化化工、钢铁、建材、纺织、造纸、皮革、食品等已出台取（用）水定额国家标准的行业，推进工业节水和废水循环利用，改造工业冷却循环系统和废水处理回用等系统，更新一批冷却塔等设备。

（四）实施本质安全水平提升行动

10.推动石化化工老旧装置安全改造。推广应用连续化、微反应、超重力反应等工艺技术，反应器优化控制、机泵预测性维护等数字化技术，更新老旧煤气化炉、反应器（釜）、精馏塔、机泵、换热器、储罐等设备。妥善化解老旧装置工艺风险大、动设备故障率高、静设备易泄漏等安全风险，提升行业本质安全水平。

11.提升民爆行业本质安全水平。以推动工业炸药、工业电子雷管生产线技术升级改造为重点，以危险作业岗位无人化为目标，实施"机械化换人、自动化减人"和"机器人替人"工程，加大安全技术和装备推广应用力度。重点对工业炸药固定生产线、现场混装炸药生产点及现场混装炸药车、雷管装填装配生产线等升级改造。

12.推广应用先进适用安全装备。加大安全装备在重点领域推广应用，在全社会层面推动安全应急监测预警、消防系统与装备、安全应急智能化装备、个体防护装备等升级改造与配备。围绕工业生产安全事故、地震地质灾害、洪水灾害、城市内涝灾害、城市特殊场景火灾、森林草原火灾、紧急生命救护、社区家庭安全应急等重点场景，推广应用先进可靠安全装备。

三、保障措施

（一）加大财税支持。加大工业领域设备更新和技术改造财政支持力度，将符合条件的重点项目纳入中央预算内投资等资金支持范围。加大对节能节水、环境保护、安全生产专用设备税收优惠支持力度，把数字化智能化改造纳入优惠范围。

（二）强化标准引领。围绕重点行业重点领域制修订一批节能降碳、环保、安全、循环利用等相关标准，实施工业节能与绿色标准化行动，制定《先进安全应急装备（推广）目录》，推广《国家工业和信息化领域节能降碳技术装备推荐目录》，引导企业对标先进标准实施设备更新和技术改造。

（三）加强金融支持。设立科技创新和技术改造专项再贷款，引导金融机构加强对设备更新和技术改造的支持。发挥国家产融合作平台作用，编制工业企业技术改造升级导向计划，强化银企对接，向金融机构推荐有融资需求的技术改造重点项目，加大制造业中长期贷款投放。

（四）加强要素保障。鼓励地方加强企业技术改造项目要素资源保障，将技术改造项目涉及用地、用能等纳入优先保障范围，对不新增土地、以设备更新为主的技术改造项目，推广承诺备案制，简化前期审批手续。

各地区工业和信息化主管部门牵头负责本地区工业领域设备更新工作组织实施，要完善工作机制，做好政策解读，加强协同配合，强化央地联动，建立重点项目库，推动各项任务落实落细。

国务院办公厅关于印发《加快构建碳排放双控制度体系工作方案》的通知

国办发〔2024〕39号

各省、自治区、直辖市人民政府，国务院各部委、各直属机构：

《加快构建碳排放双控制度体系工作方案》已经国务院同意，现印发给你们，请结合实际认真贯彻执行。

国务院办公厅
2024年7月30日

（本文有删减）

加快构建碳排放双控制度体系工作方案

为贯彻落实党中央、国务院决策部署，建立能耗双控向碳排放双控全面转型新机制，加快构建碳排放总量和强度双控（以下简称碳排放双控）制度体系，积极稳妥推进碳达峰碳中和、加快发展方式绿色转型，制定本工作方案。

一、总体要求

以习近平新时代中国特色社会主义思想为指导，深入贯彻党的二十大和二十届二中、三中全会精神，全面贯彻习近平经济思想、习近平生态文明思想，完整准确全面贯彻新发展理念，加快构建新发展格局，着力推动高质量发展，将碳排放指标及相关要求纳入国家规划，建立健全地方碳考核、行业碳管控、企业碳管理、项目碳评价、产品碳足迹等政策制度和管理机制，并与全国碳排放权交易市场有效衔接，构建系统完备的碳排放双控制度体系，为实现碳达峰碳中和目标提供有力保障。

到2025年，碳排放统计核算体系进一步完善，一批行业企业碳排放核算相关标准和产品碳足迹标准出台实施，国家温室气体排放因子数据库基本建成并定期更新，相关计量、统计、监测能力得到提升，为"十五五"时期在全国范围实施碳排放双控奠定基础。

"十五五"时期，实施以强度控制为主、总量控制为辅的碳排放双控制度，建立碳达峰碳中和综合评价考核制度，加强重点领域和行业碳排放核算能力，健全重点用能和碳排放单位管理制度，开展固定资产投资项目碳排放评价，构建符合中国国情的产品碳足迹管理体系和产品碳标识认证制度，确保如期实现碳达峰目标。

碳达峰后，实施以总量控制为主、强度控制为辅的碳排放双控制度，建立碳中和目标评价考核制度，进一步强化对各地区及重点领域、行业、企业的碳排放管控要求，健全产品碳足迹管理体系，推行产品碳标识认证制度，推动碳排放总量稳中有降。

二、完善碳排放相关规划制度

（一）推动将碳排放指标纳入规划。将碳排放指标纳入国民经济和社会发展规划，充分考虑经济发展、能源安全、群众正常生产生活以及国家自主贡献目标等因素，合理确定五年规划期碳排放目标，并对重点任务和重大工程进行统筹部署。"十五五"时期，将碳排放强度降低作为国民经济和社会发展约束性指标，开展碳排放总量核算工作，不再将能耗强度作为约束性指标。

（二）制定碳达峰碳中和有关行动方案。围绕国民经济和社会发展五年规划纲要有关部署，研究制定碳达峰碳中和有关行动方案，细化碳排放目标控制的工作举措、重点任务和保障措施。"十五五"时期，细化落实《2030年前碳达峰行动方案》部署，确保2030年前实现碳达峰。

（三）完善碳排放双控相关法规制度。全面清理现行法规政策中与碳排放双控要求不相适应的内容。加快修订固定资产投资项目节能审查办法、重点用能单位节能管理办法等制度，纳入碳排放双控有关要求。

三、建立地方碳排放目标评价考核制度

（四）合理分解碳排放双控指标。五年规划初期，综合考虑经济社会发展水平、区域和功能定位、产业和能源结构等因素，将碳排放双控指标合理分解至各省份。各省份可进一步细化分解碳排放双控指标，压实地市及重点企业控排减排责任。

（五）建立碳达峰碳中和综合评价考核制度。制定出台碳达峰碳中和综合评价考核办法，明确评价考核工作程序及结果运用方式，对各省份开展评价考核。统筹建立评价考核指标体系，以碳排放总量和强度指标为重点，纳入能源结构、能耗强度、资源利用效率、生态系统碳汇、重点领域绿色转型等指标。

（六）推动省市两级建立碳排放预算管理制度。推动各地区结合实际开展碳排放核算，指导省市两级建立碳排放预算管理制度，按年度开展碳排放情况分析和目标预测，并加强与全国碳排放权交易市场的工作协同。2025年底前，指导各地区开展碳排放预算试编制工作。"十五五"时期，指导各地区根据碳排放强度降低目标编制碳排放预算并动态调整。"十六五"时期及以后，推动各地区建立碳排放总量控制刚性约束机制，实行五年规划期和年度碳排放预算全流程管理。

四、探索重点行业领域碳排放预警管控机制

（七）完善重点行业领域碳排放核算机制。发挥行业主管部门及行业协会

作用，以电力、钢铁、有色、建材、石化、化工等工业行业和城乡建设、交通运输等领域为重点，合理划定行业领域碳排放核算范围，依托能源和工业统计、能源活动和工业生产过程碳排放核算、全国碳排放权交易市场等数据，开展重点行业碳排放核算。

（八）建立行业领域碳排放监测预警机制。摸清重点行业领域碳排放底数与减排潜力，常态化开展碳排放形势分析监测，对碳排放增长较快的行业领域进行形势预警，并视情采取新上项目从严把关、全国碳排放权交易市场从严管控、重点用能和碳排放单位从严管理等措施。条件成熟时，将重点行业领域碳排放管控要求纳入碳达峰碳中和综合评价考核指标体系。

五、完善企业节能降碳管理制度

（九）健全重点用能和碳排放单位管理制度。制修订电力、钢铁、有色、建材、石化、化工等重点行业企业碳排放核算规则标准。制定出台重点用能和碳排放单位节能降碳管理办法，将碳排放管控要求纳入现行重点用能单位管理制度，推动重点用能和碳排放单位落实节能降碳管理要求，加强能源和碳排放计量器具配备和检定校准。

（十）发挥市场机制调控作用。完善全国碳排放权交易市场调控机制，逐步扩大行业覆盖范围，探索配额有偿分配机制，提升报告与核查水平，推动履约企业减少碳排放。健全全国温室气体自愿减排交易市场，逐步扩大支持领域，推动更大范围减排。加快健全完善绿证交易市场，促进绿色电力消费。

六、开展固定资产投资项目碳排放评价

（十一）完善固定资产投资项目节能审查制度。将碳排放评价有关要求纳入固定资产投资项目节能审查，对项目用能和碳排放情况开展综合评价，将有关审查评价意见作为固定资产投资项目开工建设以及竣工验收和运营管理的重要依据。

（十二）完善建设项目环境影响评价制度。将温室气体排放管控纳入环境影响评价，对建设项目温室气体排放量和排放水平进行预测和评价，在电力、钢铁、建材、有色、石化、化工等重点行业开展温室气体排放环境影响评价，强化减污降碳协同控制。制定重点行业建设项目温室气体排放环境影响评价技术规范，健全环境影响评价技术体系。

七、加快建立产品碳足迹管理体系

（十三）制定产品碳足迹核算规则标准。制定发布产品碳足迹量化要求通则等国家标准，对产品碳足迹核算原则、核算方法、数据质量等明确统一要求。按照急用先行原则，聚焦电力、燃油、钢铁、电解铝、水泥、化肥、氢、石灰、玻璃、乙烯、合成氨、电石、甲醇、煤化工、动力电池、光伏、新能源汽车、电子电器等重点产品，组织相关行业协会、企业、科研单位等制定发布产品碳足迹核算行业标准或团体标准。

（十四）加强碳足迹背景数据库建设。加快建设全国温室气体排放因子数据库，建立定期更新发布机制，为地方、企业开展产品碳足迹核算提供基准数据。行业主管部门和有条件的地区可以根据需要建设重点行业碳足迹背景数据库，鼓励相关行业协会、企业、科研单位探索建设细分行业领域产品碳足迹背景数据库。

（十五）建立产品碳标识认证制度。制定产品碳标识认证管理办法，研制碳标识相关国家标准，组织有条件的城市聚焦重点产品开展先行先试，鼓励企业按照市场化原则开展产品碳标识认证。

八、组织实施

各地区、各有关部门要深入贯彻落实党中央、国务院决策部署，加快构建碳排放双控制度体系，结合实际细化落实方案，按照职责分工扎实推进各项重点任务，持续夯实工作基础。国家发展改革委要切实履行"双碳"有关协调职责，强化调度督促和推进落实，加强前瞻性政策研究，及时优化有关任务举措，抓紧补齐制度短板，并会同有关部门加强宣传解读和教育培训。重大事项及时请示报告。